1896

Spir, African Alexandrovitch de

Pensée et réalité

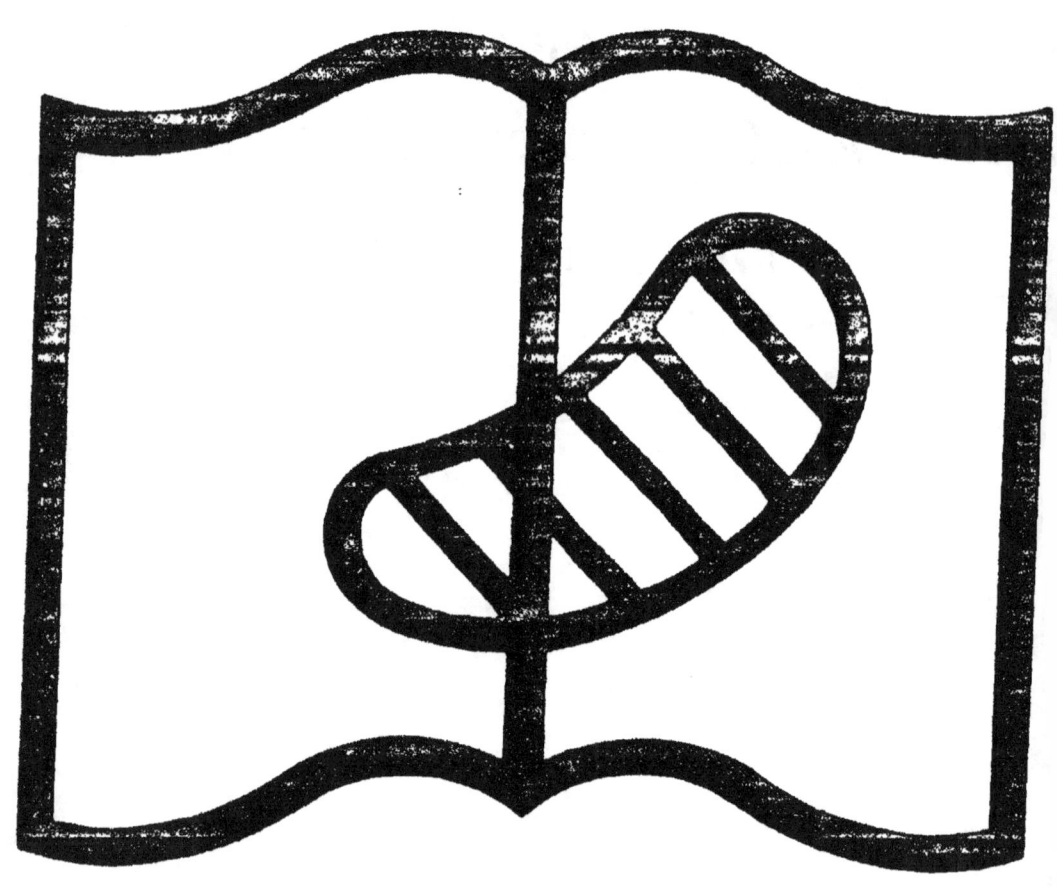

Symbole applicable
pour tout, ou partie
des documents microfilmés

Original illisible

NF Z 43-120-10

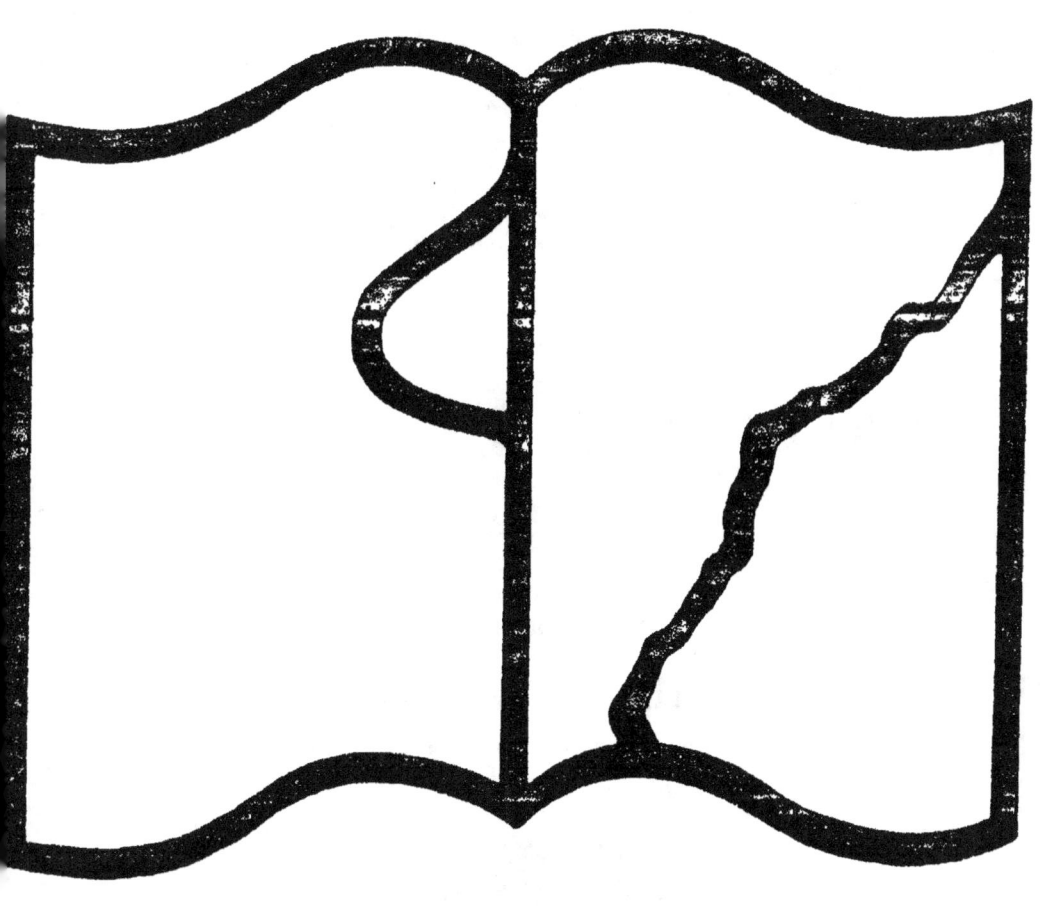

**Symbole applicable
pour tout, ou partie
des documents microfilmés**

Texte détérioré — reliure défectueuse

NF Z 43-120-11

UNIVERSITÉ DE FRANCE

TRAVAUX & MÉMOIRES
DES
FACULTÉS DE LILLE

TOME V. — MÉMOIRE N° 18.

A. SPIR. — PENSÉE ET RÉALITÉ

(TRADUIT DE L'ALLEMAND SUR LA TROISIÈME ÉDITION)

LILLE
AU SIÈGE DES FACULTÉS, PLACE PHILIPPE-LEBON

A PARIS
Chez Félix ALCAN
108, BOULEVARD SAINT-GERMAIN, 108

A LILLE
Chez Ch. TALLANDIER
11-13, RUE FAIDHERBE, 11-13

1896

UNIVERSITÉ DE FRANCE

TRAVAUX & MÉMOIRES

DES

FACULTÉS DE LILLE

TOME V. — Mémoire N° 18.

A. SPIR. — Pensée et Réalité

(TRADUIT DE L'ALLEMAND SUR LA TROISIÈME ÉDITION)

LILLE
AU SIÈGE DES FACULTÉS, PLACE PHILIPPE-LEBON

A PARIS
Chez Félix ALCAN
108, BOULEVARD SAINT-GERMAIN, 108

A LILLE
Chez Ch. TALLANDIER
11-13, RUE FAIDHERBE, 11-13

1896

Le Conseil Général des Facultés de Lille a ordonné l'impression de ce mémoire, le 13 décembre 1895.

L'impression a été achevée, chez Le Bigot Frères, *le 15 mai 1896.*

PENSÉE ET RÉALITÉ

PENSÉE ET RÉALITÉ

ESSAI D'UNE RÉFORME DE LA PHILOSOPHIE CRITIQUE

par A. SPIR

TRADUIT DE L'ALLEMAND SUR LA TROISIÈME ÉDITION

par A. PENJON

Professeur de philosophie à la Faculté des lettres de Lille.

TRAVAUX ET MÉMOIRES DES FACULTÉS DE LILLE
Tome V. — Mémoire N° 18.

LILLE
AU SIÈGE DES FACULTÉS, PLACE PHILIPPE-LEBON

A PARIS
Chez Félix ALCAN
108, BOULEVARD SAINT-GERMAIN, 108

A LILLE
Chez Ch. TALLANDIER
11-13, RUE FAIDHERBE, 11-13

1896

Des articles de revues (1) et surtout les *Esquisses de philosophie critique* (2) qu'il avait écrites dans notre langue, ont commencé à faire connaître en France la doctrine de Spir. Elle a excité déjà un vif intérêt. Mais ces articles et les fragments parus sous le nom d'*Esquisses* n'en donnent encore qu'une idée fort incomplète. Le moment est venu de publier la traduction du grand ouvrage *Pensée et Réalité*, où elle est exposée sous forme systématique et rigoureusement démontrée. (3)

La philosophie sera-t-elle toujours une vaine recherche, et comme une sorte de chasse où le plaisir de la poursuite finit par l'emporter sur le besoin d'atteindre la vérité? Ou bien, comme l'ont cru jusqu'à présent, sans jamais pouvoir justifier leur foi, tous les grands penseurs, peut-elle nous donner la certitude? Si elle n'est qu'un jeu, un exercice de l'esprit, un

---

(1) V. *Critique philosophique* (1ʳᵉ série), T. XIV, p. 228, et (2ᵉ série), 4ᵉ année, I, p. 185 *Revue philosophique*, mars 1887. *Revue de Métaphysique et de morale*, mai 1893.

(2) La première série des *Esquisses* a été publiée en 1887, Paris, Alcan. La seconde est en cours de publication dans la *Revue de Métaphysique et de Morale*.

(3) Outre *Pensée et Réalité* (*Denken und Wirklichkeit*), les principaux ouvrages de Spir sont : *Schriften zur Moralphilosophie* et *Schriften vermischten Inhalts* (Verlag von Paul Neff, Stuttgart).

art de raisonner sans autre profit que d'aiguiser pour de plus sérieux objets notre raison, il faut la laisser aux enfants et ne plus y voir qu'une partie de l'éducation intellectuelle. Si, au contraire, elle doit être une science elle-même, on conviendra qu'elle n'est encore ni organisée, ni constituée. Il n'est pas douteux cependant qu'un grand nombre de vérités partielles ont été successivement découvertes. Que reste-t-il donc à trouver? Un principe sous lequel ces vérités s'ordonnent, forment un tout et prennent enfin leur véritable signification et toute leur valeur.

Descartes avait déjà reconnu que la seule vérité d'expérience dont nous soyons immédiatement assurés, est le fait de conscience. Mais faute d'une vérité rationnelle, immédiatement certaine elle aussi, et nécessaire pour y suspendre toutes les vérités dont la certitude ne peut être que médiate, ce grand homme avait laissé la philosophie retomber dans l'ornière des anciens systèmes. La métaphysique, d'une part, avec la chimère de ses explications transcendantes, et, de l'autre, le sensualisme avec ses conséquences sceptiques, avaient refleuri de nouveau. Kant proclama la nécessité de lois de l'esprit ou de catégories, pour l'explication même de l'expérience. Mais la théorie qu'il en a donnée est obscure, compliquée, manifestement arbitraire. Ses catégories, sans subordination, sans rapports logiques les unes avec les autres, constituent un mécanisme dont les rouages sont adaptés à des besoins souvent imaginaires, et quelquefois même disposés en vue de la symétrie seulement. Les tentatives pour réformer cette grande doctrine n'ont pas, quel qu'en soit d'ailleurs le mérite, corrigé autant qu'il l'aurait fallu ses défauts originels : personne n'a pu proposer une déduction satisfaisante des catégories ; on n'a pas encore atteint, en d'autres termes, à ce qui est toujours, il est vrai, le plus difficile à rencontrer, à ce qui ne se trouve partout qu'en dernier lieu, à ce qui est, en un mot, le plus simple: mais ici, comme partout, les efforts de tous les chercheurs y tendent sans cesse, et précisément grâce à ces efforts communs, un jour ou l'autre, le bonheur ou le génie le fait tout à coup découvrir. L'ordre est alors rétabli, ce qui était obscur s'éclaircit, les contradictions, auxquelles se heurtent nécessairement tôt ou tard les doctrines mal fondées, s'évanouissent,

« Placatumque nitet diffuso lumine cœlum ».

La philosophie de *Pensée et Réalité* n'est pas une de ces constructions métaphysiques, dans lesquelles l'imagination et les préjugés introduisent toujours quelques données arbitraires. Ce n'est, à aucun degré, un essai d'explication des choses, ou de la connaissance que nous en avons. C'est la pure constatation de ce qui est et, du même coup, la réfutation décisive du sensualisme. L'auteur prend pour point de départ, d'un côté, l'évidence du fait de conscience, qu'il analyse comme personne ne l'avait fait avant lui, et, de l'autre, celle du principe d'identité, qui est le seul principe vraiment *à priori*. Son originalité est, en effet, d'avoir compris le premier, ou simplement d'avoir constaté que ce principe est la loi suprême de la pensée, le fondement de toutes nos affirmations logiques. Sa grande découverte est d'avoir vu, et il l'a montré avec beaucoup de force dans le second livre de la première Partie (*Principes*), que la valeur objective du principe d'identité est prouvée par son désaccord même avec la réalité empirique, où rien ne se rencontre qui soit identique avec soi-même, qui ait une nature vraiment propre, qui soit une substance ou un absolu, un inconditionné ; mais où tout, en même temps, est organisé de manière à prendre l'apparence de substances, de corps ou d'esprits. Tout en s'écartant de la loi de notre pensée ou de la norme, le monde de l'expérience, aussi bien au dehors de nous qu'au dedans, paraît ainsi se conformer à cette loi. En fait, il n'est composé que de phénomènes : nos sensations, d'une part, nos états intérieurs, de l'autre, sont l'étoffe exclusivement dont il est fait, et cependant nous croyons, par une nécessité naturelle, en vertu de la loi suprême de notre pensée, à l'existence de corps hors de nous; nous nous apparaissons à nous-mêmes comme des substances unes et identiques. A la réflexion seulement, en constatant partout la composition, le changement, la dépendance vis-à-vis de conditions, nous découvrons le caractère anormal des choses et notre propre anomalie. La loi de la pensée qui a créé l'illusion nous donne aussi le moyen de la pénétrer et, en la pénétrant, de la dissiper, ou plutôt de nous élever au-dessus d'elle et de la juger. Nous ne pouvons, en effet, parvenir à reconnaître l'anomalie des choses et la nôtre que parce que nous avons la notion de la norme: nous ne pouvons penser au relatif ou au conditionné comme tels que parce que nous concevons l'inconditionné et l'absolu.

La notion de l'absolu est ainsi, dans l'ordre de la pensée, comme le soleil qui éclaire tout le domaine de la connaissance. Elle s'exprime par le principe d'identité qui prend enfin, en philosophie, la place qui lui appartient. Elle ne conduit, il est vrai, qu'à l'affirmation pure et simple de l'absolu; elle fait le fond de la preuve cartésienne de l'existence de Dieu, la seule preuve, bien comprise, qui ait une réelle valeur. Elle n'autorise donc à aucun degré une explication du monde catégories ; on n'a pas encore atteint, en d'autres termes, à ce qui est toujours, il est vrai, le plus difficile à rencontrer, à ce qui ne se trouve partout qu'en dernier lieu, à ce qui est, en un mot, le plus simple ; mais ici, comme partout, les efforts de tous les chercheurs y tendent sans cesse, et précisément grâce à ces efforts communs, un jour ou l'autre, le bonheur ou le génie le fait tout à coup découvrir. L'ordre est alors rétabli, ce qui était obscur s'éclaircit, les contradictions, auxquelles se heurtent nécessairement tôt ou tard les doctrines mal fondées, s'évanouissent,

« Placatumque nitet diffuso lumine cœlum ».

La philosophie de *Pensée et Réalité* n'est pas une de ces constructions métaphysiques, dans lesquelles l'imagination et les préjugés introduisent toujours quelques données arbitraires. Ce n'est, à aucun degré, un essai d'explication des choses, ou de la connaissance que nous en avons. C'est la pure constatation de ce qui est et, du même coup, la réfutation décisive du sensualisme. L'auteur prend pour point de départ, d'un côté, l'évidence du fait de conscience, qu'il analyse comme personne ne l'avait fait avant lui, et, de l'autre, celle du principe d'identité, qui est le seul principe vraiment *à priori*. Son originalité est, en effet, d'avoir compris le premier, ou simplement d'avoir constaté que ce principe est la loi suprême de la pensée, le fondement de toutes nos affirmations logiques. Sa grande découverte est d'avoir vu, et il l'a montré avec beaucoup de force dans le second livre de la première Partie (*Principes*), que la valeur objective du principe d'identité est prouvée par son désaccord même avec la réalité empirique, où rien ne se rencontre qui soit identique avec soi-même, qui ait une nature vraiment propre, qui soit une substance ou un absolu, un inconditionné ; mais où tout, en même temps, est organisé de manière à prendre l'apparence de substances, de corps ou d'esprits. Tout en s'écartant de la loi de notre pensée ou de la norme, le monde de l'expérience, aussi bien au dehors de nous qu'au dedans, paraît ainsi se conformer à cette loi. En fait, il n'est composé que de phénomènes : nos sensations, d'une part, nos états intérieurs, de l'autre, sont l'étoffe exclusivement dont il est fait, et cependant nous croyons, par une nécessité naturelle, en vertu de la loi suprême de notre pensée, à l'existence de corps hors de nous ; nous nous apparaissons à nous-mêmes comme des substances unes et identiques. A la réflexion seulement, en constatant partout la composition, le changement, la dépendance vis-à-vis de conditions, nous découvrons le caractère anormal des choses et notre propre anomalie. La loi de la pensée qui a créé l'illusion nous donne aussi le moyen de la pénétrer et, en la pénétrant, de la dissiper, ou plutôt de nous élever au-dessus d'elle et de la juger. Nous ne pouvons, en effet, parvenir à reconnaître l'anomalie des choses et la nôtre que parce que nous avons la notion de la norme : nous ne pouvons penser au relatif ou au conditionné comme tels que parce que nous concevons l'inconditionné et l'absolu.

La notion de l'absolu est ainsi, dans l'ordre de la pensée, comme le soleil qui éclaire tout le domaine de la connaissance. Elle s'exprime par le principe d'identité qui prend enfin, en philosophie, la place qui lui appartient. Elle ne conduit, il est vrai, qu'à l'affirmation pure et simple de l'absolu ; elle fait le fond de la preuve cartésienne de l'existence de Dieu, la seule preuve, bien comprise, qui ait une réelle valeur. Elle n'autorise donc à aucun degré une explication du monde anormal, dont la réalité s'impose comme un fait, et qui est, par cela même qu'il est anormal, inexplicable. Dieu, ainsi que l'avait bien compris Aristote, est la perfection qui se suffit à elle-même et qui ne saurait être la cause de l'imparfait. Mais il est le terme vers lequel il faut tendre : il est l'idéal, actuellement réalisé, que nous devons nous efforcer d'imiter, et comme le phare qui répand sur notre route sa lumière, et nous permet, par les clartés dont il inonde l'esprit, d'arriver à la certitude. L'affirmation de l'existence de Dieu et le sentiment religieux sont les conditions nécessaires et de toute pensée logique et de toute action morale.

Du principe d'identité se déduisent, comme de simples déterminations de la notion d'absolu ou comme des conséquences, tous les autres principes *à priori* mais dérivés, c'est-à-dire toutes ces lois de l'esprit ou ces catégories entre lesquelles il avait paru jusqu'alors impossible d'établir des rapports logiques. Parmi elles se trouvent les propositions que les sciences proprement dites acceptent comme des postulats, sans pouvoir les justifier. Et alors, bien mieux qu'on ne pourrait le faire avec aucune autre doctrine, on aperçoit les différences et les rapports de la philosophie et des sciences. La philosophie va jusqu'au fond des choses ; elle commence où les sciences, qui ne peuvent pas dépasser le domaine de l'apparence, sont contraintes de s'arrêter, et c'est elle qui leur donne leurs principes et qui assure la validité de leurs inductions. A le bien comprendre, on éviterait la confusion où, de nos jours encore, la philosophie se débat : on cesserait de l'asservir, renversant les rôles, aux sciences, de borner sa tâche à de vaines généralisations que de nouveaux et incessants progrès dans l'étude infinie du monde empirique rendront toujours insuffisantes ; on verrait en elle enfin ce qu'elle est, la plus positive des sciences et la seule qui puisse atteindre, dès maintenant, à une vérité définitive.

Spir était né le 15 novembre 1837, dans la Russie méridionale. Il prit, comme officier de marine, une part brillante à la défense de Sébastopol, et se consacra ensuite exclusivement à l'étude. Sans autres maîtres que les œuvres des principaux philosophes dont il acquit une connaissance parfaite, il conçut à la longue cette doctrine qu'il aurait vivement souhaité de voir apprécier par le peuple le plus naturellement épris de clarté, et c'est pourquoi, vers la fin de sa vie, il écrivit ses *Esquisses* en français. Il est mort le 26 mars 1890.

Il avait songé, je le sais, à faire ici quelques changements dans l'ordre de ses démonstrations. Je n'ai pas cru pouvoir les tenter de ma propre autorité. J'espère, du moins, que mon souci de l'exactitude n'aura pas trop nui à l'élégance de l'expression ni surtout à la netteté de la pensée.

A. P.

Douai, mai 1896.

TABLE DES MATIÈRES

	Pages
Introduction.	1

Première Partie

LA LOI DE LA PENSÉE

LIVRE PREMIER

Préliminaires

Premier chapitre. — *La certitude immédiate*.	16
Deuxième chapitre. — *De la nature de l'idée et du sujet connaissant*.	
§ 1. Qu'est-ce que l'idée ?.	21
§ 2. Différence de l'idée et de l'image. L'essence de l'idée caractérisée par la croyance.	28
§ 3. Différence de l'idée et de la sensation.	33
§ 4. De la connaissance des états internes.	38
§ 5. Résumé des observations précédentes.	42
§ 6. Du sujet connaissant.	47
Troisième chapitre. — *De la certitude médiate*.	
§ 1. Comment l'erreur est-elle possible.	54
§ 2. Comment la conscience de l'erreur est-elle possible ?.	58
§ 3. Considérations préliminaires sur le raisonnement en général, et en particulier sur le syllogisme.	61
§ 4. Considérations provisoires sur l'induction.	65
§ 5. Remarques générales sur un criterium de la vérité.	73

QUATRIÈME CHAPITRE. — *De la connaissance d'un monde extérieur.*

§ 1. Courte revue des théories 78
§ 2. Ce que nous connaissons comme des corps n'est pas autre chose que nos sensations. 81
§ 3. Les corps sont, quant à leur concept, inconditionnés. 88
§ 4. Un non-moi n'est pas synonyme d'un monde extérieur. 92

CINQUIÈME CHAPITRE. — *Examen de diverses théories.*

§ 1. Théories d'après lesquelles une vraie connaissance des corps est possible avec les seules données de l'expérience 95
§ 2. Théorie d'après laquelle la connaissance des corps serait acquise au moyen d'un concept à priori de causalité. 98
§ 3. La prétendue théorie psychologique de Stuart Mill. 102
§ 4. Remarques finales 113

LIVRE SECOND

Principes

PREMIER CHAPITRE. — *Le concept de l'inconditionné*. 117

DEUXIÈME CHAPITRE. — *Les lois logiques.*

§ 1. Le principe d'identité. 126
§ 2. Le principe de contradiction 130
§ 3. Passage de la logique à l'ontologie. 140

TROISIÈME CHAPITRE. — *Preuve de la loi suprême de la pensée.*
I). Par la composition et la relativité des objets empiriques.

§ 1. Sens et forme de la loi suprême de la pensée 146
§ 2. Preuve de la valeur objective de la loi suprême de la pensée. 153

QUATRIÈME CHAPITRE. — *Preuve de la loi suprême de la pensée.*
II). Par la nature du changement.

§ 1. De l'essence du changement 162
§ 2. Preuve que le mouvement n'appartient pas à l'être propre des choses 167

CINQUIÈME CHAPITRE. — *Preuve de la loi suprême de la pensée.*
III). Par la nature des sentiments de plaisir et de douleur. . 173

SIXIÈME CHAPITRE. — *L'organisme de la pensée.*

    § 1. Des concepts à priori. 179
    § 2. Il ne peut y avoir qu'un concept à priori. 185
    § 3. La proposition qui exprime le concept primitif à priori doit être à la fois identique et synthétique. . 188
    § 4. De quelques concepts dérivés. 191

LIVRE TROISIÈME

Conséquences principales

PREMIER CHAPITRE. — *Le concept de causalité.*

    § 1. Examen de quelques théories sur la causalité. . . 194
    § 2. Dérivation du principe de causalité 203
    § 3. Différence entre la conception ordinaire et la conception scientifique de l'idée de causalité. 211
    § 4. Suite du même sujet. 216

DEUXIÈME CHAPITRE. — *Être et devenir* 221

TROISIÈME CHAPITRE. — *Rapport du monde et de l'inconditionné.*

    § 1. Ce rapport ne ressemble à aucun de ceux que nous connaissons 227
    § 2. Détermination plus précise du rapport entre le monde de l'expérience et l'inconditionné. 233

QUATRIÈME CHAPITRE. — *L'inconditionné est un.*

    § 1. Preuve de l'unité de l'inconditionné. 241
    § 2. Considérations touchant la simplicité de l'inconditionné. 248

CINQUIÈME CHAPITRE. — *Le phénomène et l'apparence* . . 254

SIXIÈME CHAPITRE. — *Le vrai sens de la relativité de tout savoir* . 261

LIVRE QUATRIÈME

De l'explication

PREMIER CHAPITRE. — *De l'explication en général.* 268

DEUXIÈME CHAPITRE. — *Du principe de raison suffisante* . . 276

TROISIÈME CHAPITRE. — *Ce qu'est la négation dans la réalité.* . . 285

	Pages
Quatrième chapitre. — *Le panthéisme ou la confusion de l'inconditionné avec le général*.	293
Cinquième chapitre. — *Le théisme*.	302
Sixième chapitre. — *L'antinomie fondamentale*.	310

Deuxième Partie

LE MONDE DE L'EXPÉRIENCE

LIVRE PREMIER

Le monde extérieur.

Premier chapitre. — *L'idée de temps*.	323
Deuxième chapitre. — *L'idée d'espace*.	
§ 1. Du contenu de l'idée d'espace.	333
§ 2. De l'origine de l'idée d'espace.	338
Troisième chapitre. — *Si nous nous distinguons primitivement d'autre chose*	341
Quatrième chapitre. — *De la connaissance des successions*.	351
Cinquième chapitre. — *Démonstration de l'idéalisme*.	
§ 1. Remarques préliminaires.	357
§ 2. Démonstration de l'identité de nos sensations et des corps perçus	358
§ 3. Démonstration de la non-existence des choses extérieures comme causes de nos sensations	363
§ 4. Remarques et éclaircissements	366
Sixième chapitre. — *De la perception des corps*.	
§ 1. Les conditions essentielles de la perception	377
§ 2. Étude approfondie du fait de la perception	386
Septième chapitre. — *Des théories scientifiques des corps*.	
§ 1. De l'essence des corps en général.	399
§ 2. Des qualités des corps.	410
Huitième chapitre. — *Du mouvement*.	418

TABLE DES MATIÈRES

Pages

Neuvième chapitre. — *Force et loi* 425

Dixième chapitre. — *Considérations téléologiques*.
- § 1. D'un but extérieur de la nature 437
- § 2. De la finalité interne de la nature 440
- § 3. Remarques sur la doctrine de Darwin 444
- § 4. Fausseté de l'argument téléologique 450
- § 5. Du Logos qui régit le monde 453

LIVRE SECOND

Le moi

Premier chapitre. — *De la nature et de l'unité du moi*.
- § 1. Exposition de la doctrine fondamentale 465
- § 2. Notre moi n'est pas une substance, mais un composé et un processus 466
- § 3. Sens et fondement de la conscience de soi . . . 473
- § 4. Dépendance du moi par rapport aux conditions. De quelle nature est l'unité du moi ? 478
- § 5. Point de vue supérieur 485
- § 6. De la connaissance des autres sujets 488

Deuxième chapitre. — *Sentiment et sensation* 493

Troisième chapitre. — *La volonté*.
- § 1. Origine et nature de la volonté 498
- § 2. Les lois de la volonté 505

Quatrième chapitre. — *L'idée considérée comme fait réel* . . 510

Cinquième chapitre. — *Le jugement*.
- § 1. Qu'est-ce que le jugement 521
- § 2. Ce que l'on affirme dans le jugement 527
- § 3. Différence des jugements synthétiques et des jugements analytiques 530

Sixième chapitre. — *Le syllogisme*.
- § 1. Du raisonnement en général 535
- § 2. Théorie de Stuart Mill sur le syllogisme 538
- § 3. De la valeur du syllogisme 542

SEPTIÈME CHAPITRE. — *L'induction.*

§ 1. Des fondements empiriques de l'induction. 550
§ 2. Des fondements rationnels de l'induction :
    α) par rapport à la succession des phénomènes. . 553
    β) par rapport à la simultanéité des phénomènes. 559

INTRODUCTION

Quelle est la tâche de la philosophie?

La réponse à cette question est peut-être l'introduction la plus convenable à l'ouvrage que voici, bien qu'on ne puisse vraiment dire quelle est la tâche de la philosophie sans donner les principaux résultats des recherches exposées dans cet ouvrage même. Car la tâche de la philosophie est en relation étroite avec son essence, avec les théories fondamentales qui constituent cette essence.

On n'éprouvait autrefois aucune difficulté à résoudre cette question : quelle est la tâche de la philosophie? La philosophie devait être simplement une métaphysique, une science de l'inconditionné ou de l'absolu, et elle avait ainsi un objet spécial qui distinguait son domaine de celui des autres sciences. Mais depuis que l'on sait, grâce à l'expérience de milliers d'années, qu'il n'y a pas trace dans l'humanité d'une science de l'inconditionné, ou plutôt qu'il n'y a relativement à cet objet que des hypothèses qui se détruisent mutuellement, la question n'est pas si facile à résoudre.

Pour ce qui est de la prétention des anciens philosophes de constituer une métaphysique, une science de l'inconditionné, il faut en faire justice en peu de mots, parce qu'elle témoigne d'une parfaite ignorance des voies et moyens de la connaissance (1). L'inconditionné, en effet, n'est pas un objet d'expérience — autrement notre expérience elle-même serait déjà une métaphysique, ou la métaphysique serait une partie de notre expérience; — il ne peut donc être connu, s'il l'est jamais, que par un raisonnement. Mais le raisonnement ne peut rien faire de rien, ni faire sortir la science de l'ignorance. Il ne peut qu'étendre notre connaissance de certains objets à d'autres, qui ne nous sont pas immédiatement connus, mais qui appartiennent à la même espèce que les premiers. Par le raisonnement, un objet encore inconnu ne devient donc connu qu'autant qu'il fait partie du genre d'un objet connu. Mais l'inconditionné n'appartient à aucun genre d'objets connus, empiriques, qui précisément sont tous conditionnés; il ne peut donc être lui-même connu par le raisonnement. Et supposé que nous ayons *a priori* un concept de l'inconditionné — ce qui est, comme on le verra plus loin, le cas en effet, — ce concept n'a aucun contenu réel, car la connaissance ne peut avoir qu'un contenu conditionné, empirique; il n'y a donc pas moyen de fonder avec lui une science de l'inconditionné, une métaphysique.

Mais si la philosophie ne peut pas découvrir l'inconditionné et n'a pas, par suite, un objet différent de celui des sciences expérimentales, comment peut-elle subsister à côté de ces sciences et s'en distinguer? En quoi consiste donc la tâche de la philosophie? Quand on fait cette question aux philosophes d'aujourd'hui, on obtient autant de réponses différentes qu'il y a de philosophes interrogés. Ils n'ont pas, pour la plupart actuellement, une idée plus nette de la tâche de la philosophie que de sa véritable essence. Nous allons dire quelle idée il faut s'en faire.

(1) Nous reviendrons amplement sur cette question dans la première Partie de cet ouvrage.

On a l'habitude d'opposer la philosophie aux sciences « positives », parmi lesquelles on range les sciences expérimentales. De là le reproche que la philosophie n'est pas « positive », et ce reproche était jusqu'à présent parfaitement fondé, comme le fait voir la complète stérilité jusqu'à ce jour des efforts philosophiques. Mais quand c'est la vraie philosophie, la philosophie réelle qui est en question, il lui est facile de rétorquer ce trait. Il ne peut y avoir une philosophie distincte des sciences expérimentales que parce que les sciences expérimentales ne sont pas assez « positives ».

On a généralement une conscience obscure de ce fait, et ce qui le prouve, c'est l'opinion fort répandue que tout savoir empirique est « relatif ». Mais on ne voit pas clairement ce que signifie au juste cette relativité. Dire que le savoir empirique est relatif, qu'il n'est pas inconditionné, c'est dire qu'il n'est pas *inconditionnellement vrai*, et, en d'autres termes, qu'en son essence même il est *faux*, qu'il repose sur une *déception*. Nous ne pouvons pas savoir, dit-on, ce que la matière et l'esprit sont en eux-mêmes. C'est très vrai; mais cela prouve précisément que l'esprit (le moi) et le corps que nous connaissons dans notre expérience, ne sont pas des substances réelles, mais une apparence seulement de substances. Car si des objets nous sont donnés dans l'expérience même et s'ils ne peuvent cependant pas être connus comme ils sont en soi, c'est précisément la preuve qu'ils n'ont pas un *en soi*, c'est-à-dire qu'ils ne possèdent pas un être véritablement propre, qu'ils ne sont pas des substances réelles. Si au contraire les corps de notre expérience existaient réellement, notre expérience serait elle-même une métaphysique, ce qui n'est évidemment pas le cas.

C'est seulement dans le cours de l'ouvrage que tout cela sera établi, prouvé et éclairci. Nous ne faisons que l'indiquer ici pour caractériser la tâche de la philosophie. La philosophie n'a pas d'autre objet que les sciences expérimentales, et cependant elle en diffère, elle en est indépendante. Car toute notre expérience repose sur une déception organisée; l'expérience nous montre les objets non comme ils sont réellement, mais comme ils nous apparaissent par une nécessité de nature. Ainsi nos impressions sensibles nous apparaissent nécessairement et avec une parfaite concordance en fait comme des corps dans l'espace, que nous croyons voir, toucher, en un mot percevoir immédiatement, tandis qu'en réalité il n'y a jamais rien qui nous soit donné et nous soit présent en dehors de nos sensations.

La tâche de la philosophie est donc de chercher la connaissance inconditionnellement vraie, de nous élever ainsi au-dessus de la déception naturelle, de connaître les objets tels qu'ils sont vraiment et réellement. Si la philosophie parvient un jour à se constituer, elle sera la seule science réellement « positive », la seule science dont les doctrines seront vraies sans restriction, ce qui n'est pas le cas pour les sciences expérimentales, malgré leurs succès et leur triomphe.

La méthode de la vraie philosophie consiste simplement et uniquement en ceci : 1° constater exactement, tels qu'ils sont, les faits eux-mêmes, du moins les faits donnés immédiatement, et 2° ne tirer des faits que les conséquences les plus simples, celles qui se présentent d'elles-mêmes.

Si l'on s'attache à cette méthode, on s'affranchira pour toujours de toute possibilité d'erreur. Mais ici se dresse la question : pourquoi n'a-t-on pas essayé depuis longtemps cette méthode qui est évidemment la bonne? Ce qui l'a surtout empêché, de tout temps, c'est la déception naturelle qui est la condition de notre expérience, et l'invincible penchant qu'elle favorise d'expliquer les faits; ce penchant rend impossible l'intelligence toute simple et sans préjugé des faits eux-mêmes. Les séparer, les distinguer de toutes les explications possibles ou impossibles qu'on en donne, c'est si bien au contraire l'essentiel en philosophie, que tout ce que l'on fera, en négligeant d'établir cette distinction, manquera de toute valeur scientifique.

Cependant il y a eu au moins une tentative d'employer à peu près la méthode caractérisée plus haut, et elle a été faite par David Hume, le plus sagace des hommes (1). Mais cette méthode l'a conduit au scepticisme le plus complet, et c'est ce qui a détourné d'employer la seule vraie méthode. On aimerait mieux se tromper que d'aboutir aux mêmes résultats que ce philosophe. Il est clair toutefois que l'on peut se servir des mêmes procédés que lui et arriver à des résultats plus satisfaisants. Mais il faut pour cela connaître la loi fondamentale de notre pensée, et Hume l'ignorait. Si nous pouvons pénétrer la déception naturelle et parvenir à une connaissance vraie et inconditionnée, c'est à la lumière seulement du concept que nous avons *a priori* de l'inconditionné (c'est-à-dire de l'être inconditionné, normal des choses), et qui est la loi fondamentale de notre pensée. Aussi la philosophie est-elle avant tout une philosophie *critique* : la découverte de la loi de la pensée forme sa première tâche et la plus importante (2).

Cependant les travaux qui ont mené Hume à son parfait scepticisme sont en partie irréprochables, et quiconque suivra

---

(1) Hume, cependant, n'a pas pu lui-même s'affranchir entièrement du penchant qui nous porte à expliquer, et c'est ce qui l'a fait se tromper. Tant qu'il se contente de constater les faits, il arrive à des résultats exacts. S'il tente, au contraire, d'expliquer quelques faits, par exemple la nature de l'idée elle-même, l'idée d'une liaison nécessaire des phénomènes, le caractère apodictique des propositions mathématiques, il tombe dans l'erreur.

(2) Les deux tâches principales de la philosophie, découvrir la loi de la pensée et connaître tels qu'ils sont réellement les objets donnés, ne peuvent être accomplies que toutes les deux ensemble. On ne peut arriver à une notion exacte de la loi de la pensée sans connaître les choses

la même méthode, la seule bonne, arrivera, au moins en partie, aux mêmes résultats, à cette conclusion, en particulier, que la croyance naturelle dans laquelle nous sommes tous nés et nous avons tous grandi, est logiquement contradictoire et ne s'accorde pas avec les faits (1). Mais les choses de ce monde sont arrangées de telle sorte que, pour la conscience ordinaire et enfermée dans la déception naturelle, les explications qu'on en donne, les plus opposées à la vraie philosophie, semblent l'exposition des choses telles qu'elles sont et non de pures rêveries. Il ne faut donc pas s'étonner que la philosophie ait fait si peu de progrès, quoiqu'elle ait affaire à ce qui est le plus près de nous et le plus immédiatement vérifiable. Nous devons plutôt nous étonner que les hommes, malgré un si grand obstacle, aient pu former tant de conjectures exactes. Car presque toutes les vérités, à les prendre isolément, ont été trouvées et exprimées par les anciens penseurs. Mais c'est autre chose d'avoir des pensées isolées vraies, et autre chose de posséder une droite façon de penser, de se mettre au point de vue où se fait la liaison logique de toutes les vérités. Isolées, les opinions, les pensées vraies n'ont ni force ni effet; aussi voyons-nous que, malgré tous ces gains individuels, en philosophie, on n'est arrivé à rien dans l'ensemble, qu'on n'a fait aucun progrès général; que, depuis des milliers d'années au contraire, les mêmes problèmes sont agités sans succès et les mêmes querelles sans cesse renouvelées. De notre temps

comme elles sont, et, réciproquement, cette connaissance n'est vraiment possible dans toute son étendue que par cette notion. Ce double aspect nécessaire à toute recherche philosophique, j'ai essayé déjà de l'indiquer par le titre de cet ouvrage. Dans la première Partie, je traite surtout de la Norme de la pensée et surtout, dans la seconde, des choses données telles qu'elles sont réellement.

(1) Il faut cependant en excepter la croyance à une liaison nécessaire des phénomènes et à la valeur du principe de causalité, que Hume a mal comprise et mal expliquée parce qu'il en ignorait le fondement rationnel.

encore, le pur naturalisme est redevenu florissant, c'est-à-dire la négation de toute philosophie, sous les noms de « Monisme », de « Positivisme », de « Matérialisme », etc. Et il semble que tous les grands penseurs, depuis Héraclite et Parménide jusqu'à Hume et Kant, aient vécu et travaillé pour rien. Mais cet état de choses déplorable ne tardera pas à cesser. La droite manière de penser est trouvée, c'est-à-dire le point de vue où se fait la liaison logique de toutes les vérités. Il m'a été, par suite, possible de résoudre définitivement tous les problèmes que j'ai abordés, si bien qu'à l'avenir il n'y aura rien d'essentiel à y changer et que l'humanité est assurée à jamais du bien intellectuel le plus précieux.

Il importe pour l'intelligence de cet ouvrage de faire connaître en peu de mots quel est ce point de vue d'où l'on domine toute la philosophie. Les deux propositions suivantes suffisent à l'exprimer.

1º Nous avons dans notre pensée une Norme (dont l'expression est le principe d'identité) avec laquelle, sans exception, *ne s'accorde pas* la nature des objets de l'expérience.

2º Tous les objets de notre expérience tant intérieure qu'extérieure sont organisés de manière à *paraître s'accorder* avec cette Norme.

Ces deux propositions résument toute la philosophie. Celui qui a bien compris ces deux propositions a tout compris et peut tout éclaircir sans mon secours. Celui, au contraire, qui ne les comprend pas, ne sait rien de la vraie nature des choses, et il vit comme dans un demi sommeil, quelles que soient d'ailleurs sa science et sa perspicacité. Si un grand nombre d'hommes arrivent un jour à comprendre ces deux propositions, ce sera pour l'humanité une ère nouvelle, le début de l'ère de la maturité de l'esprit.

La Norme de notre pensée est le concept que nous avons *a priori* de l'inconditionné ou de la substance, le plus simple et le plus élevé de tous les concepts. Le concept de l'inconditionné ou de la substance n'est à proprement parler rien autre que le concept d'un objet qui possède un être qui lui est propre et qui est identique avec lui-même. Quelque simple et évident que soit ce concept, une recherche sincère fait voir que dans toute l'étendue de notre expérience pas un objet ne lui répond réellement, et cependant nous connaissons, à ce qu'il semble, des objets inconditionnés, des substances (comme les corps, par exemple). Mais bien qu'aucun des objets de l'expérience ne s'accorde avec la Norme ou la loi fondamentale de notre pensée, il est possible de prouver que par leur désaccord même avec cette loi ils en confirment, ils en attestent la validité. Trois chapitres de la première Partie sont consacrés à cette preuve.

Il est encore nécessaire d'ajouter à ce qui a été dit déjà quelques remarques générales sur la constatation dans notre pensée et notre connaissance d'un élément *a priori*. Sur ce sujet, on a, comme on sait, beaucoup écrit sans arriver à un résultat définitif; on peut voir déjà que les choses sont très simples et très claires. La Norme *a priori* de notre pensée, le concept de l'inconditionné ou de la substance, c'est-à-dire le concept d'un objet qui a un être qui lui est propre et qui est identique avec lui-même, est évident, immédiatement certain, si bien que le nier ce serait nier absolument sa pensée même (1).

Cependant la recherche scrupuleuse exige que l'on ne se

---

(1) Ce concept forme si bien l'essence de notre pensée, que nous ne pouvons pas concevoir qu'il y ait un objet qui ne s'accorde pas avec lui, c'est-à-dire qui n'ait pas un être propre et ne soit pas identique avec lui-même. Mais tous les objets de l'expérience sont précisément faits de la sorte ; ils sont de simples combinaisons, changeantes et dépendantes de conditions extérieures. Tous les objets de l'expérience — nous-mêmes compris, — sont donc inconcevables pour notre pensée. Mais cette opposition entre la loi fondamentale de notre pensée et la nature des objets donnés — et mieux encore leur accord apparent, — a en outre pour effet

contente pas de cette certitude subjective, de cette « nécessité
de penser ». Car on a dit avec raison et démontré (Stuart Mill
l'a fait avec beaucoup de profondeur) que l'habitude, l'association
des idées peut produire d'apparentes nécessités de penser, et
que, par suite, on a pris pour nécessaires à penser et certaines
a priori des choses qui non seulement n'étaient pas fondées
dans la nature de notre pensée, mais qui se révélaient fausses
par la suite. Mais nous avons, pour le caractère apriorique de
notre loi de la pensée, un autre criterium qui écarte toute
possibilité de douter, à savoir ce fait que notre expérience
tout entière est en désaccord avec la loi de notre pensée.
C'est bien là le criterium de tout *a priori*. Sans ce désaccord,
on ne peut prouver, d'aucune prétendue nécessité de connaissance, qu'elle n'est pas une généralisation de l'expérience.
L'hypothèse d'un élément *a priori* de connaissance n'a de sens
que si cet élément ajoute quelque chose à l'expérience, qu'on
n'y trouverait pas, qu'il serait donc impossible d'en dériver.
Il nous serait impossible de former notre concept d'un objet
identique à lui-même, inconditionné, avec les matériaux de
l'expérience, parce qu'il n'y a en elle aucun objet semblable.
Mais il y a dans l'expérience quelque chose qui confirme, d'une
manière positive, le caractère apriorique de ce concept, c'est
l'organisation naturelle qui fait que les objets de l'expérience
semblent répondre à ce concept. Cette organisation naturelle,
décevante, qui rend si difficile la véritable intelligence des
faits, constitue, quand une fois on l'a pénétrée, la preuve la
plus forte que le concept de l'inconditionné n'est pas seulement
propre *a priori* à notre pensée, mais encore qu'il conditionne

fâcheux de rendre très difficile la connaissance exacte de l'une et des
autres Tout cela sera développé tout au long dans cet ouvrage, et je n'en
parle ici que pour faire voir qu'on ne peut juger des choses avec compétence, que lorsqu'on les a profondément étudiées. Par suite de l'étrange
constitution de notre monde, ce qui est clair, ce qui est simple est aussi le
plus difficile à découvrir et à comprendre.

toute la régularité du cours des choses. A cela s'ajoute la preuve mentionnée plus haut, que les objets de l'expérience, précisément parce qu'ils ne s'accordent pas avec notre loi *a priori* de pensée, en attestent et en confirment la validité. Et ainsi la loi de notre pensée est attestée de tous côtés et évidemment par le témoignage unanime des faits.

Je n'ai pas besoin de prolonger cette Introduction. Il faut maintenant parcourir pas à pas, et avec une application patiente, ce domaine de la recherche, dont je n'ai donné qu'un léger aperçu.

PREMIÈRE PARTIE

—

LA LOI DE LA PENSÉE

LIVRE PREMIER

PRÉLIMINAIRES

Chapitre premier

La certitude immédiate

D'après ce qui a été dit dans l'Introduction, je dois regarder comme accordé que le but de la philosophie est la certitude.

On sait depuis longtemps qu'une chose ne peut être certaine que de deux manières, immédiatement ou médiatement. Est médiatement certain ce dont la certitude est produite par autre chose, c'est-à-dire est empruntée d'autre chose. Une chose est certaine médiatement, lorsque je vois qu'elle est vraie par son rapport avec autre chose dont la vérité a été d'abord établie. Si rien n'était sûr immédiatement, rien ne serait certain médiatement, et il n'y aurait absolument pas de certitude. Si je dois toujours appuyer de nouvelles raisons les raisons par lesquelles doit être démontrée la vérité de mon opinion, si la poursuite de ce qui doit garantir les raisons données doit toujours continuer, toute la suite ou toute la chaîne des principes et des conséquences, ne contiendra pas la moindre certitude; ils flotteraient, comme on dit, dans le vide ou dans l'air; ils n'auraient pas de fondement. Dans ce cas, en effet, chacune des raisons successives n'aurait de valeur qu'à la condition que quelque chose de différent eût été d'abord prouvé et reconnu comme vrai ; cette condition se renouvellerait constamment, et il est évident que la possession d'une certitude toujours espérée ne serait jamais atteinte, ne deviendrait jamais une réalité. Mais si tôt que dans cette régression de raisons en raisons nous arrivons à quelque chose dont la vérité est immédiatement éclatante et n'a besoin d'aucune garantie, toute la série descendante reçoit à la fois force et valeur. Ce qui n'était auparavant qu'une suite morte de pensées, devient par là plein de vie et de signification jusque dans ses derniers chaînons ; les pensées se changent en connaissances dont la vérité se fait jour manifestement. La certitude immédiate est ainsi la source de toute certitude en général. La première tâche de la philosophie consiste donc à chercher la certitude immédiate.

Mais cette tâche n'est pas si facile à remplir, non que nous n'ayons pas une connaissance immédiatement certaine, mais parce que nous sommes souvent disposés à prendre pour immédiatement certain ce qui est simplement conclu. On peut aussi tomber dans la faute contraire et méconnaître ce qui est certain immédiatement. La difficulté est donc de distinguer ce qui est immédiatement certain de la masse des choses qui passent pour telles et de le séparer de tout ce qui est déduit. On sait que Descartes, le premier, a énoncé avec l'énergie nécessaire en pareille matière, que la pensée ou la conscience est pour elle-même immédiatement certaine. L'existence de la pensée elle-même, dit-il, ne peut être ni niée ni mise en doute ; car cette négation ou ce doute étant eux-mêmes des états de pensée ou de conscience, le seul fait de leur présence prouve ce qu'ils contestent et leur enlève ainsi toute signification. Il est difficile de croire que cette argumentation puisse être mal comprise, et elle pourrait l'être cependant et de diverses façons. Je voudrais écarter tout malentendu dans cette question et j'espère y réussir par les considérations suivantes.

Dans tout savoir, ou, d'une manière plus générale, dans toute idée, il y a à distinguer ce que l'idée elle-même *est*, et ce qu'elle *représente*, ou, en d'autres mots, ce qui est *donné* dans une idée et ce qui est *affirmé* (des objets) en elle. Ce qui est affirmé peut être faux ou douteux, mais jamais ce qui est donné. On voit par là combien était peu soutenable l'objection de ceux qui prétendaient qu'au lieu de la formule cartésienne « Je pense, donc je suis », on pourrait dire tout aussi bien « Je chante, ou je cours, donc je suis ». Ces gens-là n'ont pas vu où était précisément le nerf de la chose; ils ne remarquaient pas cette circonstance que le doute et la fausseté reposent sur la double nature des idées qui représentent des objets qu'elles ne sont pas elles-mêmes, que, par suite, la suppression immédiate du doute, ou, en d'autres termes, la certitude immédiate peut se rencontrer seulement dans ce que les idées elles-mêmes (le *Cogito*) présentent indépendamment de leur rapport avec les objets. La formule de Descartes *Cogito ergo sum* doit, exprimée avec précision, s'entendre ainsi :

Tout ce que je trouve dans ma conscience est, comme simple fait de conscience, immédiatement certain (1).

Quand je vois un objet, il peut être douteux si cet objet vu existe hors de ma conscience; mais il n'est pas douteux

---

(1) Que Descartes ait lui-même entendu et compris ainsi les choses, cela ressort clairement d'un passage de la 3ᵉ méditation qui est, d'après la traduction française, revue par Descartes, ainsi conçu : « Quoique les choses que je sens et que j'imagine ne soient peut-être rien du tout hors de moi et en elles-mêmes, je suis cependant assuré que ces façons de penser que j'appelle sentiments et imaginations, en tant seulement qu'elles sont des façons de penser, résident et se rencontrent certainement en moi ». Mais Descartes lui-même a donné lieu à des malentendus. Car la formule : *je pense, donc je suis* a pris chez lui dans la suite ce sens : *je pense, donc je suis une substance pensante*, ce qui est évidemment faux et en désaccord avec les faits. Il n'est pas facile de voir, il est vrai, comment il aurait pu éviter cette erreur. Il lui aurait fallu s'élever à la conscience que le monde ne contient en réalité aucune substance ni matérielle ni spirituelle, et c'était impossible de son temps.

que j'ai l'impression sensible donnée qui éveille chez moi l'idée d'un objet vu hors de moi. Quand j'entends un son, il peut être douteux qu'il ait une cause hors de moi ; mais il n'est pas douteux qu'il y a dans ma conscience un certain son qui me paraît, suivant les circonstances, venir de droite ou de gauche, de devant ou de derrière. Il en est de même pour tout le contenu de notre conscience. Il est douteux que n'importe quoi au dehors réponde n'importe comment à ce contenu, mais le contenu donné de la conscience est lui-même absolument hors de doute. Dans le contenu de notre conscience, nous avons ainsi toute certitude immédiate *dans l'ordre des faits* (1).

C'est la gloire éternelle de Descartes d'avoir, le premier, énoncé avec décision cette affirmation que la philosophie qui mérite ce nom doit commencer par le commencement, c'est-à-dire par la certitude immédiate, et d'avoir découvert par une intuition très sûre dans le contenu même de la conscience la certitude immédiate en matière de fait. Mais Descartes n'a rien fait de plus que de bien commencer, et la suite que lui ou les autres ont essayé d'y mettre s'est dispersée dans toutes les directions.

Les premières questions qui se présentent à nous avant d'aller plus loin sont celles-ci : ce qui est en fait immédiatement certain est le contenu de notre propre conscience ; comment quelque chose d'extérieur à notre conscience peut-il être certain? En outre, ce qui est immédiatement certain en tant que fait est toujours quelque chose de particulier, une impression sensible déterminée, un certain son, une sensation individuelle de saveur ou d'odeur, etc.; comment pouvons-nous de ces faits particuliers nous élever à des connaissances générales d'une parfaite certitude? La philosophie a la tâche de répondre à ces deux questions; aussi cet ouvrage est consacré

---

(1) On verra bientôt la raison de cette restriction.

à les résoudre, et je vais indiquer dès maintenant la marche adoptée pour leur développement. Ce qui suit en sera, je l'espère, éclairci d'autant.

Puisque le certain immédiat en tant que fait ne peut, comme nous l'avons vu, se rencontrer que dans les idées, il faut avant tout rechercher la nature des idées elles-mêmes. C'est évidemment là le premier pas que l'on doit faire raisonnablement pour reconnaître et assurer les fondements d'une recherche ultérieure. Cette recherche, telle qu'elle est instituée dans le chapitre suivant, donne ce résultat que le rapport particulier à des objets qui sont différents d'elles constitue l'être des idées, d'où il suit que la nature des idées elles-mêmes garantit l'existence des objets hors d'elles, et, qui plus est, qu'il doit y avoir des lois (des principes) fondées sur la nature de l'idée (de la pensée) qui conditionnent la connaissance des objets. — La recherche faite dans le troisième chapitre sur la question de savoir comment une chose peut être médiatement certaine ou, en d'autres termes, comment un progrès de la connaissance est possible, donne de son côté ce résultat que le certain immédiat de nature individuelle, en tant que fait, seul, ne peut mener avec certitude à aucune connaissance générale, bref, que dans les données de la perception seule il n'y a aucune raison pour fonder la valeur des inductions qui reposent sur elle.

Par là, il y a un point acquis, à savoir qu'en dehors des faits immédiatement certains il doit y avoir des principes de la connaissance immédiatement certains qui portent, non sur le particulier, mais sur le général. Ils sont la source de la certitude *rationnelle*, par opposition à la certitude de fait qui accompagne les données et les faits de la conscience. Mais ici se brise le fil conducteur et nous devons faire un nouveau commencement. Car il ne peut y avoir une méthode ou une règle pour découvrir la certitude immédiate. Nous devons nous demander si nous ne connaissons pas une formule générale, qui soit immédiatement certaine, évidente, en un mot intelligible par elle-même. Comme on le sait depuis très longtemps, il y en a une qui est telle en effet, c'est le principe d'identité. Nous devons y trouver l'expression de la loi fondamentale de notre pensée. Que l'on n'ait pas encore reconnu le vrai sens du principe d'identité, la faute en est d'une manière générale à cette circonstance mentionnée dans l'Introduction, que les objets de l'expérience semblent répondre au principe d'identité, tandis qu'en réalité aucun d'eux ne s'accorde avec lui. Cette organisation décevante des objets empiriques trompe presque invinciblement la pensée et lui rend très difficile l'intelligence de ses propres lois dans la plupart des cas. Nous devons donner d'autant plus de soin à cette question fondamentale. Les deux derniers chapitres du premier livre et tout le second livre de cette première Partie servent à prouver que le principe d'identité exprime la loi fondamentale, qu'il est le plus haut principe de notre pensée, et que la valeur objective de ce principe est garantie par le témoignage des faits eux-mêmes.

Les deux derniers chapitres du premier livre sont préparatoires. Ils traitent l'importante question de l'origine de notre connaissance du monde des corps, et, grâce au fait de cette connaissance on peut montrer très clairement que les données de la perception seule ne peuvent fournir une expérience comme la nôtre. L'analyse attentive de notre connaissance du monde des corps permettra déjà d'apercevoir clairement la loi suprême de notre pensée qui se trouve au fond de cette connaissance. Tout le second livre qui a pour titre : « Principes », a pour objet de prouver que cette loi fondamentale de la pensée qui conditionne la connaissance des corps et qui trouve son expression dans le principe d'identité, est un concept, primitivement inné à notre pensée, de l'existence propre, inconditionnée des choses, avec lequel aucune des données de l'expérience ne s'accorde — parce que l'expérience, précisément, n'offre rien d'inconditionné, — mais dont elles prouvent toutes la valeur objective par ce désaccord même. Par là, ce concept se révèle comme le principe commun de la logique et de l'ontologie. La seconde moitié de la première Partie et la seconde Partie de cet ouvrage sont entièrement consacrées à faire ressortir les conséquences logiques de ce premier principe, de la loi de la pensée.

La doctrine que je propose a donc, à son point de départ et dans son fondement, la double certitude immédiate que nous offrent, d'une part, les faits de conscience, de l'autre, la loi suprême de la pensée. Tout raisonnement dans mon livre a pour une de ses prémisses la loi fondamentale de la pensée, pour l'autre, un fait de conscience ou une conséquence tirée précisément de ces prémisses fondamentales. Comment l'une de ces prémisses fondamentales, la loi suprême de la pensée, sera éprouvée et vérifiée quant à sa certitude et à sa valeur, je l'ai déjà indiqué dans l'Introduction. Pour ce qui concerne les prémisses fondamentales d'autre sorte, les faits de conscience, je prendrai partout le plus grand soin de n'employer que des faits tout à fait purs et sans aucun mélange des inductions et des éclaircissements que l'influence de l'habitude y fait adhérer. Les raisonnements eux-mêmes seront conduits conformément à ce principe fondamental : de choses identiques ou qui s'accordent on peut affirmer la même chose ; on ne le peut pas de choses non identiques ou qui ne s'accordent pas.

De cette manière s'élèvera un système de pensées dont les fondements seront absolument solides et assurés et dont toutes les parties seront parfaitement reliées aux fondements : le plus haut principe de la pensée et les faits de conscience.

Une philosophie ainsi constituée ne peut jamais entrer en conflit avec les sciences de la nature. L'occasion d'un conflit entre les sciences de la nature et la philosophie naît de la supposition des philosophes que l'inconditionné, dont ils font leur objet, contient la raison suffisante du monde expérimental, dont l'étude est l'objet des sciences de la nature, et qu'il est ainsi l'explication dernière à trouver. Nous aurons à montrer dans le cours de cet ouvrage que cette supposition est fausse et que, par suite, la prétention des philosophes à régenter les sciences de la nature est mal fondée. L'inconditionné n'est pas la raison suffisante du monde expérimental, mais c'est le concept de l'inconditionné qui seul est l'objet de la vraie philosophie, de la philosophie critique, et le fondement aussi du savoir expérimental. Il en résulte une tout autre relation entre les sciences de la nature et la philosophie, qui se complètent ainsi au lieu de se combattre. Car où finit le domaine des unes, commence le domaine de l'autre. Les sciences de la nature, par exemple, ne demandent pas comment il se fait que nous puissions tirer du contenu de notre propre conscience la connaissance d'un monde de corps hors de nous. Elles ne peuvent pas répondre non plus à cette question, car, pour elles, la connaissance du monde des corps est la dernière, la plus haute supposition; mais la philosophie doit répondre à cette question en revenant pour cela à la certitude immédiate elle-même. Les sciences ne demandent pas de quel droit elles attribuent une valeur universelle et la même dans tous les temps aux lois naturelles qu'elles constatent. Elles ne peuvent jamais résoudre cette question, parce que la simple expérience n'apprend pas que quoi que ce soit soit réellement impossible; mais la philosophie doit fournir les arguments rationnels qui garantissent la valeur des inductions scientifiques. Il ne peut donc y avoir de débat entre elles.

Mais bien que la vraie philosophie ne puisse jamais être en conflit avec les sciences et que le même principe soit au fond de l'une et des autres, cependant elles ne s'accordent pas ensemble. Car toute notre expérience repose précisément sur une déception organisée systématiquement, et le même principe qui rend possible une forte pensée logique et qui est la base de toute certitude rationnelle, est aussi la condition de cette déception naturelle. Le principe de la vérité est en même temps le principe de l'apparence. Aussi la philosophie et les sciences, bien qu'elles aient le même objet et reposent sur le même principe, se distinguent cependant. Les sciences, en effet, se meuvent dans le domaine de la déception naturelle : elles ne reconnaissent pas les objets tels qu'ils sont réellement, mais comme ils nous apparaissent en vertu d'une nécessité naturelle, tandis que la tâche de la philosophie est précisément de rechercher la vérité inconditionnée, de reconnaître les objets tels qu'ils sont en réalité, et de mettre en lumière le vrai sens de la loi de la pensée.

Deuxième Chapitre

De la nature de l'idée et du sujet connaissant

§ 1. Qu'est-ce que l'idée ?

Nous devons d'abord nous demander ce que signifie la distinction du vrai et du faux et les conséquences qui en résultent.

La distinction du vrai et du faux a ce caractère qu'elle concerne, non pas la nature même d'un objet, mais son rapport avec quelque autre chose. La vérité est, comme on sait, là où un objet, que nous pouvons en général désigner par A, se présente ou se produit précisément tel qu'il est en réalité, ou comme ce qu'il est réellement, c'est-à-dire dans sa *propre* nature, à savoir précisément comme A. Si, au contraire, on affirme de l'objet A quelque chose qui n'est pas réellement en lui, qui lui est par suite étranger, si l'objet A est conçu non comme A, mais comme quelque autre chose, comme B si l'on veut, on dit que cette affirmation ou cette conception est fausse. L'affirmation, par exemple, qu'un homme a des ailes serait fausse, parce que l'homme n'a rien de tel, parce que les ailes appartiennent en effet à la nature de l'oiseau, mais ne se trouvent pas chez l'homme et qu'on lui attribuerait ainsi quelque chose qui est étranger à son être réel.

On fera bien de remarquer cette liaison entre la distinction du vrai et du faux et celle de ce qui est propre ou étranger par rapport à la nature d'un objet; car on l'a souvent mal comprise et il en est résulté plus d'un malentendu. Un objet ne peut pas contenir de fausseté dans sa propre nature, car la fausseté consiste exclusivement en ceci que l'on affirme de l'objet quelque chose qui précisément n'appartient pas à sa nature. Si, par exemple, l'objet A était aussi en soi et conformément à sa propre nature B, cela ne constituerait pas une fausseté, car l'objet A serait en vérité B en même temps. La nature *vraie* et la nature *propre* d'un objet signifient donc exactement la même chose : ce sont deux expressions d'un seul et même concept. Il n'y a réellement fausseté que si un objet A n'est pas B en soi, et s'il paraît cependant B à quelqu'un. Toutes les fois qu'on parle de ce qu'un objet est *en soi* et *en vérité*, il faut entendre par là sa *propre* nature.

La possibilité de la fausseté suppose maintenant la présence d'une image toute particulière qu'on appelle l'idée. Il faut très soigneusement rechercher la nature de cette image et bien la déterminer, avant d'espérer pouvoir trouver en philosophie une base solide. Mais jusqu'à présent ce sont au contraire des théories obscures et contradictoires qui régnent sur ce sujet, et personne, que je sache, n'a eu le courage d'étudier et de scruter la nature de l'idée avec l'attention, l'exactitude et l'impartialité qu'il aurait fallu. Je vais l'essayer et examiner en même temps quelques-unes des doctrines proposées à ce sujet.

Prenons tout de suite un cas concret. Un contenu réel m'est donné, par exemple une couleur bleue. J'ai de ce contenu deux expériences contradictoires. Toutes les fois en effet que je vois la couleur bleue, elle me paraît s'étendre au dehors, comme une qualité d'objets extérieurs que, pour cette raison, on appelle bleus; d'autres expériences m'apprennent au contraire que le contenu réel ou la qualité bleue est en moi. Quelle est de ces deux expériences la vraie, je ne vais pas le rechercher ici, car cela est indifférent pour notre objet actuel. Je considère comme exacte pour ce cas l'opinion adoptée par tous ceux qui pensent, que le contenu donné ou la couleur bleue est en nous, est notre propre sensation. On se demande maintenant : Quelles conditions ou quelles suppositions implique le fait que la couleur bleue qui est en nous nous apparaît comme existant hors de nous, comme la qualité d'objets extérieurs? Comment le contenu donné peut-il apparaître comme quelque chose qu'il n'est pas ?

Le plus simple serait assurément d'affirmer que le phénomène ainsi produit n'a pas besoin de tant de suppositions, que le contenu ou la qualité bleue, sans l'intervention d'autres facteurs, apparaît comme une qualité des objets extérieurs. Seulement cette opinion est inadmissible. Car s'il y avait identité entre le contenu en soi (c'est-à-dire réellement, dans sa propre nature) et ce qu'il paraît, ce ne serait plus un simple phénomène. Si dans notre sensation de la couleur bleue nous trouvions tout de suite, sans égard à quelque autre chose, qu'elle est une qualité des choses extérieures, elle ne nous apparaîtrait plus simplement comme telle : elle serait en même temps, réellement et en toute vérité, en nous et hors de nous. Si au contraire elle n'est pas hors de nous, mais paraît y être seulement, il doit y avoir quelque chose *à quoi* elle paraisse de cette manière.

Après cette façon de comprendre le phénomène, qui est la plus simple sans doute, mais qui est insoutenable, comme nous l'avons vu, prenons-en une autre presque aussi simple. Le phénomène et ce à quoi il apparaît ne peuvent pas être un seul et même être, mais nous ne voyons, du moins jusqu'à présent, aucune raison d'affirmer qu'ils sont étrangers l'un à l'autre et tout à fait différents. Nous supposons donc que le contenu, ou la couleur bleue elle-même, existe doublement et est présente dans une double représentation. Elle est d'un côté ce qui apparaît comme qualité des choses extérieures. Désignons par A cette représentation ou cette manière d'être du contenu donné. D'un autre côté, elle est ce à quoi A apparaît comme la qualité des objets extérieurs. Cette dernière représentation ou manière d'être du contenu, nous la désignons par a.

Nous devons maintenant examiner dans laquelle des deux représentations du contenu donné la fausseté, l'apparence de ce contenu comme étant ce qu'il n'est pas, se produit, si c'est en A, ou en a, si c'est dans ce qui paraît ou dans ce à quoi il paraît. D'après ce qui précède, la réponse n'est pas douteuse. Ce qui paraît A, n'a aucune part à la fausseté du phénomène ; il ne peut pas être autrement qu'il n'est. Au contraire la fausseté du phénomène consiste en ce que précisément ce qui est relatif à A ne répond réellement pas à sa propre nature. La nature de A est, en effet, ce qui fournit la norme pour la distinction de la vérité et de la fausseté du phénomène. Toute fausseté est ainsi à la charge de l'autre représentation (a) du contenu. C'est en ce que a ne répond pas à A que consiste la fausseté.

Mais un simple désaccord entre deux objets ne contient pas en soi la moindre fausseté. Un cheval et une maison diffèrent assurément l'un de l'autre, ce qui n'empêche pas le cheval d'être réellement un cheval et la maison réellement une maison.

Pourquoi donc le désaccord de ces deux représentations supposées d'un même contenu, A et *a*, est-il le signe d'une fausseté ? Et à quelles conditions le désaccord peut-il se changer en fausseté ? — Évidemment dans le cas seulement où la manière d'être *a* du contenu donné n'est pas prise comme existant indépendamment et séparément, mais comme le représentant de A expressément ; où tout ce qui est posé ou présent dans *a* doit valoir non pour lui-même, mais pour son opposé A. C'est simplement parce que tout ce qui est présent en *a* est relatif à A ou lui est attribué que son désaccord avec ce dernier constitue une *fausseté*. Sans ce rapport particulier, *a* pourrait différer de A du tout au tout sans qu'il y eût là aucune fausseté ; il n'y aurait qu'une différence entre eux.

Cette existence d'un contenu donné, qui est en relation expresse avec un contenu correspondant, extérieur à lui, et que nous avons jusqu'à présent désigné par *a*, c'est précisément l'*idée*. Ce à quoi, au contraire, elle se rapporte et que nous avons désigné par A jusqu'à présent est l'être *réel* ou *objectif* du contenu représenté. La propriété de l'idée consiste en ce que tout ce qui est présent en elle existe non pas seulement en soi, mais comme le représentant de quelque chose de différent d'elle-même, qu'on nomme son objet. Pour concevoir la nature de l'idée comme telle, il faut avant tout chercher et bien comprendre la manière dont elle se rapporte aux objets. Car c'est précisément dans cette sorte de rapport que se trouve le trait saillant, le caractère qui fait de l'idée ce qu'elle est et la distingue de toute autre chose. Aussi ai-je consacré à cet examen tout le présent chapitre.

Qu'il y ait quelque chose de tel que les idées, ce n'est pas douteux ; car le doute suppose lui-même la possibilité de la fausseté et la fausseté suppose l'existence d'idées, comme de ce en quoi seulement elle peut se produire. Mais une idée vraie ne se distingue pas quant à l'essence d'une idée fausse. Comme idées, elles sont l'une et l'autre de même nature, caractérisées l'une et l'autre par le même genre de rapport à autre chose (à l'objet). Pour le faire comprendre, je vais donner et examiner deux cas de connaissance vraie, dont personne ne doute que les idées n'y soient quelque chose de différent de leurs objets. Soit : 1° le souvenir, la connaissance de ce qui est passé, absent; 2° la connaissance que nous avons des autres hommes.

Je remarque expressément que je n'ai pas à m'occuper ici de la façon dont ces connaissances se forment. C'est assez, pour notre but, que personne n'en conteste la vérité en général.

La connaissance du passé est elle-même quelque chose de présent, et cependant le passé est connu par elle directement comme tel. Je ne me représente ainsi rien de réellement présent, mais bien quelque chose qui a été présent autrefois et qui ne l'est plus maintenant. Je me souviens, par exemple, d'une maison que j'ai vue hier dans une certaine rue. Dans ce souvenir, il doit naturellement y avoir en moi un contenu présent, par exemple, une reproduction quelconque de l'impression faite hier par la maison. Mais si je ne remarque pas tout particulièrement ce fait, je ne pense pas du tout au contenu présent en moi, mais immédiatement à la maison que j'ai vue hier. Que l'on réfléchisse maintenant à la manière dont ce contenu donné existe en moi. Le fait réel de son existence, à savoir sa présence en moi, s'efface pour ainsi dire et se dissimule. Il ne se présente pas comme lui-même, mais comme quelque chose de différent. Dans l'idée de la maison vue hier, cette maison même est pour moi présente. Si, par rapport à mon souvenir, je fais quelques réflexions ou quelques calculs, ils sont relatifs, ordinairement, non pas au contenu qui est en moi actuellement et qui est le support du souvenir, mais à l'objet rappelé.

Les choses se passent de la même manière pour une autre idée dont l'accord avec son objet est hors de doute dans la plupart des cas ; je veux dire la connaissance des états et des qualités des autres hommes. Les états intérieurs d'un autre homme sont si bien extérieurs à moi que je ne puis jamais être immédiatement en relation avec eux, et cependant je connais non seulement l'existence, mais la manière d'être intérieure des autres hommes. De quelle manière se forme cette connaissance, peu importe ici ; il suffit de savoir qu'elle est une idée qui représente exactement, en général, un objet extérieur, différent d'elle-même, et par laquelle, sans sortir de moi-même, j'ai la certitude de l'objet. Tout ce que je sais d'un autre homme, est naturellement en moi, est un de mes actes, de mes états, mais ce qui en résulte, le contenu de cet état ou de cet acte intérieur ne se donne pas pour ce qu'il est, mais pour des états ou des déterminations d'un autre homme. Si, par exemple, j'entends crier un enfant, je sais qu'il éprouve du chagrin. Je n'ai pas besoin pour cela d'en éprouver moi-même ; au contraire, je peux me sentir très dispos au même instant, mais le chagrin de l'enfant est présent en moi d'une façon toute spéciale pendant que je le connais. Cette manière d'être spéciale d'un contenu ou d'un objet (dans la pure idée), on l'appelle son être *idéal*. En quoi consiste maintenant la marque caractéristique de cette existence idéale ?

Pour être plus clairs, prenons la perception d'un objet quelconque, d'une feuille de papier par exemple (1).

---

(1) Je dois remarquer expressément ici que, dans cet exemple d'une feuille de papier, un objet corporel n'a été choisi que pour la clarté. Il ne s'agit pas du tout ici de la question de l'existence des corps, parce que la doctrine que je dois mettre ici en lumière, à savoir que l'idée, quant à son existence, se rapporte à un objet différent d'elle, est tout à fait indépendante de cette question. Pour notre recherche actuelle, il importe peu que les corps existent ou non. Mais comme dans la conscience de la plupart des hommes un *objet réel* et un *corps* semblent avoir le même sens, il faut soigneusement faire remarquer qu'il y a aussi en dehors des corps d'autres objets réels, qui diffèrent de leur connaissance ou de leur idée, comme le font voir les deux exemples donnés ci-dessus.

Il est clair que, dans mon idée de la feuille de papier, est contenue sa couleur blanche, mais l'idée elle-même n'est pas blanche. L'étendue et la figure de la feuille sont aussi représentées dans mon idée; mais l'idée elle-même n'est pas étendue et n'a point de figure dans l'espace. La dureté et le poids de la feuille y sont expressément compris, puisque je parle de dureté et de pesanteur; mais l'idée elle-même n'est en soi ni dure ni pesante. En un mot, tous les objets qui me sont connus doivent être présents dans ma conscience, ou bien je n'en pourrais rien connaître; mais ma conscience n'est pas elle-même tous ces objets. On voit que l'être de l'idée consiste en général en ce que, en elle-même, *elle n'est pas* ce qu'elle représente, c'est-à-dire que tout ce qui est en elle vaut non pour elle, mais pour quelque autre chose, pour son objet. Ce qui en soi forme un monde réel se trouve idéalement dans la conscience de chaque sujet particulier, mais est précisément par là connu comme un monde réel. Le caractère spécial de cette existence idéale des objets (dans l'idée) consiste donc en ce qu'elle *affirme* expressément l'existence réelle, objective de ces objets hors de l'idée.

C'est seulement à cause de cette nature des idées que l'erreur, comme nous l'avons vu, est possible, dans le cas où ce qui est affirmé des objets dans l'idée ne s'accorde pas réellement avec la nature de ces objets.

Mais ce caractère fondamental des idées, on le méconnaît, on l'ignore avec une rare persévérance. Tout l'empirisme nie expressément que l'idée soutienne avec les objets un rapport qui a son principe dans son essence. Nous examinerons la chose avec le plus grand soin en avançant pas à pas.

§ 2. Différence de l'idée et de l'image. L'essence de l'idée caractérisée par la croyance.

Il est très ordinaire d'appeler l'idée une image. Et, en fait, quand l'idée est vraie, elle est une image fidèle de l'objet.

Mais il faut bien remarquer la profonde différence de cette image et des autres. Les objets en ce monde ont plusieurs propriétés et plusieurs côtés. Une image ordinaire ne représente qu'un côté ou un petit nombre de côtés de l'objet auquel elle correspond. Ainsi un tableau qui représente un paysage nous rappelle seulement les impressions extérieures et clairsemées que ces objets, en réalité, produisent sur nous à une certaine distance. Chaque objet en particulier, vu de près, fournirait en outre une grande quantité d'impressions qui, dans l'éloignement et sur le tableau, se perdent, sans parler de la structure interne des objets, de ce qui ne peut être remarqué qu'avec le secours du microscope, et enfin de ce que d'autres sens que la vue nous feraient percevoir. Tout cela, évidemment, ne peut pas entrer dans le paysage représenté. Ou bien si nous prenons une statue, qui représente un homme, elle ne reproduit que sa forme extérieure, et ne contient rien des autres propriétés ou côtés innombrables de son être. Or, l'idée est l'image spéciale dans laquelle peuvent être représentés toutes les propriétés, tous les côtés de l'objet correspondant. Il n'est pas difficile de découvrir au moins la condition négative que suppose cette capacité de représentation générale. C'est seulement ce qui *n'a pas de contenu propre* qui peut ainsi réfléchir ou représenter tout contenu donné. Le contenu propre d'un objet, quelque flexible qu'il soit, a nécessairement cependant une nature déterminée, et cette détermination est précisément une limite à sa faculté de recevoir une forme et en rend l'universalité impossible.

À cette différence s'en joint une autre qui est essentielle. Ce que l'on appelle ordinairement image, ne soutient en soi aucun rapport dans son propre être avec l'objet représenté. Le paysage peint n'est l'image d'un paysage réel que pour un spectateur, et la statue n'est également que pour nous l'image d'un homme. En soi les couleurs, la toile, le marbre, qu'ils soient arrangés et disposés comme on voudra, n'ont pas le moindre rapport avec un objet quelconque représenté. Il n'y a donc rien dans ces images qui certifie ou concerne de quelque façon l'existence de l'objet représenté. Nous pourrions aussi considérer deux animaux de la même espèce comme des images l'un de l'autre, à la façon des enfants qu'on prend pour des images de leurs parents; car ils reproduisent en fait un grand nombre des qualités de leurs parents. Néanmoins un animal n'a rien en soi d'une image. Il est bien, il est vrai, une reproduction, mais non une représentation du type des ascendants, parce qu'avec l'essence des ascendants il ne soutient aucune relation représentative. Une image même dans un miroir n'est une image que pour un spectateur, et n'est en soi vraisemblablement qu'un mouvement de particules corporelles. Or, par opposition à tous ces exemples, l'idée est à la fois image et spectateur. Tout ce qui est dans l'idée est, comme nous l'avons déjà indiqué, lié avec l'affirmation que rien de tout cela ne vaut pour l'idée même, mais pour un objet existant en dehors d'elle, dont l'existence est ainsi affirmée.

Cette affirmation d'autre chose (de l'objet) inhérente à l'idée, on peut d'une manière générale l'appeler *croyance*.

Ce mot, il est vrai, donne facilement lieu à des méprises, et je dois par suite faire les remarques suivantes. La croyance passe généralement pour le contraire de la science, et, en particulier, de ce qui est prouvé; mais dans cette manière de voir, il y a deux sens radicalement différents qu'il faut se garder de confondre. Ce qui n'est pas prouvé peut s'entendre de ce qui *n'a pas besoin* de preuve, c'est-à-dire de ce qui est immédiatement sûr, comme aussi de ce qui n'est susceptible d'aucune preuve suffisante, c'est-à-dire de ce qui n'est pas sûr du tout. Il n'est pas question ici de ce dernier sens, et au contraire la croyance dans le premier sens est le fondement de toute science. Le point sur lequel je voudrais attirer particulièrement l'attention du lecteur, est le fait que dans la certitude immédiate, dans la perception immédiate même, aucune coïncidence de l'idée et de son objet ne se produit. Il en résulte très clairement que la certitude est de même essence dans tous les cas, qu'elle provienne de la perception immédiate ou d'un raisonnement. Comme dans le dernier cas l'idée est évidemment différente et séparée de son objet, qu'elle consiste même en l'absence de ce dernier, dans le premier cas aussi elle en est distincte et séparée. Toute croyance et toute certitude ont ainsi leur fondement et leur racine dans la nature de l'idée même, laquelle nature est de contenir primitivement l'affirmation du représenté, la foi en son existence. Si connaissant et connu ne faisaient qu'un immédiatement, intimement, cette affirmation serait évidemment inutile. Mais comment une conscience unique contiendrait-elle tout un monde, le présent avec le passé et le futur ? Et comment la fausseté serait-elle possible ? Nous savons cependant que toujours et partout nous pouvons nous tromper. Il en résulte donc, suivant les considérations précédentes, que, relativement à tout ce qui existe pour nous, l'idée est quelque chose de distinct et de séparé de son objet. Jamais un objet ne peut venir dans l'idée même : il reste toujours *près* d'elle. « Un objet est immédiatement connu » ne peut signifier rien autre chose que ceci : « Entre l'objet et l'idée le percevant, il n'y a pas d'intermédiaire » ou encore : « A la production d'un contenu dans l'objet répond immédiatement et parallèlement la production d'un contenu correspondant dans l'idée ». Sur elle-même l'idée ne peut rien savoir si ce n'est en se redoublant ; l'idée connaissante est alors différente de l'idée connue, et son contenu se rapporte à cette dernière, affirme par rapport à elle. Cette affirmation seulement est trop souvent fausse, ne s'accorde pas réellement avec la nature de l'idée connue, comme le prouvent d'une manière frappante les nombreuses théories inexactes que l'on a proposées sur la nature de l'idée même.

Mais la croyance, l'affirmation de l'objet inhérente à l'idée n'est pas quelque chose qui existe à côté de l'idée ou qui lui vient du dehors ; c'est précisément au contraire la présence originaire de cette affirmation en elle qui en fait une idée. Autrement ce serait la simple reproduction, ou l'image, mais non l'idée de l'objet. Il n'y a donc pas d'autre principe ou fondement de la certitude que la force de l'affirmation inhérente aux idées mêmes. La croyance et sa certitude ne peuvent jamais venir à nos idées du dehors, des objets.

Mais si la croyance n'est possible que dans les idées seulement, nous pouvons cependant avoir une idée sans croire le moins du monde qu'un objet quelconque lui corresponde dans la réalité. Je pense très bien à des chimères, à des fantômes, mais je ne leur attribue aucune existence réelle. Ici l'affirmation de l'objet, inhérente à l'idée que nous en avons, est niée et affaiblie par des affirmations contraires plus fortes, mais ne peut être malgré cela entièrement anéantie par elles. Quand je pense à une chimère, je ne pense pas à une simple idée, à une simple pensée, mais toujours à un objet réel. La réflexion m'apprend, il est vrai, qu'il n'existe pas de semblables objets, que la pensée d'une chimère n'est qu'une pensée sans aucune réalité correspondante ; mais cette réflexion n'est pas l'idée de la chimère elle-même, mais quelque chose qui s'y rapporte. Quand la perception est en jeu, cette différence est encore plus remarquable. Je puis, par exemple, être très convaincu par la réflexion que la couleur n'existe pas hors de moi ; néanmoins, quand je vois une couleur, je la vois comme extérieure à moi, comme une qualité des choses extérieures. Ici la négation se produit évidemment en dehors de la perception directe de la couleur ; cette perception maintient, sans qu'elle s'affaiblisse, son affirmation de l'objet. Comment il peut arriver, en général, que l'idée crée l'apparence d'objets qui n'existent pas du tout et comment on prend conscience de la fausseté de telles idées, j'aurai à le dire plus loin.

§ 3. Différence de l'idée et de la sensation.

De notre temps, la doctrine qui rapporte toutes nos connaissances à la sensation, a pris un nouvel essor, et la question si souvent discutée déjà de la différence de la sensation et de l'idée doit être remise sur le tapis.

Au point de vue psychologique, une sensation se distingue d'une idée, d'abord, en ce qu'elle est plus vive. Quand je vois un objet, l'image visuelle est beaucoup plus vive que lorsque je me rappelle un objet déjà vu; si j'entends une mélodie, l'impression est aussi beaucoup plus forte que lorsque je me souviens simplement d'une mélodie entendue autrefois. En outre, les sensations se distinguent des idées, en ce que les premières changent selon le changement des objets extérieurs ou mes propres mouvements, ce que les dernières ne font pas. Si un objet rouge est devant mes yeux, je ne puis avoir la sensation du jaune ou du vert, et si un objet bleu se substitue au rouge, la sensation du rouge se changera aussitôt en celle du bleu. Quand les objets, dans le champ de ma vision, changent par suite de mes propres mouvements, le changement de mes sensations dépend aussi de mes mouvements. Si je tourne, par exemple, la tête à droite, je fais naître certaines sensations visuelles; si je la tourne à gauche, elles changent et font place à d'autres. Au contraire, la succession de mes idées, de mes pensées reste indépendante du changement des objets extérieurs et de mes propres mouvements. Que je marche ou que je m'arrête, dans une chambre ou en pleine campagne, je peux penser aux mêmes choses, laisser la même suite d'idées se développer dans ma conscience. C'est d'accord avec la différence physiologique de la sensation et de l'idée, qui consiste en ce que la sensation a des causes extérieures, ou plus exactement, qui se trouvent hors de mon corps, tandis que celles de l'idée sont purement intérieures, c'est-à-dire enfermées dans le cerveau.

Or, les sensualistes affirment qu'il n'y a pas d'autre différence entre la sensation et l'idée que celles que nous avons citées, parce qu'elles ne diffèrent pas de nature, mais de degré seulement, parce que l'idée n'est pas autre chose qu'une sensation reproduite à un plus faible degré.

Sur cette théorie, il faut d'abord remarquer que les sensations actuelles elles-mêmes passent par tous les degrés de vivacité depuis zéro jusqu'au point où elles sont intolérables. Comment donc pourrait-il y avoir, à ce point de vue, une différence entre ce qui est senti et ce qui est simplement pensé? On dira que la sensation est produite par une impression du dehors uniquement, tandis que l'idée n'a pas cette cause. Mais que signifie ici la différence des causes, quand on affirme expressément que les effets qu'elles produisent (sensation et idée) sont de même nature? N'est-ce pas introduire en fraude, secrètement, une différence que l'on nie ouvertement? D'ailleurs les causes les plus proches aussi bien des sensations que des idées sont les mêmes, à savoir des phénomènes physiologiques dans le cerveau. Il doit donc y avoir entre la sensation et l'idée une différence de nature beaucoup plus radicale que celles qui ont été données plus haut.

Cette question est d'une si grande importance pour toute la philosophie que tous les amis sincères de cette science doivent s'efforcer de l'expliquer clairement et de bien se faire comprendre. Je demande qu'on examine avec soin les observations suivantes et qu'on réponde en soi-même :

Y a-t-il ici deux sortes de faits : « Il y a un contenu réel présent », et « Je reconnais que ce contenu est là, » ou : « Il y a deux choses différentes présentes », et « Je reconnais que ces choses sont différentes l'une de l'autre, et en quoi », ou :

« Il y a plusieurs états ou phénomènes qui se suivent l'un l'autre », et « Je reconnais la succession de ces états ou de ces phénomènes ». — Y a-t-il donc là, je le demande, deux sortes de faits d'une seule et même nature, d'une seule et même espèce, ou non?

Je crois que tout homme non prévenu accordera sans hésiter que ces deux sortes de faits diffèrent l'un de l'autre *toto genere*. Les éléments les plus variés d'un contenu réel peuvent se combiner de la façon la plus variée, se mêler comme on voudra, et même se pénétrer ou se souder les uns aux autres; aucune combinaison de faits et de circonstances purement objectifs, physiques, ne peut produire la *conscience* qu'il y a là quelque chose de réel ou qu'un contenu donné présente des rapports et des différences. Ces affirmations sont quelque chose qui se tient *auprès* du contenu objectif, et qui en diffère, mais impliquent la croyance qu'elles valent pour un contenu objectif, qu'elles le concernent et en font connaître l'existence et la nature. Une telle affirmation touchant les objets, emportant avec elle la foi en sa valeur objective, est un *jugement*. Stuart Mill dit très exactement : « Les propositions — sauf les cas où c'est l'esprit lui-même qui en est le sujet, — ne sont pas des assertions relatives à nos idées des choses, mais des assertions relatives aux choses mêmes. Pour croire que l'or est jaune, il faut sans doute que j'aie l'idée de l'or et l'idée du jaune, et quelque chose de relatif à ces idées doit se passer dans mon esprit ; mais ma croyance ne se rapporte pas à ces idées : elle se rapporte aux choses (1) ».

La méprise fondamentale des sensualistes et en général des empiristes, consiste en ce qu'ils prennent la croyance présente dans les idées, le jugement, l'affirmation et la négation pour un fait objectif, physique pour ainsi dire, qui se confond avec

---

(1) Mill. Syst. de logique, I, p. 96. de la trad. Peisse. 1880.

la combinaison pure et simple des éléments différents d'un contenu réel ou qui doit en résulter suivant des lois physiques. Le penseur pénétrant qui, dans le passage cité plus haut, s'est exprimé si bien sur le jugement, dit, par exemple, sur la conscience du semblable et de la succession : « La ressemblance n'est pas autre chose que notre sentiment du semblable, la succession pas autre chose que notre sentiment de la succession » (Log. I, p. 75). Mais nous allons considérer cela de plus près.

Pour que des choses puissent être semblables, il faut au moins qu'il y en ait deux : car la ressemblance est un accord dans la nature de plusieurs choses. Ces dernières pourraient donc être aussi éloignées que possible l'une de l'autre, et même se trouver aux deux extrémités de la terre sans que cela fît le moindre tort à leur ressemblance. Au contraire, ce qui reconnaît la ressemblance de deux choses ou d'un plus grand nombre doit nécessairement être un ; ce n'est en effet qu'en réunissant les choses pour les considérer expressément l'une et l'autre, qu'il peut en remarquer la ressemblance et la dissemblance. La connaissance de la ressemblance de deux choses ne peut donc pas être contenue dans ces choses mêmes. Elle est une affirmation qui se rapporte, il est vrai, aux choses semblables, mais qui se porte ou se produit en dehors d'elles. C'est encore plus évident pour la succession des choses ou des états. La succession des états n'est pas, naturellement, quelque chose qui existe à côté et en dehors d'eux — en cela Mill a tout à fait raison, — mais la connaissance ou la conscience de la succession est à côté ou en dehors. Je ne puis évidemment pas savoir qu'un état, B, est suivi d'un autre, A, sans avoir dans la conscience l'état passé B — personne ne le contestera. Pour que je voie et que je reconnaisse que trois états ou un plus grand nombre se sont succédé, je dois les avoir tous ensemble dans une même conscience, en même temps, parce qu'ils sont ainsi saisis dans une relation expresse. Si maintenant les états successifs en soi doivent être simultanés dans leurs idées, il est clair que l'idée de leur succession est quelque chose de différent de leur succession même. Mais il y a plus. Pour avoir conscience d'une succession, je dois non seulement avoir présents dans mon idée les états passés, mais encore les reconnaître précisément comme passés. Or, c'est une théorie très répandue que le passé peut être connu immédiatement. Kant lui-même tient, comme on sait, l'idée de temps ou de succession pour une intuition immédiate ou même pour la forme d'un sens, et ainsi pour une sorte de sensation. Mais il n'y a pas d'autre théorie qui heurte plus et plus manifestement le bon sens que celle-là. Dire en effet que l'on peut percevoir le passé immédiatement comme passé, c'est dire que l'on peut percevoir le non-être immédiatement comme non-être, ce qui n'a aucun sens, car le non-être ne peut être évidemment l'objet d'aucune expérience. La succession des états intérieurs nous est, il est vrai, immédiatement donnée avec eux-mêmes, mais la conscience ou la connaissance de la succession ne peut néanmoins nous être donnée que par un raisonnement et n'est jamais l'œuvre d'une perception immédiate, comme je le montrerai dans la seconde Partie.

Il ne faut pas nier que, quand il y a souvenir d'impressions ou de sensations antérieures, la connaissance n'en est pas seulement une simple reproduction, mais est une idée, qui diffère, quant à l'être, de toutes les simples impressions ou sensations, puisqu'elle contient précisément des affirmations sur les objets antérieurs, passés et, par conséquent, extérieurs à elle. Mais il en est de même pour la perception de ce qui est présent. Ce qui le prouve sans qu'on en puisse douter, c'est que nous percevons le contenu de nos sensations comme un monde de corps dans l'espace. Il est absurde, tout le monde l'accorde, de dire qu'une sensation a un mille de long; mais il ne l'est pas moins de soutenir qu'elle est longue d'un pouce, qu'elle est triangulaire ou carrée, qu'elle a un côté droit ou un côté gauche. L'étendue spatiale, en effet, est une qualité, non des sensations en nous, mais des corps hors de nous. Nos idées d'étendue, de grandeur, de figure, d'éloignement des corps, etc., ne peuvent donc être une pure reproduction des sensations ni en copier quoi que ce soit. Dans le chapitre de la seconde Partie où je traite de l'idée d'espace, j'expliquerai tout cela plus longuement.

Maintenant, toutes les sensations que l'on peut appeler objectives, parce que nous ne reconnaissons pas en elles nos propres états, comme couleurs, sons, température, etc., sont prises pour quelque chose d'extérieur à nous, qui est projeté dans l'espace, au dehors, tandis qu'en fait elles sont et restent toujours en nous. Cette projection, comme on l'a déjà assez démontré, ne peut se faire que dans les idées. Le contenu des sensations n'est pas jeté hors de nous en réalité, mais il se réfléchit dans l'idée comme extérieur. Mais pour cela il doit être présent dans l'idée même (idéal); car ce qui ne se trouve pas dans nos idées, nous ne pouvons pas le connaître.

§ 4. De la connaissance des états internes.

Pour ce qui concerne les sensations objectives (couleurs, sons, etc.), qui sont toujours connues comme quelque chose d'étranger au moi, personne, je l'espère, après les considérations précédentes, ne prétendra qu'elles ne sont pas différentes de la connaissance qu'on en a, que le connaissant et le connu sont là une seule et même chose. Mais il reste encore à se demander si nos états intérieurs aussi, les sentiments de plaisir et de peine, les affections du cœur et les mouvements de la volonté, qui constituent l'être propre du sujet et ne sont jamais attribués aux choses extérieures (1), ne peu-

(1) Des sentiments de joie et de peine peuvent, il est vrai, être attri-

vent pas, eux non plus, être connus autrement qu'au moyen d'idées, qui sont différentes elles-mêmes de ces états. Il semble, en réalité, paradoxal de dire que nos états intérieurs peuvent être pour nous absolument inconscients, qu'ils n'existent donc pas pour nous, si nous n'en avons une idée particulière. Aussi beaucoup de penseurs l'ont nié résolument. Brown, les deux Mill (James et Stuart), Hamilton et d'autres s'accordent sur ce point. Voici comment s'exprime James Mill : « Avoir un sentiment, c'est avoir conscience, et avoir conscience, c'est avoir un sentiment. Avoir conscience d'une piqûre d'épingle, c'est simplement avoir cette sensation. Et bien que j'emploie ces différentes expressions pour ma sensation, lorsque je dis : je sens la piqûre de l'aiguille, je sens la douleur de la piqûre, j'ai la sensation d'une piqûre, j'ai conscience d'un sentiment,... cependant la chose que j'exprime de ces différentes manières, est une seule et même chose (1) ».

Qu'un objet quelconque soit la connaissance ou l'idée de soi-même immédiatement, ou qu'une idée soit immédiatement son objet, Herbart appelle le « pur moi » cette parfaite unité et identité du sujet connaissant et de l'objet et il a explicitement fait voir la contradiction que contient cette supposition (dans sa *Psychologie comme science*, etc. § 27). Mais il n'y a pas besoin ici de longues explications. La pensée qu'un objet est immédiatement la connaissance de cet objet, a aussi peu de sens

bués aux choses extérieures, mais non *mes* sentiments, tandis que je reconnais mes propres sensations de couleur, etc., comme des qualités des choses extérieures.

(1) *Analyse des phénomènes de l'esprit humain*, Londres, 1869, I, p. 224. Cependant Bain et Stuart Mill, dans leurs Remarques sur cet ouvrage, ont accordé que la sensation et la connaissance que nous en avons sont deux choses différentes. Bain dit : « Nous devons ajouter au pur fait du plaisir la connaissance de l'état comme un état de plaisir et comme un état qui nous appartient à ce moment... Il est donc correct de tracer une ligne entre sentir et savoir que nous sentons » (Id. I, 227). Et Stuart Mill : « Il y a un processus mental, par delà le fait d'avoir un sentiment, auquel on applique quelquefois, et on n'oserait dire que ce soit à tort, le nom de conscience, c'est le fait de rapporter le sentiment à nous-mêmes » (Ibid. p. 230).

que l'affirmation qu'un bœuf est immédiatement un chien. Un seul et même objet identique ne peut pas être de deux manières en même temps (1). Et d'ailleurs on se demanderait pourquoi tout objet n'est pas de la même manière la connaissance de lui-même immédiatement, et un moi par là? Il y a encore des raisons plus faciles à comprendre. Que l'idée des états intérieurs soit quelque chose qui en diffère, c'est prouvé d'abord par le fait qu'ils se combinent entre eux, que leurs rapports et leurs successions sont connus, ce qui arrive, non pas, évidemment, dans les états intérieurs qui passent, mais seulement dans une conscience qui les fixe et les saisit ensemble. C'est encore prouvé plus fortement par le fait que, dans la perception des états intérieurs, la fausseté et l'illusion sont possibles, et à certains égards se produisent même régulièrement. Je crois ressentir une douleur au pied, ou à une dent, ou au bout des doigts. Personne ne considérera ma douleur comme quelque chose de réellement extérieur à moi ou seulement comme quelque chose d'étranger. Ses causes peuvent bien être extérieures, étrangères, mais le sentiment même est de tout ce que nous pouvons rencontrer en nous ce qu'il y a de plus propre et de plus intime. Si donc la douleur ressentie n'est pas quelque chose d'extérieur à moi, que signifie le fait qu'elle paraît être ou dans une dent ou dans un pied? Elle est représentée seulement ainsi (2). Mais si la douleur elle-même

(1) Th. Brown, au contraire, a cru voir une contradiction dans la distinction du sentiment interne et de la connaissance qu'on en a. « Supposer que l'esprit existe en deux états différents dans le même moment, c'est, dit-il, une absurdité manifeste », et ce serait, en effet, une absurdité évidente, si l'esprit était, comme Brown l'admet, une substance spirituelle simple. Mais cette hypothèse ne peut s'accorder avec les faits de conscience, ni surtout avec la supposition de l'identité du sujet connaissant et de ce qui est connu. Tout cela sera prouvé plus longuement dans le chapitre de la seconde Partie intitulé : « De la nature et de l'unité du moi ».

(2) Les amputés croient souvent ressentir une douleur dans le membre qui leur manque.

et son idée ne font qu'un, alors il n'y a pas de différence entre ce qu'elle est, et ce comme quoi elle est représentée. Je ne vais pas répéter ici ce que j'ai dit sur la possibilité de la fausseté. Il y a fausseté seulement là où l'idée ne s'accorde pas avec son objet, et par suite l'objet diffère nécessairement de l'idée. Mais c'est un fait que la connaissance de nous-mêmes et de nos états intérieurs est toujours sujette à l'erreur, comme toute autre connaissance, et même plus encore. De tout temps les hommes ont entendu ce précepte : « Connais-toi toi-même » sans qu'ils s'y soient entièrement conformés, et il y a encore des penseurs qui croient naïvement qu'en nous la connaissance et l'objet se confondent immédiatement. Où y a-t-il cependant plus de diversité d'opinions, plus d'incertitudes et d'obscurité que dans la psychologie précisément, dans laquelle la connaissance et son objet doivent être absolument indiscernables? Toutes les autres sciences sont déjà majeures, alors que celle-là est encore dans les langes. S'il n'en était pas ainsi, disputerait-on encore sur les points les plus essentiels relativement à la nature du moi?

Le plus remarquable en ceci, c'est que les penseurs, Hamilton, Stuart Mill et autres, qui affirment que le connaissant et le connu sont dans le moi immédiatement et absolument la même chose, soutiennent en même temps avec la plus grande force la doctrine de la *relativité de tout savoir*, et même la considèrent comme la plus importante en philosophie. Cependant, là où le savoir et l'objet du savoir ne font qu'un immédiatement, il ne peut pas y avoir de relation entre eux, et, par suite, il ne peut pas y avoir de relativité de la connaissance. Le savoir que le moi aurait de lui-même et l'être du moi, dans cette hypothèse, ne seraient pas quelque chose de relatif, mais bien quelque chose d'absolu. Car, pour une relation, il faut au moins deux choses entre lesquelles elle s'établisse.

§ 5. Résumé des observations précédentes.

Par le mot *sensation* on entend un contenu présent dans une conscience, qui n'a aucun rapport avec des choses en dehors de la conscience, et ne renferme aucune affirmation relativement à ces choses. De ce genre est la pure sensation d'une couleur, d'un son, d'une saveur, d'une odeur, etc. Par le mot *idée*, au contraire, on entend un contenu présent dans la conscience qui renferme l'affirmation de choses extérieures à soi, particulièrement la croyance à l'existence objective ou à l'existence passée de ce qui est représenté en elle. De ce genre est l'idée de la couleur comme une qualité de choses vues, le souvenir de nos propres événements passés, etc. La question maintenant est de savoir si la sensation peut, sous certaines conditions, se changer en idée, c'est-à-dire si un objet qui ne contient primitivement, quant à sa propre nature, aucune affirmation relative à d'autres objets, aucune croyance en leur existence, peut, grâce à n'importe quelle action étrangère, en venir à produire en lui cette croyance? Les partisans de *l'a priori* disent que c'est impossible, que la croyance aux objets, propre aux idées, est quelque chose de primitif et de spécial qui n'a rien d'analogue dans le monde des objets et ne peut trouver en lui aucun fondement. Les empiristes affirment le contraire. Ils ont donc à montrer comment le fait de croire ou de ne pas croire et, en général, toute fonction intellectuelle et logique, sort de faits et d'éléments étrangers à la connaissance, physiques, objectifs. Mais aucun d'entre eux n'a seulement tenté de le montrer réellement ; ils affirment toujours que l'idée est quelque chose de dérivé, mais ils ne le prouvent jamais. Le rapport particulier aux objets qui constitue la nature spéciale de l'idée, ils le supposent *implicitement*, tandis qu'ils le nient ostensiblement. Hume a fait un petit effort pour établir que la croyance est un effet de l'association des idées (1), mais il devait pour cet usage la considérer comme « un sentiment vif » plus que de coutume, autant dire qu'il n'y avait rien compris, ce dont il se doute du reste un peu lui-même. La croyance, en effet, n'est pas un sentiment puisqu'elle peut être relative à des sentiments et à des objets absents, ou même n'existant pas du tout, passés ou futurs. Chez deux empiristes, Herbart et Herbert Spencer, on trouve du moins une intention d'expliquer la connaissance elle-même ; mais tous les deux montrent qu'ils n'ont pas la plus légère conscience de ce dont il s'agit. Herbart croit avoir assez fait, lorsqu'il a montré dans les états intérieurs du sujet une certaine représentation, sinon des qualités, du moins des rapports « des êtres réels » supposés extérieurs (2). Et de même, H. Spencer croit qu'on a expliqué le savoir, quand on a montré une correspondance entre les faits dans le monde extérieur et les faits dans la conscience (3).

Mais quand même une semblable correspondance serait possible sans aucune condition *a priori*, ce qui, on le verra plus loin, n'est pas le cas, on n'aurait pas fondé par là ni rendu intelligibles la science, la connaissance, l'essence de l'idée. Il y a toujours une correspondance entre la cause et son effet, lorsque aux changements de la cause, suivant certaines lois, font suite des changements de son action, et qu'aucune cause perturbatrice ne s'interpose (4). L'effet peut même, à certains égards,

(1) Encore faut-il le noter : il s'agit de la croyance à une *liaison* des objets, et non de la croyance à leur existence même, que Hume tenait pour peu claire. Or, il s'agit précisément de celle-ci.

(2) Voir le chapitre : « De la possibilité de la science », dans le 2ᵉ vol. de la Métaphysique générale, 1825.

(3) Voir Principes de psychologie, 2ᵉ édit., vol. 1, 3ᵉ et 4ᵉ parties, intitulées « Synthèse générale » et « Synthèse spéciale ».

(4) Les appareils qui enregistrent les variations de la température, de la pression barométrique, etc., expriment très bien ce rapport. Toutes les variations de la cause sont ici accompagnées de changements correspondant à l'effet qui sont ensuite fixés d'une manière ineffaçable et rendent ainsi possible la constatation des premières après qu'elles sont passées.

être une représentation exacte de la cause, comme l'image dans un miroir, ou comme l'image photographique ; néanmoins il n'y a là aucune trace d'idée. L'effet ordinaire ne *perçoit* pas sa cause, l'image photographique ne *croit* pas à l'existence de son modèle. Les empiristes doivent montrer comment il arrive que certains effets *se représentent* leurs causes, tandis que d'autres ne le font pas. Ils doivent montrer par quelle cause ou quelle collaboration un objet ou un fait objectif — que ce soit une sensation ou quelque autre chose — peut en venir au point d'affirmer ou de nier hors de lui-même l'existence d'autres objets, de comparer, de juger et de raisonner. Ce qui répond dans la réalité à l'affirmation logique, c'est la pure existence d'objets et de rapports ; ce qui répond dans la réalité à la négation logique, c'est le pur non-être, l'absence d'objets et de rapports. Hé bien, il faut montrer comment la pure existence d'un objet peut se hausser à l'affirmation d'autres objets, à la croyance que ces objets existent. Et l'on doit faire encore la tentative désespérée de montrer comment l'existence d'un contenu dans le sujet peut se transformer en la négation d'un objet, en la conscience que quelque chose n'existe pas, comment, par exemple, un présent peut se changer en la conscience d'un passé.

Par la plus simple réflexion, l'homme le moins intelligent, pourvu qu'il ne soit pas prévenu, verra clairement la complète impossibilité de dériver les fonctions et les qualités logiques de l'idée de phénomènes objectifs, physiques (1), dont elles diffèrent par tout leur être. Or, c'est précisément sur ce point que la prévention chez la plupart des hommes est absolument invincible et on en voit le résultat. Il ne peut pas

(1) Je remarque ici expressément que je ne prends pas le mot physique comme synonyme de matériel, mais pour désigner l'objectif, en général, par opposition au logique, qui ne se rencontre, en fait, que dans les qualités de l'idée. Ainsi j'appelle les sensations des phénomènes ou des objets physiques, et leurs lois des lois physiques, parce qu'elles ne diffèrent pas des autres lois physiques.

y avoir en fait un plus grand contraste qu'entre l'exactitude et le soin extrêmes, d'une part, avec lesquels on s'enquiert des faits de l'expérience extérieure et l'on en constate la vraie nature, et, d'autre part, la négligence qui règne dans les recherches relatives aux faits de l'expérience interne, et par suite de laquelle la nature d'une donnée si importante pour l'ensemble de la philosophie n'est pas encore reconnue. Comme les partisans de l'*a priori* se permettent toutes les inventions possibles et qu'ils ont déduit le monde entier de leurs suppositions, on refusera, en général, de reconnaître la présence d'éléments *a priori* dans la connaissance. C'est une loi de l'esprit humain de tomber toujours d'un excès dans un autre. Mais, comme disent les Français, *les extrêmes se touchent*, et nous voyons les empiristes si sévères pour les vaines subtilités de la métaphysique, tomber eux-mêmes en de vaines subtilités dans l'explication de la plupart des faits de conscience. Ce triste talent si souvent déployé en philosophie, hélas! de faire quelque chose de rien, nous verrons plus d'une fois ici les empiristes l'exercer le plus hardiment du monde.

Il ne peut pas être question d'une pensée réelle si l'on ne s'attache pas fermement à ce principe : Ce qui n'est pas dans une chose, on ne peut pas l'en faire sortir. Conformément à ce principe, on ne doit pas dériver l'un de l'autre deux objets ou deux faits qui ont une essence tout à fait différente, disparate. Cette différence radicale se trouve entre la nature des objets réels et la croyance aux objets. Les objets et la croyance en eux, autrement dit le physique et le logique, sont deux côtés de la réalité, d'une nature tout à fait différente, disparate, hétérogène, et ne peuvent par conséquent être ramenés l'un à l'autre ni être dérivés l'un de l'autre. Comme la pure croyance aux objets ne peut produire aucun objet réel, de même la pure existence, la simple nature des objets réels ne peut pas davantage produire la croyance en eux. La croyance est donc un fait absolument primitif, c'est-à-dire que ce qui, en nous, croit à l'objet ou l'affirme, a exercé cette fonction depuis le commencement et ne l'a pas acquise dans le cours du temps. Au contraire, ce qui ne contient pas la croyance dans sa nature, ne peut jamais la produire. Car ce qui n'est pas dans une chose, on ne peut pas l'en faire sortir.

Le savoir est en première ligne une constatation de faits. Comme faits nous avons constaté ce qui suit :

1° L'idée contient un rapport essentiel aux objets, un rapport d'une nature toute spéciale, comme il ne s'en présente nulle part ailleurs. L'idée, en effet, porte son objet en elle-même, mais d'une manière idéale seulement, c'est-à-dire qu'elle ne contient pas seulement une répétition de la nature de l'objet, mais aussi la croyance à son existence réelle, l'affirmation de l'objet hors d'elle.

2° Bien qu'elle puisse reproduire l'objet exactement, l'idée est cependant bien éloignée d'en être une simple représentation; elle reste plutôt en elle-même, sans avoir les qualités de l'objet, sans y participer en aucune manière. C'est ainsi, comme nous l'avons vu, que l'idée de la succession n'est pas successive elle-même, que l'idée d'un carré ou d'une étendue n'est ni carrée ni étendue; l'idée du chagrin n'est pas un chagrin, ni celle d'une faute une faute, etc.

3° L'idée et sa croyance propre sont, dans leur essence particulière, un fait primitif, comme la couleur et le son. Les qualités de l'idée ne peuvent être dérivées d'aucune qualité, d'aucune relation donnée de faits existants et connus de nous, car elles ne sont pas de nature objective. C'est ce qu'exprime l'addition *Nisi intellectus ipse*, faite par Leibniz au mot connu : *Nihil in intellectu, quod non in sensu*. Cette addition indique que l'intellect (l'idée) ne peut avoir, en vérité, aucun autre contenu que ses objets immédiats, c'est-à-dire les sensations, mais qu'en lui ce contenu existe d'une façon spéciale qui ne peut résulter d'aucune action, d'aucune combinaison des sensations (1).

§ 6. Du sujet connaissant.

Jusqu'à présent, pour ne pas embarrasser le développement, j'ai représenté l'idée comme quelque chose de particulier, qui n'est en rapport qu'avec un objet. Il reste maintenant à chercher si une idée peut réellement se tenir isolée, ou si elle n'est pas plutôt un moment d'une autre chose plus générale. Dans beaucoup de cas, cette dernière hypothèse est tout à fait claire. Il peut y avoir deux idées de deux chaises, mais s'il faut comparer les deux chaises l'une à l'autre, elles doivent nécessairement être réunies dans la même idée. Les chaises elles-mêmes ne sont évidemment pas réunies, car elles restent en dehors de l'idée et indépendantes d'elle. Et jamais les impressions produites par les chaises ne sont réunies, car elles ne peuvent s'offrir que l'une après l'autre, et jamais ensemble, à la con-

---

(1) On ne comprendra bien la nature de l'idée que lorsqu'on connaîtra son rôle dans le monde de l'expérience. Comme nous l'avons vu, la nature de l'idée est mal connue, parce qu'on ne comprend pas pourquoi un seul et même contenu donné doit être présent doublement, une fois comme sentiment ou sensation, et une autre fois comme idée de ce sentiment ou de cette sensation. Seulement, le fait de l'erreur, de la fausseté, c'est-à-dire du non-accord entre les sentiments et les sensations, d'une part, et leur représentation, de l'autre, peuvent nous convaincre de la réalité de cette double existence. Mais comment se fait-il, si on peut le montrer, que les idées sont là précisément pour servir à la fausseté, à une apparence naturellement nécessaire, sans laquelle l'existence du monde empirique elle-même est impossible et qui conditionne ainsi toute notre expérience ? C'est là un fait qui sera amplement démontré dans le cours de cet ouvrage. Il ne faut cependant pas dire pour cela que quelque chose soit faux parce que cela tient à la nature de l'idée. Tout au contraire, il appartient plutôt à la nature de l'idée d'être vraie, c'est-à-dire de représenter son objet comme il est : c'est pourquoi les lois propres, les lois logiques de l'idée (de la pensée) sont les principes de la vérité. Mais de la nécessité de l'apparence ou de l'illusion, on comprendra très bien pourquoi il y a des idées en général, et pourquoi il est de la nature de l'idée de se rapporter de la manière spéciale qui a été dite plus haut, à un objet extérieur à elle et différent.

science ou à l'idée. Seulement l'idée elle-même peut, en conséquence de l'aptitude à reproduire son contenu, se donner une diversité comme simultanément présente. C'est donc dans l'idée qu'un contenu divers peut être comparé. Mais elle n'est précisément alors qu'*une* idée ou une conscience, quelle que soit la diversité du contenu et à quelque multitude d'objets qu'elle se rapporte. Une idée particulière ne peut pas davantage produire des raisonnements. Car dans un raisonnement, ou bien une affirmation est tirée d'une autre, ou elle est niée, ou elle est limitée par une autre; ce n'est évidemment possible que dans un quelque chose dans lequel des affirmations différentes peuvent être comparées et pesées. Et si nous avons dit aussi qu'une idée particulière implique ou contient des affirmations, des jugements sur un objet, cet objet est en fait une chose très complexe, comme une chaise, une maison, un homme, etc., dans la connaissance de laquelle nécessairement beaucoup d'affirmations sont comparées et liées. Il n'y a en fait aucun élément du contenu dans le connaître qui ne soit lié avec d'autres éléments. Il s'ensuit qu'il n'y a pas à proprement parler d'idées particulières, mais seulement un *contenu* (individuel) *particulier* d'idées, et que les idées se distinguent les unes des autres et présentent un semblant d'individualité seulement par leur contenu. Ce qui représente, compare, juge, raisonne est nécessairement aussi une unité qui saisit en elle une diversité de contenu, et qui accomplit sur lui toutes les opérations que nous constatons par l'idée. C'est cette unité que l'on appelle le *sujet* connaissant et pensant.

Un fait immédiatement certain est la double conscience de soi-même et du monde extérieur. Nous croyons nous connaître nous-mêmes et d'autres choses qui existent autour de nous; nous distinguons, dans le contenu donné, une partie propre à nous et une autre qui nous est étrangère, qui s'opposent l'une à l'autre comme le dedans et le dehors. Dans ce fait précisément se manifeste de la façon la plus claire du monde l'unité du sujet. Propre et étranger, comme dedans et dehors, sont en effet de pures notions relatives, qui expriment un rapport certain à une unité commune. Deux choses ne peuvent pas se distinguer immédiatement, en elles-mêmes, comme propres ou étrangères, intérieures ou extérieures, mais seulement par rapport à une troisième chose à laquelle l'une des deux autres est propre, l'autre étrangère, l'une intérieure, l'autre extérieure. Aussi savons-nous que la connaissance ou la conscience de la différence de deux choses est quelque chose de différent de ces choses mêmes. Or, il est évident ici que c'est la conscience ou le sujet qui, en distinguant le propre et l'étranger, l'intérieur et l'extérieur, fournit lui-même le terme de comparaison pour cette distinction. Lorsque dans le contenu donné je reconnais quelque chose comme propre à moi, je le rapporte évidemment, moi (le sujet connaissant), à moi-même, et de même quand je reconnais quelque chose comme étranger à moi, je le nie évidemment de moi-même. Nous connaissons comme états propres et intérieurs les sentiments de plaisir et de douleur, et au contraire comme quelque chose d'étranger et d'extérieur les sensations de couleur, de son, etc. S'il y avait un sujet connaissant qui, au contraire, reconnût comme propres les sensations objectives, et comme étrangers les sentiments, à l'égard de ce sujet les couleurs et choses semblables vaudraient pour le dedans, le plaisir et la douleur pour le dehors. Mais pour tout ce que nous connaissons ou comme intérieur ou comme extérieur, le sujet connaissant est en nous l'unité commune et toujours identique, qui unit non seulement le présent, quelque divers et multiple qu'il soit, mais encore, avec lui, le passé et l'avenir dans la conscience. Il est possible que nous ne puissions pas nous faire une idée suffisante de cette unité, comme de l'unité du moi en général, mais nous ne devons pas la nier pour cela.

Les idées ne sont pas non plus semblables à des atomes

spirituels ou psychiques qui se combattent et se rapprochent immédiatement, mais elles sont des *actes* du sujet connaissant. Par les mots activité ou spontanéité, on entend la contribution causale d'une unité dans un devenir multiple; une telle intervention est visible dans le jugement, le raisonnement et dans toutes les transformations du représenté et du connu. On doit par suite concevoir que les lois du *sujet* représentant et connaissant lui-même, sont *différentes* des lois du *contenu* qui se présente dans le sujet.

Quel contenu s'offre dans notre perception, cela dépend de causes physiques. Nous ne pouvons, en effet, percevoir que ce qui est donné à nos sens. L'action même de notre volonté pour penser à ceci ou à cela qui n'est pas présent, à des objets qui ne sont pas perçus pour le moment, est produite par des lois physiques. L'intensité de la sensation, l'association des idées, la force de la mémoire, la direction de l'intérêt, telles sont les influences qui décident quelles idées, à tel moment, occupent le champ de notre conscience. On pourrait fonder là-dessus, en fait, une « Mécanique des idées », qu'il serait difficile cependant de traiter mathématiquement, comme Herbart l'a pensé. Au contraire, ce que nous *croyons* de l'objet représenté, en nous fondant sur le contenu présent des idées, ce n'est pas un phénomène physique, un effet de causes physiques ; cette croyance est plutôt indépendante de causes pareilles et sans aucun rapport avec elles, si elle est vraie. Aussi, les lois suivant lesquelles sont faites notre croyance, notre conviction, ne sont-elles pas de nature physique, mais de tout autre nature.

Dès que nous considérons qu'il appartient à l'essence du sujet de rapporter à des objets le contenu qui se produit en lui, et de former des jugements non seulement immédiats, mais médiats, par raisonnements, d'après sa propre constitution, sur l'existence et la nature des objets, — il est clair, pour nous, que les lois du sujet lui-même ont un rapport nécessaire aux objets et en impliquent la conception; qu'elles ne peuvent être autre chose que des *principes généraux d'affirmations* touchant les objets, c'est-à-dire une nécessité interne de *croire quelque chose sur les objets*. Des lois de ce genre, on les appelle *logiques*, et ces lois diffèrent, quant à leur essence intime, des lois objectives, physiques, auxquelles appartiennent aussi les lois de l'association. Pour rendre cette distinction plus claire, voyons ce que peut faire l'association toute seule.

Il y a, on le sait, deux lois fondamentales de l'association : 1° selon la *ressemblance* des contenus représentés, et 2° suivant leur *fréquente liaison* (ce que les Anglais appellent *contiguity*). Les idées présentes en moi ont une tendance à rappeler dans la mémoire les idées antérieures qui leur ressemblent, c'est-à-dire à les rendre de nouveau présentes à la conscience. Aucune reconnaissance, aucun souvenir, aucune comparaison du passé avec le présent ne seraient évidemment possibles sans cette loi de reproduction. Des contenus dissemblables s'associent également par suite du fait de s'être constitués simultanément dans la conscience, de sorte que l'idée de l'un appelle celle de l'autre. La vie nous en offre des exemples à chaque instant. Lorsque je vois un objet, un cheval ou un chien, par exemple, je n'ai là immédiatement qu'une impression de la vue. Mais aussitôt s'ajoute à elle l'idée d'autres qualités du cheval ou du chien que j'ai appris à connaître par des expériences antérieures, et dont l'idée s'est indissolublement unie dans ma conscience avec l'image visuelle de ces animaux. La question est de savoir si l'association des contenus reproduits peut, seule, sans la participation d'autres facteurs et d'autres conditions, produire des jugements et des raisonnements.

Prenons l'exemple le plus simple d'un jugement et d'un raisonnement. Si je reconnais et si j'affirme que deux choses, A et B, sont liées l'une avec l'autre, c'est un jugement. Mais si une seule des deux choses, A, est donnée, et si, en conséquence de cette connaissance, j'affirme que l'autre chose aussi, B, est présente, c'est un raisonnement. Quel est en cela le rôle de l'association? Toute sa fonction est uniquement et exclusivement de faire que l'apparition du contenu A en moi, dans ma conscience, entraîne ou ait pour effet l'apparition de B. Tout le monde sait qu'il n'y a là ni jugement ni raisonnement. L'association n'est qu'une pure loi causale objective, tout à fait semblable, quant à son essence, aux autres lois causales qui se présentent dans la nature. Mais, dès qu'intervient le pouvoir du sujet de rapporter son contenu à des objets, l'association conduit à juger et à raisonner. Car l'apparition d'un contenu dans ma conscience est alors liée avec l'*affirmation* ou la *croyance* qu'un objet correspondant existe réellement. Alors, et pour la première fois, la liaison, l'association des idées de A et de B dans ma conscience devient un principe de connaissance, d'après lequel de la présence de la chose A suit la présence de la chose B. Le rapport du contenu à l'objet est ainsi le seul fondement de la possibilité des jugements et des raisonnements. Mais ce rapport, précisément, ne pourrait jamais naître de l'association. Car, pour qu'il y eût par association une liaison entre deux choses, elles devraient être données ensemble à la conscience ou se produire dans la même conscience. Or, l'objet de la connaissance ne peut jamais se rencontrer dans la conscience, dans l'idée, ni, par conséquent, former aucune association avec le contenu de la conscience. Mais on prétendra que l'objet de la connaissance ne diffère pas de la connaissance elle-même. Hé bien, qu'il ne soit plus jamais question alors d'objet de la connaissance, ni de jugement et de raisonnement, car ces mots signifient que l'idée, que le sujet sortent d'eux-mêmes. Il n'y aurait plus alors dans la conscience qu'un contenu divers, dont la disparition et la réapparition se feraient conformément à des lois physiques, et rien de plus. Le jugement et le raisonnement ne sont donc pas des fonctions du contenu représenté, mais des actes du sujet représentant, de même que la croyance et la non-croyance ne sont pas un état physique inhérent au contenu représenté, mais un état du sujet qui se représente les objets.

Si l'on considère les théories que les sensualistes ont proposées sur les faits de la connaissance, on voit tout de suite qu'ils supposent toujours *implicitement* ce qu'ils nient ostensiblement, à savoir le rapport primitif du sujet connaissant à des objets, la faculté de connaître des objets qui ne peut se trouver en aucun contenu réel, soit interne, soit externe, ni résulter de lois purement physiques comme celles de l'association. J'aurai plus loin l'occasion de le démontrer mieux; il suffit pour le moment de bien se persuader que les lois de l'association ne sont immédiatement que les lois du contenu représenté, et que médiatement seulement elles peuvent devenir celles du sujet. Les lois propres du sujet connaissant sont de tout autre sorte, car elles se rapportent à la conception des objets qui sont hors de l'idée; ce sont des règles primitives de la connaissance, des principes d'affirmations, de nature logique et non physique (1).

Les éléments, les lois, les conditions de la connaissance qui se trouvent dans la propre nature du sujet, on a coutume, depuis Kant, de les appeler *a priori*, par opposition à tout ce qui n'est pas propre au sujet lui-même, à ce qui n'est pas primitivement en lui et qu'on ne peut pas non plus en faire sortir primitivement, mais qui y vient du dehors, produit ou acquis n'importe comment dans le cours de son développement. Ces

(1) Une loi physique est une manière ou sorte immuable d'apparition simultanée ou de succession de phénomènes ou de faits réels. Une loi logique, au contraire, est une disposition intérieure à croire quelque chose touchant des objets. Les lois physiques gouvernent la succession réelle des événements dans l'ordre du temps, les lois logiques gouvernent la succession logique des pensées dans l'ordre de la raison. On voit clairement qu'elles sont de nature toute différente.

derniers éléments de connaissance, on les appelle *a posteriori* ou *empiriques*. On y ramène d'abord tout le *contenu* de la connaissance, car il est précisément dans la nature du sujet connaissant de n'avoir pas de contenu propre. Empiriques aussi sont les lois de liaison des sensations, les lois suivant lesquelles dans le monde objectif tel effet déterminé résulte précisément de telles causes déterminées, et telle complexité déterminée d'impressions simultanées manifeste l'existence d'une chose (comme une monnaie, un arbre, une table, etc.), — en un mot l'uniformité objective dans la succession et la simultanéité des phénomènes. Empirique, enfin, la liaison qui s'établit dans le contenu reproduit de la conscience par l'association dans le cours de la vie. Ces trois sortes de données : 1° le contenu de la connaissance; 2° sa liaison objective d'après des lois naturelles; et 3° sa liaison subjective dans la reproduction — forment ce qui est *donné* au *sujet*, ce qui ne sort pas du sujet, mais le remplit et souvent le détermine.

J'ai essayé de mettre en lumière dans ce chapitre tous les éléments de la connaissance, autant qu'il m'a paru nécessaire pour l'intelligence et l'établissement de ce qui va suivre, et j'espère que personne ne trouvera ces explications trop détaillées, si l'on songe combien de l'exacte compréhension de ce point particulièrement dépend toute la direction et, on peut le dire, la destinée de la philosophie.

Troisième Chapitre

De la certitude médiate

§ 1. Comment l'erreur est-elle possible ?

Quand l'erreur a été constatée comme un fait, et qu'on a vu qu'il peut y avoir dans l'idée beaucoup de choses auxquelles rien ne correspond dans la réalité, on comprend clairement pourquoi, pour la conscience, c'est la conscience seule, l'idée même qui peut être immédiatement certaine. Toutefois cette propriété précisément de l'idée de se rapporter essentiellement à des objets réels existant hors d'elle-même, implique la certitude que de tels objets correspondent de toute nécessité à l'idée *en général*. Et nous voyons en effet qu'il y a des cas où nous ne pouvons absolument pas douter de la vérité de notre connaissance, c'est-à-dire de son accord avec ses objets. En première ligne, nous mettrons les perceptions de nos propres états intérieurs. Si, par exemple, je sens une douleur, il m'est impossible de ne pas croire qu'il y a en moi un sentiment de douleur, parce que je suis moi-même, dans ce cas-là, aussi bien le sujet connaissant que l'objet de la connaissance. Il en est de même de la perception des objets qui n'appartiennent pas, il est vrai, à mon être propre, subjectif, dans lesquels je ne puis rien connaître de moi-même, mais qui se rencontrent en moi cependant et que rien ne sépare de mes idées, comme les sensations objectives de couleur, de son, de saveur, d'odeur, etc. Le rapport, fondé dans l'essence même de l'idée, à des objets correspondants et extérieurs à elle me garantit ainsi l'existence objective de ce que je perçois en moi-même. Au contraire, ce qui est hors de moi ne peut être ni perçu de moi ni être pour moi immédiatement certain. Un « objet perçu » et « un objet qui se trouve en moi » sont des notions équivalentes.

Or, des philosophes — particulièrement en Allemagne, — se sont abîmés de telle sorte dans l'étude de l'*Idée* qu'ils en sont venus à ne plus apercevoir le rapport essentiel de l'idée, c'est-à-dire de la représentation, à la réalité objective, ce rapport qui fait cependant l'essence même de l'idée. De là la nécessité, pour eux, de trouver un passage de l'idéal au réel (1), tandis

(1) Dans cette perplexité on a eu recours à cette affirmation de « l'identité de la pensée et de l'être », qui sonne fort bien sous cette forme, mais

que le vulgaire ne songe pas à s'en inquiéter, attendu que ce passage lui est toujours facile. Sans doute, la perception immédiate des objets ne forme qu'une partie de notre connaissance de la réalité ; une grande partie de cette connaissance est conclue, obtenue médiatement. Seulement, le problème n'est pas : comment pouvons-nous passer de la connaissance aux objets en général, mais bien d'un objet à un autre dans la connaissance ? Et ce problème n'offre aucune difficulté particulière.

D'après les explications précédentes, il est clair que dans le simple *contenu* des idées il ne peut y avoir de fausseté, parce que c'est précisément le propre de l'idée de n'avoir pas de contenu spécial. Quand nous voyons, entendons ou goûtons quelque chose, il est absolument impossible de douter qu'il y a hors de l'idée quelque chose de vu, d'entendu ou de goûté, une couleur, un son ou une saveur (du moins comme sensations). Aussi l'erreur ne peut-elle jamais être dans le contenu, mais seulement dans les *liaisons* et *relations* du contenu représenté, et dans les affirmations qui s'y rapportent. Nous devons voir maintenant par quelle raison elle se produit.

Cette raison se trouve dans le pouvoir de l'idée de *reproduire* un contenu qu'elle a eu une fois. Le contenu reproduit peut facilement entrer dans une combinaison à laquelle, en réalité, rien ne correspond. En soi cela ne donne lieu, il est vrai, à aucune fausseté. Mais comme cette combinaison se forme dans le sujet qui, de sa nature, connaît comme objet extérieur à lui, tout contenu qui se produit dans sa conscience, — il en résulte nécessairement de la fausseté. Car ce sujet

apparaît comme une absurdité dès qu'on la traduit en langage ordinaire. Alors, en effet, elle signifie identité de l'idée avec son objet, c'est-à-dire que l'idée est *elle-même* son objet, ce qui n'a pas de sens. Car l'essence d'une idée comme telle est précisément qu'elle *n'est pas* en soi ce qu'elle représente, autrement elle ne serait pas une idée. Comment, en outre, serait possible, avec cette supposition, le fait de l'erreur ?

prend précisément pour une combinaison objective de choses hors de lui la simple combinaison subjective du contenu reproduit qui s'est formée en lui. La principale source de l'erreur est donc l'association des idées reproduites.

Le sujet peut, sans doute, arriver à la conscience que tout ce qui se trouve en lui n'existe pas corrélativement dans la réalité, surtout quand il remarque l'influence qu'il exerce lui-même, que sa propre volonté exerce sur la formation du contenu reproduit dans son imagination. Mais l'adhérence des idées en conséquence de leur réunion continuelle, développe dans la conscience une force dont la pénétration du sujet a trop souvent à souffrir. Si une idée, actuellement présente, en attire irrésistiblement une autre en vertu de l'association, et l'impose à la conscience, le sujet — dont toute la nature est de rapporter à des objets ce qui est présent en lui, — ne peut s'empêcher de voir, précisément dans cette façon de s'imposer, la marque d'une origine objective, et dans la liaison indissoluble de ses idées une liaison des objets correspondants ou des faits eux-mêmes. Cette force est si grande que le sujet, en règle générale, en vient à ne pouvoir même la discuter, mais lui obéit comme à une loi intérieure de la fonction de connaître. D'ailleurs l'association des idées, comme nous le verrons, est un principe de raisonnement régulier sans lequel la connaissance n'aurait pu faire aucun progrès. Aussi ne trompe-t-elle pas seulement les débutants et les enfants, mais encore les penseurs les plus pénétrants et les plus expérimentés, et ceux mêmes qui prétendent tout expliquer par l'association. C'est particulièrement en philosophie qu'elle agit en maîtresse d'erreur. Nous voyons là des hommes qui affirment comme évidente et certaine la fausseté d'une théorie et qui y reviennent toujours cependant, parce qu'ils y sont poussés par une habitude invincible de leur pensée. Parmi les plus fortes, je citerai l'habitude de penser qui fait considérer tout rapport dans la réalité comme un rapport causal (de cause et d'effet), ou le prendre pour tel. Les pires erreurs de la métaphysique, j'espère le montrer, doivent être ramenées à cette habitude comme à leur source.

Mais il ne s'agit pas ici des causes de nos erreurs, mais seulement de leur possibilité, et à cet égard ce qui a été dit est suffisant.

§ 2. Comment la conscience de l'erreur est-elle possible ?

J'ai cherché à montrer dans le paragraphe précédent comment peut se produire dans le sujet une fausse affirmation, une fausse croyance. La question est de savoir maintenant comment le sujet peut arriver à la conscience qu'une de ses affirmations ou de ses idées est fausse.

Les empiristes, qui ont à dériver la connaissance d'éléments primitivement non connaissants, doivent montrer comment en général l'affirmation d'une chose, la croyance à l'existence de cette chose peut se produire dans un autre objet. Nous, au contraire, qui avons reconnu cette croyance comme un fait primitif, non dérivable, comme une qualité fondamentale de l'idée, nous devons montrer comment il est possible que l'affirmation de l'objet dans l'idée ou dans la conscience puisse être quelquefois détruite, comment il arrive que nous *ne* croyons *pas* à l'existence réelle d'un objet que nous nous représentons.

L'essence de l'idée et du sujet connaissant consiste, comme nous le savons, en affirmations touchant des objets. Mais une affirmation ne peut jamais être une négation ni d'elle-même, ni d'une autre affirmation, ni en contenir une telle. Comment le sujet arrive-t-il à la conscience d'une négation ? Par la comparaison des divers objets se produit, il est vrai, la conscience que l'un *n'est pas* comme l'autre. Mais de cette conscience à la connaissance que l'idée elle-même s'écarte de son objet, avec lequel elle ne s'accorde pas, il n'y a pas de passage direct possible. Car si la nature de l'idée consiste précisément en cela qu'elle représente un objet, on ne peut, bien entendu, jamais juger d'après elle-même immédiatement qu'elle *ne* représente *pas* son objet (comme il est). Tout ce que les faits permettent de conclure immédiatement, c'est qu'il pourrait y avoir deux idées différentes des mêmes objets. Mais rien ne permet d'en déduire que l'une des deux doit être fausse. Car il est bien possible que l'objet puisse différer de lui-même, et tant que nous ne pourrons rien savoir des objets autrement que par le moyen des idées particulières que nous en avons, la différence des idées sera pour nous le signe d'une différence des objets eux-mêmes. — Si l'une de ces idées est une perception immédiate d'un objet, si l'autre au contraire la reproduit simplement, nous accordons que l'une contient une plus grande force d'affirmation (une plus haute certitude) que la seconde. Seulement tant que les idées ne se heurtent pas sur le même objet, le sujet ne peut être averti par cette différence de certitude. Car il n'a aucune occasion de les opposer l'une à l'autre. En elles-mêmes des idées particulières et leurs affirmations ne pourraient jamais être en opposition.

Mais s'il y a un principe général d'affirmation touchant les objets, à savoir « que tout objet réel est semblable à lui-même ou ne peut pas être différent de lui-même », alors nécessairement deux idées différentes l'une de l'autre, qui concernent le même objet, doivent être en opposition ou en conflit l'une avec l'autre. L'affirmation de l'une nie celle de l'autre, la vérité de l'une exclut la vérité de l'autre, précisément parce qu'elles ne peuvent pas être vraies toutes les deux, et celle des deux qui a une moindre force d'affirmation, est reconnue comme fausse. C'est précisément sur le fondement de ce principe que le passé, ainsi que nous le verrons dans la seconde Partie, est connu comme passé, et que la conscience de la succession est rendue possible en général. Le principe général des affirmations est aussi un principe général des négations; c'est par lui seul que nous pouvons arriver à la conscience que quelque chose (c'est-à-dire quelque chose de représenté) *n'est pas*.

Or, ce principe général peut-il être dérivé de l'expérience, c'est-à-dire résulter de la simple comparaison des idées particulières présentes? Cette supposition nous enfermerait évidemment dans un cercle. Car le témoignage des idées particulières devrait être dirigé précisément contre elles-mêmes, ce qui ne se peut pas. Sans la distinction du vrai et du faux et sans la connaissance des successions, l'expérience ne serait pas possible, et cette distinction comme cette connaissance ne sont possibles que par ce principe. Je me contente ici de ces indications préliminaires. Tout le second livre de cette première Partie est consacré à la preuve du caractère *a priori* et de la valeur objective de notre principe.

Mais quand deux idées du même objet sont présentes et que, pour une raison quelconque, nous savons déjà que l'une des deux seulement peut être vraie, la question se pose : Comment pouvons-nous distinguer l'idée vraie de l'idée fausse ?

La perception immédiate d'un objet emporte toujours la certitude immédiate de son exactitude ou de sa valeur en soi, et toute idée qui lui est contradictoire est nécessairement fausse. Nous avons là une pierre de touche infaillible pour distinguer le vrai du faux. Seulement, dans la plupart des cas, nous ne sommes pas en mesure d'employer cette pierre de touche directement, pour nous convaincre par une perception immédiate de l'exactitude ou de l'inexactitude d'une affirmation ou d'une idée. Ce sont ordinairement des idées reproduites que nous avons à distinguer, c'est-à-dire des idées qui ne se rapportent que par un raisonnement à un objet. La question est alors : Qu'est-ce que le raisonnement et quelles garanties, quels critères de son exactitude peut-il nous offrir ?

Je m'en vais essayer, dans le prochain paragraphe, de répondre, bien que provisoirement, à cette question.

§ 3. Considérations préliminaires sur le raisonnement en général et en particulier sur le syllogisme.

Le raisonnement est une connaissance médiate, la connaissance d'un objet au moyen d'un autre. Le raisonnement consiste en ce que nous affirmons d'un objet ce que nous avons connu d'un autre. Or, cela implique évidemment la supposition que ces objets sont *identiques* ou s'accordent l'un avec l'autre. Une conclusion a donc exactement autant de certitude que peut en avoir cette supposition dans le cas dont il s'agit.

Or, c'est par là que se distinguent les deux grandes méthodes ou les deux sortes de raisonnements : lorsque l'identité de plusieurs cas est certaine pour nous *a priori*, la conclusion de l'un à l'autre est un *syllogisme*; mais lorsque l'identité, ou plutôt la ressemblance des cas n'est constatée que d'une manière *empirique*, la conclusion de l'un à l'autre est une *induction*. Si l'identité de plusieurs cas ne nous était jamais ni nulle part connue certainement *a priori*, il n'y aurait pas de syllogisme, mais seulement un procédé syllogistique qui forme simplement la partie descendante de l'induction (comme déduction). Mais être certain *a priori* de l'identité de plusieurs cas, c'est précisément avoir une connaissance générale *a priori*. Les empiristes, qui nient la possibilité de telles connaissances, se montrent conséquents en considérant toute déduction comme un moment de l'induction, et le syllogisme comme une tautologie, ainsi que Stuart Mill l'a fait dans sa Logique. Mais il nous faut dès maintenant examiner de près aussi bien le syllogisme que l'induction, quoique nous devions en faire, dans la seconde Partie, l'objet d'un examen détaillé.

Le vrai syllogisme est la substitution du semblable au semblable ou de l'identique à l'identique. Comme on le sait, tout syllogisme a pour fondement deux jugements ou deux propositions, appelées prémisses, qui ont un terme commun. Dans la conclusion, ce terme commun est retranché et les deux autres sont unis par substitution du semblable au semblable. Les axiomes fondamentaux de tous les syllogismes sont donc les deux propositions suivantes : 1° De choses identiques on peut affirmer la même chose, et 2° de choses non identiques on ne peut pas affirmer la même chose. La première est l'axiome de toutes les conclusions positives, et la seconde celui de toutes les conclusions négatives dans les syllogismes. Or ces axiomes sont, comme toutes les propositions identiques, immédiatement certains ; aussi tout vrai syllogisme est-il d'une parfaite exactitude. Reste à savoir s'il existe un tel syllogisme.

C'est incontestable : en effet nous ne dérivons pas de données empiriques la possibilité d'une foule de cas identiques, nous les supposons simplement, comme il arrive en arithmétique et en géométrie. L'arithmétique ne demande pas s'il y a dans la réalité des unités parfaitement semblables, elle les suppose telles. Elle les abstrait de toutes les différences des choses ; les unités sur lesquelles elle opère n'ont pas d'autre qualité que celle d'être des unités et de se laisser réunir de façon à former une somme. En arithmétique, il y a donc un raisonnement par vrai syllogisme, par substitution alors possible du semblable au semblable. La géométrie ne prend pas davantage pour base de ses démonstrations une constatation empirique de lignes et de figures qui se trouveraient dans la réalité. Les lignes droites, les triangles et les cercles sur lesquels elle opère, sont seulement ceux qui correspondent à *ses définitions* de la ligne droite, du triangle ou du cercle. Leur identité est ainsi assurée dès le début, et la géométrie procède donc dans ses raisonnements par vrais syllogismes, par substitution du semblable au semblable.

Pourquoi ne pouvons-nous pas abstraire de la même manière

n'importe quoi, une couleur, un son ou d'autres qualités semblables, comme des lignes et des figures, et en conclure de même par syllogisme, quelque chose de plus, *a priori*? Kant a répondu qu'il faut pour cela des *jugements synthétiques a priori*, qui fournissent les premières prémisses.

Un jugement synthétique est celui qui exprime un rapport de deux choses ou de deux déterminations d'une chose. Quand je dis : Une chose A possède parmi d'autres qualités ou d'autres caractères le caractère B, c'est un jugement synthétique, parce que j'affirme la liaison de la qualité B avec d'autres qualités de A. Si au contraire la chose A n'a pas d'autres qualités que B, le jugement serait : A possède la qualité B, ou comme on dit plus simplement d'ordinaire : A est B, jugement *identique*, et suivant la nomenclature de Kant, jugement *analytique* (1). A et B ne différeraient en effet l'un de l'autre d'aucune manière et le prédicat ne serait que la répétition de ce qui a été dit dans le sujet. Par jugement synthétique *a priori* on entend donc : l'expression d'une connaissance *a priori* de la liaison de deux déterminations.

Il est facile maintenant de voir que le raisonnement n'emploie en fait que des propositions synthétiques. Car s'il y avait une foule de cas identiques ne renfermant en eux aucune liaison du divers, et ne présentant qu'une simple qualité ou détermination A, évidemment la constatation de l'identité de certains cas ne pourrait mener à aucune affirmation nouvelle, à aucun jugement nouveau, outre celui qui s'était produit dans la constatation même (2).

(1) Nous reviendrons sur la différence des jugements synthétiques, analytiques et identiques, particulièrement dans la seconde Partie.
(2) On remarquera peut-être que les unités, par exemple, que l'arithmétique emploie, n'ont en elles aucune diversité de détermination, mais sont parfaitement simples et fournissent ainsi matière au syllogisme cependant. Seulement l'arithmétique ne conclut rien relativement à la nature des unités et ne va pas d'une unité à une autre ; ses conclusions sont relatives

Si au contraire la détermination A est liée d'une manière indissoluble avec une autre B, je peux savoir et affirmer que B doit se trouver où se présente A, ce qui est un raisonnement. La liaison de A et de B est-elle certaine pour moi *a priori*, ce raisonnement est un syllogisme et, dans le cas contraire, une induction. En effet, par le moyen de l'expérience, je ne puis pas connaître la liaison de deux choses A et B autrement que par la pure constatation empirique de plusieurs cas semblables où A et B se sont présentés ensemble.

Un criterium *matériel* de l'exactitude des conclusions obtenues par syllogisme, comme on l'a vu par ce qui précède, n'est pas nécessaire. Il n'y a syllogisme en effet que lorsque l'identité des données entre lesquelles on conclut est certaine *a priori*, et une autre garantie est inutile (1).

Si les prémisses ne sont pas elles-mêmes immédiatement certaines ou déduites par syllogisme de ce qui est immédiatement certain, il n'y a pas syllogisme à proprement parler, mais déduction d'inductions faites auparavant. Il faut s'assurer de la vérité matérielle de ces inductions; mais la déduction n'a pas

---

aux diverses manières de former une somme d'unités. Puisque les unités elles-mêmes sont prises dès le début pour parfaitement semblables, il est sûr *a priori* que toutes les façons de former une somme sont parfaitement semblables quantitativement, et on peut, par suite, passer par syllogismes de l'une à l'autre. — On doit aussi remarquer ici que, bien que le procédé du raisonnement syllogistique consiste toujours dans la même fonction, c'est-à-dire dans la substitution du semblable ou de l'identique au semblable ou à l'identique, cependant il sert de deux manières à faire obtenir dans différents cas des résultats différents. Car, ou bien il permet de connaître la *ressemblance* ou l'*identité* qui ne pourrait être connue immédiatement, ou bien il permet de connaître la *liaison* qui ne pourrait être immédiatement aperçue. Il y a en effet deux sortes de jugements synthétiques, ceux dans lesquels la ressemblance ou l'identité des choses ou des grandeurs est affirmée (A = B) et ceux dans lesquels on affirme la liaison des choses ou des déterminations et dont la formule est : A est (ou mieux est lié avec) B. (Voir un chapitre de la 2ᵉ Partie pour plus de développement).

(1) Cependant on peut examiner la vérité même des connaissances *a priori*, comme on le verra bientôt dans le 2ᵉ livre.

besoin de cette épreuve, parce qu'elle n'introduit aucune affirmation qui ne soit pas contenue dans les prémisses ou dans les inductions antérieures. Il ne peut y avoir que des *critères formels* de l'exactitude du raisonnement par syllogisme, et on les donne en logique. Ces règles formelles du raisonnement syllogistique servent à ce que, dans les raisonnements, les mots et les pensées se correspondent exactement; le reste se comprend de soi. Dès que les prémisses sont énoncées exactement, tout le monde sait immédiatement ce qui s'en suit ou non. Le criterium général *négatif*, le principe de contradiction, nous le supposons d'avance comme évident. Car ce qui se contredit immédiatement, n'a pas de sens, n'exprime aucune pensée réelle.

§ 4. Considérations provisoires sur l'induction.

Lorsque la ressemblance de deux cas est constatée empiriquement, la conclusion de l'un à l'autre est, comme nous l'avons dit déjà, une induction. Il n'y a de propre au raisonnement, nous le savons, que ces cas où se présente une liaison du divers. Or, comme une liaison du divers ne peut jamais être elle-même perçue, l'induction consiste précisément en ce que de la réapparition simultanée (ou immédiatement ou aussitôt après) de phénomènes semblables, nous concluons à une liaison entre ces phénomènes. De la même manière, où nous rencontrons quelques phénomènes de même sorte, nous concluons à la présence des autres que nous avons perçus souvent avec ceux-là, mais que nous ne percevons pas en ce moment. Je ne m'étendrai pas sur le fait qu'une pareille conclusion inductive s'emploie à chaque instant, et que sans elle il n'y a ni expérience ni connaissance d'ensemble de la réalité, car c'est trop clair.

Il y a des penseurs qui prétendent que supposer une liaison entre les phénomènes et s'attendre à ce que ces phénomènes se présentent toujours ensemble, ce n'est pas la même chose. C'est un point qui peut obscurcir toute la théorie de l'induction. Il faut donc le traiter le mieux possible. Il est immédiatement clair qu'il ne peut y avoir d'autre raison de s'attendre à rencontrer toujours ensemble certains phénomènes que la supposition que ces phénomènes eux-mêmes, et non seulement leurs idées en nous, sont liés entre eux. Les deux choses n'en font qu'une. Quand nous affirmons qu'un phénomène doit se produire ou va se produire, parce qu'un autre phénomène se produit, nous affirmons précisément par là que l'être du premier et celui du second sont liés. Quand nous ne croyons pas devoir admettre une liaison des phénomènes eux-mêmes, nous n'avons aucun droit de nous attendre à ce qu'ils s'accompagnent toujours.

La question autour de laquelle tout tourne est celle-ci : avons-nous un motif *rationnel*, c'est-à-dire dérivé de quelque chose d'immédiatement certain, de supposer une liaison entre des phénomènes et de nous attendre ainsi à les voir se reproduire ensemble dans l'avenir, — ou cette supposition et l'attente sont-elles la conséquence d'une simple habitude de les penser toujours ensemble? Dans la première hypothèse, le raisonnement inductif de cas antérieurs à des cas semblables futurs serait légitime et serait certain dans les limites nécessaires; dans le second, aucune induction n'aurait ni légitimité ni certitude. Car nos habitudes n'ont rien à faire avec la nature des objets extérieurs et ne peuvent pas leur donner des lois.

Or, je pense que tout lecteur non prévenu accordera que, dans notre intelligence, n'importe où, il y a une raison cachée pour croire que les phénomènes qui se présentent toujours ensemble sont immédiatement ou médiatement liés ensemble. Car d'admettre que le fait constant pour des phénomènes de s'accompagner pendant un long espace de temps soit l'œuvre du pur hasard, c'est une pensée que l'on aurait bien du mal à digérer. Mais l'expérience seule ne donne aucune raison d'avoir cette croyance. Elle nous offre, dans le passé, une uniformité et une régularité que nous avons constatées, mais aucune garantie pour que cette régularité se reproduise dans l'avenir. Quand nous fondons sur la seule expérience nos conclusions du passé à l'avenir, nous nous mouvons dans un cercle. Hume l'a fort bien montré : « Toute inférence de l'expérience, dit-il, suppose, comme son fondement, que l'avenir sera semblable au passé et que les mêmes pouvoirs se rencontreront avec les mêmes qualités sensibles. Qu'il se produise le moindre soupçon que le cours de la nature changera et que le passé puisse n'être pas la règle de l'avenir, toute expérience deviendra inutile et ne pourra plus conduire à aucun raisonnement. Il est donc impossible que n'importe quel argument, tiré de l'expérience, puisse prouver cette ressemblance de l'avenir avec le passé, parce que toute cette argumentation est elle-même fondée sur la supposition précisément de cette ressemblance. Quelque régulier qu'ait été jusqu'à présent le cours des choses, cela seul ne prouve pas, sans un nouvel argument, sans un nouveau raisonnement, qu'il en sera encore ainsi à l'avenir (1). » Comme Hume ne pouvait trouver aucun principe rationnel pour cette croyance, il expliquait comme un effet d'une simple habitude tout raisonnement inductif, autant dire qu'il lui refusait toute valeur objective. Si les empiristes veulent être conséquents, ils doivent tous admettre cette théorie de Hume. Mais ils ne sont pas tous conséquents. Ils *croient* tous à une liaison réelle des phénomènes, et supposent ainsi un principe rationnel de cette croyance. Seulement, au lieu de dire : « Nous ne connaissons pas ce principe rationnel », ils disent : « Il n'y en a pas », ou bien ils reculent en arrière de Hume et affirment que les

(1) Essais philosophiques sur l'entendement humain. IV, p. 2, sub fine.

rapports, connus empiriquement, sont une garantie suffisante de leur persistance dans l'avenir.

On ne peut nier que le fondement purement empirique du raisonnement est uniquement l'*association* des idées. Cette curieuse loi de la reproduction du contenu nous porte, d'une manière purement mécanique, précisément dans la direction que nous aurions sans cela tentée avec réflexion, à savoir, à raisonner du semblable au semblable. Mais, précisément parce que cette loi est mécanique ou physique (non logique) et ne concerne pas la nature des choses, elle nous porte aussi bien à des raisonnements faux qu'à des raisonnements exacts. J'ai déjà indiqué l'effet de l'association. Il consiste en ceci, qu'une idée présente ramène, dans la conscience ou dans le souvenir : 1° une autre idée qui lui est semblable; 2° une autre idée dissemblable, mais qui lui est liée par le fait de s'être plusieurs fois présentée avec elle. Or, du moment où la nature du sujet connaissant le conduit à reconnaître tout ce qui est présent dans la conscience comme un objet réel ou comme une détermination quelconque d'un objet réel, toute idée ramenée dans la conscience par l'association, sera rapportée à un objet, considérée ou affirmée comme une manière d'être actuelle de cet objet. Tout ce qui est représenté ensemble est par suite connu comme existant ensemble, comme lié. L'enfant qui voit autour de lui beaucoup de choses unies la plupart du temps n'a d'abord aucune conscience de la possibilité pour ces choses d'être séparées. Par exemple, les habits des personnes qui le soignent doivent lui sembler faire partie intégrante de ces personnes. Mais lorsqu'il a remarqué une fois ou deux que les choses qui avaient toujours été unies pour lui étaient séparables, l'association ou la liaison de ces choses dans son esprit est détruite. L'association des *représentations* de ces choses n'a pas besoin pour cela de se défaire: elle peut continuer à se présenter dans le souvenir; mais l'enfant ne *croit* plus que les objets de ces représentations soient liés et que, si l'un se présente, l'autre doive se présenter aussi. C'est ainsi que se fait la rectification. Nous ne nous contentons pas de la simple observation des cas d'union et de séparation : mais nous faisons aussi des recherches, avec réflexion, sur les objets qui sont en notre pouvoir, pour expérimenter s'ils sont séparables ou non.

Les procédés scientifiques de l'induction ne sont pas autre chose que le développement conscient et le plus complet possible de cette méthode de rectification. Mais comme le principe purement empirique du raisonnement conduit aussi bien à de faux qu'à de vrais résultats, comme l'expérience elle-même nous apprend que les choses qui s'étaient longtemps présentées ensemble se montrent cependant séparables, ce principe n'offre pas un criterium infaillible pour la distinction des conséquences vraies et fausses, et le doute s'attache ainsi à la racine même de tout le raisonnement. Car tout ce que l'expérience peut nous offrir, c'est l'indication que certaines choses dans *aucun* des cas connus ne se sont présentées unies ou séparées ; mais ce n'est, en aucune manière, une garantie qu'il ne peut en être autrement. Entendons à ce sujet le coryphée du nouvel empirisme, Stuart Mill :

« Le type universel du procédé de raisonnement » est, d'après lui, le suivant : « Certains individus ont un attribut donné ; un individu ou des individus semblables aux premiers par certains autres attributs leur sont aussi semblables par l'attribut donné. » (Logique, I, p. 229). Et quelle est la garantie de l'exactitude de cette généralisation empirique ? Mill nous le dit dans un autre endroit : « Vérifier une généralisation, en montrant qu'elle découle (ou qu'elle lui est contraire) de quelque induction plus forte, de quelque généralisation reposant sur un fondement d'expérience plus large, c'est le commencement et la fin de la logique d'induction. » (II, p. 100).

Tout cela revient à constater le fait que certains phénomènes ou certaines déterminations se présentent toujours ensemble. Mais la raison de conclure de ce fait à son retour dans l'avenir ne peut se rencontrer, comme Hume l'a prouvé, dans ce fait même. Ce que nous avons toujours trouvé comme vrai, nous sommes portés à le tenir pour vrai d'une façon définitive : c'est là tout le fondement empirique de l'induction. Mais les empiristes eux-mêmes, et Stuart Mill en particulier, répètent à l'envi que « les choses ne sont pas réellement liées parce que leurs idées sont liées dans notre esprit. » Il est donc clair que les empiristes, s'ils sont conséquents, ne peuvent pas parler d'un fondement scientifique de l'induction.

Ce qui rend incertaine la conclusion du passé à l'avenir, c'est spécialement l'élément du *changement*. En particulier, tout change, et la question est de savoir quelle garantie nous avons de rencontrer quelque chose qui soit tel qu'il l'avait été auparavant. Quelle limite pouvons-nous assigner au changement? Sans doute nous percevons une production régulière de certains phénomènes tantôt simultanés, tantôt successifs. La science peut même avoir constaté la loi que rien ne se fait sans antécédents constants. Mais s'il est simplement *concevable* que quelque chose peut se produire sans cause, nous ne devons pas attribuer une grande valeur aux généralisations de la science. Car aucune loi constatée en fait ne peut évidemment détruire ou limiter la possibilité de ce qui arrive sans aucune loi. S'il est concevable qu'un changement se produise sans cause, ce changement peut surgir en tout temps et en tout lieu, malgré toutes les lois que nous connaissons, parce qu'il est précisément affranchi de toute loi et ne dépend d'aucune condition. L'impossibilité d'un tel événement ne peut jamais être établie par l'expérience: car l'expérience nous montre simplement ce qui est ou était, mais non ce qui n'est pas et ne peut pas être. Mais la possibilité d'un événement sans loi renverse l'autorité de l'expérience. Aucune constance dans l'ordre des phénomènes, même souvent et rigoureusement constatée, ne peut garantir sa continuation, fût-ce pour le moment d'après, si l'on peut concevoir la possibilité d'un changement sans cause. Car rien n'empêche un tel changement de détruire l'ordre le plus ancien. On ne peut pas borner cette possibilité d'un devenir sans lois à un lieu, et l'exclure d'un autre, comme l'a fait Stuart Mill, ni la limiter à une classe ou à quelques classes de phénomènes. Car la possibilité qu'il se produise quelque chose sans cause, signifie précisément l'absence de toutes limites, de toutes conditions efficaces, immuables de la possibilité du devenir. Quand même on dirait que la production d'un changement sans cause n'est pas vraisemblable, notre expérience étant donnée jusqu'à présent, cette affirmation ne serait pas admissible. Qui peut, en effet, apprécier la vraisemblance, quand il s'agit de ce qui est sans raison, de ce qui se produit sans cause et sans loi? Toute appréciation de vraisemblance repose déjà sur une appréciation de raisons. En un mot, ou un changement sans cause n'est jamais concevable et possible d'aucune façon, ou il est toujours et partout possible, et l'on doit s'y attendre à tout moment. Il n'y a pas une troisième hypothèse.

Toute induction, dans la science comme dans la vie ordinaire, a pour principe la conviction, qu'on le sache ou non, que sans cause un changement n'est pas possible, et aussi que les mêmes antécédents ont toujours les mêmes conséquences. Cette conviction seule donne sa certitude à notre attente pour l'avenir. Immédiatement et positivement la loi : « pas de changement sans cause », n'est qu'une loi de phénomènes successifs, mais négativement son influence s'étend à toute la sphère de la connaissance. Car elle impose d'abord une limite au domaine des changements. Si un changement sans cause était concevable, le maintien de l'uniformité dans les groupes connus des phénomènes simultanés, ne serait pas plus assuré que la régularité des successions.

C'est seulement quand il est bien entendu qu'un changement n'est pas possible sans cause qu'il y a dans notre expérience quelque chose d'immuable et de toujours identique, à savoir la *loi* même des changements qui ne peut pas être à son tour soumise au changement, précisément parce qu'un changement ne peut pas se produire sans cause et sans loi. La raison de la certitude dans la conclusion tirée des données empiriques est la certitude primitive que, bien qu'il se présente toujours à nos sens quelque chose de nouveau, et malgré tous les changements qui s'offrent dans la perception, cependant il y a toujours au fond des phénomènes quelque chose qui reste toujours *le même*, que dans tous les changements particuliers la nature cependant reste toujours semblable à elle-même en général (c'est-à-dire dans la combinaison des éléments particuliers), et qu'ainsi il y a dans la nature des cas *identiques*. Cette certitude primitive de l'existence de cas identiques est celle d'une connaissance générale *a priori*, qui communique sa certitude à toutes les inductions et leur donne ainsi une valeur et un caractère scientifiques.

Le criterium de l'exactitude des conclusions inductives est donc, d'abord, ce qui garantit la valeur de l'induction en général, et, en second lieu, ses méthodes spéciales, dont la tâche est de déterminer exactement les données dont on conclura, c'est-à-dire d'établir scientifiquement la régularité observée des simultanéités ou des successions. Je vais m'occuper seulement du premier criterium. Un des principaux objets du présent ouvrage est de prouver que le principe général d'affirmation relativement aux objets donné plus haut, qui rend possibles, d'abord, la conscience de la fausseté et la connaissance des successions, contient, en même temps, la raison d'admettre des cas identiques dans la nature, la raison des deux lois les plus générales de la réalité, la loi de la simultanéité et la loi de la succession des phénomènes. Je chercherai à prouver que de ce principe peut également se déduire la nécessité, 1° de considérer tout phénomène comme l'élément d'un groupe qui sous des conditions déterminées doit toujours exister ou être donné avec lui (notamment dans la connaissance des corps), 2° de penser tout changement en liaison avec un antécédent (principe de causalité). Cette preuve établie, ce principe sera lui-même établi comme absolument le premier et l'unique fondement de la pensée, comme le criterium suprême de la vérité. Mais il faut naturellement, avant tout, formuler et établir le plus soigneusement possible ce principe. C'est ce que je ferai dans le second livre de cette première Partie.

§ 5. Remarques générales sur un criterium de la vérité.

On est assez souvent disposé à s'imaginer le criterium de la vérité comme une sorte de moyen magique qu'il suffit d'employer à propos de n'importe quelle idée indistinctement, pour en constater l'exactitude ou l'inexactitude. Il n'y a rien de pareil. On ne peut arriver à distinguer les idées vraies des idées fausses par aucune autre route que celle qui conduit aux idées vraies et à la certitude en général, et qui a été indiquée plus haut. La fausseté d'une idée ne peut jamais, comme nous l'avons déjà dit, être découverte immédiatement, mais seulement par ses rapports avec une autre. Toute idée est fausse qui contredit les faits, les perceptions immédiates ou ce que l'on en a légitimement conclu.

On entend souvent, au sujet du criterium de la vérité, les choses les plus singulières. Kant, par exemple, raille la recherche d'un criterium et dit : « qu'il est absurde de rêver d'un signe de la vérité du contenu de la connaissance » (Crit. de la R. pure, éd. Kirchmann, p. 105); mais trois pages plus loin à peine, il établit des principes « sans lesquels aucun objet ne peut être pensé » et auxquels « aucune connaissance ne peut contredire sans perdre tout contenu, c'est-à-dire tout rapport à un objet quelconque, et ainsi toute vérité » (p. 108). Sur ce point, les uns sont non-critiques, les autres hypercritiques, ou les deux à la fois. Les hypercritiques prétendent que nous ne pouvons jamais savoir si nos idées sont exactes, parce que nous ne pouvons pas les comparer avec leurs objets. Quelques-uns, dans cet embarras, ne voient pas d'autre parti à prendre que de chercher la vérité non dans la connaissance des objets, mais dans la connaissance de leur ordre (1). Mais si l'on ne peut pas connaître les objets eux-mêmes, que peut-on connaître de leur ordre ? L'ordre des choses, en effet, n'existe pas en dehors des choses et ne peut pas être connu indépendamment de la connaissance qu'on a d'elles-mêmes. Cette difficulté imaginaire vient seulement de ce que l'on entend par objets de la connaissance des choses inconditionnées, indépendantes du sujet (des corps en particulier) ; au contraire elle s'évanouit, si l'on comprend sous ce nom d'objets des objets empiriques en rapport essentiel avec nos idées, à savoir les sensations qui sont elles-mêmes des phénomènes. Comment l'être des idées garantit la vérité du contenu qui est donné en elles, je l'ai montré au commencement de ce chapitre. Les phénomènes donnés, c'est-à-dire les sensations, ne peuvent prêter à aucun doute ; c'est seulement quand il s'agit d'en reconnaître l'ordre ou d'en prévoir le retour, que l'erreur est possible et qu'on a besoin d'un criterium pour s'assurer de l'exactitude des conclusions. Or, la conduite des empiristes est non-critique ; ils croient que c'est des données seulement, c'est-à-dire de l'ordre des idées elles-mêmes que l'on peut exactement et sans autre raison conclure l'ordre des objets, c'est-à-dire des sensations. Cela ne serait possible qu'avec la supposition bien connue de Spinoza

---

(1) Lewes, Hist. de la phil., 3ᵉ édit., I, p. XXXI et p. LXIII.

suivant laquelle « l'ordre et la liaison des idées sont les mêmes que l'ordre et la liaison des choses » ; mais c'est une supposition arbitraire et notoirement fausse, car les lois suivant lesquelles les idées se reproduisent sont tout à fait différentes des lois suivant lesquelles les sensations se présentent en nous et se lient les unes aux autres. H. Spencer, qui se distingue par la rigueur de son empirisme, cherche en fait à prouver que « la persistance de la connexion entre les états de conscience (il veut dire les idées) est proportionnée à la persistance de la connexion entre les phénomènes externes auxquels ils répondent » (Psych. I, p. 431) ; mais il doit lui-même accorder que les actes des animaux nous montrent des exemples sans fin de cas où le parallélisme de l'ordre interne et de l'ordre externe manque complètement (p. 432). Nous sommes donc constamment exposés nous-mêmes, les hommes, à l'erreur. Nous savons qu'une rencontre toute fortuite des objets dans certaines circonstances peut produire une liaison indissoluble de leurs idées, en particulier si l'esprit (ou l'imagination) du spectateur a été fortement excité, et d'autre part, une loi générale, invariable de liaison entre des objets peut être constatée par une seule expérience. Si les idées de ces objets sont ensuite toujours associées ou non, c'est une question de mémoire seulement, qui n'a rien à faire avec la croyance à la liaison indissoluble des objets et à leur certitude.

En général, quand on parle « d'une association indissoluble d'idées », on ne songe pas aux deux sens bien distincts que cette expression peut avoir. Par liaison indissoluble des idées, on peut d'abord entendre que l'existence d'une idée dans la conscience entraîne immédiatement avec elle l'existence de l'autre idée. Mais ordinairement on entend par liaison indissoluble des idées tout autre chose, à savoir la *croyance* produite par elle que les objets correspondants sont inséparables. Ces deux choses sont loin de s'accorder. Deux idées peuvent très bien se présenter ensemble dans ma conscience sans que je croie à une liaison de leurs objets, et, d'un autre côté, je peux croire à la liaison indissoluble de deux objets ou de deux déterminations sans que leurs idées soient toujours nécessairement unies dans ma conscience. Si j'ai perçu mille fois deux objets ensemble, leurs idées se soudent par suite de cette répétition l'une à l'autre et se présentent toujours ensemble. Si maintenant je perçois ces deux objets séparés, cette perception unique ne suffit pas à empêcher physiquement et à détruire l'association qui s'était formée auparavant entre les deux idées correspondantes. Elles continueront toujours à se présenter ensemble dans ma conscience. Mais ma croyance à l'inséparabilité de leurs objets est détruite en une fois. Une seule expérience a suffi pour l'anéantir. D'un autre côté, je crois fermement que de la nature du triangle est inséparable la propriété d'avoir la somme de ses angles égale à deux droits; mais lorsque je me représente un triangle, je n'ai pas besoin de penser nécessairement à cette propriété.

En un mot, la croyance à l'ordre objectif des choses repose sur de tout autres fondements que l'ordre subjectif de leurs idées. Si l'association des idées est la source de l'erreur, comment pourrait-elle aussi fournir la raison exclusive des conceptions vraies? Stuart Mill dit très bien : « Si la croyance n'est qu'une association indissoluble (d'idées), c'est alors une affaire d'habitude et de hasard, non de raison (1) ». La croyance repose sur les lois logiques de la pensée qui se rapportent

(1) Dans une remarque au livre de James Mill, Analyse, etc., I, p. 407. On est d'autant plus surpris de trouver chez le même philosophe l'affirmation que la logique, la théorie des lois de la droite pensée n'est qu'une branche de la psychologie et lui emprunte ses principes (Ex. de la Phil. de Hamilton). Cependant on ne doit pas établir les lois de la pensée en ne considérant qu'une classe d'objets, comme les objets psychologiques. Et d'ailleurs qu'est-ce qui pourrait garantir l'exactitude de nos recherches psychologiques elles-mêmes, tant que ne seront pas établies les règles d'une exacte recherche? Il y a là évidemment un cercle vicieux, qui résulte de la confusion du physique et du logique.

primitivement aux objets et à leur exacte compréhension, et qui sont tout à fait différentes et indépendantes des lois purement physiques ou psychologiques. Si la pensée dans sa fonction n'était déterminée que par les lois logiques, il n'y aurait jamais de fausseté dans la connaissance. Au contraire, si la pensée était soumise uniquement aux lois physiques de l'association des idées, la vérité de la connaissance ne serait qu'un pur hasard, et nous n'aurions aucun moyen de la constater avec certitude. Comme on l'a déjà vu, nous ne pourrions jamais, sans une loi logique, avoir conscience de la distinction des idées vraies et des idées fausses. C'est seulement parce que la pensée subit l'influence de deux sortes de lois, qu'il nous arrive de nous tromper facilement, mais aussi de trouver un fil conducteur pour parvenir au vrai.

Le criterium définitif d'une vraie compréhension des choses, c'est qu'en elle toutes les idées s'accordent, tant les unes avec les autres, qu'avec le témoignage des faits — en particulier des faits de conscience immédiatement certains. En dehors du vrai, il n'y a pas de manière de concevoir les choses qui soit exempte de toute contradiction logique, où le témoignage des faits soit parfaitement concordant. Et, pour arriver à la véritable intuition des choses, il n'y a pas d'autre procédé que celui qui a été indiqué plus haut, à savoir de constater exactement ce qui est immédiatement certain, et de n'avancer, en le prenant pour principe, que par des conclusions exactes et parfaitement évidentes. Si l'on applique rigoureusement cette méthode, on arrivera à ce résultat que le témoignage des faits ne contiendra aucune contradiction. C'est d'après ce principe que je voudrais voir ma théorie sur la nature des choses appréciée et jugée. Si l'on me prouve qu'il s'y trouve une seule contradiction logique, une seule contradiction soit avec le témoignage direct des faits, soit avec les conclusions tirées de ces faits, je conviendrai qu'on l'a réfutée.

Quatrième chapitre

De la connaissance d'un monde extérieur

§ 1. Courte revue des théories

J'ai donné dans le premier chapitre la raison qui me fait regarder comme nécessaire de placer ici la recherche sur l'origine de notre connaissance d'un monde des corps. Je peux donc me mettre à l'œuvre immédiatement.

Sur le monde extérieur lui-même et sur la connaissance que nous en avons, il y a une foule de théories différentes et contradictoires. Hamilton en a exposé la plupart et Stuart Mill y est revenu dans le 10° chapitre de son Examen de la philosophie de Hamilton. Je donnerai ici un abrégé de cette exposition ; car elle sert à faire connaître l'état et les difficultés de la recherche sur ce sujet.

La plus grosse opposition, la plus fondamentale, est entre les penseurs qui admettent l'existence d'un substratum de la réalité différent et indépendant des données, « d'une chose en soi » ou d'un « noumène », suivant l'expression de Kant, et ceux qui affirment qu'il n'y a rien de réel en dehors des sensations et des pensées du sujet, rien, du moins, qui ait quelque rapport que ce soit avec nous et dont nous puissions tenir compte. Hamilton appelle les premiers : *Réalistes* ou *Substantialistes*, et les autres *Nihilistes*, mais on ne sait vraiment de quel droit: car la réalité que ceux-ci admettent comme la seule qui existe ne peut cependant jamais être prise pour un rien. On voit encore ici la confusion d'un objet réel et d'une substance.

Les doctrines réalistes comportent beaucoup de divisions et de subdivisions. La première différence est celle des penseurs qui admettent un seul substratum de la réalité, et ceux qui admettent l'existence d'un double substratum. Les premiers sont appelés par Hamilton *Unitariens* ou *Monistes*, les autres *Dualistes* (1).

La doctrine des unitariens ou monistes comporte à son tour trois subdivisions : 1º Ceux qui regardent le moi comme étant seul une substance réelle et qui dérivent du moi le non-moi (c'est-à-dire les choses extérieures). C'est la doctrine que Hamilton appelle l'*idéalisme*. 2º Ceux qui, au contraire, regardent le non-moi (le monde extérieur) comme existant seul, et le moi comme dérivé du non-moi. C'est le *matérialisme*. Enfin, 3º Ceux qui ne croient pas à une opposition du moi et du non-moi, mais les considèrent tous les deux comme des « modifications phénoménales » d'une substance unique : c'est la doctrine de l'*Identité absolue*, adoptée par Schelling, Hégel et Cousin.

Les Dualistes se partagent entre ceux qui regardent comme intuitive la connaissance du moi et du monde extérieur, ainsi que de leur distinction, et en font l'objet d'une perception immédiate, et ceux qui n'accordent comme immédiate que la connaissance de ce qui est dans le sujet lui-même. Hamilton appelle les premiers des *Dualistes naturels*, et il partage leur manière de voir, non sans tomber en mainte contradiction. Il appelle les autres des *Dualistes hypothétiques* ou des *Idéalistes cosmothétiques*.

(1) Il est sous-entendu ici que le concept de *substance* (par exemple, de substance corporelle) est identique avec celui de « chose en soi » ou de « noumène ». En fait, il n'y a que peu de gens qui soutiennent cette manière de voir; pour la plupart, ces deux concepts de substance et de « chose en soi » paraissent différer du tout au tout, quoique personne ne soit en état de dire en quoi consiste cette différence. Quelques penseurs ne se sont pas contentés de cette différence; pour eux, la « chose en soi » diffère encore de « l'absolu ». Comme il n'y a là en réalité qu'un seul et même concept, on peut se figurer quelle foule de malentendus naît de ces distinctions si, d'autre part, s'y ajoute la confusion d'une substance et d'un objet réel en général.

Les derniers se subdivisent à leur tour suivant la manière dont ils expliquent la production de cette connaissance médiate du monde extérieur. Quelques anciens, par exemple, croyaient que des images se détachent des objets et, en flottant çà et là, arrivent au sujet qui, par leur moyen, connaît les objets. Parmi les modernes, Reid et Brown croyaient qu'avec le contenu de la perception était liée une loi primitive, innée, de l'esprit, de croire à l'existence d'un objet extérieur comme cause de la perception. Ils pensaient par conséquent qu'il y a dans les sens des signes, des marques « *naturelles* », que si, par exemple, je prends à la main une boule, les sensations produites de poli, de dureté etc., me suggèrent immédiatement, en vertu d'une loi innée, l'existence d'un objet rond et dur, hors de moi, bien que ces sensations ne puissent avoir aucune ressemblance avec les qualités des objets extérieurs eux-mêmes. Pas très loin de cette manière de voir est celle de Schopenhauer, suivant laquelle un concept *a priori* de causalité produit la connaissance des choses extérieures, comme causes de nos sensations ; seulement Schopenhauer ne croyait pas à l'existence réelle de ces choses. Enfin, quelques-uns pensent qu'il n'y a pas de loi innée de ce genre, pas de croyance innée, mais que nous pouvons conclure d'une manière tout empirique, c'est-à-dire au moyen de l'induction, des données intérieures de la perception à une exacte connaissance du monde extérieur. Dans le chapitre suivant, je soumettrai à un examen les plus importantes de ces théories ; je vais d'abord exposer les principes d'une vraie doctrine de la perception des corps.

Pour éviter les malentendus et avoir une vue claire de la question, il est nécessaire avant tout de distinguer le réel état de la cause, ce qui est immédiatement donné et certain, de tout ce qui est étranger et surajouté, et pour cela de veiller à ne pas confondre l'explication quelconque d'un fait avec ce fait. En ce sens, pour la théorie de notre connaissance du monde des corps, les faits suivants sont essentiels :

1. Ce que nous connaissons comme des corps n'est, en réalité, rien autre que nos propres sensations de la vue, de l'ouïe, de l'odorat, du goût, du sens musculaire, etc.

2. Les corps sont, quant à leur concept, des substances, des êtres inconditionnés.

3. Un non-moi n'est pas synonyme d'un monde extérieur.

Sans la constatation de ces trois faits, une vraie théorie de notre connaissance du monde des corps est aussi impossible qu'une géométrie dépourvue de définitions exactes. Nous devons donc les examiner avec le plus grand soin, bien que cet examen ne soit que l'introduction à des recherches ultérieures.

§ 2. Ce que nous connaissons comme des corps n'est pas autre chose que nos propres sensations.

Ce fait, dont la constatation est au fond de l'idéalisme de Berkeley, n'a pas été jusqu'à présent établi scientifiquement, et il a été par suite méconnu ou mal interprété la plupart du temps. Mais si on l'observe de près, il est impossible qu'il présente le moindre doute. Car on peut le démontrer expérimentalement et de deux manières, comme je vais le faire voir.

Les rêves, les hallucinations, les illusions des sens, en général, fournissent la première de ces preuves expérimentales. Dans les rêves et les hallucinations, nous percevons des corps qui n'existent évidemment pas hors de nous, avec la même netteté et tout autant de conviction que lorsque nous sommes éveillés et dans l'état normal. Cela prouve clairement que ce que nous prenons pour des corps n'est pas autre chose que nos propres sensations. Pour le rendre plus clair, je prends le cas le plus simple d'une illusion des sens.

Lorsque je ne fixe pas assez vivement mes regards sur un objet qui est près de moi, je le vois double. Qu'est-ce que cela signifie ? Cela signifie évidemment que ce que je vois comme quelque chose dans l'espace n'est pas un objet réel (particulier), hors de moi, mais ma propre impression visuelle (qui est double). De même, quand je touche avec deux doigts croisés une petite boule, je sens deux boules. Ici encore, il est clair que ce que je perçois comme deux boules est ma double impression du toucher. « Pour les illusions des sens », dira-t-on peut-être, « c'est bien le cas, mais nous les corrigeons par nos autres expériences ». Mais de quoi se composent toutes nos expériences, même celles par lesquelles nous redressons les erreurs des sens, si ce n'est des mêmes éléments dont se composent ces illusions, c'est-à-dire d'impressions sensibles ? Les deux cas cités le prouvent avec évidence. Dans les deux cas, les perceptions sont exactes et normales, et dédoublées seulement. Ce dédoublement ne change rien à la nature et au contenu de la perception, mais il prouve avec évidence que le contenu des perceptions normales et exactes est le même que dans les hallucinations et les illusions des sens. La différence entre les premières et les autres n'est pas dans le contenu de la perception, qui est constitué de part et d'autre par des sensations, mais dans l'ordre dans lequel les sensations se produisent. Dans l'état normal, pendant la veille, toutes nos sensations sont liées les unes aux autres conformément à des lois, non seulement dans le présent et par rapport à un sujet particulier, mais aussi avec les sensations passées et pour tous les sujets, de telle sorte qu'elles apparaissent de la même manière pour tous les sens, tous les sujets et tous les temps comme un monde de corps dans l'espace. Cette liaison, tout à fait régulière dans le contenu des sensations, manque dans les rêves et les hallucinations, et c'est par là seulement qu'on peut les distinguer des perceptions normales et exactes. Comment, en fait, connaissons-nous qu'une perception est exacte ou fausse ? Nous cherchons si ce qui apparaît à un sens comme un corps, paraît en être un pour les autres sens aussi, et si cela ne suffit pas, nous demandons à ceux qui sont placés dans les mêmes circonstances que nous s'ils ont les mêmes perceptions, et enfin nous nous assurons que nos perceptions actuelles s'accordent avec notre expérience passée suivant des lois physiques.

Ainsi quoiqu'il y ait entre les hallucinations et les illusions des sens, d'une part, et les perceptions normales, exactes, d'autre part, une différence réelle et essentielle, cependant ce que nous percevons comme un corps est la même chose dans les deux cas, c'est-à-dire notre propre impression sensible, nos propres sensations. C'est un fait indubitable, quelles que puissent être nos explications. Mais la preuve expérimentale que nous avons donnée n'est pas la seule : il y en a une autre qui est d'ordre physiologique.

La physiologie apprend que toute perception se produit d'abord dans le cerveau, et qu'elle se relie avec les objets extérieurs, c'est-à-dire, ici, placés hors du corps, par un grand nombre d'intermédiaires. Par exemple, quand nous regardons un objet, son image renversée se produit sur notre rétine. Mais cette image n'existe pas pour nous-mêmes, elle existe seulement pour le spectateur qui peut du dehors voir notre rétine au moyen d'un certain appareil. La surface de notre rétine sur laquelle se produit cette image est reliée avec notre perception par le nerf optique, et aussi séparée d'elle par toute la longueur de ce nerf. Ce qui peut parvenir jusqu'à notre perception, ce n'est ni un objet extérieur lui-même, ni son image, ni une autre action directe quelconque de sa part. Ce sont seulement les affections du nerf optique lui-même qui sont essentiellement spécifiques. Mais en quoi consistent ces affections, ce qui se passe dans le nerf quand il est excité par le rayon lumineux, nous n'en savons rien, et si l'on peut arriver à quelque chose, ce sera du dehors et non par l'observation intérieure. Car nous pouvons affirmer avec assurance que si jamais un homme pouvait percevoir les affections intérieures de ses propres nerfs et de son cerveau, c'est qu'il serait doué d'une pénétration surnaturelle, comme celle que l'on attribue aux somnambules et aux médiums du spiritisme, mais dont il ne peut être scientifiquement question.

Examinons maintenant les faits mêmes de la perception ; nous découvrons ce qui suit. Nous *voyons* immédiatement les objets hors de notre corps et nous ne voyons rien de plus. Mon encrier est là devant mes yeux. Il en part, dit-on, des ondes lumineuses, des vibrations d'éther, et par millions à chaque seconde ; ces vibrations traversent la cornée transparente, le cristallin, les liquides de mon œil, jusqu'à la rétine, excitent cette surface du nerf optique et impriment par là aux molécules de celui-ci un mouvement, vibratoire ou autre, grâce auquel se produit notre perception. Très bien ; mais dans la vue de l'objet je ne trouve pas trace de tout cela ; je ne vois que l'encrier et rien de plus. Qu'on demande à un enfant, à un paysan, à une femme du peuple, s'ils savent quelque chose des ondes lumineuses, des images de la rétine, des mouvements moléculaires du nerf optique et du cerveau : ils n'en savent absolument rien, mais ils voient les corps eux-mêmes aussi bien ou même mieux que le plus savant physiologiste. Il est donc manifeste que ce que nous voyons comme des corps, ce ne sont que nos propres impressions visuelles.

Ce que l'on a montré pour le sens de la vue, on peut le montrer de la même manière pour le sens du toucher. Voici, à ce sujet, une expérience. Que l'on promène en différents sens la pointe de sa langue sur la surface de son palais. On aura ainsi une image claire de toute la configuration de cette surface, absolument comme si on la voyait avec les yeux, abstraction faite de la couleur. On en sent la résistance, le poli, toutes les petites inégalités, comme les grosses saillies et les cavités : en un mot on la perçoit immédiatement. D'où vient cette perception ? Évidemment de nos propres impressions du toucher fournies par la langue, non seulement parce qu'en fait il n'y a rien là de plus, mais parce qu'*il ne peut rien y avoir de plus,* comme le montre la simple réflexion qui suit.

L'organe de la perception du palais, qui permet de l'explorer, est la langue. L'action du palais sur ma conscience doit, pour y arriver, prendre sa route par la langue. Et en effet, tant que je ne touche pas mon palais avec ma langue, je ne le perçois pas. Or la question est de savoir si nous remarquons quoi que ce soit de ce qui se passe dans la langue ? Évidemment non. Non seulement il est impossible de voir ou de sentir les mouvements moléculaires produits dans les nerfs qui sillonnent la langue, et tous ses mouvements spéciaux de perception, mais nous voyons encore que par le contact de la langue avec d'autres objets nous ne prenons pas conscience de la langue elle-même, tandis qu'elle nous fait connaître immédiatement soit le palais, soit les mâchoires, les dents et tout ce qu'elle peut atteindre dans la cavité buccale. On peut ainsi comparer la pointe de la langue à ces verres transparents qui sont eux-mêmes invisibles et rendent d'autant plus nets les autres objets. Il est donc encore évident, comme nous l'avons montré dans le cas de la vue, que notre perception de ces objets ne peut contenir rien autre chose que nos sensations de toucher et de mouvement.

Lorsqu'on demande à un physiologiste : Pourquoi la langue est-elle particulièrement propre à la perception d'autres objets ? il répond : Parce qu'elle est très flexible, mobile, et que sa pointe est pourvue d'une infinité de papilles, de nerfs tactiles. Mais comme nous ne savons immédiatement rien de la langue elle-même et de ses qualités en percevant d'autres objets, nous devons d'abord traduire en termes psychologiques cette explication physiologique et lui donner son vrai sens. La mobilité de la langue et sa richesse en nerfs tactiles signifient, psychologiquement parlant, une grande abondance de sensations de toucher et de mouvement, qui rend possible une différenciation plus délicate et des associations de ces sensations plus nombreuses. Aussi ces sensations sont-elles plus propres que d'autres à être représentées comme des choses dans l'espace, à être pour ainsi dire traduites dans le langage du monde des corps, comme je le ferai voir dans le chapitre de la deuxième Partie qui traite de la perception.

Nous allons présenter, en la généralisant, cette preuve que nous avons donnée seulement sous sa forme particulière. Il nous faut opposer pour cela les faits de la perception et les doctrines de la physiologie.

La physiologie enseigne que toute perception se fait par les organes des sens et que chaque organe des sens n'est capable que d'une excitation spécifique, c'est-à-dire qui lui est particulière, qui est toujours la même, quelque divers que soient les objets qui agissent sur l'organe. Le sens optique, par exemple, ne donne que des sensations de lumière ou de couleur, qu'il soit pincé ou heurté, affecté par des ondes lumineuses ou par l'électricité. Le nerf acoustique, pareillement, ne donne que des sensations acoustiques toutes les fois qu'il est excité, et ainsi des autres. Les plus diverses excitations agissant sur le même organe des sens donnent toujours les mêmes impressions, et, réciproquement, la même excitation, par exemple, l'électricité, agissant sur des organes des sens différents, produit des impressions différentes, c'est-à-dire celles qui sont propres à chaque organe des sens. La physiologie apprend donc que nos sensations sont réellement séparées des choses extérieures, qu'elles en sont totalement différentes, et sont avec elles entièrement incommensurables.

Les faits de la perception prouvent, au contraire, que nous percevons immédiatement les objets extérieurs, que nous voyons et touchons les corps de notre expérience, que nous les sentons et goûtons, que nous sommes en relations directes avec eux, et que nous ne savons rien des circonstances qui rendent la perception possible. Il s'ensuit, avec évidence, que ce que nous connaissons comme des corps n'est pas autre chose que nos propres sensations.

Qu'un réaliste trouve ce fait inconciliable avec sa manière de voir et s'insurge contre l'évidence, je lui ferai les observations suivantes : Le fait que nous venons de constater subsiste, qu'il y ait ou qu'il n'y ait pas des choses hors de nous. La question de l'existence des choses hors de nous, nous n'avions pas à la soulever dans cette recherche. Car, pour la théorie de la connaissance, il est absolument indifférent que nos sensations soient produites par une pluralité de choses extérieures, ou n'importe de quelle autre façon, dès qu'on a constaté ce fait que nos sensations elles-mêmes sont ce que nous connaissons comme des corps, parce que des raisons ou des causes extérieures n'ont rien à voir avec ce fait purement interne. S'il y a hors de nous des choses réelles, elles sont elles-mêmes tout à fait différentes des corps que nous voyons et touchons, que nous connaissons en fait. Les choses extérieures réelles ne peuvent venir à portée de notre expérience, ni servir à l'explication des faits eux-mêmes. La question alors de savoir s'il y a de telles choses, et si elles sont la cause de nos sensations, est une question métaphysique, sans intérêt pour la théorie de la connaissance ou pour la science. On peut donc, quand il s'agit comme ici de la recherche et de l'intelligence de rapports réels, s'en tenir au domaine solide des faits et ne pas se priver des purs résultats de l'étude par les anticipations des conclusions métaphysiques. Autrement on s'exposerait à se tromper de gaîté de cœur (1).

(1) Il y a certainement des lecteurs qui ne pourront se persuader que nous connaissons comme des corps nos propres sensations, et qui ne se laisseront pas convaincre par les preuves expérimentales que j'ai données. Ces lecteurs, je dois le dire nettement, sont absolument incapables de suivre, avec quelque profit, les explications que je donne dans ce livre. Ils feront aussi bien de ne pas en lire davantage.

§ 3. Les corps sont, quant à leur concept, inconditionnés.

Ce fait est de la plus haute importance pour la théorie de la connaissance, et c'est principalement pour l'avoir méconnu qu'on s'expose à la plus grave confusion dans le domaine de cette théorie.

J'expliquerai amplement dans le second livre qui suit, le concept de l'inconditionné ; il suffit ici de remarquer que j'entends par objet inconditionné, celui qui ne dépend, quant à son être et à son essence, d'aucun autre, et n'est intérieurement lié à aucun. Or, quant à son concept, le corps est inconditionné en ce sens.

Mais, comme on se méprend entièrement en ce point sur la réalité, on ne se fait pas scrupule d'admettre une triple dépendance des corps, savoir : 1° leur dépendance vis à vis d'une cause extérieure au monde, ou 2° leur dépendance par rapport au sujet connaissant, ou 3° leur dépendance vis à vis les uns des autres. Je vais montrer que toutes ces hypothèses sont contradictoires à l'idée de corps.

La première de ces trois hypothèses ne se rencontre que chez les théologiens ou, plus généralement, chez les gens qui pensent comme des théologiens. Pour tous ceux qui ne sont pas embarrassés d'hypothèses théologiques, il est maintenant reconnu que dans le concept du monde matériel il n'y a aucun signe d'une origine dérivée. L'argument scolastique qui conclut de la prétendue contingence des choses corporelles à une cause de ces choses est insoutenable. Car il n'y a pas, ainsi que Kant l'a remarqué avec raison, d'autre signe de la contingence d'une chose que si l'on constate son non-être avant qu'elle soit, et, ni dans l'expérience ni dans la spéculation, on ne peut trouver la moindre raison qui nous autorise à conclure à un néant qui aurait précédé le monde matériel.

Mais nous n'avons pas besoin pour éclaircir cette question

de pénétrer sur le domaine des spéculations métaphysiques. Une fois constaté le fait que ce que nous connaissons comme des corps n'est que nos sensations, il en résulte immédiatement que nous concevons les objets donnés comme inconditionnés. Quand, par exemple, je perçois ma propre sensation de couleur comme une qualité d'une chose dans l'espace, je lui attribue par là, en pensée, un support, une substance, qui lui constitue une existence indépendante. Que signifierait donc d'attribuer à ce support pensé, encore un autre support qui, de son côté, le fonderait et le motiverait ? Ce serait l'équivalent de la cosmologie des Indous, pour qui la terre est supportée par un éléphant, supporté lui-même par une tortue, qui, elle, repose on ne sait sur quoi. De même qu'il semblait difficile aux anciens de comprendre qu'un corps céleste puisse se soutenir dans l'espace sans support, par un effet de l'habitude de voir tomber à terre les corps non soutenus, beaucoup parmi les hommes d'aujourd'hui ont peine à comprendre qu'un corps, en général, n'a pas besoin, quant à son idée, d'un autre support de son existence. C'est une suite de très anciennes associations d'idées. Mais que l'on fasse les raisonnements métaphysiques que l'on voudra, le fait est que notre expérience des corps et aussi le concept des corps, tel qu'il est impliqué dans cette connaissance expérimentale, ne présentent rien d'un support ou d'une cause des corps, et c'est le fait que nous devons constater.

En second lieu, que les corps, quant à leur concept, soient indépendants aussi du sujet connaissant, c'est évident pour les gens mêmes qui ne réfléchissent pas, plus encore que pour ceux qui réfléchissent. Celui qui ne réfléchit pas est absolument convaincu qu'un corps pour exister n'a pas besoin d'être vu ou perçu n'importe comment par un homme ou un animal. Demandez à un paysan si son champ subsiste quand il n'y a là ni un homme ni une bête, et il vous prendra pour un fou ; car il ne croit pas qu'un esprit sain puisse en douter. La terre, la multitude innombrable des astres, dont la pensée fait concevoir aux hommes leur petitesse et leur nullité, personne ne doute naturellement qu'ils ne soient indépendants de tous les sujets connaissants, et qu'ils n'aient existé un espace de temps incommensurable avant qu'un être vivant et connaissant ait commencé de respirer dans le monde. Il n'y a pour en douter que quelques philosophes, qui ont compris avec plus ou moins de clarté que ce que nous connaissons comme des corps ce n'est que nos propres sensations. Mais ces philosophes ne devaient pas méconnaître que le concept des corps et son contenu sont deux choses différentes. Le matériel, en fait, le contenu donné, que nous connaissons comme un monde de corps, n'existe absolument pas indépendamment des sujets percevants, il consiste simplement en leurs propres sensations ; mais en tant que nous le connaissons comme un monde de corps, nous le connaissons précisément comme quelque chose d'indépendant de toute perception, de toute expérience d'un sujet vivant. Cette indépendance de l'existence se trouve dans l'idée même de corps. Tant qu'on ne le voit pas, la conscience vulgaire et la conscience philosophique ne peuvent pas s'entendre, et il est impossible d'expliquer la première par la dernière.

Il nous reste à montrer que les corps, quant à leur idée, sont indépendants les uns des autres. L'expression et la garantie de cette indépendance, c'est l'espace qui sépare les corps les uns des autres. L'expérience nous montre, il est vrai, les choses dans l'espace comme liées les unes aux autres par les mêmes lois ; mais cette liaison est si loin d'appartenir nécessairement à leur essence et à leur concept qu'elle paraît plutôt y contredire directement. Le sentiment précisément de cette contradiction a amené plusieurs penseurs d'autrefois à refuser obstinément d'admettre toute *actio in distans*. Aujourd'hui que l'expérience nous a familiarisés avec cette action, il faut, comme

Lange le remarque dans son Histoire du Matérialisme (1re édit., p. 360), « une réflexion particulière pour sentir l'absurdité de la supposition que la terre change son mouvement quand un autre corps céleste change de place dans l'espace, sans un lien matériel entre ces deux corps pour produire cette réaction ». Et en fait, ce qui est séparé par l'espace est absolument séparé. L'existence d'une chose en un lieu de l'espace n'implique pas l'existence d'une autre chose en un autre lieu. Nous pouvons très bien supprimer dans la pensée toutes les autres choses et regarder comme existant seule la chose qui est devant nous. Cette hypothèse ne contient évidemment ni contradiction ni impossibilité. Personne ne voudra affirmer que la cohésion et la gravitation des atomes corporels soient nécessaires à leur existence. Si elles étaient supprimées, un atome corporel pourrait s'éloigner assez de tous les autres pour n'avoir plus avec eux aucun rapport, et alors il serait évident que l'existence ou la non-existence de ces derniers lui est absolument indifférente. Je donnerai dans la seconde Partie, à propos des théories scientifiques relatives aux corps, une preuve décisive qu'une liaison interne entre les corps est inconcevable (1).

Il est ainsi hors de doute que les corps sont inconditionnés quant à leur concept, que nous attribuons pour cela à un objet, que nous connaissons comme un corps, une existence inconditionnée, une réalité inconditionnée. Les objets réels de la perception des corps sont, comme nous l'avons prouvé, nos propres impressions sensibles, et le fait de reconnaître les impressions sensibles ou leurs composés comme des corps, prouve que nous les connaissons comme inconditionnés, comme des substances. On ne doit pas croire, parce que nos théories réfléchies, philosophiques sur la nature des corps sont diffé-

(1) Je prie le lecteur de noter exactement les passages où je le renvoie à des preuves que je donnerai plus tard, pour bien s'assurer qu'il n'y a pas de lacune dans la démonstration.

rentes et peuvent changer, que l'idée de corps elle-même, telle qu'elle est impliquée dans la perception, puisse être différente ou changer. Cette idée est indépendante de nos opinions diverses et variables, comme n'importe quel objet extérieur (1).

§ 4. *Un non-moi n'est pas synonyme d'un monde extérieur.*

Nous sommes habitués, dès le commencement de notre vie, à regarder nos sensations de couleurs, de sons, d'odeurs, etc., comme un monde d'objets extérieurs. Par suite de l'association entre ces sensations et les idées d'un monde extérieur, se forme en nous le penchant, l'habitude de croire que tout ce qui nous est étranger, que tout ce qui n'appartient pas à notre propre être, subjectif, individuel, à notre moi, est un objet extérieur, ou se trouve en relation directe avec des objets de ce genre. Pour la vie et la connaissance habituelles, expérimentales, cette croyance n'a rien d'absolument trompeur, parce qu'elle est en harmonie avec leurs lois et leurs conditions. Mais pour la théorie de la connaissance, il est indispensable de montrer ce qu'il en est, ce qui est donné dans sa pureté, sans aucun mélange d'associations et d'explications.

Le fait pur est tout simplement que dans nos sensations de couleur, de son, d'odeur, de saveur, de toucher, dans nos sensations musculaires, etc., tant qu'elles ne sont pas accompagnées de plaisir ou de peine, nous n'expérimentons rien de nous, des qualités ou des états intérieurs de notre personnalité, mais reconnaissons un monde d'objets extérieurs différents de nous-mêmes. Cela prouve, en fait, que ces sensations sont *étrangères*

(1) On pénétrera pour la première fois le sens particulier de ce fait si surprenant en apparence que, dans le contenu de nos impressions sensibles, nous connaissons un monde de substances (de corps), lorsque l'on saura ce que signifie proprement le concept de substance ou d'inconditionné, et qu'il est la loi fondamentale de notre pensée. L'explication de ce concept lui-même est dans le second livre de cette première Partie, et on trouvera la démonstration de la manière dont il conditionne notre perception des corps, dans un chapitre de la seconde Partie.

à notre être subjectif, n'appartiennent pas à notre moi, et doivent, par suite, être considérées comme un vrai *non-moi*. On peut disputer sur la question de savoir si ces sensations proviennent ou non d'objets extérieurs réels; mais cette dispute est du domaine de la métaphysique et n'a aucune influence sur la constatation du fait que les sensations, dont nous prenons le contenu pour un monde extérieur, sont étrangères à notre essence subjective. Supposé que nos sensations soient produites, comme on le croit ordinairement, par des choses extérieures, ces choses ne sont pas les corps dont nous avons l'expérience — car ceux-ci, comme on l'a prouvé, sont purement et simplement nos sensations; — ce sont donc des choses qui sont hors de notre expérience, et, par suite, n'en altèrent pas les faits. Traiter de l'existence et des rapports de telles choses, c'est affaire à la métaphysique, non à la doctrine de la connaissance. Supposé, au contraire, que les sensations de couleur, de son, etc., dans lesquelles nous connaissons un monde extérieur, proviennent, comme quelques philosophes l'affirment, du propre fond, de l'essence du moi, ce dernier n'est pas le moi de notre expérience, ce n'est pas le complexus des phénomènes donnés, que nous comprenons, que nous affirmons de nous-mêmes, de notre propre moi. De notre moi empirique, il est constant qu'il n'est ni coloré ni sonore, ni dur ni mou, ni doux ni aigre, enfin que le contenu de toutes les sensations objectives lui est étranger, bien que celles-ci ne se présentent pas hors des sujets connaissants individuels. Si notre moi par delà l'expérience a, ou non, une origine commune avec le contenu de ces sensations, c'est une question qui relève de la métaphysique, non de la théorie de la connaissance. Cette dernière a pour tâche de constater ce fait, sans s'embarrasser d'aucune supposition métaphysique, que le contenu des sensations est étranger à notre moi, ce qui est effectivement prouvé en ce que nous ne pouvons rien reconnaître de nous-même dans ce contenu.

Au contraire, la doctrine de la connaissance doit résoudre la question de savoir si dès l'origine nous connaissons le contenu de nos sensations comme quelque chose d'étranger à nous, ou si c'est dans le cours de l'expérience que nous avons appris à les distinguer de notre propre individualité, de notre moi ? Je chercherai à résoudre cette question dans un chapitre particulier de la seconde Partie ; je me contenterai de faire remarquer ici que cette distinction doit s'être faite parfaitement, de toute nécessité, dès le début, parce qu'aucune expérience ne peut nous faire distinguer ce qui nous est propre de ce qui nous est étranger. Si à l'origine nous avions connu les sensations, de la même manière que les sentiments de plaisir et de peine, comme nos propres états, si nous nous étions sentis, dès le début, comme colorés ou sonores, chauds ou froids, doux ou aigres, de la même manière que nous nous sentons tristes ou joyeux, il nous aurait été absolument impossible de trouver dans notre expérience une raison quelconque qui nous eût permis de distinguer de nous nos sensations et de les connaître comme un monde extérieur. Elles nous auraient apparu simplement comme une partie essentielle de notre moi.

Nous allons d'abord considérer comme acquis les points suivants :

1° Un non-moi n'est pas synonyme d'un objet extérieur. Nous avons plutôt constaté comme un fait qu'*en nous-mêmes* se rencontre un contenu qui est étranger à notre être subjectif, à notre moi, qui représente donc un non-moi réel, sans que nous devions affirmer qu'il soit venu en nous du dehors. Si le moi, le sujet connaissant, était quelque chose qui existe de toute éternité, il serait sans doute difficile de comprendre comment quelque chose d'étranger au sujet peut se trouver en lui sans y être venu du dehors. Mais notre moi, comme nous le savons, a commencé d'être; il peut très bien se faire alors que quelque chose d'étranger ait pu se mêler à son être pour n'importe quelle raison et lui rester uni toute sa vie, faire peut-être une condition indispensable de son existence et ne supposer cependant aucune cause, aucune raison extérieure présente. Dans tous les cas, ce n'est pas, comme nous l'avons montré, l'affaire de la doctrine de la connaissance de découvrir en première instance d'où et comment ce contenu qui nous est étranger se trouve en nous.

2° Un tel non-moi est le contenu de toutes les sensations que nous avons par les sens de la vue, de l'ouïe, du goût, etc., et nous ne pouvons rien y trouver de nous-mêmes. Aussi les appelons-nous les sensations objectives, par opposition aux sentiments de plaisir et de peine qui sont purement subjectifs de leur nature.

3° Le sujet doit avoir en lui-même la faculté originelle de distinguer ou la disposition à distinguer en lui ce qui lui est propre et ce qui lui est étranger, parce que cette distinction ne peut jamais venir de l'expérience.

Tels sont, suffisamment mis en lumière, je crois, les principes d'une théorie rationnelle, exacte, de la connaissance des corps et nous pouvons passer maintenant à un examen de quelques théories qu'on a proposées auparavant ; nous découvrirons ainsi la loi de pensée qui est au fond de la connaissance des corps.

Cinquième Chapitre

Examen de diverses théories

§ 1° Théories d'après lesquelles une vraie connaissance des corps est possible avec les seules données de l'expérience.

Parlons d'abord de ces penseurs que Hamilton appelait des *Dualistes naturels*. Ces penseurs croyaient devoir admettre que nous percevons immédiatement les objets extérieurs eux-mêmes. Il n'est évidemment pas nécessaire de s'arrêter longtemps à cette théorie. Car elle est en contradiction évidente avec les doctrines les plus certaines et les mieux accréditées de la physiologie. Des objets extérieurs réels ne pourraient être immédiatement perçus par nous, parce qu'il y a entre les objets extérieurs et notre perception les organes des sens et que le contenu de notre perception est, en première ligne, conditionné par la nature et la fonction des organes des sens et non par la manière d'être des choses extérieures qui agissent sur eux. Les Dualistes naturels partent sans doute de ce fait incontestable que les corps de notre expérience sont perçus par nous immédiatement. Mais les corps de notre expérience consistent manifestement en nos sensations seulement, comme on en a donné plus haut la preuve expérimentale.

La croyance que l'on peut percevoir réellement des objets extérieurs réels est trop naïve pour notre temps ; on est plutôt disposé aujourd'hui à montrer que la connaissance des corps peut être obtenue par induction en partant des données de l'expérience, c'est-à-dire des sensations.

L'induction, comme je l'ai déjà indiqué, est un raisonnement du semblable au semblable. Au fond toute induction qui repose sur une base empirique, est, comme l'a montré un maître en ces matières, Stuart Mill, une induction *per enumerationem simplicem*, c'est-à-dire à la suite de la production constante de cas semblables dans l'expérience. Car la loi générale de causalité, qui forme le fondement des méthodes rigoureuses, scientifiques, d'induction, ne pourrait elle-même, si elle était purement empirique, être constatée d'aucune autre façon. Il est donc clair que l'induction, partant des sensations, ne peut jamais atteindre des choses ou des causes extérieures qui ne sont pas elles-mêmes des sensations. La seule fonction possible de l'induction consiste plutôt à découvrir quels sont, parmi les *phénomènes donnés*, ceux qui sont les uns avec les autres en relation de causes et d'effets, c'est-à-dire, en d'autres mots, que l'induction peut bien conduire à connaître *les lois* des phénomènes, mais non des causes et des choses qui ne sont pas elles-mêmes des phénomènes et, par suite, ne sont pas soumises aux lois qui régissent le monde des phénomènes. L'induction ne nous donne aucun droit même de supposer la possibilité de telles causes et choses. Or, comme des choses extérieures ne nous sont jamais réellement données immédiatement, il n'y a pas de méthode purement inductive qui nous permette de constater un rapport causal entre ce qui se passe en nous, et n'importe quelles choses extérieures.

Hume, avec sa pénétration, l'a très bien compris : « On se demande, dit-il, si les perceptions des sens sont produites par des objets extérieurs qui leur ressemblent. Comment résoudre cette question ? Évidemment par l'expérience, comme toutes les questions de ce genre. Mais ici l'expérience se tait et elle doit se taire. Il n'y a jamais que les perceptions qui soient présentes à l'esprit, et il lui est impossible de saisir par l'expérience leur liaison avec les objets. L'hypothèse d'une telle liaison n'a donc en soi aucun fondement rationnel » (Essais philosophiques). Kant dit aussi avec beaucoup d'exactitude : « Si nous regardons les objets extérieurs comme des choses en soi, il est absolument impossible de comprendre comment nous pouvons parvenir à la connaissance de leur réalité hors de nous en nous appuyant seulement sur les idées qui sont en nous. » (Cr. de la R. pure, p. 703).

Pour y voir clair sur ce point, nous devons avant tout nous poser la question : « De quelles choses extérieures entend-on parler proprement, quand on veut expliquer la connaissance des choses extérieures ? Entend-on par là des choses inconnues, différentes des corps de notre expérience et simplement supposées ? Mais nous n'avons évidemment aucune connaissance de choses pareilles, et il n'est naturellement pas nécessaire d'expliquer une connaissance qui n'existe pas. Entend-on par choses extérieures les corps de notre expérience? Mais la connaissance de ces corps ne pourrait être acquise par induction, puisque c'est une perception immédiate. Nos sensations ne sont pas, comme on a l'habitude de le croire, de simples signes des objets extérieurs, mais bien les objets extérieurs eux-mêmes. Nous voyons, touchons, entendons, sentons et goûtons, non pas de simples signes, mais des objets, des corps ; le monde des corps nous est présent, non pas dans une pensée abstraite, mais dans l'intuition elle-même. Sans doute une grande partie de notre connaissance des corps est obtenue par un raisonnement, mais tout ce raisonnement est fondé en dernière analyse sur des perceptions immédiates de corps. Si nous ne percevions pas immédiatement les corps eux-mêmes, nous ne pourrions pas raisonner à leur sujet, car le raisonnement ne peut pas faire quelque chose de rien. On ne peut donc pas prétendre que notre connaissance des corps soit due primitivement à une induction.

§ 2. **Théorie d'après laquelle la connaissance des corps serait acquise au moyen d'un concept a priori de causalité**

La théorie que la connaissance des corps résulte de ce que nous concluons à des causes de nos sensations au moyen d'un concept *a priori* de causalité, a trouvé deux illustres partisans, Schopenhauer et Helmholtz, qui se distinguent en ce que Schopenhauer n'a pas cru à l'existence des corps hors de nous, tandis que Helmholtz y croit. Il est à remarquer que le savant montre ici plus de logique que le philosophe : car comment comprendre que nous arrivions par le raisonnement à connaître des causes qui n'existent pas ?

La théorie dont il s'agit, commune à Schopenhauer et à Helmholtz, contredit aussi bien le vrai sens du principe de causalité que les faits de la connaissance. Le principe de causalité — qu'il soit d'origine empirique ou apriorique, — est qu'un changement ne peut se produire sans que se soit produit auparavant un autre changement auquel il fait suite d'après une loi immuable. En s'appuyant sur ce principe, on va donc simplement d'un changement à un autre comme à la cause du premier, mais jamais on n'arrive à une chose, à un objet qui, de sa nature, diffère de tous les simples changements. Je sais bien que l'on est habitué à se représenter, quand on parle d'une cause, un objet plutôt qu'un changement, mais cette manière de voir est complètement inadmissible comme je le montrerai avec détails dans le 3ᵉ livre de cette première Partie.

Mais en admettant que l'on puisse concevoir la cause d'un phénomène comme un objet durable, et en admettant, en outre, que nous ayons *a priori* la certitude que nos sensations sont produites par des objets extérieurs à nous et différents de nous, cependant nous ne pourrions pas encore, avec tout cela, avoir la moindre connaissance des causes extérieures (ou de la cause extérieure, car l'on ne saurait pas s'il n'y a qu'une cause ou s'il y en a plusieurs). En effet, celui même qui admet la certitude *a priori* de la loi générale de causalité, n'admettra pas cependant que nous connaissions aussi *a priori* les lois particulières de causalité, les rapports des causes particulières avec leurs effets. C'est par l'expérience seulement que nous pouvons connaître les relations des causes particulières et de leurs effets. Il est donc évidemment nécessaire par là que les causes aussi bien que les effets soient donnés dans notre expérience. Car c'est seulement de leur succession constante que nous pouvons conclure à leur liaison causale. Mais d'après l'hypothèse, les causes extérieures de nos sensations ne nous sont pas données dans l'expérience, qui nous fait connaître seulement leurs effets. Il est donc clair que nous ne pouvons pas avoir la moindre expérience de ces causes extérieures. Car — comme Hume l'a très bien montré, — on aura beau observer et scruter un effet donné, on ne pourra jamais en faire sortir *a priori* la cause par laquelle il a été produit.

D'un autre côté, tout le monde voit clairement combien la supposition en question contredit les faits de la perception. Les corps, qui sont hors de nous, nous sont donnés dans l'expérience et nous les connaissons par l'expérience. Nous connaissons leurs figures, leurs situations et leurs relations mutuelles dans l'espace. Cette connaissance n'est donc pas la suite d'un raisonnement; c'est une perception immédiate. Car c'est un fait établi plus haut, que nous percevons nos sensations comme des corps hors de nous. L'apparence de leur extériorité est donc une pure apparence. Que Helmholtz se soit laissé aveugler par cette apparence, on s'en étonne quand on voit combien il s'est rapproché sur ce point de la vérité. Voici, en effet, comment il s'exprime sur la valeur et le sens de la connaissance des corps.

« Je crois qu'il est impossible de parler intelligiblement d'une autre vérité de nos idées, que d'une vérité *pratique*. Car nos idées des choses ne *peuvent* être que des symboles, des signes donnés naturellement pour les choses, que nous apprenons à utiliser pour régler nos mouvements et nos actions. Quand nous avons appris à lire exactement ces symboles, nous sommes en état de combiner avec leur secours nos actions de telle sorte qu'elles aient les conséquences souhaitées, c'est-à-dire que de nouvelles sensations attendues se produisent. Non seulement il n'y a pas en réalité d'autre relation entre les idées et les choses — toutes les écoles sont d'accord là-dessus. — mais encore il n'y en a pas qui soit concevable, qui ait un sens…. Demander si l'idée que j'ai d'une table, de sa forme, de sa solidité, de sa couleur, etc., est vraie en soi, abstraction faite de l'usage pratique que je peux faire de cette idée, et si elle s'accorde avec les choses réelles, ou si elle est fausse et repose sur une illusion, se comprend tout juste autant que de demander si un son est rouge, jaune ou bleu. L'idée et ce qu'elle représente appartiennent évidemment à deux mondes tout à fait différents, qu'il est aussi malaisé de comparer que des couleurs avec des sons, ou les caractères d'un livre avec le son des mots qu'ils désignent. » (Opt. phys. 1867, p. 433).

On ne peut pas exprimer avec plus de pénétration et plus de décision que Helmholtz l'a fait ici, cette opinion que jamais nous n'avons affaire, dans notre expérience, avec des choses réelles extérieures, mais avec nos propres perceptions et sensations seulement. Et cependant Helmholtz croit à l'existence réelle des corps représentés : nos idées sont pour lui « des symboles, des signes naturellement donnés pour les choses ». Comment le sait-il, puisque de son propre aveu il ne sait rien des choses réelles et même déclare impossible une connaissance de ces choses ? Évidemment Helmholtz s'est laissé tromper ici par l'apparence sensible déjà mentionnée, et il n'a pas pu, par suite, distinguer le fait que nos perceptions se produisent en nous et se combinent les unes avec les autres suivant des lois dont l'interprétation nous suggère l'idée d'un monde de choses dans l'espace, de l'explication métaphysique de ce fait par la supposition de choses réelles extérieures à nous, qui tiennent hors de nous la place des perceptions et sont pour ainsi dire le support des faits perçus. Mais les faits perçus sont tous en nous ; ils n'ont donc pas besoin de support, et en donner une explication métaphysique, en supposant des choses réelles hors de nous, ne peut que fausser la théorie de la connaissance en favorisant l'opinion fausse que nous connaissons par un raisonnement les corps de notre expérience (1).

(1) Depuis que j'ai écrit ce qui précède, Helmholtz a publié un petit écrit : « Les faits dans la perception. » (Berlin, 1879) — d'où il résulte qu'il se rallie tout à fait à l'idéalisme, sans l'avouer expressément.

§ 3. La prétendue théorie psychologique de Stuart Mill.

John Stuart Mill est un des très rares penseurs qui ont vu clairement que ce sont nos propres sensations que nous prenons pour des corps. Mais, parmi ces penseurs, Mill est le seul, que je sache, qui ait tenté de déduire notre connaissance des corps seulement des sensations données, sans le secours des observations physiologiques, et avec raison, car les observations physiologiques supposent déjà la connaissance du monde des corps et, par suite, ne peuvent servir pour en expliquer l'origine (1). Aussi Mill appela-t-il sa tentative « la théorie psychologique » de la connaissance d'un monde des corps, et cette théorie est, par suite, d'un intérêt particulier.

Mill ne postule rien de plus pour son explication que la capacité de la conscience d'attendre l'avenir, et les lois bien connues d'association : 1° Des phénomènes semblables ont la tendance à être pensés ensemble. 2° Des phénomènes qui ont été perçus ou conçus dans une étroite contiguïté, ont la même tendance. Des faits qui ont été perçus ou pensés ensemble se rappellent l'un l'autre. De faits qui ont été perçus ou pensés immédiatement l'un après l'autre, le premier (l'antécédent) ou la pensée de l'antécédent ramène la pensée du conséquent, mais la réciproque n'est pas vraie. 3° Des associations produites par contiguïté deviennent plus sûres et plus promptes par la répétition. (Examen de la Philosophie de Hamilton, p. 212, trad. Cazelle).

Alors Mill explique lui-même ses idées, p. 215 sq. du même ouvrage. Voici comment je les résume : « Je vois un

(1) C'est-à-dire que les observations physiologiques peuvent être employées pour la connaissance des corps, mais seulement au point de vue de la physiologie, en un mot, de l'expérience qui montre nos sensations comme un monde de corps. La théorie de la connaissance, au contraire, ne peut partir de telles observations, car elle a d'abord à montrer comment nous en venons, en général, à connaître nos sensations comme un monde de choses hors de nous.

morceau de papier blanc sur une table; je passe dans une autre pièce. Si le phénomène me suivait toujours, ou si, dans le cas de non-existence, je croyais qu'il a disparu de la nature, je ne le prendrais pas pour un objet extérieur. » « Mais quoique j'aie cessé de le voir, je suis convaincu que le papier est toujours là, » c'est-à-dire que si je me replaçais dans les mêmes conditions, si je rentrais dans la chambre, je verrais ce papier de nouveau, « et qu'il n'y a pas eu un moment où il n'en eût pas été ainsi. C'est à cause de cette propriété de mon esprit que, dans ma conception du monde à un instant donné, mes sensations du moment n'entrent que pour une faible partie. » Elle comprend en outre « une infinie variété de possibilités de sensations, en particulier toutes celles que l'observation passée m'apprend que je pourrais, sous certaines conditions qu'on peut supposer, éprouver en ce moment. »

« Ces possibilités diverses sont tout ce qui m'importe. Mes sensations présentes sont en général peu importantes et fugitives, tandis que les possibilités, au contraire, sont permanentes, ce qui est précisément le caractère qui distingue principalement notre idée de substance ou de matière de la notion de sensation. »

En outre, on reconnaît que « les possibilités de sensations se rapportent aux sensations qui sont unies en groupes ». Dans une substance matérielle ou dans un corps, nous ne pensons pas à une sensation, mais à la possibilité de beaucoup de sensations, « qui appartiennent ordinairement à divers sens, mais sont si bien enchaînées ensemble que la présence de l'une annonce la présence possible au même instant de telle ou telle autre ou de toutes ensemble. » Tout le groupe nous paraît ainsi « comme une possibilité de sensations », qui peut être réalisée en tout temps, par opposition au caractère accidentel des sensations elles-mêmes, et nous le concevons comme une sorte de « substratum permanent, caché sous un système de faits fugitifs d'expérience ou de manifestations passagères ».

Outre l'ordre de simultanéité des sensations, nous connaissons encore un ordre constant dans leur succession, une uniformité de succession qui occasionne le concept de rapport causal. Mais presque dans tous les cas, la liaison de l'antécédent et du conséquent ne se rencontre pas « entre des sensations, mais entre ces groupes dont nous avons parlé et qui sont constitués pour une petite partie seulement de sensations actuelles ». Par suite, notre idée de causalité et d'activité ne s'associe pas avec des sensations actuelles, mais avec ces groupes de « possibilités de sensations ». Nous voyons que les changements dans ces dernières sont pour la plupart tout à fait indépendants de notre conscience, de notre absence ou de notre présence. « Que nous soyons endormis ou éveillés, le feu s'éteint et met fin à une possibilité particulière de chaleur et de lumière. Que nous soyons absents ou présents, le grain mûrit et donne naissance à une nouvelle possibilité d'aliment. Par là nous apprenons rapidement à concevoir la nature comme un système composé de ces groupes de possibilités. » — « Une fois arrivés à cet état d'esprit, nous n'avons plus conscience d'une sensation présente sans la rapporter instantanément à l'un des groupes de possibilités dont une sensation d'une espèce particulière fait partie; et lors même que nous ne savons pas à quel groupe nous devons le rapporter, nous éprouvons la conviction irrésistible qu'elle doit appartenir à un groupe ou à un autre. » — « Ce point atteint, les possibilités permanentes ont pris un aspect différent de celui des sensations et contracté avec nous une relation apparente si différente de la leur, qu'il serait contraire à tout ce que nous savons de la constitution de la nature humaine de ne pas concevoir et ne pas croire qu'elles sont au moins aussi différentes des sensations qu'une sensation est différente d'une autre. » Nous trouvons en outre que ces possibilités de sensations appartiennent aussi bien aux autres hommes, aux autres êtres sentants qu'à nous-mêmes. « Tout ce qui indique une possibilité présente de sensations pour nous, indique une possibilité présente de semblables sensations pour les autres personnes, à moins que leurs organes des sens ne s'écartent du type des nôtres. Ce caractère nous fait définitivement concevoir les groupes de possibilités comme la réalité fondamentale dans la nature. » « Le monde des sensations possibles se succédant les unes aux autres, d'après des lois, existe aussi bien en d'autres êtres qu'en moi ; il a par conséquent une existence en dehors de moi : c'est un monde extérieur. »

Mais Stuart Mill n'était pas tout à fait satisfait de cette explication de l'extériorité, et, quelques pages plus loin (p. 222). il propose une autre solution, dont je résume également les points essentiels.

« C'est un fait admis que nous pouvons avoir toutes les conceptions qu'on peut former en généralisant les lois que nous révèle l'observation de nos sensations. Quelque relation que nous découvrions entre une de nos sensations et quelque chose qui diffère d'*elle*, nous n'avons pas de difficulté à concevoir la même relation entre la somme de toutes nos sensations et quelque chose qui diffère d'*elles*. » Les différences que notre conscience remarque entre une sensation et une autre nous donnent la notion de différence en général, et « cette habitude de concevoir quelque chose qui diffère de *chacune* des choses que nous connaissons, nous conduit facilement et naturellement à la notion de quelque chose qui diffère de *toutes les choses* que nous connaissons, collectivement aussi bien qu'individuellement, et rien n'est plus vraisemblable que le fait que les possibilités permanentes de sensation, qui sont attestées par notre conscience, se confondent dans notre pensée avec cette conception imaginaire » d'une chose différente de toutes les sensations. Ce sera plus certain encore si nous songeons à la loi générale de notre expérience, que nous appelons la loi de causalité. « La causalité nous offre un exemple des plus remarquables de l'extension à la totalité de notre conscience d'une notion tirée de ses parties ». « En étendant à la somme de toutes nos expériences les relations intérieures que présentent ses diverses parties, nous finissons par considérer la sensation même — l'agrégat total de toutes nos sensations, — comme devant son origine à des existences antécédentes, que la sensation n'atteint pas. » C'est une conséquence de ce que l'antécédent constant d'une sensation est rarement une autre sensation ou une série de sensations, mais le plus souvent l'existence d'un groupe de possibilités. Par suite, notre idée de cause s'identifie avec ces possibilités permanentes, et « c'est par un seul et même moyen que nous acquérons l'habitude de regarder la sensation en général, de même que chaque sensation en particulier, comme un effet, et aussi de concevoir, comme cause de la plupart de nos sensations particulières, non pas d'autres sensations, mais des possibilités générales de sensations. Si toutes ces considérations réunies n'expliquent pas complètement pourquoi nous concevons ces possibilités comme des entités indépendantes et substantielles, je ne sais pas quelle analyse psychologique pourrait avoir une valeur décisive. »

L'histoire de notre connaissance du monde extérieur, d'après Stuart Mill, serait donc en résumé la suivante : 1º On connaît des groupes ou des composés liés de sensations simultanées possibles, et aussi des uniformités déterminées dans la succession des sensations, c'est-à-dire des lois causales ; 2º il se forme la conscience abstraite que toute sensation doit appartenir à un groupe de sensations possibles, et en même temps la conscience de la loi générale de causalité, selon laquelle tout ce qui naît doit avoir un antécédent invariable, une cause, et, par là, la pensée d'une cause en général est associée à ces groupes ; 3º il se forme la conscience abstraite de *quelque chose* qui est différent de toutes les sensations en général, et — comme dans l'intervalle on a constaté que les groupes permanents de possibilités de sensations sont communs à tous les hommes, — 4° ce *quelque chose* se confond avec les groupes connus, un semblable quelque chose étant pris pour substance de chaque groupe, et alors, en conséquence de l'association avec la pensée de ce quelque chose, 5° les sensations elles-mêmes, projetées au dehors, rendues étrangères à nous-mêmes, sont connues comme un non-moi et comme quelque chose d'objectif en face de nous.

Ainsi notre croyance que la terre qui nous porte et la multitude des étoiles et des planètes dans les espaces célestes infinis sont indépendantes de nous, de toute expérience d'un sujet connaissant, n'est que la conséquence d'une généralisation erronée, un produit d'une association d'idées que la raison n'a pas contrôlée. On est obligé de sourire malgré soi de cette théorie, tant elle méconnaît le fait qu'elle doit expliquer. Et il n'est pas difficile de montrer que cette explication suppose tacitement au début ce qu'elle prétend découvrir à la fin comme résultat, en un mot qu'elle repose au fond sur un tour de passe-passe.

On admet et on affirme que les sensations objectives (couleurs, sons, etc.) sont propres et intérieures au sujet comme les sensations de plaisir et de peine. Les dernières ne se distingueront de celles-là que parce que nous avons « un grand intérêt à nous en rendre compte ». Mill dit expressément : « Il est très probable que nous n'avons aucune notion du *non-moi* tant que nous n'avons pas éprouvé pendant longtemps le retour des sensations d'après des lois fixes et sous forme de groupes ». Mais, en même temps, il est partout question de ces sensations, comme si leurs groupes étaient quelque chose de particulier, distinct du sujet, avec une stabilité qui n'est pas celle du moi, et des changements qui ne sont pas des changements du sujet, mais se produisent indépendamment de lui. Que l'on se fasse une fois cette idée de ces groupes, il sera alors évidemment facile de les confondre avec des objets. Mais le point essentiel est que je ne peux pas avoir la moindre conscience de n'importe quels « groupes » de mes sensations, si je prends simplement ces dernières pour des déterminations intérieures et des modifications de moi-même. Je ne puis avoir que la *tendance* à attendre, quand une sensation s'est produite, la production d'autres sensations déterminées. Pour que je regarde cette tendance elle-même comme une loi ou comme un composé de sensations, je dois évidemment me l'objectiver déjà, la poser devant moi comme quelque chose de particulier, ce qui ne peut se produire par une pure association — celle-ci ne détermine en effet que cette tendance même, — mais seulement par une réflexion sur cette association. Mill prête évidemment son propre point de vue philosophique à la conscience de l'enfant qui aurait pour tâche de commencer à connaître des objets.

Ce que ni Mill ni aucun autre penseur ne paraît avoir ni remarqué ni considéré, c'est la circonstance extrêmement importante que notre connaissance des sensations comme un monde de choses hors de nous *suppose qu'à cette connaissance répond un arrangement naturel des sensations.*

Nous ne pourrions pas connaître nos sensations comme un monde de choses dans l'espace, si elles ne se produisaient en nous et ne se combinaient ensemble suivant des lois toujours parfaitement conformes à cette connaissance ou à cette façon de les concevoir. Ce que Mill appelle « possibilités de sensations » présente une régularité qui ne nous conduit pas fortuitement à confondre ces « possibilités » avec des objets extérieurs : cette confusion est au contraire absolument régulière et constante. C'est seulement grâce à cette disposition naturelle des sensations que nous prenons leurs groupes et leurs possibilités pour des objets extérieurs, sans rencontrer un seul cas qui soit en contradiction avec cette manière de connaître. Jusque dans les plus petits détails et les plus insignifiants, l'ordre de nos sensations est disposé de telle sorte, que nous voyons, que nous touchons en elles, entendons, sentons et goûtons des objets extérieurs, qui sont les mêmes pour tous les sujets connaissants et dont les lois physiques et chimiques ont un fondement et une réalité qui ne dépendent de l'expérience d'aucun sujet. Bref, notre expérience a pour condition une déception systématiquement organisée.

Un exemple particulier rendra la chose plus claire, et pour que cet exemple soit le plus simple possible, nous nous bornerons au sens de la vue.

Nous savons qu'un seul et même objet peut paraître à la vue sous des éclairages très différents, dans des positions et et à des distances très diverses. Les impressions visuelles peuvent donc être très différentes à tout moment, mais nous reconnaissons en elles, malgré cela, un même objet extérieur, identique. Au mur de ma chambre pend un tableau. Si je m'en rapproche de deux pas, il me paraît plus grand ; que je m'en éloigne d'autant, par côté, il m'apparaît sous une autre forme. J'ai ainsi trois impressions différentes, mais le même objet extérieur dans toutes les trois. La conscience ordinaire croit maintenant que l'objet vu est tout à fait différent et indépendant de mes impressions. Cette croyance, sans doute, comme nous l'avons vu, n'est pas exacte. Ce que je vois comme un objet extérieur est toujours, en fait, mon impression visuelle. Et c'est pourquoi l'objet vu me paraît, suivant la position et la distance, plus grand ou plus petit, sous cette forme ou sous une autre. Mais c'est un fait incontestable que les impressions visuelles qui se présentent sont naturellement disposées de telle sorte que, malgré leur diversité, je reconnais avec une parfaite vérité empirique un seul et même objet extérieur en elles, qu'elles se laissent constamment et nécessairement unir dans l'idée d'un objet particulier.

Le sens de cette vérité *empirique* est maintenant facile à comprendre. Nos sensations, d'un côté, et, de l'autre, notre connaissance de ces sensations comme un monde de corps, ne s'accordent pas *logiquement* — car les sensations ne sont en réalité ni des corps ni des objets, — mais il y a un accord *de fait*, puisque les lois de notre expérience sont, en fait, ainsi réglées que nous percevons naturellement dans nos sensations un monde de corps. En ce sens donc la connaissance des corps est vraie et exacte, tandis qu'avec les hypothèses de Mill, elle ne peut avoir, en aucun sens, ni vérité, ni exactitude.

Le résultat auquel nous sommes ainsi arrivés nous conduit nécessairement à faire d'autres pas. Que signifie en particulier le fait que nos sensations sont disposées d'une façon assez régulière pour être connues de nous comme un monde de corps? (1) Il signifie évidemment que les sensations sont disposées en vertu d'une loi de la connaissance qui ne peut être déduite des sensations, mais qui est elle-même la norme suprême de leur conformité empirique à des lois. Une telle loi de la pensée est aussi indispensable pour la connaissance des corps que la disposition naturelle des sensations qui lui correspond. Car cette disposition précisément qui rend les sensations capables d'être connues comme un monde de corps, d'objets réels, fait aussi, d'autre part, que l'on ne pourrait reconnaître en elles ni ordre ni accord, si on les concevait comme de simples états intérieurs, et non comme des objets réels hors de soi. Considérées comme de simples états intérieurs, les sensations objectives offrent un parfait chaos, qui ne

---

(1) Je ne pose pas cette question pour arriver à une explication métaphysique des choses, comme de supposer un auteur intelligent des sensations ou n'importe comment. Nous devons nous abstenir de toute velléité d'explication métaphysique dans ces questions, et ne faire attention qu'aux hypothèses relatives à la théorie de la connaissance du fait dont il s'agit.

s'ordonne en une expérience régulière que si on les conçoit comme des objets, que si on les traduit, en quelque sorte, dans la langue du monde des corps, en vue duquel elles sont disposées par la nature. Nous allons éclaircir cela par un exemple concret.

Je suis, en ce moment, assis sur une chaise, les coudes appuyés sur une table. J'ai ainsi des impressions du toucher faites par les objets qui soutiennent mon corps. En même temps je vois par la fenêtre le ciel bleu, c'est-à-dire que j'ai certaines sensations visuelles. J'entends aussi une porte qui s'ouvre et des pas dans la chambre voisine. Et puis sur le ciel bleu se présentent des nuages, de formes et de colorations différentes. J'ai ainsi un grand nombre d'impressions différentes ou simultanées ou se succédant rapidement, et qui ne sont liées entre elles ni par un lien causal, ni d'aucune manière immédiatement. L'impression de la chaise est indépendante de celle de la table, et toutes les deux sont sans rapport avec celle du ciel bleu, qui elle-même ne me prépare aucunement à celle que produisent les nuages en apparaissant, et enfin les sensations auditives, qui viennent de la porte et des pas, naissent en même temps que les autres, mais sans aucune relation avec elles.

Supposons maintenant que tous ces objets et tous ces faits perçus, la table et la chaise qui me portent, le ciel bleu et les nuages, le bruit de la porte et des pas ne m'apparaissent que comme ce qu'ils sont en réalité, c'est-à-dire comme de purs états intérieurs, des modifications de moi-même, comme mes propres sensations, je n'arriverai évidemment jamais à trouver en elles un ordre quelconque, une liaison quelconque, parce qu'en effet, à les considérer à ce point de vue, il n'y a en elles ni ordre ni liaison. Ce serait précisément le cas de tout être arrivant nouvellement à la vie, s'il n'était pas porté et contraint par la nature à considérer, dès le début, ses sensations comme des objets substantiels. Un tel être inexpérimenté, manquant de toute réflexion, de toute préparation, serait encore moins en état de parvenir à une expérience ayant quelque consistance, quelque liaison. L'association des idées, par laquelle Mill veut expliquer notre expérience, si elle agissait seule et sans cette loi de la pensée, servirait bien plutôt à rendre absolument inextricable ce chaos des impressions. Car elle est, comme nous l'avons vu dans le troisième chapitre, même pour l'homme expérimenté, une source d'erreur. Mais nous voyons que les enfants et les petits des animaux réussissent toujours infailliblement à interpréter leurs impressions sensibles comme un monde d'objets extérieurs, dans la perception desquels ils se rencontrent et s'accordent parfaitement. Il est ainsi très clair que notre connaissance des corps suppose deux conditions, d'abord une disposition naturelle des sensations elles-mêmes qui les rend propres à paraître comme un monde d'objets extérieurs ; et, en second lieu, la disposition primitive du sujet à considérer ses sensations comme des choses.

De cette disposition intérieure, de cette loi de la pensée, nous pouvons déjà connaître quelque chose. Nous avons déjà prouvé (p. 88) que les corps sont, quant à leur notion, des substances, des êtres inconditionnés. La loi de la pensée qui est au fond de la connaissance des corps, ne peut donc être autre chose qu'une disposition intérieure du sujet à concevoir tout objet comme une substance, comme inconditionné. Les sensations sont ainsi soumises, elles aussi, à cette loi, elles que le sujet distingue de lui-même, qu'il connaît comme quelque chose d'étranger à lui, comme des substances extérieures, et cette connaissance, quoique logiquement fausse, est empiriquement exacte et vraie, parce que l'arrangement des sensations lui est lui-même parfaitement conforme. L'origine de la connaissance des corps fera l'objet d'un chapitre spécial de la deuxième Partie, où tout ce qui est ici encore obscur, sera éclairci le plus possible.

Remarques finales.

Résumons brièvement le résultat des recherches précédentes. Nous avons prouvé que la connaissance des corps ne pouvait provenir ni d'une induction, ni d'un raisonnement sur les causes de nos sensations au moyen d'un principe *a priori* de causalité, ni, comme Mill l'a proposé, d'une simple association d'idées. Nous avons constaté, en outre, que dans les corps de notre expérience, nous ne connaissons pas autre chose que nos propres sensations et que les corps, au point de vue de leur notion, sont des substances, c'est-à-dire inconditionnés. Par tout cela, nous avons mis hors de doute que notre connaissance des corps a pour fondement une loi primitive et non dérivée de l'expérience, et que cette loi ne peut être rien autre qu'un concept de l'inconditionné, une disposition intérieure du sujet à considérer chaque objet en soi comme inconditionné ou comme une substance. Mais ce résultat est une introduction ou une préparation aux théories exposées dans le deuxième livre. Car, bien que la loi de la pensée dont il s'agit reçoive aussi de faits tout différents la preuve de sa valeur objective, cependant le fait que cette loi sert de principe à notre connaissance des corps en est une preuve subjective plus forte, c'est-à-dire une preuve décisive de sa réalité même.

Mais, en même temps, les recherches antérieures nous ont fourni un résultat d'une valeur pédagogique, un résultat qui peut contribuer d'une manière non médiocre à la discipline nécessaire de la pensée. En effet, on est trop disposé aujourd'hui à ne se fier exclusivement qu'à ce qui se laisse voir et toucher et à mépriser toute idée et toute recherche abstraite. Une telle disposition de l'esprit, en se prolongeant, rendrait évidemment impossible la production d'une théorie du monde un peu élevée, malgré toute la valeur qu'elle pourrait avoir. D'après ce que le lecteur a vu dans le quatrième chapitre, à savoir que l'apparence sensible qui nous représente dans tout ce que nous touchons avec les mains ou voyons de nos yeux un monde de choses extérieures est contredite par les faits eux-mêmes, il sera capable de comprendre la théorie qui résulte des recherches du deuxième chapitre, à savoir que la certitude de nos idées a son fondement dans leur essence même et est indépendante de la question de savoir si elles sont abstraites ou concrètes, et si les objets représentés sont rapprochés ou éloignés, devant ou derrière. La certitude ne peut pas plus venir du dehors à notre pensée que la faculté de penser elle-même. Autrefois, il est vrai, on pouvait croire que la perception offre une certitude indépendante de la pensée ; mais on a montré depuis combien c'était peu exact. Dans la perception, rien n'est immédiatement certain que les impressions sensibles, et encore les impressions particulières comme telles. Mais cette certitude même n'est acquise que par le plus grand effort de la pensée. Car, avant la réflexion, les impressions ne nous apparaissent pas comme des impressions en nous, mais comme des qualités et des états d'objets extérieurs ; elles paraissent être hors de nous, dans l'espace. Ainsi se nie elle-même cette base de la certitude. Aussi la perception immédiate ne peut se produire que sous le contrôle de la pensée, qui se montre ainsi comme la source propre de toute certitude.

Le lecteur doit nécessairement se bien pénétrer de ces vérités pour suivre avec une intelligence parfaite et un réel profit les recherches du second livre. Car les recherches de ce livre concernent exclusivement le concept de l'inconditionné que nous avons constaté jusqu'à présent comme étant la loi qui sert de fondement à la connaissance des corps. Dans tout le domaine de l'expérience, il n'y a rien qui corresponde réellement à cette notion, — et cependant elle n'est pas seulement certaine en elle-même, elle est encore le fondement de la certitude de toute connaissance qui résulte de la perception immédiate de nos états et modifications internes. Mais il y a un préjugé si manifeste et si invincible contre toute connaissance suprasensible que je ne puis faire, malgré tous mes efforts, que tout ce que je pourrai dire soit autre chose qu'un vain bruit et lettre-morte, car la force de la pensée n'est pas la même que la force physique. Celle-ci se fait sentir même à ceux qui lui résistent : la première a besoin pour agir que le lecteur s'y prête.

LIVRE SECOND

PRINCIPES

Chapitre premier

Le concept de l'inconditionné

L'établissement positif du concept de l'inconditionné se décomposera en trois moments : 1° la preuve de sa relation avec les lois logiques de la pensée, avec le principe d'identité et celui de contradiction, c'est-à-dire la preuve que ces principes n'expriment pas autre chose qu'un concept de l'essence propre, inconditionnée des choses ; 2° la preuve du rapport logique qui existe entre ce concept et les données de l'expérience, c'est-à-dire la preuve que la nature empirique des choses ne s'accorde pas avec ce concept, sans être cependant en contradiction logique avec lui, qu'aucun objet de l'expérience ne contredit le principe de contradiction, et que pas un ne s'accorde avec le principe d'identité ; 3° la preuve que les faits eux-mêmes confirment et garantissent la valeur objective de ce concept.

Mais avant d'en venir à l'établissement de ce concept positif, il faut d'abord écarter quelques-uns des préjugés qui s'y rapportent. Pour cela, il est nécessaire, avant tout, de se demander le sens du mot « inconditionné ».

Les mots *inconditionné* et *absolu* sont synonymes, mais le mot *absolu* désigne différentes choses. Kant a fait ressortir

deux sens de ce mot, Hamilton trois et Stuart Mill en a même trouvé quatre. D'après Kant, le mot absolu désigne d'un côté : « que quelque chose vaut *en soi* et ainsi *intérieurement* », et de l'autre « que quelque chose vaut dans tous les sens (illimité), par exemple, le pouvoir absolu. » (Crit. de la R. pure, p. 311).
Pour Mill, le mot absolu signifie : 1° achevé, parfait, total et répond au second sens de Kant ; 2° le contraire de relatif, et 3° ce qui est indépendant de toute autre chose. Le quatrième sens n'est pas du tout clair pour moi (V. Exam. pages 46-48). Ce qui est absolument vrai, par exemple, est non seulement ce qui paraît vrai sous certaines conditions ou se prouve, mais ce qui est vraiment vrai. Une barrière absolue n'est pas seulement celle qui est infranchissable dans certaines circonstances, mais celle qui est vraiment infranchissable. De même la pureté absolue n'est pas simplement la pureté en comparaison d'un autre état, la pureté relative, mais désigne l'absence de tout élément étranger, perturbateur, absolument. Là dessus Mill affirme que l'on ne peut vraiment rien dire *de l'absolu*, parce que tout ce qui est absolu doit être *quelque chose* d'absolu, absolument mauvais, absolument bon, le sage absolu ou le sot absolu, etc. (id. p. 56), en un mot parce que le mot absolu ne peut être employé que comme prédicat et jamais comme sujet dans le jugement. En cela, Stuart Mill se trompe évidemment. Si l'on parle d'un absolu purement et simplement, on entend par là l'absolu quant à *l'existence*, c'est-à-dire *ce qui existe par soi*. Attendu que l'existence d'une chose n'est pas un prédicat comme les autres, mais signifie la présence de la chose elle-même avec tous ses attributs, l'absolu dans l'existence n'a pas un sens simplement attributif. Bien plus, l'absolu dans l'existence d'une chose, signifie précisément que la chose en question ne peut jamais être prise comme un simple prédicat, n'est, d'aucune manière, une fonction ou un moment d'une autre chose, et ne peut pas non plus être jamais employée pour désigner une autre

chose. Une chose d'une telle indépendance dans son être s'appelle aussi une substance. Je remarque ici expressément que par les mots inconditionné ou absolu, j'entends toujours ce qui existe par soi ou la substance ; ces quatre termes sont pour moi synonymes.

Maintenant il y a des penseurs qui affirment que le concept d'une chose inconditionnée ou existant par soi est contradictoire et impossible. Bain, par exemple, dit : « Il n'y a de connaissance possible que celle d'un monde relatif à notre esprit. La science est un état de l'esprit ; la connaissance des choses corporelles est un fait mental. Nous sommes hors d'état même de concevoir l'existence d'un monde corporel indépendant ; l'acte même est une contradiction. » (Sens et Intelligence, 3ᵉ éd., p. 375).

Or, c'est un fait que nous connaissons un monde de corps indépendant de nous, c'est-à-dire inconditionné, et qu'il nous est impossible de séparer la croyance à ce monde de notre perception des choses, même quand nous nions *in abstracto* l'existence des corps. Comme la théorie de Bain est contredite par un fait, nous n'avons pas à la réfuter plus longuement.

Un autre écrivain, H. Spencer, a essayé de montrer d'une autre manière que le concept d'une chose qui existe par elle-même est contradictoire et, par suite, ne peut être pensé, quoique Spencer se voie contraint, il est vrai, d'admettre quelque chose qui existe par soi. On peut prévoir que cette démonstration repose sur un malentendu. Car le concept d'inconditionné, de chose existant par elle-même, est tout à fait simple, ne contient aucune pluralité de déterminations, et, par suite, ne peut, d'aucune manière, contenir des déterminations contradictoires. Et, en fait, Spencer ne produit une contradiction que parce qu'il unit le concept d'existence par soi avec l'idée de temps. Voici comment il s'exprime à ce sujet dans son livre des *Premiers Principes* (1863, p. 31) : « L'existence par soi exclut nécessairement l'idée d'un commencement, et former un concept d'existence par soi, c'est former un concept d'existence sans commencement. Mais nous ne pouvons y arriver par aucun effort de l'esprit. Pour penser une existence qui se continue pendant un temps passé infini, nous devons concevoir un temps passé infini, ce qui est impossible (1). »

Il y a là une confusion. Ce qui existe, quant à son essence, *dans le temps*, c'est-à-dire une succession, est inconcevable sans commencement. Qu'une série infinie d'événements se soit écoulée et, par suite, soit complète, cela implique contradiction, car « infini » signifie « ce qui ne peut s'achever ». Il y a là une réelle antinomie par la nécessité de penser la série du devenir comme sans commencement. Mais une existence ne peut-elle être conçue autrement que dans le temps? Le concept d'existence, en général, ou celui d'existence par soi, en particulier, est-il inséparable du concept de succession? C'est plutôt le contraire qui se comprend clairement. Car, en dehors de l'existence dans le temps, nous connaissons une existence dans l'espace qui ne contient rien de la succession dans son concept et qui, par là, est pensée comme l'existence en soi. Nous pouvons penser sans la moindre contradiction tout un monde dans l'espace, dans lequel il n'y a ni changement ni succession. Mais sans succession réelle, nous ne pouvons penser aucun temps en général. Ce monde n'aurait donc aussi rien à faire avec le temps. Le manque de commencement

---

(1) De même, cette remarque de Spencer : « Même au cas où l'existence par soi serait concevable, elle ne fournirait, en aucune manière, une explication de l'univers. Personne ne dira que l'existence d'un objet, au moment présent, est rendue plus intelligible par la découverte qu'il existait déjà une heure, un jour ou un an auparavant; » par conséquent « l'accumulation de ces périodes finies, même quand nous pourrions l'étendre à une période infinie, ne pourrait rendre plus intelligible l'existence de l'objet. » Affirmer que le monde existe par soi, ce n'est pas en expliquer l'existence, qui n'a, pour mieux dire, besoin d'aucune explication. Car expliquer, c'est donner des raisons, et l'existence par soi est une existence qui n'a aucune raison.

dans l'existence de ce monde n'implique donc pas la moindre contradiction. Aussi, pour le concevoir, n'avons-nous pas besoin d'une régression infinie; il nous suffit de mettre de côté toute idée de temps comme n'appartenant pas du tout au concept de ce monde.

La notion de l'inconditionné est, en fait, si loin d'être contradictoire et inconcevable qu'elle est plutôt la seule qui soit naturelle et intelligible à notre pensée. La pensée d'un objet qui n'a pas hors de lui la raison de son existence et de sa nature est la seule où nous pouvons nous arrêter, qui ne laisse à poser ni pourquoi ni comment. Les objets de l'expérience sont plutôt inconcevables précisément parce qu'ils ne sont pas inconditionnés. Car un objet inconditionné est celui qui a une essence qui lui est propre, non empruntée du dehors et, par suite, indépendante de toute chose étrangère, et l'énigme des objets de l'expérience gît précisément en ce que, comme je le montrerai explicitement plus tard, ils n'ont pas d'essence vraiment propre. C'est pourquoi un objet (une chose) est synonyme pour nous d'objet qui existe par soi, inconditionné. Qu'un objet dépende d'un autre, puisse être avec d'autres dans un rapport nécessaire, c'est ce qui n'entre pas primitivement dans notre concept d'un objet, mais ce qui nous est imposé par l'expérience. L'intelligibilité de soi-même du concept d'inconditionné ou de substance sera mise encore mieux en lumière dans la suite, lorsque nous montrerons qu'il forme la loi fondamentale de notre pensée. Nous allons montrer maintenant qu'il est identique au concept de « chose en soi ».

C'est Kant, comme on le sait, qui a introduit l'expression de chose en soi. Mais le plus surprenant est que lui-même il n'ait pas eu une claire conscience de ce qu'il entendait par là. Aussi voyons-nous la plus étonnante confusion régner encore aujourd'hui relativement à ce concept.

Chose en soi peut avoir deux sens, et désigner : 1° une

chose abstraite de ses relations avec d'autres choses ; 2° une chose considérée dans sa propre nature, prise selon sa propre essence. Ces deux sens se confondent en un seul quand on remarque qu'il n'appartient pas à l'essence propre d'une chose d'être en rapport ou en relation avec d'autres choses, en d'autres termes, que toute relativité est étrangère à l'essence d'une chose en soi. La définition d'une chose en soi doit donc être fondée sur le second des sens indiqués plus haut, parce que c'est le plus général.

Rien de plus simple, comme on le voit, que ce concept de chose en soi. Une chose en soi précisément n'est rien autre qu'une chose qui possède un *en soi*, c'est-à-dire un être vraiment propre à soi, non emprunté. Mais ce qui n'est pas emprunté n'est pas non plus conditionné, comme je le ferai voir dans le chapitre suivant. Le concept de chose en soi se ramène donc à celui d'inconditionné ou de substance.

Si maintenant la relativité, la liaison mutuelle appartenait à l'être propre des choses, les objets de l'expérience, qui sont étroitement liés les uns aux autres, seraient de vraies substances, des choses en soi, et le monde de l'expérience serait lui-même l'inconditionné. S'il est prouvé au contraire que toute relativité est étrangère à l'essence des choses en soi, nous n'avons pas dans l'expérience l'être propre des choses : la chose en soi, ou l'inconditionné, est différente du monde de l'expérience.

Or, c'est là précisément la supposition qui est au fond de la distinction kantienne de la chose en soi et du phénomène. De ce que notre connaissance des choses est conditionnée par la nature du sujet connaissant, Kant conclut que nous ne connaissons pas les choses telles qu'elles sont en elles-mêmes. La prémisse indispensable pour conclure ainsi, était évidemment la supposition qu'il n'appartient pas à l'essence propre, à l'en soi des choses d'être connues par un sujet, ou, en d'autres termes, que les choses n'ont primitivement aucune relation avec un sujet connaissant quelconque ou avec la totalité de tels sujets. Mais si cela est certain *a priori*, ce n'est qu'une partie ou une conséquence de la certitude générale que toute relativité est étrangère à l'essence des choses en soi, qu'une chose dans sa nature vraiment propre n'a aucun rapport, non seulement avec un sujet connaissant, mais même avec n'importe quelle autre chose. Car nous ne pouvons *a priori* (1) rien connaître des différences et des exceptions dans les rapports des choses.

Cette grande doctrine de Kant repose donc, comme on le voit, sur un concept positif de la nature des choses en soi, sur l'opinion que toute relativité est étrangère à l'essence des choses en soi. Mais Kant était si loin d'avoir une claire conscience de ce principe, qu'il désigna plutôt le concept d'une chose en soi comme un concept-limite, purement problématique, négatif, qui n'avait pas plus de sens que la théorie limitative d'après laquelle les concepts fondamentaux de l'entendement (les catégories) s'appliquent exclusivement à l'expérience, et encore à l'expérience humaine, et ne peuvent jamais la dépasser. Cette manière de comprendre la notion d'une chose en soi était, il est vrai, une conséquence de la théorie de Kant que les catégories de l'entendement ne se rapportent pas du tout aux objets réels et à leur connaissance, mais servent exclusivement à lier nos propres perceptions. Mais si l'on s'en tenait rigoureusement à cette manière de voir, la distinction des choses en soi et des phénomènes perdrait toute signification précise. Comment, en effet, et pour quelle raison, pourrions-nous parler de n'importe quelle chose ou quel objet, et que pourrions-nous en dire, si une chose ou un objet n'était pas différent de nos idées, si le

---

(1) Je dis *a priori*, car le principe : la relativité est étrangère à l'essence des choses en soi, ne pourrait jamais venir de l'expérience, attendu qu'elle nous montre tous les objets complètement en rapport soit entre eux, soit avec notre connaissance.

rapport de celles-ci à un objet « ne faisait que lier les idées d'une façon certaine et les soumettre à une règle ? » (Crit. de la R. pure, p. 214).

Mais au fond ce n'était pas ce que Kant voulait entendre. S'il s'était attaché fermement à sa théorie de l'entendement (à la doctrine de « l'Analytique transcendentale »), il n'aurait pas eu besoin d'écrire sa théorie de la raison (la « Dialectique transcendentale »). Il dit expressément en effet lui-même que la raison « ne produit proprement aucun concept, mais affranchit seulement les concepts de l'entendement des restrictions inévitables d'une expérience possible et cherche à les étendre par de là les limites de ce qui est expérimental, mais en relation avec lui » (p. 295). Cependant, si les concepts de l'entendement ne sont pas autre chose eux-mêmes que de simples règles pour la liaison des idées (comme l'enseigne l'Analytique transcendentale), alors on n'a vraiment pas besoin de prouver longuement qu'ils n'ont pas de valeur (comme ce qu'il appelle les idées) hors de l'expérience. Car nous n'aurions dans ce cas aucune conscience de quoi que ce soit hors de l'expérience. Le fait est, au contraire, que Kant reconnaissait une valeur objective à la catégorie de substance et qu'il voulait même appliquer la catégorie de causalité aux choses en soi, comme cela ressort clairement et de sa doctrine de la liberté transcendentale et de la supposition partout implicite chez lui que les choses en soi produisent nos idées.

Le concept de chose en soi n'est pas différent, en fait, du concept de substance, et il est évident que dans notre connaissance d'un monde de substances (de corps) nous commençons par supposer un être *en soi* des choses, différent de la manière dont nous les connaissons. Nous connaissons les corps comme des objets auxquels toute relativité en soi est étrangère. Aussi la science elle-même se voit-elle obligée d'accommoder à ce concept notre manière habituelle de comprendre les corps, ce que prouvent les théories scientifiques et en particulier la théorie mécanique.

Cette loi de la pensée qui conditionne la connaissance des corps, se retrouve aussi dans notre conscience d'une essence des choses située par delà l'expérience, métaphysique, dans la certitude que l'expérience ne nous montre pas les choses comme elles sont en soi, qu'elle contient des éléments, au fond, qui sont étrangers à l'essence primitive des choses. Et la relativité n'est pas le seul élément de ce genre, car nous apprenons bientôt à en connaître d'autres.

La conscience que l'expérience ne nous montre pas les choses comme elles sont, que le rapport entre l'inconditionné et les objets d'expérience (conditionnés) n'est donc pas celui de principe à conséquence, mais de chose en soi à phénomène, est la conscience proprement *philosophique*, et bien que Kant l'ait formulée le premier avec précision et qu'il l'ait souvent lui-même manifestée avec clarté et avec suite, elle est très ancienne, et peut-être aussi ancienne que la réflexion dans l'humanité. De là vint cet étonnement sur la nature du monde qui, selon la juste remarque de Platon et d'Aristote, forme le commencement de toute philosophie. Qui ne sent pas en lui cette conscience et cet étonnement, restera toujours au point de vue de la recherche naturaliste, sans s'élever jamais à la philosophie, alors même qu'il produirait les plus belles théories métaphysiques. Car il n'est pas seul un simple naturaliste celui qui prend le monde pour l'inconditionné, mais aussi celui qui, distinguant, il est vrai, l'inconditionné du monde de l'expérience, le conçoit cependant par analogie avec l'expérience.

L'être ou le non-être d'une vraie philosophie, distincte des sciences empiriques, dépend de la réponse à la question de savoir si l'expérience nous montre ou non l'essence propre et primitive des choses. Et la réponse à cette question dépend évidemment à son tour de celle de savoir si nous avons ou non un concept *a priori* du propre être des choses, qui ne s'accorde pas avec l'expérience et qui ait cependant une valeur objective.

Prouver l'existence d'un tel concept et sa valeur objective, tel sera l'objet du chapitre suivant.

Deuxième chapitre

Les lois logiques

§ 1. Le principe d'identité.

On a coutume de prendre pour premier principe de la logique le principe d'identité qui s'énonce ainsi : « Une chose est ce qu'elle est », ou « Une chose est semblable à elle-même ». Mais ce qui est merveilleux, c'est que les penseurs ne s'accordent pas sur le sens d'un principe si simple. Les uns croient que ce principe se rapporte à la réalité et exprime quelque chose sur sa nature, tandis que d'autres, et peut-être les plus nombreux, tiennent ce principe pour insignifiant. Il peut sembler surprenant que l'on prenne pour premier principe de la pensée et de la science quelque chose d'insignifiant et que l'on regarde comme tel. On ne devrait pas, en effet, mentionner dans la science quelque chose d'insignifiant, car c'est autant ne rien dire. Mais on croit que ce principe insignifiant est indispensable à la pensée et qu'on peut en déduire quelque chose, sans qu'il cesse d'être insignifiant.

D'abord demandons-nous quel est le sens propre du principe « Une chose est ce qu'elle est ». Il signifie que toute chose est entièrement ce qu'elle est, et rien que ce qu'elle est, c'est-à-dire qu'elle possède une essence propre et qu'elle est vraiment identique avec elle-même.

Exprimé avec précision, le principe d'identité deviendrait donc : Quant à son être propre, tout objet est identique avec lui-même.

Ce principe est, par le fait, évident de lui-même ; mais on se demande encore : exprime-t-il ou non quelque chose relativement à la nature des objets ?

Cette question n'est pas difficile à résoudre. Car elle revient simplement à se demander si une réalité peut être imaginée qui ne s'accorde pas avec le principe d'identité, dans laquelle il n'ait aucune valeur. Si l'on ne peut pas, même par hypothèse, concevoir une telle réalité, c'est que le concept du réel ne diffère pas du concept de l'identique avec soi-même, et le principe d'identité est ainsi un principe purement tautologique ou identique (analytique, suivant l'expression de Kant). Car le sujet et l'attribut signifient exactement la même chose. Il n'en est pas de même dans le cas contraire. Or, c'est ce dernier qui est évidemment le vrai. Nous pouvons faire la supposition que tout le réel est conçu dans un flux, au changement ininterrompu, sans rester en repos et sans garder sa manière d'être un seul instant, ou encore que chaque chose particulière est aussi en même temps tout autre chose. Le concept du réel, d'une part, et celui de l'identique avec soi-même, de l'autre, ne se confondent pas, mais sont deux concepts différents. Le principe d'identité qui exprime une liaison de ces deux concepts est donc un principe, non pas analytique, mais synthétique. Comme tel, il peut être pris pris pour prémisse d'un syllogisme et servir de principe à la science.

Le principe d'identité d'après lequel « Une chose est identique à elle-même », est une affirmation générale touchant la nature des choses réelles, une affirmation dont nous avons montré plus haut (p. 59, sq.), que, sans elle, la distinction du vrai et du faux serait impossible. Mais on oublie, la plupart du temps, que le principe d'identité suppose ou exige une manière d'être déterminée de la réalité, et l'on ne voit alors en lui qu'une simple formule ou tout au plus une loi conditionnant l'ordre intérieur de la pensée, en faisant en quelque sorte la police, sans rapport avec une réalité extérieure à la pensée. Mais il ne peut y avoir d'ordre réglé de la pensée que celui qui nous rend capables d'une exacte connaissance de la réalité et qui nous y conduit. Une loi de la pensée sans égard à la réalité est aussi peu valable que serait bonne la construction d'un télescope sans égard aux lois de la réflexion et de la réfraction de la lumière.

Mais un autre écueil nous menace. Celui qui voit combien le principe d'identité est loin d'être une pure tautologie, peut être facilement tenté de tomber dans l'extrémité opposée et de prendre ce principe pour un principe empirique, pour une généralisation de l'expérience. Ce serait une erreur évidente. Le principe d'identité ne peut venir de l'expérience pour la raison bien simple que l'expérience *ne s'accorde pas* avec lui ou ne le réalise pas. Car — pour dire en peu de mots ici ce qui sera développé plus loin, — le concept d'identique avec soi-même n'est pas autre chose que le concept d'absolu, d'inconditionné, d'existant par soi, et notre expérience ne nous offre rien d'absolu, mais seulement du relatif et du conditionné.

Si l'on tient le principe d'identité pour une simple loi formelle de la pensée, on doit du moins accorder qu'il exige une rigueur inconditionnée dans la façon de concevoir tous les objets. On ne doit pas confondre un demi-accord avec lui avec un accord complet, où l'on renonce à la précision, à la pénétration de la pensée qui peut seule en garantir l'exactitude. Or, il n'est pas douteux, à bien considérer les choses, que si l'expérience était parfaitement conforme au principe d'identité, aucun objet d'expérience ne pourrait être défini, désigné par un prédicat, qui fût discernable de son concept : en un mot, tout le contenu de l'expérience pourrait et devrait être exprimé en propositions analytiques, non en synthétiques. La seule chose que l'on pourrait dire d'un objet serait donc : A est A A est non B, mais jamais A est B. L'expression A est B peut, il est vrai, avoir un sens qui ne soit pas en contradiction avec le principe d'identité, mais elle ne peut jamais rien exprimer qui soit tout à fait d'accord avec lui. C'est évident. Il y a, il est vrai, les qualités simples, comme la couleur blanche ou la saveur douce, de telle nature qu'on ne peut les définir, qu'on ne peut dire d'elles que ceci, qu'elles sont ce qu'elles sont, la couleur blanche une couleur blanche, la saveur douce une saveur douce. Mais, même dans l'essence de ces qualités simples, il y a quelque chose qui oblige notre pensée à les connaître toujours en rapport, en relation avec quelque autre chose, ou comme états de sujets, ou comme qualités et états de choses extérieures. Aussi sont-elles connues comme des moments d'une synthèse, exprimées dans des propositions synthétiques et, par suite, opposées au principe de contradiction. Pour les autres choses, on sait très bien qu'elles sont des complexus, des synthèses du divers (1). Il est donc hors de question que l'expérience ne s'accorde pas avec le principe d'identité. La question intéressante pour la théorie de la connaissance est plutôt celle-ci :

Si le principe d'identité a le droit de ne pas s'accorder avec l'expérience, où est le fondement de ce droit ? C'est une question essentielle, d'une importance capitale pour la pensée et pour la science de la pensée.

Devons-nous aller plus loin dans l'effort et dans la suite de notre façon de penser que l'expérience ne nous y autorise, ou ne le devons-nous pas ? Voilà ce dont il s'agit. Si l'expérience est le seul fondement du savoir, alors il ne peut être question d'une *loi logique* au sens où on l'entend ordinai-

(1) Cependant on le démontrera tout particulièrement plus tard.

rement dans la théorie. Car nous devrions alors nous contenter de résultats approximatifs, de simples à peu près. Pas de certitude rigoureuse et sans exception.

Mais si le principe d'identité exprime un concept qui ne vient pas de l'expérience, il se rapporte alors à une autre réalité que celle que l'expérience nous présente. Et si, malgré cela, la valeur objective de ce concept peut être prouvée, alors seulement nous avons un principe suprême du savoir qui fonde la certitude des théories générales, même de celles que nous obtenons de l'expérience (par induction).

§ 2. Le principe de contradiction.

Le rapport de l'affirmation et de la négation est appelé par les logiciens une opposition contradictoire et leur union une contradiction. L'expression la plus simple d'une contradiction est donc : A est, A n'est pas, ou, en unissant, A est non A. D'autres expriment aussi la contradiction en disant : A est B et non B. Mais c'est évidemment une complication inutile. Car la contradiction consiste uniquement dans l'opposition contradictoire de B et *non* B, dans l'affirmation et la négation de la même chose, tout à fait indépendamment de la question de savoir si on pense ou non cette contradiction dans un troisième terme A.

Par le principe dit de contradiction, on entend que « L'affirmation et la négation de la même chose ne peuvent pas être vraies toutes les deux en même temps ».

Il se présente ici exactement le même fait que pour le principe d'identité : ce n'est pas seulement sur la portée et le sens de ce principe, mais aussi sur son expression, qu'on ne s'entend pas. On l'exprime quelquefois en disant : A ne peut à la fois être B et non B. Mais Kant (Crit., p. 179) a déjà montré ce qu'il y a de déplacé à faire intervenir le rapport du temps dans ce principe (1). La définition qu'il donne lui-même est encore plus mauvaise, s'il est possible; la voici : Une chose ne peut recevoir un attribut contradictoire (p. 178). Herbart propose celle-ci : « Ce qui est opposé n'est pas identique. » Il est difficile de ne pas voir dans ces deux formules de pures tautologies, la répétition de la même chose en d'autres termes. Ordinairement, on le formule ainsi : « Des jugements contradictoires ne peuvent pas être vrais en même temps. » Mais cette expression a elle-même cet inconvénient qu'il faut d'abord savoir en quoi consiste une opposition contradictoire. D'ailleurs, les jugements appelés contraires peuvent aussi n'être pas vrais en même temps (comme : tous les hommes sont raisonnables, aucun homme n'est raisonnable). L'expression la plus claire et la plus simple est donc celle que nous avons donnée plus haut : L'affirmation et la négation de la même chose ne peuvent pas être vraies en même temps.

Or il n'y a dans la réalité ni affirmation ni négation, mais de l'être et des rapports réels de cet être qui produisent bien des combinaisons ou des conflits de choses et de phénomènes, mais qui ont un caractère tout à fait différent du rapport logique d'affirmation ou de négation. D'ailleurs, le mot contradiction lui-même n'a de sens que pour la logique. On sera ainsi facilement amené à croire que le principe de contradiction n'a pas rapport à la réalité, mais seulement à nos discours et à nos affirmations. Mais on ne doit pas oublier que les affirmations et les négations, quoiqu'elles ne se présentent pas dans la réalité se rapportent cependant à elle. Nous affirmons

---

(1) En fait, comme je le montrerai dans la deuxième Partie, les rapports de succession, de temps sont connus eux-mêmes grâce au principe de contradiction; ils ne doivent donc pas entrer dans la définition. Cependant la formule ordinaire de ce principe ne peut s'exprimer sans tenir compte de relations de temps, et c'est précisément là une preuve que cette formule est dérivée. Nous le verrons mieux plus tard.

et nous nions uniquement la réalité d'un objet ou d'un rapport réels. Le rapport nécessaire du principe de contradiction à la réalité est exprimé par le mot *vrai* qu'il contient ; car la vérité, comme on le sait, n'est pas autre chose que l'accord de l'idée avec la réalité.

Dans la vie ordinaire, on ne voit pas une contradiction dans des propositions contradictoires seulement, comme A est, A n'est pas, mais on croit en voir aussi dans des couples de propositions comme les suivantes : A est rond, A est triangulaire, A est à Rome, A est à Paris, A est tout noir, A est tout rouge. Nous devons donc voir si certaines combinaisons de propositions contraires forment une contradiction comme celle des contradictoires. Nous chercherons enfin si le principe de contradiction est *a priori* ou s'il est dérivé.

La question doit bien avoir ses difficultés, puisque nous voyons un penseur pénétrant comme Stuart Mill tantôt n'arriver à aucune théorie, tantôt en admettre une surprenante. Il a très bien vu que le principe de contradiction n'est pas une « proposition verbale », c'est-à-dire une simple formule. Mais dans sa Logique il a cru devoir affirmer que ce principe est « une de nos premières et de nos plus familières généralisations de l'expérience » (I, p. 307-8). Au contraire, dans son livre sur la Philosophie de Hamilton, il paraît considérer ce principe et les autres lois logiques comme des nécessités primitives de la pensée. Une fois, il est vrai, il dit qu'il n'a pas de parti sur ce point, « car qui sait combien sont artificielles, changeantes, soumises aux circonstances la plupart de ces soi-disant nécessités de penser (bien que ce soient en effet des nécessités pour certaines personnes données et dans un temps donné), hésitera à affirmer que n'importe lesquelles de ces nécessités font partie, à l'origine, de notre constitution mentale » (Ex., p. 475). Mais ailleurs il parle du principe de contradiction avec plus de décision : « Que la même chose soit et ne soit pas, en même temps, — que la même affirmation soit vraie et fausse en même temps, ce n'est pas seulement inconcevable, mais nous ne pouvons absolument pas penser que cela puisse devenir jamais intelligible. Nous ne pouvons donner aucun sens satisfaisant à la proposition, ni être en état de supposer une autre expérience à ce sujet. Nous ne pouvons pas même nous demander si cette impossibilité tient à la structure primitive de notre esprit ou si elle vient de l'expérience » (p. 84). La dernière phrase est évidemment là pour ménager l'empirisme de l'auteur. Ce que Mill lui-même explique comme absolument inconcevable, il devait en attribuer l'inconcevabilité à la nature de la pensée, autrement il introduisait un vrai miracle par le fait de penser ce qui ne peut être pensé et de concevoir l'inconcevable. Et cependant il dit qu'un cercle carré et un corps qui serait à la fois tout blanc et tout noir seraient parfaitement concevables, si l'expérience ne montrait que lorsqu'une figure ronde devient carrée, elle cesse toujours d'être ronde, et que lorsqu'un corps noir devient blanc, il cesse toujours par cela même d'être noir. L'impossibilité d'unir de telles idées doit, selon Mill, être rapportée « à une association inséparable, de même que l'inconcevabilité originelle d'une contradiction directe » (p. 84). « Nous n'aurions probablement, dit-il, aucune difficulté à unir les deux idées soi-disant incompatibles, si notre expérience n'avait d'abord indissolublement associé l'une d'elles avec la contradictoire (Mill veut dire sans doute : avec l'absence) de l'autre. »

Dans l'examen de la contradiction, il faut aussi comprendre celle de l'opposition, parce qu'elles sont liées ensemble. La théorie n'en a pas été faite jusqu'à présent avec exactitude, et c'est précisément le cas d'expliquer en quelques mots ce sujet.

Il y a seulement deux sortes d'oppositions proprement dites, l'opposition réelle et l'opposition logique. L'opposition réelle

que Kant, dans son traité des grandeurs négatives, appelle
« real Repugnanz », se produit, comme il le dit exactement,
« lorsque le principe *positif* de l'une des deux choses supprime
l'effet de l'autre », c'est-à-dire entre deux forces ou deux causes
qui agissent sur un même objet, dans un sens différent ou
contraire. L'opposition logique est entre l'affirmation et la
négation de la même chose; de telle sorte que celle-ci s'applique exclusivement à celle-là et la supprime. Mais ce à quoi
répondent, dans la réalité, l'affirmation et la négation logiques, à
savoir l'être et le non-être, la présence et l'absence d'un objet,
ne forme en soi et pour soi aucune opposition. Car l'être d'un
objet en un lieu, en un temps, est très bien compatible avec
son non-être en d'autres lieux et d'autres temps. Le non-être
d'un objet ne soutient pas, avec son être, un rapport tel que
celui de la négation logique à l'affirmation niée. Deux qualités,
deux déterminations réelles peuvent fort bien ne former en soi
et pour soi aucune opposition, parce qu'aucune qualité réelle
n'a de rapport exclusif avec aucune autre, vu que toute qualité,
au contraire, peut bien exister à côté d'une autre. C'est évidemment une méprise, quand Herbart, dans son « Introduction à
la philosophie » (2ᵐᵉ édit., p. 254), pense que la dissemblance
des qualités « dans plusieurs choses est dans le rapport d'une
opposition contraire, et que de là se produit tout le monde
des corps et des esprits. » Il est également inadmissible de
penser, avec Drobish (Log. § 22), que les termes extrêmes d'une
série complète de concepts coordonnés sont dans le rapport
logique d'opposés contraires. L'opposition du noir et du blanc,
du nord et du sud etc., considérée au point de vue logique,
n'a pas plus de signification que celle du blanc et du rouge,
du nord et de l'ouest. La contradiction dans les phrases : le
blanc est rouge, ou le vent du nord souffle de l'ouest, est
aussi forte que celle-ci : le blanc est noir, le vent du nord
souffle du sud. Si des qualités pouvaient être opposées, on

pourrait s'attendre à ce que leur opposition grandisse avec leur dissemblance ; mais il se produit précisément le contraire. Car nous voyons que des qualités qui appartiennent à des genres très différents ne sont pas opposées les unes aux autres et peuvent très bien s'unir, comme le carré et le blanc, ou le rouge et le doux. Un objet à la fois carré et blanc, rouge et doux, peut être pensé. Au contraire, les qualités du même genre forment une opposition dès qu'on les rapporte au même objet, parce qu'elles ne peuvent s'unir. Un objet à la fois rond et carré ne peut se concevoir. On voit donc que des qualités et des déterminations réelles peuvent former une opposition non en elles-mêmes, mais seulement si elles sont rapportées au même objet, seulement, donc, dans la pensée qui les unit, et alors il est facile de comprendre pourquoi les qualités du même genre forment plutôt une opposition que celles de genres différents ; c'est parce que, en unissant les premières, on pense tout autre chose qu'en unissant les secondes ; en unissant le carré et le blanc, par exemple, on pense que l'objet qui, à *un certain point de vue* est blanc, à un *autre* point de vue est carré, ce qui n'implique pas contradiction, au moins d'une manière évidente. Au contraire, en unissant le carré et le rond, ou le rouge et le blanc, on doit penser que l'objet est au même point de vue, en même temps, carré et rond, ou blanc et rouge, ce qui est une contradiction évidente. Les qualités qui appartiennent au même genre doivent être ajoutées à un objet précisément au même point de vue, mais l'opposition entre elles n'a pas toujours un caractère aussi prononcé ; il faut éclairer ce point de plus près.

Il y a, dans l'expérience, des états et des déterminations qui sont absolument opposés l'un à l'autre et s'excluent quant à tout leur être, lorsqu'ils se rapportent au même objet. Connaître ces états et savoir qu'ils sont incompatibles, c'est tout un. Comme exemples, donnons le courbe et le droit, le repos et le mouvement, la vie et la mort, la lumière et l'obscurité, etc. Ce qui se meut change de place, ce qui est en repos n'en change pas. Une ligne est droite quand elle suit toujours la même direction; courbe au contraire, lorsqu'elle change continuellement sa direction et ne conserve jamais la même. La vie est un état déterminé de l'organisme; la mort, au contraire, l'absence précisément de cet état et la présence d'un état différent. On peut dire que cette opposition contradictoire est dans la réalité même, mais elle ne se révèle comme telle que dans la conscience. Il y a d'autres différences qui ont essentiellement le même caractère, mais ne le manifestent pas si ouvertement, comme, par exemple, l'opposition mentionnée plus haut du rond et du carré. Pour savoir qu'un rond ne peut pas être un carré, il n'est pas besoin d'une expérience ou d'une association particulière, comme Mill l'affirme, car cela suit immédiatement du concept de ces deux figures. Le circonférence est une ligne dont tous les points sont également éloignés d'un *seul* point; au contraire, toutes les parties d'un carré ne sont également distantes d'*aucun* point. Dans l'affirmation d'un cercle carré la même chose est donc affirmée et niée, ce qui constitue une contradiction. Mais la contradiction n'est-elle pas aussi forte quand on parle d'un carré triangulaire, elliptique ou spiral? Évidemment si. Mais où se trouve en général la raison d'une contradiction?

Si un objet ne faisait qu'un immédiatement avec un autre, il serait différent de lui-même, ou, ce qui revient au même, si une qualité ne faisait qu'un immédiatement avec une autre, elle serait différente d'elle-même. Mais ce serait en contradiction directe avec le principe « Tout objet est identique à soi-même ». Ainsi l'union immédiate de qualités différentes forme une contradiction et les qualités différentes se montrent, dans la tentative d'une telle union, comme opposées l'une à l'autre et s'excluant mutuellement, bien qu'elles ne soutiennent en elles et pour elles-mêmes aucune opposition parce qu'elles n'ont en général aucun rapport.

S'agit-il de l'union des deux premières oppositions que nous avons mentionnées, repos et mouvement, courbe et droit, etc., pas un logicien n'hésitera un instant à accorder qu'elle forme contradiction. Car bien qu'aucun état réel ne puisse être la simple et expresse négation d'un autre, cependant le repos implique si immédiatement l'absence du mouvement, et réciproquement, que dire que quelque chose est en repos ou que quelque chose ne se meut pas, c'est exactement la même chose. Aussi, bien que la logique appelle ces oppositions réelles des oppositions contraires, on doit accorder que, dans ce cas, l'opposition contraire est absolument semblable à la contradictoire. Mais déjà dans l'union du rond et du carré, un penseur comme Mill ne croit voir aucune contradiction. Et si l'on descend aux autres qualités, comme la couleur, la solidité, etc., le regard de beaucoup de logiciens se trouble au point qu'ils ne voient aucune trace de contradiction dans l'union immédiate des qualités différentes. Il faut chercher la raison de ce phénomène.

Les oppositions du repos et du mouvement et autres semblables ont en soi cette propriété qu'elles embrassent *toute* la sphère de la réalité à laquelle se rapportent leurs concepts; elles forment une *disjonction* complète. Par exemple, l'état d'une chose dans l'espace ne peut être que le repos ou le mouvement: il n'y a pas un troisième terme (1). Ce qui n'est pas en repos est nécessairement en mouvement, et ce qui ne se meut pas est, par le fait, en repos. De même une ligne ne peut que suivre la même direction, et alors elle est droite, ou en changer, et alors elle est courbe. Celle qui n'est pas

---

(1) Il y a bien entre le repos et le mouvement un état intermédiaire, celui d'équilibre, de tendance arrêtée; mais, à ne considérer que la position dans l'espace, il n'y a pas de différence entre cet état et le repos absolu.

courbe est nécessairement droite, et réciproquement. Or, quand deux états s'opposent de telle sorte que ce qui n'est pas dans l'un est nécessairement dans l'autre, il s'ensuit que leur différence est pour nous une opposition absolue, parce que la présence de l'un fait penser immédiatement à l'absence de l'autre et force absolument à admettre qu'un état *n'est pas* l'autre.

Or, la différence de deux états ne perd pas le moins du monde son caractère parce que la possibilité d'autres états différents de ces deux-là se produit. Mais la *conscience* de la différence peut en être influencée et modifiée. S'il n'y avait dans l'espace que des figures rondes et carrées, personne ne s'aviserait d'affirmer qu'un cercle carré fût concevable. Car la conscience de la différence de ces deux lignes serait toute pénétrée de leur concept. Le *rond* serait si bien conçu comme *non carré*, et réciproquement! Ce n'est évidemment pas le cas. Une figure qui n'est pas ronde n'est pas nécessairement carrée, elle peut avoir beaucoup d'autres formes différentes de ces deux-là. Il s'ensuit que le rond et le carré ne forment pas dans notre conscience une opposition comme celle du repos et du mouvement, bien que la différence du rond et du carré soit aussi solide et aussi irréductible que celle du repos et du mouvement, du courbe et du droit. Mais parce que le rond et le carré ne forment pas dans notre conscience une opposition aussi prononcée, la notion de l'irréductibilité de leur différence n'est pas aussi nette et aussi présente à l'esprit et peut se perdre de vue, comme nous l'avons constaté pour Mill.

Que les logiciens disent donc ce qu'ils voudront, il est hors de doute que deux affirmations différentes, qui se rapportent au même objet, au même point de vue, sont contradictoires l'une à l'autre, comme l'affirmation et la négation de la même chose. Quand on affirme qu'un objet est carré, on nie résolument, ne fût-ce que *par implication*, qu'il est rond, ou elliptique, ou de n'importe quelle autre forme. Quand on affirme qu'un objet est rouge, on nie tout aussi résolument qu'il soit vert, ou blanc, ou de n'importe quelle couleur. On l'aperçoit immédiatement lorsque deux affirmations de même sorte s'opposent l'une à l'autre. Que quelqu'un oppose à mon affirmation : les nègres sont noirs, l'affirmation qu'ils sont jaunes, je nie cette dernière affirmation parce que, en vertu du principe de contradiction et du témoignage de l'expérience, elle est inconciliable avec la mienne.

On doit donc poser évidemment deux formules différentes du principe de contradiction, savoir :

1° L'affirmation et la négation du même objet, comme A est, A n'est pas, ne peuvent pas être vraies en même temps.

2° Deux affirmations différentes qui se rapportent au même objet, au même point de vue, comme A est rond, A est carré, ne peuvent être vraies en même temps.

La différence entre ces deux formules est d'abord que la négation se rapporte expressément à l'affirmation et la détruit, tandis que deux affirmations ne peuvent pas se nier immédiatement l'une l'autre, mais seulement sous la condition du principe que l'objet ne peut pas être conformé de manières différentes au même point de vue, d'où suit que la contradiction de deux affirmations n'est pas évidente comme celle de l'affirmation et de la négation de la même chose, mais est implicite. Aussi pourrais-je appeler la première formule « Principe de la contradiction évidente », et la seconde « Principe de la contradiction implicite ».

On ne peut jamais dire du principe de contradiction évidente qu'il se rapporte simplement à nos jugements et à nos discours, et qu'il n'exprime rien touchant la nature des objets ; on ne peut pas le dire davantage du principe de contradiction implicite. Celui-ci n'est une règle valable pour nos jugements que parce qu'une affirmation vraie exprime la nature réelle des objets. Deux affirmations différentes sur le même objet ne peuvent être vraies en même temps, uniquement parce qu'un objet au même point de vue — qu'il s'agisse de la figure ou de la couleur, du poids, de la saveur ou de n'importe quel aspect de son être, — ne peut être conformé en même temps de manières différentes.

§ 3. Passage de la logique à l'ontologie.

Mais nous devons faire encore un pas en avant, car il n'est pas douteux que les phrases « le carré est en soi, comme tel (sans condition et immédiatement) rouge » ou « le rouge en soi, comme tel (sans condition ou immédiatement) est doux » contiennent une contradiction logique tout aussi bien que les propositions « le rond est carré » ou « le rouge est vert ». Un objet qui, à un point de vue et par rapport à certain organe, est rouge peut bien être doux à un autre point de vue et par rapport à un autre organe ; mais il est absolument contradictoire et inconcevable que le rouge dans l'objet soit lui-même comme tel doux, ou le doux comme tel rond, en un mot que deux qualités différentes ne fassent qu'un sans condition et immédiatement. Car l'affirmation que le rouge en soi comme tel est doux veut dire évidemment que la qualité visuelle *rouge* est en soi, quant à son essence, ce qu'elle n'est pas, c'est-à-dire une qualité du goût, et réciproquement.

Nous arrivons ainsi à la plus haute formule du principe de contradiction : « L'union inconditionnelle et immédiate du divers est impossible », ou : « Le divers ne peut en soi et comme tel être un et le même ».

La seconde formule du principe de contradiction donnée plus haut nous conduit nécessairement à celle-ci. Pourquoi, en effet, un objet ne peut-il être conformé de manières différentes *au même point de vue*? En d'autres termes, pourquoi l'union de deux qualités de même genre (deux couleurs, deux figures, etc.) n'est-elle pas possible ? (1) Évidemment parce que cette union serait nécessairement immédiate et inconditionnelle, ce qui est contradictoire et inconcevable. Si un objet était conformé de différentes manières au même point de vue, s'il était en même temps carré et rond et en même temps tout rouge et tout vert, en lui le carré serait rond, et le rouge vert ; or, c'est une contradiction logique. Il y a au contraire une *union conditionnelle* des qualités différentes qui n'est pas contradictoire et qui est fort possible. Une pomme toute rouge peut être douce, parce qu'elle l'est d'une façon conditionnelle ; mais elle ne peut pas en même temps être verte, parce que sa couleur rouge ne peut par elle-même, en soi, être verte, c'est-à-dire d'une manière générale, parce que l'union inconditionnelle et immédiate du différent est impossible.

Nous avons donc constaté en tout trois formules différentes du principe de contradiction dont la portée va en croissant. Exprimées objectivement, elles seraient :

1. L'être et le non-être ne peuvent être unis en même temps dans le même objet.

2. Deux qualités différentes de même espèce (comme carré et rond, ou rouge et vert) ne peuvent être unies en même temps dans le même objet.

3. Une union inconditionnelle et immédiate de qualités différentes de n'importe quelle espèce n'est pas possible d'une manière générale. Le divers ne peut pas, en soi et comme tel, être un et le même.

Au point de vue de la logique, les deux premières formules sont seules nécessaires et utilisables ; la troisième n'a pour ainsi dire pas besoin d'être mentionnée dans un traité de logique. C'est que les deux premières s'emploient comme

(1) Il ne faut évidemment pas confondre ici l'union inconditionnelle de deux qualités de même espèce, avec leur simple *mélange* qui n'est jamais inconditionnel.

règles formelles générales pour nos jugements (sous leur expression formelle). Il n'en est pas de même pour la troisième, et pour la raison que jamais ne se produit à l'encontre de cette formule une contradiction réelle.

Je ne veux pas dire par là que jamais l'on n'ait violé le principe de contradiction sous sa troisième forme, que l'on n'ait jamais affirmé que le divers en soi comme tel est un et le même. Au contraire une affirmation de ce genre, faite de la façon la plus générale, est à la base, comme on le sait, d'un grand système, celui de Hégel. De notre temps encore une assertion de ce genre est devenue à la mode, à savoir que les phénomènes psychiques et les faits cérébraux qui en sont la condition, sont, quant à leur essence intime, la même chose, et, pour employer l'expression ordinaire, sont les uns par rapport aux autres comme la face convexe et la face concave de la même lentille courbe. Mais ces affirmations se heurtent au principe de contradiction en tant qu'il exprime une manière de voir sur la nature des choses, non en tant qu'il est une règle pour le jugement. Aussi les hégéliens et les nouveaux physiologistes qui identifient le psychique et le matériel, ne remarquent pas qu'ils commettent une contradiction logique. Car cette contradiction ne se montre jamais précisément sous la forme de deux jugements qui sont opposés l'un à l'autre, comme A est et A n'est pas, ou A est rond et A est carré. C'est plutôt une contradiction interne que l'on admet dans un jugement particulier, unique (1).

(1) On ne peut pas décomposer la proposition « le rouge est, en soi, comme tel, doux » en deux jugements contradictoires, comme la proposition « le carré est rond ». Car, si on la partage en ces deux jugements : A est rouge, A est doux, on perd précisément ce qu'il y avait en elle de contradictoire, c'est-à-dire l'affirmation que le rouge en soi (sans condition) est doux. Les propositions A est rouge, A est doux, ne se contredisent pas parce qu'elles font concevoir une union conditionnée du rouge et du doux qui n'est pas contradictoire et qui se présente dans la nature. Au contraire, A est carré, A est rond, se contredisent nécessairement parce que l'union de qualités de même sorte ne peut être conçue que comme inconditionnelle et, par suite, ne se présente jamais dans la réalité.

Quand un homme affirme l'existence d'un objet et qu'un autre la nie, ou lorsque deux hommes affirment du même objet des qualités différentes, l'un qu'il est rond, l'autre qu'il est carré, ils ne contestent pas pour cela la valeur du principe de contradiction. Ils la reconnaissent, au contraire, tous les deux. C'est précisément sous la supposition de la valeur du principe de contradiction, sous la supposition qu'un objet ne peut pas à la fois être et ne pas être, qu'il ne peut pas à la fois être rond et être carré, qu'ils disputent sur l'existence ou la manière d'être d'un objet. Au contraire, affirmer que des qualités de nature différente sont la même chose, que le rouge comme tel est doux, ou que le psychique en soi, quant à son essence, est matériel, c'est nier la valeur du principe de contradiction lui-même. Le débat s'élève donc ici non en vertu du principe de contradiction, mais contre le principe de contradiction lui-même. Aussi la troisième formule du principe de contradiction peut être considérée et employée non comme une règle pour le jugement, mais simplement comme l'expression d'une vue ontologique sur la nature des choses. Cette troisième formule est indépendante des rapports de temps. Une union inconditionnelle de qualités différentes n'est possible et concevable ni dans leur simultanéité ni dans leur succession. Sur la conscience de cette vérité repose, comme je le montrerai plus tard, la certitude *a priori* du principe de causalité lui-même.

Ainsi est prouvé le passage de la logique à l'ontologie.

Jusqu'à présent, les logiciens n'ont connu le principe de contradiction que dans sa première formule, « L'affirmation et la négation de la même chose ne peuvent être vraies en même temps »: mais on peut facilement montrer que cette première formule est dérivée à tous les points de vue, et que, par conséquent, on ne peut pas en rester là.

D'abord on peut faire voir que la première formule n'a

sans la seconde aucune stabilité effective, que la contradiction entre les affirmations de différents hommes ou entre les idées d'un seul et même homme ne peut s'établir et se prouver sans l'intervention du principe de contradiction sous sa seconde forme. Car personne ne peut, comme je l'ai montré plus haut (p. 58 sq.), apercevoir immédiatement la fausseté d'une idée quelconque en lui-même et encore moins chez un autre, et par conséquent arriver immédiatement à la nier. Toute négation provient plutôt, en fait, d'un conflit d'affirmations. Mais un conflit, une opposition entre des affirmations est possible à la condition seulement que le principe de contradiction soit valable sous sa seconde forme. Car en elle-même et par elle-même aucune affirmation ne contient la négation d'une autre, aucune idée n'en exclut logiquement une autre d'une manière immédiate, de même qu'aucune qualité réelle n'est de sa nature opposée à une autre. Des affirmations et des idées différentes ne peuvent donc se contredire que si l'on a admis le principe qu'un objet ne peut être au même point de vue conformé de manières différentes.

Ainsi, la première formule du principe de contradiction est conditionnée quant à son origine et à sa stabilité réelles par la seconde formule du même principe. Mais il est clair que logiquement aussi, quant à sa forme, elle dérive de cette dernière. Car le fait que l'être et le non-être ne peuvent être unis dans le même être, est simplement un cas particulier du fait qu'un seul et même objet ne peut en général être conformé de manières différentes.

La première formule est donc une simple conséquence de la seconde, mais elle n'a aucun rapport avec la nature des choses et le contenu des jugements, et elle ne sert qu'à assurer ce résultat, à savoir que l'affirmation et la négation de la même chose ne peuvent pas être vraies en même temps. D'où vient en général la négation ? Comment peut se produire en général une contradiction entre des idées et des jugements ? Cette formule ne donne à ce sujet aucune indication. Elle suppose les négations et les contradictions comme déjà préexistantes ; elle suppose, par conséquent, une loi de la pensée qui les conditionne, mais qui ne trouve pas elle-même son expression dans cette formule insuffisante.

La première formule du principe de contradiction nous renvoie donc nécessairement à la seconde dont elle n'est qu'un résultat. Mais la seconde n'est elle-même, comme nous l'avons vu, qu'un cas particulier de la troisième. Que la seconde formule du principe de contradiction, « deux affirmations différentes qui se rapportent au même objet, au même point de vue, ne peuvent être vraies en même temps », soit une formule dérivée, c'est prouvé, comme nous l'avons déjà indiqué, par le fait qu'elle n'est valable que dans des limites, ou sous une condition exprimée par les mots « en même temps ». La loi fondamentale de la pensée, qui trouve son expression dans le principe de contradiction, ne peut être liée, comme Kant l'a déjà exactement remarqué, à un rapport de temps. C'est grâce à elle plutôt que nous devons de connaître comme tels et les changements et les successions. La troisième formule du principe de contradiction exprime donc seule, dans toute sa généralité et dans toute son étendue, la loi de la pensée qui se traduit dans les règles logiques.

Analyser cette loi de la pensée et la vérifier par le témoignage des faits, tel sera l'objet du prochain chapitre.

Troisième Chapitre

Preuve de la loi suprême de la pensée

I. — Par la composition et la relativité des objets empiriques

§ 1. *Sens et forme de la loi suprême de la pensée.*

C'est maintenant que nous arrivons à la partie essentielle du présent ouvrage, l'analyse de la loi fondamentale de la pensée et sa démonstration par les preuves que l'expérience en donne elle-même. A plusieurs reprises déjà j'ai indiqué que la loi première de la pensée est un concept de l'être inconditionné des choses, c'est-à-dire la nécessité intime de croire quelque chose de l'être inconditionné des choses. Pour saisir le sens et la forme de cette croyance, il est avant tout nécessaire de chercher ce que signifie le fait d'être conditionné ; recherche facile, car pour y procéder analytiquement, nous n'avons pas besoin de sortir de la sphère de nos concepts.

Etre conditionné, c'est simplement dépendre d'une condition, et on ne peut pas définir une condition autrement que comme quelque chose dont dépend autre chose. Tout ce qui est conditionné implique donc nécessairement une condition, une relation à autre chose.

Peut-on maintenant renverser cette dernière proposition et dire que toute relativité implique nécessairement et signifie un conditionné ?

C'est possible ; mais nous devons nous avancer avec précaution et bien nous prouver primitivement que : être conditionné et être relatif ne sont pas un seul concept, mais deux concepts différents.

Nous avons déjà fait plusieurs fois allusion à cette opinion que la connaissance et son objet pourraient être primitivement et quant à tout leur être en tel rapport mutuel qu'il n'y aurait rien ni dans le sujet ni dans l'objet qui ne fût compris dans ce rapport même. Qu'un tel rapport soit réellement concevable, c'est une autre question; mais en admettant qu'il existe entre la connaissance et son objet, la nature de ces deux termes serait en vérité essentiellement relative — puisqu'ils ne pourraient consister précisément qu'en relation l'un avec l'autre, — mais ils ne seraient conditionnés ni l'un ni l'autre à proprement parler. Le sujet, en effet, connaîtrait avec une vérité inconditionnée et illimitée les objets tels qu'ils sont, et réciproquement le « en-soi », l'essence propre des objets ne dépendrait pas de leur conception par le sujet (ce qui les rendrait réellement conditionnés), mais ne feraient qu'un avec lui dès l'origine. Ce qui s'appartient mutuellement, dès l'origine, quant à son être propre, à tout son être, on ne peut pas en faire deux choses différentes qu'on oppose l'une à l'autre; ce n'est qu'un seul et même être, lié en soi et ne formant qu'un objet sans distinction. Pour le métaphysicien cette idée est familière. La plupart du temps, on se représente « l'unité absolue » ou « la cause première » comme une formation dans laquelle se trouve une multiplicité d'éléments divers qui sont nécessairement en étroit rapport les uns avec les autres. Mais on ne considère pas cette diversité dans l'unité comme un conditionné à cause de la relativité mutuelle des éléments, on y voit plutôt au contraire la nature de l'inconditionné ou de l'absolu lui-même.

Quelle est donc l'espèce de rapport ou de relation qui constitue le conditionné ?

C'est seulement lorsque deux objets sont à l'origine étrangers l'un à l'autre, quand primitivement ils ne forment pas, quant à leur être propre, un objet, ne sont pas des moments d'une seule et même unité, que la dépendance de l'un par rapport à l'autre le rend *conditionné*. Recourons à notre propre expérience interne pour éclaircir cette manière de voir. Je me détermine à une action ; on dit que j'agis ou que je suis libre, c'est-à-dire que je suis inconditionné ; mais si cette action m'est prescrite par d'autres, ou si elle m'est imposée par des influences extérieures et rendue nécessaire, je suis alors lié, conditionné dans ma résolution, dépendant et non libre. Une restriction que je m'impose à moi-même n'est pas une restriction, mais si elle vient d'autrui qui ne consulte pas mes goûts, je la sens alors comme une véritable contrainte, comme une condition imposée qui doit régler ma conduite.

Or, quand deux objets sont étrangers l'un à l'autre, quant à leur être intime, et que l'un cependant dépend de l'autre, cette dépendance forme évidemment un élément *étranger* à l'objet qui est conditionné par elle, et un élément qui se trouve en lui. Le fait d'être conditionné ne signifie donc pas autre chose que la *présence d'un élément étranger* dans la chose dont il s'agit. Une condition qui appartient à l'essence propre d'une chose n'est pas, d'une manière générale, une condition. On ne peut pas en effet la distinguer de la chose même, la lui opposer comme ce vis-à-vis de quoi la chose serait en rapport de dépendance. Un objet, par conséquent, qui ne dépend pas d'autres conditions que de celles qui sont dans son essence n'est absolument pas conditionné, car il ne dépend que de lui-même et par conséquent ne dépend pas.

D'après ce qui précède, c'est une proposition analytique, évidente, que l'être propre des choses est nécessairement inconditionné. Les concepts de « choses en soi » et « d'inconditionné » sont, par suite, absolument identiques.

Cette remarque est d'une extrême importance. Elle n'implique rien moins qu'une révolution complète dans la manière de comprendre le rapport de l'inconditionné et du conditionné. Ce rapport, il ne faut plus le concevoir, ainsi qu'on le fait ordinairement, comme celui de principe à conséquence, mais plutôt comme celui de « chose en soi » à « phénomène » qui est très différent de celui de principe à conséquence et qui sera amplement et complètement étudié dans la suite de cet ouvrage.

Il nous suffira de comparer la théorie que nous venons d'obtenir analytiquement avec la troisième formule du principe de contradiction, pour voir que cette formule contient une affirmation sur l'être inconditionné des choses auquel est étrangère toute relativité, toute union du divers.

Nous avons trouvé, dans le chapitre précédent, que la formule habituelle du principe de contradiction nous conduit nécessairement à la seconde formule du même principe, qui n'est déjà plus une simple règle pour les jugements, mais qui est une énonciation déterminée touchant la nature des choses réelles. La seconde formule elle-même nous a apparu comme un cas simplement de la troisième, laquelle ne peut plus, il est vrai, servir comme règle pour les jugements, mais est pour cela l'expression complète d'une vue immédiate et certaine sur la nature des choses. Nous savons qu'elle s'énonce ainsi :

Le divers ne peut en soi, comme tel, être un et le même, ou en d'autres termes :

Une union inconditionnée du divers est impossible.

Tout le monde accordera certainement que ce principe est évident de soi et qu'il ne peut être révoqué en doute. Mais on sera assez porté à n'y voir qu'une simple banalité, à le prendre pour une vérité vaine, puisqu'elle ne peut servir, comme les autres formules du principe de contradiction, de règle pour le jugement, et qu'elle semble, au premier coup d'œil, ne rien apporter de nouveau à la conscience. Mais nous voyons à présent que ce principe exprime quelque chose de tout à fait nouveau et d'inattendu pour la conscience. Car nous l'employons pour poser — en ne nous appuyant que sur la théorie obtenue analytiquement, — que l'être propre des choses est nécessairement inconditionné et ne peut avoir par suite que des qualités inconditionnées, — et de ces deux prémisses, avec une rigueur logique qui s'imposerait à l'intelligence la plus obtuse, se tire la conséquence que :

Dans l'être propre, inconditionné des choses, aucune union du divers n'est possible.

Tel est le sens de la loi suprême de la pensée. Toute supposition d'une multiplicité et d'une relation dans la nature d'un objet inconditionné, et toutes les opinions courantes sur l'inconditionné doivent être à la fois rejetées. Nous devons croire comme parfaitement certain qu'un objet inconditionné ne contient dans son unité ni pensée, ni étendue, ni idée ou volonté ou rien de pareil et ne peut se subdiviser en sujet et en objet de conscience. Le règne de l'imagination, qui ne peut se manifester que dans des combinaisons du divers, sera donc tout à fait exclu du domaine de la philosophie. Que celui qui veut rêver, rêve à son aise, mais qu'il ne prétende pas nous imposer ses rêves comme la science.

Nous devons chercher à rendre cette doctrine fondamentale aussi claire que possible. On doit toujours avoir présent à l'esprit que l'être propre des choses est nécessairement inconditionné : que dire : quelque chose fait partie de l'être propre des choses, et dire : quelque chose est inconditionné, c'est tout un. Et cela, en particulier, par rapport à l'unité ou à l'union du divers. S'il appartenait à l'être propre du divers d'être un, son unité ou son union ne dépendrait d'aucune condition extérieure. Et, réciproquement, dire que l'unité du divers est inconditionnée, ne dépend d'aucune condition extérieure, c'est dire évidemment que ce divers est un quant à son être propre.

Une telle unité inconditionnée, enracinée dans l'être propre du divers, serait nécessairement aussi une unité *immédiate* et *immuable*; immédiate, précisément parce qu'elle ne serait produite par rien, par aucune condition; immuable, parce que le divers serait indivisible et que la composition de ses éléments ne pourrait changer. Si par exemple le rouge en lui-même était rond, il appartiendrait à l'être propre du rouge d'être rond, et il ne pourrait pas être autre chose que rond. La rougeur et la rondeur ne feraient qu'un seul et même objet.

Ces deux expressions : une unité ou une union inconditionnée du divers n'est pas possible, et : le divers ne peut pas en soi, comme tel, être un et le même, sont donc parfaitement synonymes. Mais la dernière proposition, comme toutes les propositions générales négatives, peut, en se convertissant, s'énoncer ainsi :

Un être un et le même ne peut pas en soi, quant à son être propre, être quelque chose de divers ou contenir une diversité.

L'intelligence de ce principe se heurte cependant, malgré son évidence, à plusieurs difficultés insurmontables. Que deux objets de même sorte, deux bœufs, par exemple, soient un seul et même objet, tout le monde, sans doute, le trouvera inconcevable et absurde; mais que deux *qualités différentes* soient un seul et même objet, on le trouve au contraire tout naturel. Car on est précisément habitué à rencontrer dans l'expérience des objets qui unissent en eux le divers, qui contiennent des différences, et l'on ne peut pas s'affranchir de l'influence de cette habitude. Mais il s'agit ici de ce qu'un objet est *dans son propre être* — on prouvera plus loin que les objets de l'expérience n'ont pas vraiment d'être propre : — et alors il est clair que la même loi logique qui nous empêche de concevoir que deux bœufs ne puissent faire qu'un objet, nous empêche aussi de concevoir qu'un objet en général dans son être propre ne soit pas un et soit divers. Car cette dernière proposition, comme on l'a vu, est la formule convertie du principe de contradiction : Le divers ne peut en soi, comme tel, être un et le même, dont l'évidence est hors de question.

Les trois principes suivants sont donc parfaitement équivalents :

1° Une union inconditionnée du divers n'est pas possible.

2° Le divers ne peut pas être, en soi et comme tel, un et le même.

3° Un objet ne peut pas, dans son être propre, être divers ou contenir des différences.

Mais le dernier est évidemment la forme négative du suivant :

Quant à son être propre tout objet est identique à soi-même.

Car l'identité d'un objet avec soi-même signifie précisément l'absence d'opposition et de différence intérieure.

Ainsi nous voilà revenus par un détour au principe d'identité et nous avons constaté en même temps que le principe d'identité et celui de contradiction sont l'expression positive et négative d'une même vue qui se rapporte à l'être propre, inconditionné des choses, et qui est immédiatement certaine et évidente par elle-même. Nous rechercherons longuement plus tard quel rapport logique il y a entre cette vue et les objets de l'expérience ; mais sa certitude immédiate ne laisse aucun doute sur le fait qu'elle exprime une loi primitive de la pensée qui a sa racine dans sa nature propre et qui en gouverne les fonctions. Cela confirme aussi que, comme nous l'avons prouvé dans le premier livre, la connaissance du monde des corps peut reposer sur une loi de la pensée qui nous oblige à nous représenter tous les objets comme des substances. Or, c'est précisément la loi de la pensée qui trouve son expression dans les principes d'identité et de contradiction, car ces principes se rapportent à l'être propre, inconditionné des choses.

Nous devons donc considérer la *présence* de cette loi comme un fait indubitable : mais reste toujours la question de sa valeur objective.

Il n'est pas tout à fait inconcevable que nous soyons portés et contraints par la nature à croire quelque chose qui n'ait pas de vérité objective, que notre pensée dépende d'une loi à laquelle, hors de la pensée, c'est-à-dire dans la réalité, rien ne réponde. Kant, comme on le sait, a considéré en fait les lois de la pensée comme des formes purement subjectives, sans valeur objective. Ce qui nous porterait encore plus que l'opinion de Kant à admettre cette possibilité, c'est le fait, constaté dans le premier livre, que le monde des corps, connu en vertu de la loi de notre pensée, n'existe pas en réalité hors de nous. Ce fait est bien propre à nous faire tromper sur la valeur de notre loi de la pensée. Mais où trouverions-nous, dira-t-on, le moyen de contrôler et de vérifier la loi fondamentale de notre propre pensée ? C'est l'expérience qui nous offre ce moyen. L'expérience doit, elle-même, témoigner d'une manière certaine, indubitable, en faveur de la valeur objective de notre loi de la pensée avant que nous l'admettions avec certitude. Et l'expérience le fait. Si j'ai réfuté avec assurance toutes les fausses théories sur la nature de l'inconditionné, c'est que je pouvais fournir des preuves sur la valeur objective de la loi de notre pensée, puisées dans l'expérience même. Nous allons les donner.

§ 2. **Preuve de la valeur objective de la loi suprême de la pensée.**

Jusqu'à présent nous sommes restés sur le terrain de la logique pure : nous n'avons eu affaire qu'à nos propres concepts, sans considérer la nature des objets donnés. Il s'agissait, en effet, de la constatation et de l'analyse de la loi de notre pensée, qui n'est pas affectée par la nature des objets empiriques. Mais maintenant qu'il s'agit d'examiner la valeur objective de cette loi, nous devons diriger nos regards vers le monde de l'expérience, pour en constater les traits caractéristiques généraux et les rapports logiques avec la loi fondamentale de notre pensée.

Nous avons vu qu'il y a deux expressions de cette loi fondamentale, une expression positive, le principe d'identité, qui s'énonce ainsi :

En soi, tout objet est identique à lui-même,
et une expression négative, le principe de contradiction, qui, sous sa forme la plus générale, s'énonce en ces termes :

Une union inconditionnée du divers est impossible.

Nous avons vu ainsi que, sous ses deux expressions, la loi de la pensée se rapporte à l'être propre, inconditionné des choses.

Toute proposition qui affirme une union inconditionnée du divers est dans le rapport logique de *contradiction* avec la loi de notre pensée (1), mais seulement une proposition qui affirme l'union inconditionnée du divers. Aussi n'y a-t-il que l'affirmation d'une union inconditionnée du divers qui soit contradictoire logiquement en soi-même.

Est seulement en *complet accord logique* avec la loi fondamentale de notre pensée ce qui est conforme au principe d'identité, c'est-à-dire ce qui est parfaitement identique à soi-même et ne contient absolument aucune union du divers.

Si l'expérience nous offrait une union inconditionnée du divers, elle serait logiquement contradictoire dans son être même et serait en rapport de contradiction avec la loi de notre pensée. Alors nous serions placés dans l'alternative ou de nier la valeur de la loi de notre pensée ou de récuser le témoignage de l'expérience. Car elles s'excluraient mutuellement. Si, au contraire, l'expérience s'accordait logiquement

---

(1) C'est-à-dire qui affirme que le divers en soi, comme tel, est un et le même, ou, en d'autres termes, qu'un objet dans son être propre contient de la différence, peut être différent de lui-même.

avec la loi de notre pensée, on ne trouverait en elle que des objets parfaitement identiques à eux-mêmes ; en d'autres termes, l'expérience ne présenterait jamais l'union du divers. Mais le premier regard et le plus superficiel sur la manière d'être des objets empiriques montre que ni l'une ni l'autre de ces deux hypothèses n'est vraie. Une recherche plus attentive nous apprend que l'expérience offre partout l'union du divers, mais que cette union n'est jamais inconditionnée ou immédiate (1).

Le monde de l'expérience se divise en un monde extérieur et un monde intérieur, ou, à considérer les objets, en un monde des corps et en un monde des esprits ou des âmes. Nous allons prouver que ce que nous avons avancé est vrai de l'un et de l'autre.

Tout corps, comme on le sait, a plusieurs qualités ; mais ces qualités ne sont pas en lui une seule chose immédiatement. Quand un corps est à la fois rouge, rond, doux, lourd et dur, le rouge n'est pas en lui-même comme tel le doux, et le doux le rond ou le lourd, mais le corps est rouge par rapport à la vue, doux par rapport au goût, lourd par rapport à la masse terrestre, etc. La pluralité des qualités dans un corps est donc produite et conditionnée par les relations avec d'autres choses. Un corps, par exemple, s'il n'y avait ni lumière ni œil voyant, pourrait bien être encore lourd et dur, mais il ne serait plus rouge, ni coloré d'aucune manière, ni visible. Si nous nous représentons un monde où ne régnerait plus l'attraction ou la gravitation, le corps pourrait bien avoir une figure, une couleur, etc., mais il n'aurait plus de poids. Il en est ainsi de toutes les qualités des corps. Si nous isolons dans

(1) L'expérience, en fait, offre cette union aussi bien simultanément et successivement ; tout objet est à la fois composé et changeant. La composition et le changement sont également conditionnés. Nous étudierons le changement dans le prochain chapitre. Ici nous n'avons en vue que la composition et la relativité des objets empiriques.

notre pensée un corps de tous les autres objets, nous ne trouvons plus en lui le fondement d'une pluralité de qualités. Car tout ce que nous distinguons dans un corps, ce ne sont uniquement que les diverses manières qu'il a d'être en relation avec notre perception et les autres corps.

Mais nous n'avons pas, en principe, à parler des corps comme d'objets réels. Car il a été prouvé plus haut que ce que nous connaissons en fait comme un monde de corps n'est pas autre chose que nos propres sensations. S'il y avait des choses réelles hors de nous, elles seraient naturellement hors de notre expérience, et ici, où il ne s'agit que du témoignage de l'expérience, nous n'aurions pas à nous en occuper. Mais ce qui fait l'étoffe réelle du corps, nos sensations, que nous connaissons comme ses qualités, sont tout à fait différentes les unes des autres et ne sont liées entre elles qu'en vertu d'une loi générale qui fait qu'on les rencontre toujours ensemble.

C'est aussi ce que nous trouvons en nous, dans notre expérience interne. Elle est infinie la multiplicité des idées, des tendances, des facultés, des besoins, des aspirations et des autres dispositions intérieures qu'un moi unique réunit en lui. Mais cette union du divers n'est pas inconditionnée ; le divers en un moi n'est jamais immédiatement, comme tel, un et le même. Nous allons le montrer en prenant un cas particulièrement fécond.

Dans tout le monde de l'expérience, il n'y a pas une union plus intime du divers que celle que nous offre l'unité du sujet et de l'objet dans notre conscience de nous-mêmes. Je me reconnais moi-même et je suis donc dans cette conscience de moi aussi bien le connaissant que le connu. Mais cette unité non plus n'est pas du tout inconditionnée. Le connaissant en moi n'est pas immédiatement le connu, le sujet n'est pas immédiatement lui-même l'objet ; de même que dans tous les autres cas, l'idée est ici quelque chose de différent de son

objet. Je l'ai déjà prouvé dans le premier livre (p. 39. sq.).
Aussi l'unité de notre propre moi est inconcevable pour nous
et nous ne pouvons la percevoir, bien que nous soyons nous-
mêmes cette unité. Car toute perception est un acte de la
représentation, se trouve donc nécessairement d'un côté, du
côté du sujet, et, par suite, ne peut former le point d'union du
sujet et de l'objet. Ainsi l'unité de notre moi est comme la
liaison du divers dans le monde en général. Aussi ne pouvons-nous la percevoir; nous l'obtenons par induction, tandis
qu'une unité inconditionnée du divers serait donnée, par le
fait, en même temps que le divers lui-même. A la vérité nous
n'avons pas besoin de conclure d'abord l'unité de notre moi,
mais elle ne nous est pas donnée comme un objet achevé, nous
la créons en quelque sorte toujours à nouveau, à mesure que,
dans le cercle de l'expérience, nous connaissons comme *nos
propres états* certains phénomènes (avant tout nos sentiments
de plaisir et de douleur), tandis que nous percevons le reste
(à savoir les sensations des sens extérieurs) comme un monde
étranger d'objets extérieurs.

Sur ce sujet, j'aurai plus à dire dans la seconde Partie de
cet ouvrage. Il était nécessaire de montrer seulement, ici, que
l'unité de notre conscience de nous-mêmes, l'union la plus
intime du divers qui se produise dans le monde de l'expérience, n'est cependant ni inconditionnée, ni immédiate, et par
suite ne heurte pas le principe de contradiction, en d'autres
termes, n'est pas en contradiction avec la loi fondamentale de
notre pensée.

Mais l'expérience ne contient aucun objet qui s'accorde avec
cette loi. Car, ainsi que nous l'avons vu, dans les corps, dans
les esprits ou dans le moi, partout se montre l'union du divers,
qui est l'absence de l'identité avec soi-même.

Les objets de l'expérience ne sont donc ni identiques à eux-
mêmes, ni contradictoires en eux-mêmes, et ne sont ni en

contradiction ni en accord avec la loi suprême de notre pensée. Le rapport logique des objets et de la loi est le *non-accord*, comme la nature des objets empiriques est la *non-identité avec soi-même*.

Que s'ensuit-il maintenant de ce rapport logique de l'expérience avec la loi fondamentale de notre pensée? Un lecteur attentif en aura déjà déduit les conséquences les plus prochaines, mais nous devons néanmoins en exposer ici méthodiquement la dérivation :

Des deux prémisses :

A. Dans son être propre tout objet est identique à soi-même, ou (sous forme négative), dans l'être propre, inconditionné des choses, une union (également inconditionnée) des choses est impossible,

et, B. Aucun objet de l'expérience n'est identique à soi-même, ou, en d'autres termes, l'expérience offre partout une union du divers, mais jamais inconditionnée.

il suit immédiatement la conséquence relative à la théorie de la connaissance, que dans le principe d'identité est exprimé un concept de l'être (propre) des choses qui ne peut venir de l'expérience, parce qu'il ne s'accorde pas avec la manière d'être de l'expérience.

C'était déjà hors de question, parce que les principes logiques d'identité et de contradiction sont immédiatement certains, évidents par eux-mêmes, et parce que le concept qu'ils expriment sert aussi de principe à la connaissance des corps qui ne vient pas seulement de l'expérience. Maintenant le témoignage même de l'expérience le confirme.

En second lieu, de ces prémisses se tire d'une manière également immédiate la conséquence ontologique suivante :

L'expérience ne nous montre pas les choses telles qu'elles sont en soi, quant à leur être propre, inconditionné (conformément au concept *a priori*), en d'autres termes : *L'expérience* contient des éléments qui sont *étrangers* à l'être des choses en soi.

Nous devons donc distinguer deux côtés différents de la réalité, qui en font deux domaines : d'une part l'être propre des choses, identique à soi, auquel se rapporte l'énoncé de la loi de notre pensée, — le domaine de l'inconditionné, — et d'autre part la représentation empirique des choses, et suivant l'expression de Kant, le « phénomène » qui ne contient rien d'inconditionné, — le domaine du conditionné.

C'est là la vue essentielle qui domine tout ce que j'ai à proposer, et qui implique, comme je l'ai déjà indiqué, une révolution dans la manière ordinaire de penser.

Nous allons montrer maintenant comment l'expérience, précisément par suite de son non-accord avec la loi fondamentale de notre pensée, rend témoignage en faveur de la valeur de cette loi elle-même.

Justement ce qui, dans les choses de ce monde, ne s'accorde pas avec l'énoncé de notre loi suprême de la pensée, à savoir l'union du divers, qu'elles offrent partout, leur composition et leur relativité attestent, en fait, que les choses de ce monde n'ont vraiment pas d'être propre, que la manière d'être empirique, par suite, n'est pas la nature propre, normale des choses. La constatation de ce fait nous transporte au cœur de la question.

Considérons d'abord les objets de l'expérience externe, les corps. Ce qui est notre sensation ne peut appartenir aux corps en soi, ne peut constituer leur être propre. Mais que l'on extraie de notre connaissance des corps tout le contenu de nos sensations, et il ne reste rien que la pensée de quelque chose qui remplit un espace et produit en d'autres choses des actions d'une nature déterminée. Mais ces deux propriétés, remplir un espace et produire des effets en d'autres choses, ce ne sont pas pour les objets des manières d'être en soi, mais seulement les façons dont ils sont en rapport avec d'autres objets, ou dont leurs parties se comportent les unes vis à vis des autres. On ne peut donc rien dire d'un corps si ce n'est comment il se comporte avec un autre. L'être d'un corps se perd en de pures relations, c'est-à-dire qu'un corps n'a pas vraiment d'être propre, pas de contenu propre qui lui fasse une individualité (1).

Pour les corps, cela ne nous étonne pas, puisque nous avons constaté que nos sensations sont, en réalité, ce que nous connaissons comme un monde de corps. Mais il est clair que le sujet connaissant lui-même n'a pas d'être propre. Ce fait a une importance décisive.

Plus on a disputé sur la nature de notre moi et moins on l'a éclaircie. On peut cependant constater, sans aucun doute, que tous les hommes ont des qualités de même nature et qu'ils se distinguent par la façon dont ces qualités sont mêlées et unies en eux. Les qualités d'un homme ne sont donc pas de nature individuelle, et l'homme n'a pas d'être vraiment propre, vraiment individuel ; son individualité tient plutôt à un mélange qui, suivant les circonstances, est tel ou tel. Notre moi, notre personnalité est donc un produit de conditions ; nés et élevés dans d'autres conditions, nous aurions été tout autres, ou, plus exactement, nous n'aurions pas été *nous*, mais un autre individu, différent de celui que nous sommes actuellement. Nous n'avons donc pas en réalité de noyau, de contenu propre.

---

(1) Les plus grands philosophes comme les plus grands savants sont unanimes à reconnaître ce fait. Kant par exemple (Crit., p. 271) s'exprime ainsi : « Tout le concept de matière consiste en relations ». Helmholtz remarque aussi : « Toute qualité d'une chose n'est réellement que son aptitude à produire certains effets sur d'autres choses ». Mais ce qui se ramène à de pures relations est évidemment comme nul. Car les relations ne peuvent se concevoir sans objets entre lesquels elles existent. Ressemblance, dissemblance, etc., etc., ne peuvent être pensées sans objets qui soient semblables ou dissemblables, etc. Que les corps se réduisent à de pures relations, cela veut dire qu'ils n'ont pas d'être vraiment propre, mais en outre qu'ils n'ont pas d'existence réelle, qu'ils ne sont pas des choses, mais de simples idées.

Et non seulement notre individualité consiste en une simple combinaison de qualités communes, mais aussi les qualités mêmes ne sont que de simples relations. On peut le montrer des trois côtés de notre être, de la pensée ou de la connaissance, du sentiment et de la volonté. En ce qui concerne la pensée et la connaissance, on a déjà prouvé que son être consiste en un rapport particulier aux objets. Le rôle, la détermination de la pensée et de la connaissance est précisément de réfléchir, de rendre les choses et les rapports extérieurs : ce n'est rien en soi, mais ça représente quelque chose d'extérieur. Et nos sentiments, notre volonté sont évidemment aussi une manière de réagir contre les actions du dehors. Que l'on supprime, par la pensée, toute communauté entre nous et les autres choses, et l'on nous plonge dans le vide. Sans cette communauté, nous serions incapables de penser, de sentir, de vouloir ; car les choses extérieures sont nécessaires à l'exercice de ces trois facultés. Sans les autres choses nous ne serions pas ; notre être n'est que réaction et relation, c'est-à-dire que nous ne possédons pas vraiment d'être propre (1).

Nous voyons, en conséquence, que la nature empirique des choses ne se laisse jamais saisir ni fixer. Va-t-on la prendre en un point, elle nous glisse pour ainsi dire entre les doigts. Elle est toujours en voyage, pour ainsi dire, d'une chose à une autre, jamais à la maison. Précisément la composition et la relativité des objets empiriques, qui ne s'accordent pas avec notre concept de l'être vraiment propre, inconditionné des choses, montrent, en fait, que la nature empirique des choses n'en est pas la nature propre et inconditionnée. Mais on le voit d'une manière encore plus frappante, s'il est possible, dans le changement des objets empiriques. Ce sera l'objet du prochain chapitre.

(1) Cependant nous ne sommes pas, comme les corps, quelque chose de simplement représenté, qui n'existe pas en réalité. Car, précisément, notre fonction de représenter est quelque chose de réel et par suite, comme on l'a déjà vu, de certain immédiatement pour soi-même.

Fac. de Lille. Tome V. 11.

Quatrième chapitre

Preuve de la loi suprême de la pensée

II. — Par la nature du changement

§ 1. De l'essence du changement.

Le changement quant à son être est aussi énigmatique, aussi inintelligible que lorsqu'au premier éveil de la vie consciente de l'humanité, il a excité l'étonnement des premiers penseurs. Ceux mêmes qui avaient l'esprit le plus positif ne pouvaient, en considérant l'instabilité de tout ce qui est, la décadence des plus puissantes créations de la nature et de l'esprit humain, se défendre de cette émotion spéculative. « Tout est vanité, tout est néant ! » telle était la conclusion ordinaire de ces considérations. De là la conscience que le mouvement, la naissance et la mort, que tout phénomène en général, ne se produisent que d'une manière anormale, et que l'être immuable de la substance est la seule manière normale d'exister. Et cette conscience est profondément enracinée dans la nature de la pensée elle-même (1). L'immuable est donc en quelque sorte l'étoile polaire vers laquelle sont dirigées toutes les tendances de l'esprit. Là seulement est le repos, la vérité, la liberté. Ce qui se perd, périt ou change, proclame cette vérité qu'il n'était pas ce qu'il paraissait être. Ce qui hier était vrai, est devenu faux aujourd'hui, n'est pas resté semblable, fidèle à soi-même, ce n'est ni ceci ni cela, ce n'est rien. Déjà aux premiers temps, dans la conscience des hommes, le changement était un signe, un synonyme de fausseté.

(1) Cette conscience est aussi, comme je l'ai indiqué, au fond de l'apparence naturelle qui nous montre en nous-mêmes un moi immuable, et dans nos sensations un monde de substances immuables (les corps), et avec laquelle s'accorde tout le contenu de l'expérience.

Cette conscience s'est affirmée avec une remarquable énergie chez plusieurs penseurs de l'antiquité, par exemple chez les auteurs des Védas et les métaphysiciens du Bouddhisme dans l'Inde, comme en Grèce chez les Eléates. Tous considéraient l'ensemble du monde changeant comme une pure apparence ou une illusion. Dans les temps modernes, on ne s'est jamais élevé si haut, parce que l'expérience parle trop fort et réclame ses droits — et l'expérience nous montre partout vicissitude et changement. Il s'est produit cependant au siècle dernier une doctrine qui se rapproche beaucoup de cette antique négation de tout devenir; j'entends la doctrine de Kant désignée par le nom d'*Idéalité du temps*, sur laquelle je dois d'abord m'arrêter un peu.

La doctrine de Kant de l'idéalité du temps consiste, comme on le sait, à affirmer qu'il n'y a pas en réalité de succession et de changement, que toute succession est seulement la manière dont le contenu de sa perception apparaît au sujet connaissant, dont le sujet, conformément à sa nature propre, doit représenter ce qui est donné. Le temps, la succession n'est, pour Kant, que la forme, appartenant au sujet, inhérente au sujet, de l'intuition ou de la réceptivité, ou « du sens intime ». Un esprit organisé autrement que le nôtre devrait, d'après Kant, ne remarquer aucune succession dans ce qui nous paraît à nous successif.

Cette doctrine de Kant n'est ni vraie ni conséquente. Il n'est pas possible d'accorder la réalité du contenu perçu et de nier en même temps ses changements. Ou l'on doit nier les deux choses, comme les anciens penseurs, ou les reconnaître l'une et l'autre, car ce sont choses inséparables. Aussi immédiatement que le contenu perçu lui-même, nous sont données en lui des successions.

Kant était parvenu à une manière de voir exacte sur l'idéalité ou la subjectivité de l'espace; son amour de la symétrie ne lui permit pas d'en rester là ; il dut mettre de force l'idée de temps dans le même sac. Ce qui vaut pour l'étendue, devait valoir aussi inconditionnellement pour le temps, parce qu'ils ont l'un et l'autre plusieurs traits communs ou analogues. Kant ne comprit pas que cet accord pouvait venir de ce que l'une de ces deux idées participe de quelque manière à la production de l'autre. Il est remarquable que, même avant la publication de la Critique de la Raison pure, on avait fait à Kant des objections très sensées concernant cette confusion de l'espace et du temps. On lui faisait observer que, quelque doute qu'on ait, la réalité de nos idées ne peut être mise en doute, et qu'elles sont évidemment successives, qu'elles se suivent les unes les autres. Mais Kant ne voulut pas saisir le nerf de cette objection. Qu'on voie ce qu'il dit dans sa Cr., « § 7, Eclaircissement ». Il affirme que la succession des idées n'est pas différente de notre idée de succession : « Je puis dire, il est vrai, que nos idées se suivent les unes les autres ; mais cela signifie seulement que nous en avons conscience comme dans une succession, c'est-à-dire selon la forme du sens intime. Le temps n'est donc rien en soi, ce n'est pas une détermination objective des choses » (p. 86).

Mais il est clair, premièrement, que je ne puis rien savoir d'une succession comme telle si je n'ai pas en même temps dans ma conscience les membres qui la composent (voir plus haut, p. 36). L'idée d'une succession n'est pas successive elle-même : par conséquent elle est tout à fait différente de la succession de nos idées. En second lieu, la théorie de Kant implique si manifestement des absurdités, qu'on est étonné qu'elles passent inaperçues.

S'il n'y a pas de succession dans la réalité, si tout est simultané, alors chaque chose unit en soi, en même temps, des déterminations contradictoires. Car toutes les choses de ce monde sont soumises au changement, dans toutes des états se suivent qui seraient opposés contradictoirement s'ils étaient simultanés ;

si donc l'on nie la réalité de leur succession, on affirme précisément une contradiction. La théorie de Kant n'est évidemment qu'un simple malentendu, suivant lequel le même homme est à la fois jeune et vieux, à la fois savant et ignorant, à la fois vivant et mort; le passé n'est pas le passé, l'avenir n'est pas l'avenir: le passé et l'avenir existent à la fois. Comment du commencement à la fin la vie consciente, avec tous ses détails, pourrait-elle être saisie par le seul sens intime? La vérité est que l'on ne peut séparer du contenu de la perception le changement, la succession. Si l'on dit : « il me semble que les états changent », cette apparence est quelque chose d'objectivement présent, et la succession a en elle une réalité objective indubitable : les choses se suivent réellement (1).

(1) Il faut remarquer que Kant ne resta pas fidèle à sa théorie de la succession. Ainsi, il dit dans la Crit., p. 47: « Le changement est un concept qui ne peut être tiré que de l'expérience », et plus loin, dans la preuve de la première Analogie de l'expérience (p. 202): « On doit trouver dans les phénomènes un « substratum », « qui représente le temps en général, et qui peut être perçu dans l'appréhension, dans tout changement et dans toute simultanéité, par le rapport que les phénomènes ont avec lui. » Sur cette supposition que les successions ne pourraient être perçues sans la perception de quelque chose de stable, se fonde sa prétendue « Réfutation de l'idéalisme » (p. 234). Ainsi, p. 247, il affirme que « tous les changements supposent dans l'intuition quelque chose de stable, pour qu'on puisse les percevoir comme changements » Mais, s'il en est ainsi, si la connaissance du changement n'est possible que par la perception de quelque chose de stable, cela signifie précisément que les changements ou les successions ne sont plus immédiatement perçus comme tels, mais sont conclus seulement. Au contraire, d'après l'Esthétique transcendantale, les changements et les successions ne sont pas seulement perçus immédiatement dans l'intuition, mais n'existent pas en dehors de l'intuition. D'ailleurs, on doit remarquer que toute la Critique de la Raison pure n'a de fondement et de valeur, qu'en admettant que nos idées elles-mêmes nous apparaissent telles qu'elles sont. Car si nos idées nous apparaissaient autrement qu'elles ne sont, on ne pourrait rien en affirmer, aucune théorie de la connaissance, aucune recherche transcendantale ne serait possible. Or, il est hors de doute que nos idées nous apparaissent comme successives. Si Kant s'était contenté d'admettre que le temps n'est pas quelque chose de réel, il aurait eu raison; car le temps est une simple abstraction de successions, et ne peut (comme temps vide) être représenté. Mais contester la réalité des successions données, c'était une entreprise vraiment surprenante.

La doctrine Kantienne de l'idéalité du temps avait, il est vrai, un fondement, mais que l'on ne se serait pas attendu à trouver chez ce philosophe. On aurait pu croire que Kant, qui attribuait une si grande importance à la distinction de la chose en soi et du phénomène, avait compris clairement ce qu'il entendait par phénomène, et quelle réalité il attribuait au monde des phénomènes. Mais il n'en est rien. Partout il entend par phénomènes de simples idées, mais sans distinguer ces deux choses si hétérogènes : « être une idée » et « être simplement représenté » ou « exister simplement dans les idées ». Il n'a pas distingué l'idée elle-même, comme fait objectif, de ce qui est représenté en elle. Il ne reconnut donc que deux sortes de choses : 1° la chose en soi, tout à fait indépendante de l'idée, et 2° des objets qui n'existent que dans l'idée et qui n'ont pas d'existence objective. Il ne comprit pas que, outre les choses en soi et les choses pour nous, qui existent dans la seule idée, il y a encore une troisième sorte de choses, distinctes des autres, qui existent réellement, et non cependant comme choses en soi, à savoir nous, le sujet connaissant, nos idées. Il est facile de voir comment cette erreur l'a conduit à la théorie de l'idéalité du temps. Comme le temps ou la succession ne pouvait être considéré comme une détermination de la chose en soi, il devait, par suite de sa méprise, le regarder comme quelque chose de représenté, sans existence objective.

Il ne peut nous venir à l'esprit de nier les successions données ou les changements, ni à la façon des anciens philosophes, ni comme Kant l'entendait. Que pourrions-nous en effet tenir pour réel si les faits eux-mêmes n'étaient pas réels ? Mais que le changement ait pu être nié par des penseurs, c'est d'une signification profonde. Par là s'exprime la conscience intime de l'humanité, que changement, vicissitude, succession, n'appartiennent pas à l'être propre, vrai des choses. Et cette conscience résulte de la loi fondamentale de notre pensée, comme on va le voir clairement.

On sait que la loi de notre pensée, sous sa forme positive, s'exprime ainsi : Dans son être propre, tout objet est identique à soi-même. Mais le changement est le contraire de l'identité avec soi-même. Ce qui change n'est pas semblable à soi-même. Où il y a identité avec soi-même, il ne peut y avoir ni changement, ni place pour le changement. Conformément à la loi fondamentale de notre pensée, tout changement est donc *étranger* à l'être des choses.

C'est une vue éminemment importante et nous voulons la confirmer encore d'une autre manière.

§ 2. Preuve que le mouvement n'appartient pas à l'être propre des choses.

La question à résoudre s'exprime, suivant Herbart, en ces termes : Un devenir absolu est-il concevable ? Faut-il regarder le changement comme une qualité de ce qui lui est soumis ?

Admettons provisoirement qu'il en soit ainsi, pour voir quelles conséquences implique cette supposition. D'abord je laisserai la parole à Herbart qui, dans son « Introduction à la philosophie » § 108, a traité cette question. A son avis, la supposition d'un devenir absolu comporte les déterminations suivantes :

« D'abord, que le réel ne change pas une fois pour rester immuable une autre fois, mais que le changement soit constant, *depuis tout le passé jusque dans tout l'avenir*, sans commencement, sans arrêt et sans fin. Ensuite, qu'il dure *continuellement avec la même vitesse*, et que dans des temps semblables il achève un même quantum de transformations. Enfin que la direction du changement soit et reste toujours la même, de manière à empêcher tout à fait les retours et puis les progrès de nouveau et la répétition des états antérieurs » (p. 146).

Herbart s'est, en cela, totalement mépris. Une uniformité de vitesse et de direction est très loin d'être exigée par le concept de « devenir absolu », elle lui est plutôt contradictoire, parce qu'elle suppose un enchaînement des successifs. Que veut-on dire quand on affirme que le changement, la succession, est la propre et inconditionnée manière d'être des choses ou de la réalité ? Évidemment ceci avant tout : que les choses, non seulement en apparence mais en réalité, viennent de rien et périssent réellement, c'est-à-dire s'évanouissent dans le néant, et n'ont entre elles aucun lien. Car s'il n'en était pas ainsi, tout, en fait, serait présent *simultanément*, la réalité serait en soi inaccessible au changement. Tout changement serait alors un simple mouvement de parties ou une simple succession dans la conception d'un spectateur, comme celle des images dans un panorama. Le changement ne serait pas la qualité propre du réel.

Mais nous devons prendre le sujet dans toute sa généralité. Pris en général, un changement ou un devenir absolu n'est ni plus ni moins qu'un *changement sans cause*. A aucun point de vue, en aucune acception, l'expression « devenir absolu » ne peut avoir un autre sens concevable. Car devenir et changement sont synonymes, et un changement ne peut être absolu que s'il est sans cause. Si ces célèbres penseurs, Herbart et Hégel, avaient eu ce simple fait devant les yeux, ils auraient pu s'épargner un grand nombre d'erreurs sur le devenir absolu. Hégel aurait dû, il est vrai, renoncer à son grand système qui repose sur la supposition d'un devenir absolu. Or, ce qui prouve qu'il n'y a pas de devenir ou de changement absolu, c'est l'autorité universelle de la loi de causalité.

Au fond cependant, on peut ne pas entendre autre chose par devenir absolu que la production de rien (ou du néant), et, à la vérité, par les raisons suivantes :

Si un objet A se change de lui-même, sans cause, et prend

une nouvelle qualité ou manière d'être B, il y a là deux cas concevables. En effet, l'on doit admettre ou que la qualité B était déjà primitivement A, qu'elle appartient à son être propre, ou qu'elle lui est étrangère et nouvelle pour lui. Mais dans le premier cas, il n'y aurait pas, en fait, de changement. Car si A était déjà B depuis le commencement, il ne pourrait pas devenir B; la présence de B en lui n'impliquerait aucun changement actuel de son être. Reste l'autre supposition, à savoir que B est étranger à l'objet A. Croire que A est devenu B sans cause, équivaut à croire que B est né de rien dans A. Car la qualité B n'aurait alors aucun fondement réel, ni en A même, ni dans une cause hors de lui.

C'est donc se rapprocher le plus possible de la doctrine d'après laquelle le changement est la qualité propre, inconditionnée des choses, que de supposer que le contenu du réel lui-même (non ses pures formes) vient de rien et doit retourner au néant. Une telle manière de naître et de périr ne serait naturellement soumise à aucune cause, à aucune loi. Car de même que le néant ne peut avoir aucun rapport avec quoi que ce soit, ce qui sort de lui ne peut pas en avoir davantage. Ce serait donc, en vérité, un fait inconditionné, un *devenir absolu*. Quant à savoir si la pensée d'un tel fait a un sens intelligible ou non, on s'en occupera plus tard. Je me contente ici des remarques suivantes :

Même en admettant un tel fait, il n'est pas possible d'identifier l'un à l'autre le contenu et la forme du changement, de regarder le changement lui-même comme une manière d'être de ce qui change (de ce qui se succède dans la réalité). Car si le réel vient de rien et retourne à rien, ce qui naît et ce qui périt n'est pas le propre, le stable représentant de la réalité, mais simplement la forme du changement. Mais pour cette forme, *ce qui* naît et périt est indifférent, pourvu que ce soit du divers qui se suive. On a donc le choix entre deux hypothèses seulement : on doit ou affirmer que la forme du changement est en soi accidentelle et étrangère au réel qui est donné en lui, ou, au contraire, que cette forme même est la réalité propre, et que le contenu changeant n'est qu'un pur accident. Mais il n'est pas possible d'unir dans un concept indivisible le contenu et la forme du changement. Car le changement, la succession n'est pas du tout, en vérité, une forme particulière du réel, mais signifie au contraire que les formes sous lesquelles la réalité est donnée sont purement *accidentelles*, c'est-à-dire n'appartiennent pas à son être propre et primitif.

Il n'y a qu'une manière pour la succession même de se donner comme une détermination essentielle d'un contenu successif, c'est seulement quand le successif est lié. Grâce à cette liaison, chaque élément de la succession prend exactement la place qui lui appartient et devient une partie intégrante. Mais si le divers est ainsi lié, il est nécessairement présent tout à la fois ; son apparition, sa disparition ne sont qu'une simple apparence. Car si toutes les choses diverses naissaient réellement, c'est-à-dire de rien, leur communauté particulière serait précisément le néant, ce qui veut dire, en d'autres termes, qu'elles n'auraient rien de commun.

Mais l'hypothèse d'un contenu réel sortant du néant est un fait contradictoire, et même elle n'a pas de sens. Car, en affirmant que le néant change, devient quelque chose, nous confondons évidemment les notions. Nous ne pourrions raisonnablement parler de quelque chose qui vient de rien que si l'expérience nous en montrait un exemple. Mais c'est absolument impossible. Car pour savoir par l'expérience que quelque chose vient de rien, nous devrions avoir l'expérience du néant lui-même, ce qui ne se peut évidemment pas. Quand nous ne savons pas d'où vient quelque chose, nous devons nous contenter d'affirmer que nous ne le savons pas. Ce quelque chose pourrait venir d'un domaine de l'existence inaccessible et hors de la portée de notre expérience; c'est du moins la seule supposition raisonnable et possible, car nous nous rappelons que tout ce qui est du domaine de l'expérience est lié, ce qui exclut tout appel au néant.

Dès que l'hypothèse d'un monde sorti du néant ne suffit plus pour permettre de voir dans le changement une qualité propre du contenu de ce monde, toute autre conception peut y suffire encore moins. Si le contenu, en effet, les vrais éléments de la réalité ne viennent pas de rien et ne s'évanouissent pas dans le néant, l'étoffe ou le contenu de cette réalité existe de toute éternité. Car on ne peut pas du tout considérer la succession, le changement, comme une qualité des choses en soi, c'est-à-dire comme appartenant à l'être propre, inconditionné des choses. La loi de causalité sert encore à l'établir, c'est-à-dire le fait que tout changement est conditionné, dépend de causes, ce dont il sera amplement question plus tard.

Après avoir prouvé que le changement, la succession, ne peut pas être considéré comme la qualité propre de la réalité, il nous reste à prouver que la manière d'être des choses soumises au changement ne peut pas être vraiment leur propre nature, non seulement parce qu'elle est conditionnée, mais encore parce qu'elle est anormale.

Comme il ne peut être question, nous l'avons vu, d'une formation *ex nihilo*, tout changement, toute succession, est un changement de quelque chose qui existe déjà. Mais une chose qui change, qui est tantôt de telle façon et tantôt de telle autre, prouve clairement elle-même qu'elle n'a pas d'être propre. Ni son état antérieur, ni l'ultérieur ne lui appartiennent en propre parce qu'ils sont opposés. Ce qui est changé n'est plus ce qu'il était auparavant; il est devenu autre; et il n'est pas exclusivement ce qu'il est devenu, puisqu'il était autre auparavant. La nature des choses changeantes est en quelque sorte toujours en route, jamais à la maison: ce n'est donc pas la nature propre, normale des choses.

Maintenant tout lecteur réfléchi verra comment l'expérience, par suite même de son non-accord avec la loi fondamentale de notre pensée, en confirme et en prouve la valeur objective. D'après cette loi, toute chose en son être propre est identique avec elle-même, ne contient aucune différence interne et, par suite, n'est susceptible d'aucun changement. La nature empirique des choses ne s'accorde pas avec cette loi; les objets de l'expérience ne sont pas vraiment identiques avec eux-mêmes. Mais ces éléments dans les objets de l'expérience qui ne s'accordent pas avec la loi de notre pensée, par lesquels se manifeste tout défaut d'identité intime, à savoir leur composition, leur relativité et leur mutabilité (en un mot, l'union du divers qu'ils présentent partout), font bien voir que les objets de l'expérience n'ont pas d'être propre, que la nature empirique des choses est anormale aussi bien que conditionnée.

Il faut ici, avant tout, bien comprendre le rapport logique de la loi fondamentale de notre pensée et de la manière d'être empirique des choses, c'est-à-dire bien voir que ce rapport n'est ni un accord complet, ni une opposition contradictoire, que cette manière d'être empirique ne choque pas le principe de contradiction et ne s'accorde pas avec le principe d'identité, qu'elle ne réalise pas ce que cette loi exige, mais qu'elle en atteste justement par là la valeur objective, — précisément au point de vue de la nature propre, inconditionnée des choses.

Cinquième chapitre

PREUVE DE LA LOI SUPRÊME DE LA PENSÉE

III. — PAR LA NATURE DES SENTIMENTS DE PLAISIR ET DE DOULEUR

La composition, la relativité et la mutabilité sont les caractères les plus généraux de la réalité empirique, ceux que l'on rencontre partout. Rien dans le domaine de l'expérience n'est absolument simple, sans différence interne, rien n'est immuable et affranchi de conditions. Et précisément la composition, la relativité et la mutabilité des objets empiriques eux-mêmes montrent que la manière d'être de ces objets n'est pas la nature vraiment propre, normale, inconditionnée des choses, et c'est un argument péremptoire de la valeur de notre loi de pensée, fourni par l'expérience. Mais pour plus de clarté et de certitude, je vais signaler un fait particulier qui donne une preuve frappante en faveur de cette loi, le fait du plaisir et de la douleur.

Dans nos sentiments de plaisir et de douleur, nous ne sentons pas de simples changements, mais une *source* vivante de changements. Rien dans le monde ne contient une nécessité interne de changements à l'exception de ces sentiments (1). Et cette nécessité de changements est si hautement significative qu'elle nous révèle en une fois la vraie nature des choses empiriques, sans qu'il soit possible de s'y méprendre ou d'en douter.

Voyons ce qu'il en est. — La douleur est un état qui ne peut rester semblable à lui-même, qui renferme la tendance ou

(1) Voir la justification de ces mots dans le chapitre de la seconde Partie sur la Volonté

la nécessité intime de passer à un autre état (exempt de douleur). Nous ne pouvons pas éprouver une douleur sans que s'éveille le désir impérieux de nous y soustraire. Quelques penseurs de l'antiquité ont vainement tenté de représenter la douleur comme quelque chose d'indifférent. La nature des choses les convainc de mensonge. Car il n'y a d'indifférent que ce qui n'affecte pas notre sensibilité, que ce qui ne nous rend ni joyeux ni tristes, directement ou indirectement. Être indifférent et ne pas affecter la sensibilité sont deux expressions synonymes. Au fond, ces anciens philosophes ont simplement pensé, selon toute apparence, que le contentement, le bonheur du sage devait le mettre en état de surmonter la douleur.

La douleur est donc un état dans lequel se trouve la nécessité de se détruire soi-même, de se nier soi-même. Si elle est trop grande et s'il n'y a aucun moyen de la supprimer, elle porte avec une nécessité naturelle au suicide, à la destruction de tout l'être sensible. Or, la destruction de soi-même est la manière dont un objet réel se condamne et se nie lui-même, non en paroles et en pensées seulement, mais en acte. Et combien cette remarque est fortifiée par les faits! Ce que les pensées reproduisent d'une façon affaiblie est ici toute la réalité; ce qui n'est qu'affirmé dans les paroles et les pensées est ici accompli en fait. La nature des choses elle-même juge et se prononce d'une façon tout à fait indépendante de nos opinions et avec une autorité souveraine. Par la douleur et dans la douleur, nous sentons immédiatement que nous sommes dans un état anormal. Mais l'état d'une chose n'est anormal que lorsqu'il contient un élément qui n'appartient pas à son être propre, et qui, en tant qu'élément importé du dehors, en trouble l'harmonie. Aussi sentons-nous immédiatement par la douleur la vérité de ce que proclame la loi suprême de notre pensée.

La nécessité intérieure pour un état de se nier implique en effet un double témoignage.

D'abord que l'harmonie interne, c'est-à-dire l'identité avec soi-même *manque* dans cet état. Ce qui est semblable à soi, identique à soi, ne peut évidemment contenir la tendance à devenir différent de soi, à anéantir sa manière d'être actuelle, à tomber en contradiction avec soi-même.

Mais en second lieu, cela prouve que ce manque d'identité intérieure est un état *anormal*, en quelque sorte contre nature, puisqu'il se condamne en fait et se nie lui-même.

La douleur exprime donc dans la sphère des sentiments la même chose que la loi de la pensée dans la sphère de la pensée, à savoir ceci : dans l'être propre des choses règne une parfaite identité avec soi-même ; la représentation empirique des choses manque, au contraire, d'identité, et c'est précisément une preuve qu'elles contiennent des éléments qui sont étrangers à leur être propre, qu'il y a donc en elles quelque chose d'anormal, à savoir le contradictoire et le faux pour l'intelligence, la douleur et le mal pour le sentiment.

L'intelligence n'est donc pas, comme on le voit, le seul organe qui nous permette de concevoir l'inconditionné : le sentiment y conduit aussi, et c'est un fait d'une extrême importance. Car le fait de concevoir l'inconditionné par le sentiment, c'est précisément la *Religiosité*, le vrai fondement de toute religion qui mérite ce nom. La religiosité n'est rien autre en effet que le pressentiment d'une nature des choses plus haute, et le sentiment intérieur de notre union avec elle. Nous allons dire seulement quelle est la liaison du sentiment religieux avec le sentiment en général.

La douleur prouve par sa nature même qu'elle est ce qui ne devrait pas être, qu'elle est l'expression d'un état anormal, déchu ; elle prouve aussi immédiatement, d'autre part, la présence d'une manière d'être normale, plus haute, qui, seule, a proprement le droit d'exister. Ajoutez ce témoignage irréfléchi, et par conséquent non vicié par de fausses opinions, à une habitude de l'âme, à une conscience. Ainsi se forme le sentiment le plus net et le plus clair de ce qui est supérieur, de notre parenté avec ce qui est au-dessus de nous et de notre tendance naturelle à y atteindre ; c'est précisément le sentiment de religiosité. Aussi a-t-on raison de dire que la souffrance, à un certain point de vue, est sainte, parce que rien ne sert plus à développer les dispositions religieuses de l'esprit. Les jouissances esthétiques aussi, par leur contraste avec l'impression ordinaire des choses et par leur noblesse, peuvent exciter ou vivifier en nous ce sentiment du divin. Au contraire, rien n'est plus étranger au sentiment et au sens religieux que les plaisirs vulgaires et les basses jouissances (1).

Ainsi la conscience que l'être propre des choses est identique avec soi-même et que l'expérience ne nous montre pas les choses comme elles sont, à savoir la seule conscience philosophique, en un sens éminent, est aussi la seule conscience religieuse, en un sens élevé. Ce que la philosophie proclame par l'organe de la pensée ou du concept, la religiosité le proclame par l'organe du sentiment, et que ces deux sources indépendantes conduisent au même résultat, c'est une garantie de l'exactitude de leur témoignage commun. La conscience religieuse emprunte à la philosophie son fondement et son explication scientifiques, et la conscience philosophique emprunte à la religiosité la consécration supérieure du sentiment. Nous avons ainsi le précieux avantage de pouvoir établir une parfaite harmonie entre les exigences de la pensée et celles du sentiment, entre la science et la religion.

(1) On voit par là pourquoi l'ascétisme est si souvent associé au sentiment religieux, bien qu'il ne soit pas nécessairement de son essence ; car il faut distinguer entre les plaisirs, suivant qu'ils sont grossiers et vils ou innocents. La vie suppose un compromis entre les exigences de notre nature supérieure et celles de notre condition empirique, d'après leurs conditions et leurs lois. L'ascétisme ne veut rien savoir de ce compromis et c'est ce qui le rend contraire à la nature.

La preuve de la valeur de notre loi de la pensée, que nous avons tirée, dans les trois derniers chapitres, des données de l'expérience même, est, on peut le dire, suffisante et décisive. Ce n'est pas, il est vrai, une preuve au sens propre du mot, en ce sens que nous n'avons pas déduit de quelque autre chose la certitude de la loi. Une telle déduction n'est ni possible, ni nécessaire. Car l'énoncé de notre loi est immédiatement certain, évident de soi et il exprime la seule vue générale qui soit évidente. Il se conçoit de soi-même, sans preuve, que tout objet doive posséder un être propre, et dans son être propre être identique à soi, ne pas contenir de différence, ne pas être à la fois un et multiple. Mais dès que les données de l'expérience et ses objets ne s'accordent pas avec cet énoncé, alors la certitude intérieure de notre loi ne suffit pas pour rendre parfaitement sûre sa valeur objective, et il faut encore voir si les objets de l'expérience, précisément parce qu'ils ne s'accordent pas avec la loi de notre pensée, n'en confirment pas la vérité et la valeur objective. Je viens de montrer que c'est en effet le cas. Ces qualités justement des objets empiriques, qui ne s'accordent pas avec la norme de notre pensée, à savoir leur composition, leur relativité, leur mutabilité, prouvent, comme je l'ai montré, que les objets de l'expérience n'ont pas d'être vraiment propre, que la nature empirique des choses n'est pas la nature vraie, normale et inconditionnée. La douleur et le plaisir ont confirmé cette donnée, et, en eux, c'est notre propre nature intime qui parle.

Il y a cependant encore une preuve de la valeur de notre loi de la pensée qui paraîtra sans doute à beaucoup la plus importante ; mais nous ne pourrons la donner que dans la seconde Partie. Nous nous contenterons ici des remarques suivantes.

Cela même qui, au premier coup d'œil, nous inspire un doute sur la valeur objective de notre loi, à savoir le fait

Fac. de Lille.

qu'elle est un principe de l'apparence elle aussi, que les corps connus grâce à elle n'existent pas, vaut au contraire, à y regarder de près, comme une preuve de cette valeur objective. Et en effet, bien que les objets de l'expérience ne s'accordent pas avec la loi de notre pensée, bien qu'ils soient tous composés, changeants et conditionnés, cependant ils sont tous aussi organisés naturellement de manière à répondre en apparence à cette loi. Le contenu de notre expérience est organisé de telle sorte que nous reconnaissons dans nos états intérieurs un moi, en apparence, simple, inconditionné et permanent, et dans les sensations des sens extérieurs, un monde, en apparence, de substances immuables en soi (de corps). L'expérience peut-elle nous fournir, pour la valeur de notre loi de la pensée, un témoignage plus clair que cette direction de la nature, qui dispose tout le contenu de l'expérience en conformité apparente avec cette loi même? L'anormal peut-il rendre contre lui-même et en faveur de la norme un témoignage plus clair qu'en trompant sur sa propre nature et en se présentant, en apparence, comme normal? Quand donc je montrerai dans la seconde Partie : 1° que ni l'expérience intérieure, ni l'expérience extérieure ne contient rien, en vérité, de simple, d'inconditionné et de permanent, que notre moi aussi bien que le monde des corps perçu par nous, n'est fait, en réalité, que de simples phénomènes, composés, toujours changeants, et 2° que le contenu aussi bien de notre expérience interne que de notre expérience externe est, par nature, ordonné de telle sorte qu'il nous trompe sur son être et nous montre dans cette double expérience des objets en apparence normaux, des substances, c'est-à-dire un moi simple et permanent et un monde de corps inconditionnés et permanents, — nous tirerons des données de l'expérience une nouvelle preuve évidente de la valeur de notre loi.

Oui, le fait que notre expérience, précisément parce qu'elle ne s'accorde pas avec la norme de notre loi, que, conditionnée par une illusion systématiquement organisée, elle est dirigée universellement par la nature de manière à paraître répondre à notre pensée, — ce fait nous élève à une hauteur que ne peut dépasser ni l'esprit humain ni, en général, aucun esprit pensant. Il nous révèle, une fois pour toutes, l'essence la plus profonde aussi bien de la pensée que de la réalité en général, et un philosophe exercé peut en déduire tout le système de la vraie philosophie, comme un mathématicien habile peut déduire de la formule newtonienne des lois de la gravitation tout le système de la mécanique céleste.

Avant d'en venir à cette déduction, je vais présenter dans le chapitre suivant quelques remarques.

Sixième chapitre

L'ORGANISME DE LA PENSÉE

§ 1. Des concepts a priori.

Sous le nom de concepts on entend ordinairement des idées générales obtenues par abstraction et généralisation de données particulières. Un concept *a priori* ne peut naturellement pas être une idée de ce genre parce qu'il n'est pas abstrait des données de l'expérience. Encore moins doit-on, avec Kant, prendre les concepts *a priori* pour de simples formes de la pensée, qui ne servent qu'à lier dans une conscience la diversité de l'intuition. Le rapport nécessaire de la pensée (de l'idée) même, par suite aussi, de toutes formes ou lois de la pensée, avec la réalité devrait, depuis longtemps déjà, avoir dans la théorie de la connaissance la valeur d'un axiome. Par concept *a priori*, on ne peut entendre qu'une loi primitive, une disposition ou une nécessité interne de penser et de connaître les objets d'une manière particulière, déterminée, qui n'est pas donnée dans les objets mêmes, de croire quelque chose des objets, quelque chose qui n'est pas déduit de leur manière d'être telle qu'elle est donnée. En un mot, un concept *a priori* est un principe d'affirmations touchant des objets et des faits réels.

Mais l'obscurité sur ce point est si grande que je me vois obligé de faire ici quelques remarques.

L'hypothèse des « idées innées » dans le sens de connaissances innées, Leibniz l'a déjà réfutée et Kant l'a corrigée une fois pour toutes en disant que les lois seules ou les formes de la connaissance sont innées, mais non son contenu. Les lois ou les concepts *a priori* ne sont donc pas eux-mêmes des connaissances, mais des principes de connaissance d'objets réels, parce que l'essence de la pensée (de l'idée) même implique le rapport à des objets réels. Mais on est très disposé à confondre les deux choses, et cette confusion est la source principale de toutes les objections faites à la doctrine des lois innées de la pensée. Locke, dans son « Essai », regardait la certitude du principe d'identité et celle du principe de contradiction comme une certitude acquise, parce que les enfants et les idiots ne connaissent pas ces principes ; les adversaires de l'*a priori*, encore aujourd'hui, font la même chose. Ils pensent toujours que l'on ne peut rien croire des objets sans avoir conscience de cette croyance. Et cependant Locke lui-même, au commencement de son « Essai », a dit fort bien : « Les moyens de connaître ressemblent aux yeux, en ce que tandis qu'ils permettent de voir et de percevoir toutes les autres choses, ils n'ont aucune notion d'eux-mêmes, au point qu'il faut beaucoup d'art et de persévérance pour les mettre à quelque distance et en faire un objet ». C'est donc, suivant l'exacte remarque de Reid, « un premier principe, qu'il se produit un effet en nous, sans que nous puissions en tenir compte et en faire un objet ». Mais l'effet d'une loi de la pensée consiste précisément en ce que nous *devons* croire à des objets.

Le fait que nous sommes naturellement portés à croire quelque chose des objets n'offre pas plus de difficulté que le fait d'une autre liaison quelconque entre nous et les objets. L'opposition singulière que l'on fait à l'hypothèse d'une telle croyance, vient de la confusion signalée plus haut, et aussi de la crainte de l'abus que l'on a fait de la théorie des lois *a priori* de la pensée. Cet abus a été extrême, en effet, et le refus de s'y associer est très naturel. On ne doit cependant pas rejeter le bon avec le mauvais. L'abus d'une doctrine n'est pas une raison pour la condamner elle-même si elle repose sur de bonnes preuves.

Nous allons en juger. On demande sur quelles raisons est fondée la doctrine des lois *a priori* de l'esprit, ou, en d'autres termes, comment nous pouvons nous convaincre de l'origine *a priori* de certaines manières de voir.

On a cru posséder un criterium certain de ces manières de voir dans leur *nécessité*, dans le fait qu'il y a des manières de voir dont le contraire est absolument impossible à penser. Mais, comme on le sait, on a élevé de graves objections contre la valeur de ce criterium. On a fait voir que les associations entre les idées pouvaient devenir assez fortes pour devenir en fait, chez la plupart des hommes, une nécessité de penser. C'est ainsi que beaucoup d'opinions fausses ont été prises pour certaines. Les partisans mêmes de l'*a priori* sont obligés d'accorder que ce criterium est incertain. Par exemple, Lange (Hist. du matérialisme, 2ᵉ éd., II, p. 31) dit que, dans la découverte des principes *a priori*, nous ne pouvons atteindre que « la vraisemblance ». La certitude des principes apodictiques vraisemblable seulement, ce serait la contradiction la plus évidente. La doctrine de l'*a priori* et le rationalisme seraient en mauvais état s'ils n'avaient d'autre fondement que le sentiment de la nécessité de quelques principes. C'est une nécessité pour nous de connaître dans la perception un monde d'objets extérieurs, inconditionnés, et nous savons cependant, avec certitude, que ce monde consiste exclusivement en sensations.

C'est un fait remarquable que deux champions de l'empirisme, Spencer et Lewes, soient entrés en lice en faveur du criterium de la nécessité contre Mill, qui en avait amplement et très clairement montré l'insuffisance. Il est intéressant de suivre la discussion qui s'éleva entre ces philosophes (1). Tous les trois, ils admettent également que l'expérience, c'est-à-dire l'immutabilité, l'uniformité de l'expérience, est le seul fondement réel de la certitude des connaissances générales, et même des connaissances nécessaires. Or, si l'uniformité constatée de l'expérience est le fondement réel de la certitude, dit Mill avec beaucoup de raison, qu'a-t-on besoin d'un autre principe qui ne peut cependant reposer que sur le fondement déjà indiqué et tient de lui toute sa valeur? Non, répondent Spencer et Lewes, la certitude ne se produit que lorsque l'uniformité de l'expérience est sentie comme nécessaire. Ainsi tout le débat se résume en ces termes : Mill prétend que la certitude est fondée sur l'expérience *considérée par la raison*; Spencer et Lewes veulent qu'elle soit fondée sur l'expérience *sentie confusément*. Je n'ai pas besoin de dire de quel côté est la vérité.

Cependant Spencer apporte encore un nouvel argument en faveur du criterium de la nécessité. Selon lui, nous héritons des expériences de nos pères, non seulement grâce à leurs écrits et aux traditions qu'ils ont laissées, mais aussi par voie physiologique directement, dans notre organisation corporelle.

(1) V. Stuart Mill, Logique. I, 294. — Spencer, Princ. de Psych., II, 406. Lewes, Histoire de la philosophie, I. p. LXIX.

Toutes les expériences des générations antérieures sont en quelque sorte accumulées dans notre organisme, par héritage corporel, sous forme de prédispositions à certaines manières de penser touchant les choses. Les opinions justement que nous sentons comme nécessaires manifestent le résultat auquel sont arrivées les générations précédentes et sont, pour cette raison, bien autrement certaines que celles que nous avons acquises par notre propre expérience. Elles doivent prétendre à une certitude apodictique.

Si Stuart Mill a connu cette argumentation, il l'aura trouvée plaisante. Car il n'aurait pas échappé à son clair esprit combien il est faux de fonder sur une argumentation si faible la certitude des principes apodictiques. En fait, à considérer seulement la constatation de la grande loi de causalité, il est évident que les expériences non scientifiques des générations antérieures sur la liaison causale des choses, quand même elles auraient duré des centaines de milliers de siècles, ne comptent pas auprès des expériences scientifiques des deux ou trois derniers siècles, dont nous n'avons pas hérité, mais qu'on nous a enseignées. Malgré tant d'expériences soi-disant héritées, la croyance à l'uniformité constante du cours de la nature, est toute récente et n'est pas encore partout répandue.

La doctrine que les jugements *a priori* sont hérités physiologiquement des générations antérieures, qui se donne pour une haute doctrine conciliant le rationalisme avec l'empirisme, est, en vérité, inférieure au clair et loyal empirisme. Et elle ne se rapproche pas du tout, d'autre part, du rationalisme ; car c'est justement la connaissance de ce fait qu'aucune expérience ne peut garantir la valeur sans exception d'un jugement général qui a conduit à l'hypothèse de principes primitifs ou certains en eux-mêmes.

Le vrai criterium de l'origine *a priori* d'une connaissance générale consiste en ce qu'elle n'est pas seulement nécessaire et certaine en soi, mais aussi en ce que ses principes ou ses éléments ne sont, en fait et évidemment, contenus en aucune expérience et ne *s'accordent pas* avec les données empiriques. Ainsi j'ai montré dans le premier livre que notre connaissance des corps contient un élément qui ne se rencontre en aucune expérience et ne peut être dérivé d'aucune, à savoir le concept d'inconditionné. J'ai montré, en outre, dans ce deuxième livre que, dans les principes logiques d'identité et de contradiction est exprimé précisément ce concept d'une essence propre, inconditionnée des choses, lequel ne pourrait jamais venir de l'expérience, parce que les données de l'expérience ne s'accordent jamais avec lui, mais en garantissent la valeur objective par ce non-accord même. Si un principe quelconque est évident de soi-même, immédiatement certain et nécessaire, c'est le principe d'identité, et cependant nous voyons la possibilité, non pas du contraire de ce principe, mais de quelque chose qui ne s'accorde pas avec lui : bien plus nous voyons qu'aucune des données de l'expérience ne s'accorde avec lui. Ce serait peu pour la certitude du principe d'identité et des principes *a priori* en général, si pour la constater nous n'avions que la simple *impossibilité de penser autrement*.

Comme j'ai amplement démontré l'origine apriorique du concept exprimé dans les deux principes logiques, je n'ai pas à m'étendre davantage sur le comment de la chose : mais ce concept est la seule loi primitive de la pensée. Tous les autres principes ou concepts *a priori* sont, comme je vais le montrer dans le chapitre suivant, dérivés de celui-là (1). Je regarde donc comme résolue la question de savoir si les lois de la connaissance sont *a priori*.

(1) A l'exception des principes géométriques et de l'intuition de l'espace qui en fait le fond ; mais on peut prouver clairement, comme je le ferai dans la deuxième Partie, que leurs éléments ne sont absolument pas contenus dans les seules données de l'expérience et que, si elle s'accorde en fait, elle ne s'accorde pas logiquement avec eux.

§ 2. Il ne peut y avoir qu'un concept a priori.

Un concept *a priori* est un principe d'affirmation touchant des objets. Or, un principe, comme Herbart l'a remarqué avec exactitude (Introd. à la Phil., p. 8), doit avoir deux qualités : « D'abord il doit se tenir par lui-même, ou être primitivement certain ; ensuite il doit être en mesure de communiquer sa certitude à autre chose hors de lui ». Une telle loi ou un tel principe de connaissance doit donc, s'il a pour la conscience une expression déterminée, trouver cette expression dans une formule *synthétique*. D'un principe analytique, en effet, on ne peut rien déduire ; il ne peut servir de prémisse à un syllogisme, ni, par suite, de principe à la connaissance. Mais une formule synthétique exprime la liaison de deux concepts. Kant, comme on le sait, a fait de cette question : *Comment les jugements synthétiques* A PRIORI *sont-ils possibles ?* la question capitale en philosophie, et il répond : L'union des concepts *a priori* est une union extérieure, effectuée par une disposition particulière de la faculté de connaître. Cette doctrine de Kant est absolument insoutenable. Si l'on admet des concepts *a priori*, non seulement il n'y a aucune difficulté à admettre qu'il y a en eux une union logique, interne, mais encore on doit prouver que de toute nécessité il en est ainsi ; autrement toute la théorie n'a aucune valeur.

Je ne connais que les sortes suivantes de rapports entre des concepts : 1° accord et non accord ; 2° rapport de genre et d'espèce ; 3° rapport de sujet et de prédicat ; 4° rapport d'un concept à ses *spécifications*, et enfin, 5° rapport d'un concept à ses *conséquences*.

Les trois premiers n'ont pas besoin d'explication. Sur les deux autres, au contraire, il y a quelques mots à dire.

Si l'on considère un concept dans des rapports qui ne sont

pas hors de sa sphère, les jugements qu'on en tire sont de simples *spécifications* de ce concept. Si au contraire on considère un concept dans ses rapports avec des données ou des concepts qui sont tout à fait hors de sa propre sphère, les jugements qu'on en tire en sont des *conséquences*. Par exemple, si l'on entend par « ligne droite » celle qui suit toujours la même direction, c'est une spécification du concept de cette ligne, que deux points suffisent pour la déterminer. Sans deux points, d'une manière générale, on ne peut concevoir une direction; mais il est parfaitement clair que pour être déterminée une ligne droite n'a pas besoin de plus de deux points ; car elle est précisément d'après la définition la même entre les deux points et au delà. Pour le voir on n'a pas besoin de rien ajouter au concept de ligne droite. Mais si l'on considère une ligne droite par rapport à une autre qu'elle coupe, le jugement qu'on porte ici, par exemple que les angles opposés par le sommet sont égaux deux à deux, est une conséquence du concept de ligne droite : car il y a là un moment qui n'est pas contenu dans ce concept, à savoir que deux lignes se coupent. A exprimer cette différence en termes généraux : Par la spécification on ne sort pas du concept donné, mais on change le point de vue sous lequel on le considérait. Au contraire par la conséquence on sort réellement du concept de la donnée, pour la considérer en rapport avec une autre.

Les spécifications d'un concept sont exprimées dans des propositions qui doivent être appelées proprement analytiques et qui ne sont pas de pures tautologies (identiques) et n'expriment pas non plus la liaison de deux données (synthétiques). Au contraire les conséquences d'un concept seront nécessairement exprimées dans des propositions synthétiques, parce qu'elles représentent un rapport de deux données.

Pour pouvoir maintenant répondre comme il faut à notre question de la liaison des concepts *a priori*, il faut avant tout savoir s'il y a plusieurs concepts *primitifs a priori*, ou s'il n'y en a qu'un.

S'il y avait plusieurs concepts primitifs, et par suite indépendants les uns des autres, ils ne soutiendraient évidemment aucun rapport logique mutuel, et l'on devrait admettre un mélange extérieur, mécanique, comme Kant l'a fait. Mais nous avons déjà reconnu que c'était impossible et nous devons admettre en conséquence qu'il n'y a qu'un seul concept premier *a priori*.

En effet, comme les concepts que nous avons *a priori* sur la réalité, sont nécessairement *généraux*, parce qu'il n'y a que l'expérience qui donne le particulier, ou plutôt parce que le fait même pour le particulier d'être donné constitue l'expérience, il ne peut pas y avoir plusieurs concepts *a priori* de généralité semblable. Autrement ils ne se rapporteraient pas à la même réalité, mais à des réalités différentes, ce qu'il est absolument impossible d'admettre pour des concepts *a priori*. Si nous avions *a priori* plusieurs concepts de réalités différentes, cela ferait une *expérience a priori*, ce qui est une absurdité évidente. Si les concepts *a priori* doivent être en liaison mutuelle interne, logique, ils se rapportent aussi à une seule et même réalité ; autrement ils ne pourraient se mêler et s'unir dans une conscience. Mais alors il y a évidemment au fond de tous ces concepts un seul concept plus général de cette réalité. Les autres concepts *a priori* ou représentent différents côtés de la connaissance et de la compréhension de la réalité dans ce concept le plus général de tous, et sont alors de simples *spécifications* de ce dernier, ou bien ils en sont des *conséquences*.

On jugera donc aisément combien est inadmissible, par exemple, l'hypothèse que le concept de *causalité* est primitif et qu'il ne peut être dérivé de concepts plus élevés, plus généraux. Causalité signifie que tout ce qui naît ou se produit est lié à quelque chose qui le précède, à son antécédent. Or, il va naturellement de soi que l'on ne peut rien savoir de la liaison des successifs, avant d'avoir une idée de leur succession, que le concept de causalité dépend donc de celui de succession ou de devenir, ou le suppose. Si maintenant les concepts de succession et de causalité se lient logiquement, ce ne peut être que de deux manières : 1° ou bien, est impliqué immédiatement dans le concept de succession, de devenir, que tout ce qui naît est lié à un antécédent, — alors on aurait une proposition analytique, et le concept de causalité ne serait qu'une spécification du concept de devenir en général ; — ou 2° le concept de causalité n'est pas immédiatement dans le concept des successifs, mais en résulte par l'adjonction d'un troisième concept garanti, — alors c'est une conséquence du concept des successifs, alors il se présente comme la conclusion d'un syllogisme dont le concept des successifs ou du devenir est une prémisse. Mais si l'on ne peut prouver ni l'un ni l'autre, si de l'essence du successif on ne peut établir, ni immédiatement, ni médiatement (par l'adjonction d'une autre prémisse), que tout ce qui naît doit être lié à un antécédent, alors l'hypothèse d'un concept *a priori* de causalité est une hypothèse vide, sans fondement, et qui n'est favorable qu'à la paresse de l'esprit.

§ 3. La proposition qui exprime le concept primitif *a priori* doit être à la fois identique et synthétique.

S'il n'y a absolument qu'un concept *a priori*, premier, le plus général de tous, d'où tous les autres doivent être déduits, il faut qu'il s'exprime dans une proposition synthétique immédiatement certaine ; mais comment un seul concept peut-il s'exprimer par une proposition synthétique ? Et une proposition synthétique peut-elle être immédiatement certaine ?

Ces deux questions seraient résolues du même coup et la

tâche serait remplie si nous trouvions une proposition à la fois synthétique et identique. Car une telle proposition seule pourrait unir la fécondité en conséquences à une certitude immédiate et servir en même temps de premier, de suprême principe *a priori*.

Or, il y a en fait un tel principe, et il n'est autre que le *principe d'identité*. Il doit s'exprimer avec précision, comme je l'ai déjà remarqué, de la manière suivante :

En soi, quant à son essence, un objet est identique à lui-même.

Cette proposition est un jugement synthétique à la fois et identique. En tant qu'identique, elle est évidente de soi, et, par suite, on la prend souvent pour une tautologie insignifiante. Comme synthétique, c'est un principe de connaissance, et, par suite, on la prend souvent pour une généralisation de l'expérience. Mais elle n'est ni une tautologie ni une généralisation empirique ; elle exprime le concept primitif, non dérivé, que nous avons *a priori* sur l'essence de la réalité, et dont la vérité brille immédiatement à notre conscience, comme nous l'avons déjà montré amplement. Il reste cependant à faire voir comment une seule et même proposition peut être à la fois identique et synthétique.

Si tout ce que nous connaissons était, sans exception, parfaitement conforme au principe d'identité, c'est-à-dire parfaitement identique à soi-même, — ce principe serait simplement identique. Car le sujet et l'attribut n'exprimeraient pas deux concepts, mais un seul et même concept qui ne pourrait jamais se décomposer par abstraction. Nous serions alors hors d'état, même en manière d'essai, de concevoir quelque chose qui ne fût pas identique à soi. Bien plus, non seulement le principe d'identité serait identique, mais il n'y aurait pas, d'une manière générale, d'autres propositions que des propositions identiques. Car l'essence de ce qui est parfaitement identique à soi-même ne peut être exprimée que par de telles propositions, comme je l'ai déjà remarqué une fois. — Mais ce n'est pas le cas ; c'est plutôt le contraire qui est vrai. Notre expérience ne nous offre absolument rien qui soit parfaitement identique à soi-même, ou tout à fait conforme au principe d'identité. Partout, en effet, l'expérience nous montre le changement et, en général, l'union du divers. La conséquence évidente en est que le concept de la réalité que nous formons par l'expérience et que nous en abstrayons n'implique pas l'identité du réel avec soi-même et peut en être séparé dans la pensée, de telle sorte que les deux concepts d'identité et de réalité se distinguent comme des concepts différents. Et ainsi le principe d'identité, qui exprime la liaison de l'identique et du réel, apparaît manifestement comme un principe synthétique.

En soi, quant à son sens intérieur, c'est-à-dire considéré simplement par rapport au concept *a priori* qu'il exprime, le principe d'identité est un principe identique. Car le concept *a priori* ne contient en soi aucun rapport à une expérience qui diffère de lui, dans laquelle et par laquelle seulement se produit et se manifeste une diversité de concepts. Mais dès que le concept *a priori* de l'objet vient en contact avec les données de l'expérience qui ne s'accordent pas avec lui, ce qui arrive par l'acte de penser et de connaître, il se révèle comme un principe fécond ou une loi de la connaissance, et le principe d'identité qui l'exprime apparaît comme un principe synthétique, d'où découlent beaucoup de conséquences importantes et nécessaires. Ainsi le concept *a priori* de l'objet, comme je l'ai montré et comme je le montrerai encore, est le fondement de notre connaissance des choses extérieures inconditionnées ou des substances, qui ne peuvent jamais se présenter dans l'expérience, et aussi comme le fondement de notre connaissance des successions et de notre conscience de la différence du vrai et du faux en général. Ce concept contient également, comme nous le verrons dans le livre suivant, le fondement rationnel de notre croyance à la valeur de l'induction.

Nous avons donc dans le principe d'identité le principe suprême *a priori* de toute pensée et de toute connaissance. Mais il faut surtout le considérer et l'employer comme le principe suprême de la recherche philosophique. Car ce principe, qui fait de l'expérience elle-même ce qu'elle est, peut seul nous donner la possibilité et le moyen de dépasser dans la conscience l'expérience.

§ 4. De quelques concepts dérivés.

L'expérience nous permet de saisir la réalité à différents points de vue, et, parmi les divers concepts qui sont ainsi éveillés en nous, quelques-uns se révèlent comme impliqués dans cette loi de pensée, comme de simples spécifications; d'autres, au contraire, comme des conséquences du concept *a priori* de l'objet. C'est ce que nous allons expliquer ici brièvement.

Ainsi le concept de l'*unité*, par exemple, n'est pas une conséquence, mais une simple spécification du concept d'être identique à soi-même. C'est précisément en effet et seulement ce qui est identique à soi qui est un. Toute l'essence de l'unité, comme telle, consiste uniquement dans cette détermination d'être identique. Nous n'avons donc pas besoin de sortir du concept d'identité avec soi-même pour trouver celui d'un ou d'unité. L'expérience nous permet seulement de concevoir la réalité au point de vue quantitatif, ce que le concept *a priori* de l'objet ne pourrait faire tout seul ; car nous ne pouvons naturellement rien connaître *a priori* d'une multiplicité, ni d'une unité en tant que contraire spécifique de la multiplicité.

De même, le concept de l'*inconditionné*, de ce qui existe par soi, ou de la substance, est une simple spécification du concept de l'identique à soi-même, c'est-à-dire qu'il y est immédiatement contenu. Nous n'avons pas besoin de sortir du concept de l'identique pour voir qu'il est inconditionné, qu'il existe par soi-même, c'est-à-dire que, quant à son existence et à son essence, il ne dépend pas d'autre chose. La dépendance, en effet, vis-à-vis d'autre chose implique un élément étranger et aussi une différence interne dans ce qui dépend, tandis que l'identité d'une chose avec soi signifie au contraire l'absence de toute différence interne. Une chose qui possède un vrai « moi », c'est-à-dire une essence vraiment propre, non empruntée du dehors et indépendante des conditions extérieures, est identique avec soi-même. L'identité avec soi-même supprime évidemment tout rapport avec autre chose ou l'exclut.

En ce qui concerne le principe de *permanence* de la substance ou de l'inconditionné dans le temps, il peut, tout comme le principe d'identité lui-même, avoir un sens analytique aussi bien qu'un sens synthétique. Il est analytique quand il exprime simplement le résultat d'une analyse du concept; synthétique, au contraire, quand il est entendu comme une affirmation relativement à la nature des objets réels. Le concept de substance (d'inconditionné) appartient, comme nous l'avons vu, au concept suprême d'identité avec soi-même, est une simple spécification de ce dernier, et le principe que « ce qui est identique avec soi-même ne change pas » est simplement analytique, parce que, pour le constater, on n'a pas besoin de sortir de la sphère des concepts purs. Mais quand il sert à affirmer que « L'être propre, inconditionné des choses est, par opposition à leur manière d'être empirique qui est soumise au changement, permanent, immuable », cette affirmation est un jugement synthétique ; car on sort alors de la sphère des concepts purs pour dire quelque chose de la nature des choses, ce qui serait impossible sans l'intervention des données empiriques. En ce sens, le principe de la permanence des substances n'est pas une simple spécification du concept exprimé par le concept d'identité, mais il en est une conséquence.

De même le concept de *causalité* n'est certainement pas une simple spécification de notre concept *a priori* de l'objet ; il ne peut s'y rattacher que comme une conséquence. En effet, par cela même que la causalité ne concerne que les successifs, et que le concept *a priori* de l'objet n'a rien à faire avec les successions, il ne contient non plus aucune indication relative à la causalité. La loi de causalité se présente comme la conclusion d'un syllogisme dans lequel le concept *a priori* du réel ne forme qu'une prémisse, tandis que l'autre est formée par le concept de succession ou de changement que l'expérience seule nous fournit.

Il y a encore d'autres conséquences à déduire du principe *a priori* de l'objet, exprimé par le principe d'identité. Mais ce qui précède suffit pour montrer comment il est possible que le principe d'identité, en lui-même, soit simplement identique, tandis que par rapport à l'expérience il se révèle comme synthétique et sert de fondement à d'autres principes synthétiques ; comment il peut être à la fois un principe immédiatement certain et un principe positif de la connaissance. Pour expliquer la possibilité de principes synthétiques *a priori*, nous n'avons donc pas besoin de recourir à la théorie si peu naturelle et si arbitraire de Kant, que les concepts *a priori*, pour former ces principes, sont liés ensemble du dehors et mécaniquement par une disposition spéciale de la faculté de connaître. Cette possibilité se déduit pour nous de l'essence logique des concepts. Il n'y a que le principe d'identité qui soit pur *a priori* ; les autres principes synthétiques naissent de son contact avec les données de l'expérience et de son application à ces données.

Kant a très bien vu que de simples concepts *a priori* rien ne pouvait s'ensuivre. Mais il n'a pas trouvé d'autre moyen pour l'établir que de nier la valeur objective des concepts *a priori*, de ne pas les considérer comme valant pour l'intelligence de la réalité et de leur refuser d'emblée le pouvoir de s'unir logiquement. Mais nous voyons que cette théorie est non seulement fausse, mais encore inutile. De simples concepts *a priori* il ne peut rien sortir, en fait, parce qu'il n'y a qu'un seul concept *a priori*. Il n'y aurait donc pas de principe synthétique *a priori*, si l'expérience ne s'y ajoutait pas qui fournit un autre concept de la réalité que celui que nous avons *a priori*. C'est uniquement sous l'influence de l'expérience, que le principe d'identité, qui exprime notre concept *a priori*, se change en un principe synthétique qui peut servir comme principe du savoir. La fécondité de ce principe ne se produit donc qu'en faveur de l'expérience, et l'on ne saurait en tirer une connaissance de l'inconditionné qui est par delà l'expérience, en un mot, une métaphysique.

LIVRE TROISIÈME

CONSÉQUENCES PRINCIPALES

Premier chapitre

LE CONCEPT DE CAUSALITÉ

§ 1. Examen de quelques théories sur la causalité.

Les opinions sur l'origine du concept de causalité sont très opposées. Quelques-uns croient, avec Hume, que ce concept, exclusivement empirique, est obtenu et fondé par induction ; d'autres, au contraire, admettent qu'il a dans la nature du sujet connaissant un fondement *a priori*.

Cette dernière opinion a, en outre, été comprise de trois manières différentes : 1° Le concept de causalité est immédiatement certain, évident par lui-même et n'a pas besoin de preuve. 2° Ou bien on cherche réellement à le déduire d'un autre concept, à en fournir, selon l'expression de Kant, « une preuve dogmatique ». 3° Ou bien, enfin, selon le procédé de Kant, on considère ce concept simplement comme une condition nécessaire de l'expérience, comme une partie essentielle du mécanisme inné de la connaissance, qui rend seul possible une expérience en général, mais qui n'a, hors du sujet, aucune valeur objective.

La dernière doctrine, celle de Kant, est absolument inadmissible. Il est faux, en fait, que le concept de causalité soit un simple rouage dans le mécanisme de la connaissance, sans valeur objective. On ne peut soutenir une pareille affirmation que dans l'hypothèse kantienne que les objets n'existent pas en dehors de nos idées, hypothèse que pas un homme raisonnable ne peut accorder. Car, en supposant même qu'il n'y ait pas autre chose, les hommes, du moins, sont les uns pour les autres des objets de connaissance, qui sont différents de leurs idées respectives et existent en dehors d'elles. En outre, je crois avoir prouvé dans la première partie de cet ouvrage que les sensations sont des objets réels, différents de la connaissance que nous en avons. Et ces sensations sont soumises à la loi de causalité, de telle sorte que la connaissance de leurs rapports de causalité nous rend capables de prévoir et de prédire leur apparition, ce qui est précisément le but des sciences de la nature. Bien plus, les idées elles-mêmes sont vraiment des objets si on les considère sous leur aspect réel, comme des phénomènes dans la réalité, et ce qui vaut pour elles, à ce point de vue, a précisément par cela même une valeur objective. Comme, d'autre part, les idées elles-mêmes sont successives, elles sont aussi soumises à des lois causales objectives, notamment à celles de l'association, qui diffèrent *toto genere* des lois *a priori* de la connaissance.

L'hypothèse que le principe de causalité est évident de soi-même n'a pas besoin d'être réfutée. Comment peut-il être évident de soi que tout changement doit avoir une cause? Ce principe est sans contredit synthétique, comme Kant l'a assez démontré. Comment un tel principe serait-il jamais évident? Comment, dans le concept de ce qui change, découvrir immédiatement un rapport à quelque chose qui lui est extérieur (1)?

(1) Ce qui est remarquable ici, c'est que l'on trouve l'affirmation ou du moins la supposition de l'évidence du principe de causalité surtout chez les écrivains qui se donnent pour empiristes. Locke a commencé dans le cha-

Ces deux suppositions écartées, il reste à décider entre les deux autres, à savoir que le principe de causalité est une pure donnée de l'expérience ou qu'il a son fondement dans la nature de la pensée, non pas premier, cependant, mais dérivé.

Or j'affirme que le principe de causalité n'est ni purement *a priori*, ni purement empirique, mais qu'il est la conséquence de deux prémisses dont l'une est le concept premier *a priori* de l'essence propre des choses qui trouve son expression dans les principes logiques d'identité et de contradiction, dont l'autre est le fait du changement qui ne peut être connu que par l'expérience. C'est pour avoir méconnu cette vérité, si je ne me trompe, que toutes les déductions et toutes les démonstrations de la loi de causalité sont jusqu'à présent si imparfaites, et pourquoi ce qui est à prouver est toujours supposé *implicitement*. L'insuffisance de ces démonstrations, Reid (Essais sur les Facultés intellectuelles, p. 347-78) et Kant (Crit. de la R. pure, p. 608) l'avaient déjà remarquée comme un fait généralement reconnu, et, depuis, la question n'a pas fait un pas.

---

pitre de son *Essai* où il traite de la connaissance de Dieu. Herbart admet aussi comme évident qu'un changement sans cause est inconcevable et impossible (sans désordre du dehors). Taine (*Philosophes français*, p. 69) s'exprime d'une manière encore plus précise : « Il serait absurde ou contradictoire que, la résolution ayant contracté le muscle une première fois, elle ne pût le contracter une seconde fois, toutes les circonstances étant les mêmes... Il serait absurde qu'une loi de la nature étant donnée, cette loi fût démentie. » Oui, s'il était évident qu'il ne peut y avoir de changement sans cause. Enfin Lewes dit dans son *Histoire de la Philosophie* (Prolég., p. CV-CVI) : « Dire que ce qui s'est présenté se présentera de nouveau, se présentera toujours, c'est dire que dans des conditions exactement semblables des résultats exactement semblables se produiront. A est A et A est A pour toujours... Si nous ajoutons qu'il n'y a pas de preuve du maintien de l'ordre observé, ou nous nions que A est A ou nous changeons tacitement la proposition, et nous disons : si A devient B, il ne sera plus A ; car les conditions restant les mêmes, l'ordre restera nécessairement le même ; si les conditions changent, l'ordre changera nécessairement avec elles. » Comme on le voit, le principe : pas de changement sans cause a la même évidence que le principe A est A, a la même signification que lui. Tous ces philosophes sentent très bien que le principe de causalité a un rapport logique très étroit avec celui d'identité, qui est évident. C'est cette liaison qu'il nous faut enfin montrer.

Avant que j'essaie de prouver la dérivation du principe de causalité, je dois dire quelque chose de la façon dont l'entendent divers penseurs.

On connaît l'analyse magistrale de Hume (1) dans ses « Essais sur l'Entendement humain ». Voici, comme on sait, le résultat auquel il aboutit : Une liaison des choses et des phénomènes ne peut être ni certaine *a priori*, ni donnée par l'expérience. Tout ce que nous connaissons, c'est une coïncidence (*conjunction*) constante de certains faits. Mais l'association de nos idées, l'habitude de se représenter toujours ces faits ensemble, nous porte à croire à une connexion de ces faits et à compter qu'ils se présenteront encore ensemble à l'avenir. Hume explique cette croyance comme un simple fait subjectif, un sentiment plus vif que d'habitude (p. 46-47), et il montre qu'il n'a pas de fondement objectif. Ainsi se trouve mise en question la valeur du principe de causalité, et de toute induction en même temps. Car si l'induction n'a pas d'autre fondement qu'une habitude de notre pensée, elle ne peut pas avoir non plus d'autre valeur, et elle ne s'étend évidemment pas hors du sujet : nos habitudes ne peuvent rien faire en effet et rien changer à la nature des choses.

Les nouveaux empiristes anglais n'imitent pas Hume dans la sincérité et la rigueur de sa pensée (2). Ils ne sont pas du tout disposés à abandonner la valeur de l'induction. Et ils ont raison. Toute science, en effet, perdrait du coup sa propre base et la vie elle-même serait impossible ; à tout moment nous allons par conclusion inductive du passé au présent et à l'avenir, et

---

(1) Dans son « Essai sur la relation de cause et d'effet », Brown a traité cette question avec plus de développements que Hume et montré aussi que l'expérience ne fournit aucun fondement à l'induction. Il admet que la croyance à la causalité est une loi primitive de la pensée.

(2) St. Mill, dans une remarque sur le livre de J. Mill, *Analyse*, etc., I, p. 407, dit : Si la croyance n'est qu'une association inséparable, c'est affaire d'habitude, d'accident, ce n'est pas une raison.

nous y croyons de tout cœur si nous voulons éviter les plus grands désagréments ou même des dangers. Mais les penseurs dont il s'agit ne veulent pas non plus renoncer à leurs hypothèses empiriques, et alors ils passent sous silence ou ils nient ouvertement l'impuissance de ces suppositions à fournir pour l'induction et la science un fondement solide et qui ait une valeur objective. L'empiriste le plus sérieux de notre temps, Stuart Mill, est aussi celui qui se rapproche le plus de Hume. Il évite de parler d'une liaison des phénomènes. Il n'accorde pas qu'il y ait une nécessité quelconque dans leur succession ou leur coexistence. Cependant il a écrit une logique inductive, et il croit aussi à l'induction sans réserve. Mais qu'est-ce que l'induction? C'est évidemment la conclusion que les choses et les phénomènes qui, dans des cas connus et vérifiés, se sont toujours accompagnés, s'accompagneront de la même manière dans d'autres cas non encore vérifiés. Seulement si l'on dit : Quelque chose arrivera, ou quelque chose doit arriver, ce sont deux expressions fort différentes de la même affirmation ; la dernière implique liaison et nécessité.

Des penseurs, moins forts, sont sur ce point si obscurs et si confus, ils soulèvent un tel nuage d'erreurs, que dans cette masse de contradictions il faut du courage pour découvrir la méprise particulière où chacun d'eux s'est embarrassé. En ce qui concerne les empiristes allemands, ils sont encore pour la plupart à l'état d'innocence, c'est-à-dire qu'ils ne sont pas encore déchus, comme Hume, de la béatitude dont jouit tout empiriste qui est sûr de lui-même. Ils n'ont pas encore pénétré le sens de ses explications et de ses arguments, et, par suite, ils ne jugent pas nécessaire de les combattre énergiquement ou de trouver dans les données de l'expérience une base solide à l'induction. Qu'on voie, par exemple, la naïve déclaration de Herbart : « Nous devons prendre pour donnée la liaison des phénomènes, bien que nous ne puissions concevoir comment elle est donnée (1). »

Les recherches de Hume sur le principe de causalité ont suscité, comme on sait, la Critique de Kant. Il y a donc un grand intérêt à comparer la doctrine de Kant sur la causalité avec celle de Hume, à laquelle elle s'oppose comme une explication du sujet meilleure et plus profonde. Hume a prouvé, de la manière la plus lumineuse et la plus décisive, que la seule expérience ne fournit aucun fondement pour l'induction, pour notre croyance en sa valeur. Mais cette croyance est invincible, et personne n'accordera qu'elle repose uniquement sur une habitude subjective. Car ce serait précisément perdre et abandonner toute croyance que de lui enlever toute valeur objective, et c'est impossible. Il faut donc répondre à la question : D'où vient notre certitude d'une liaison des phénomènes? La Critique de la Raison pure de Kant, au moins la première partie, peut être considérée comme une tentative de la résoudre. Malheureusement Kant y pourvut par une simple hypothèse, celle de certaines lois pour la liaison des phénomènes dans le sujet lui-même. Il n'en donna pas d'autres raisons que l'affirmation que sans de telles lois la liaison des phénomènes était inexplicable. Mais je n'ai pas à examiner ici la doctrine de Kant en général ; je m'occupe seulement de la théorie de la causalité.

D'abord, suivant Kant, la catégorie de cause ou de causalité n'a, en soi, rien à faire avec les changements et les successions. « Pour le concept de cause, je ne trouve rien autre dans la pure catégorie, si ce n'est qu'elle est telle qu'il en sorte l'existence d'autre chose » (Cr., p. 254). L'application aux cas donnés se fait au moyen du schème de causalité. « Il consiste dans la

---

(1) *Introd. à la phil.*, p. 126. En même temps, Herbart ne craint pas d'appeler Hume « un bel esprit qui se figurait résoudre en langage de conversation les questions les plus sérieuses. »

succession du divers en tant qu'elle est soumise à une loi »
(Id., p. 173). D'autres rationalistes disent simplement : « La
pensée humaine ou la raison humaine contient une disposition
innée à subordonner tous les changements à des causes », et
cela présente au moins un sens raisonnable. Mais quel sens
peut avoir l'hypothèse d'un concept a priori de quelque chose
d'où sort autre chose ? Ce ne serait rien de plus qu'une idée
de la possibilité des conséquences en général, et comment une
telle idée pourrait-elle être première ? Mais à côté de ce concept
inconcevable, il doit y avoir encore le « schème » de la succession du divers, en tant qu'elle est soumise à une règle, et,
remarquons-le, dans un sujet qui ne peut encore rien savoir
des successions. En outre, la catégorie et le schème ne doivent avoir l'un et l'autre aucun rapport logique, mais être liés
simplement par le mécanisme de la pensée, qui doit produire
le même résultat que celui que les rationalistes affirment d'ordinaire, à savoir la nécessité de soumettre tous les changements
à des causes. Pour trouver concevables ces inventions kantiennes, on doit toujours se rappeler que Kant se représentait
les facultés de connaître expressément comme une simple
machine sans aucun enchaînement logique. La possibilité de
l'expérience est pour lui le but fondamental, la loi fondamentale de cette machine. C'est à cela aussi que tend l'invention
des schèmes qui ne veut rien dire, si ce n'est que les concepts
fondamentaux de l'entendement ne se rapportent pas du tout à
la réalité et à la connaissance de la réalité, mais exclusivement à un certain ordre et à une certaine liaison du contenu
qui se présente dans la conscience, et qu'ils ne servent pas à
autre chose. Suivant Kant, en effet, les sensations se présentent
au hasard (Crit. de la R. pure, p. 198) ; l'entendement est ce
qui les lie les unes aux autres et en fait un système de la
nature suivant des lois empiriques, au moyen de ses catégories
et de ses autres appareils *a priori*.

Voyons maintenant comment, d'après la doctrine de Kant, la catégorie de la causalité, avec le secours de son schème, contribue à la possibilité et à la réalisation de l'expérience. On trouve cette théorie dans une assez longue analyse de la Critique sous le titre de *Seconde analogie de l'expérience*.

En voici le sens en abrégé : On ne peut rien connaître indépendamment de la perception. Mais toutes les perceptions sont toujours successives. Aussi ne puis-je connaître par l'expérience seule si c'est dans les objets ou seulement dans ma perception que se produit la succession. Un objet connaissable n'est pas autre chose qu'un « total » de mes perceptions qui « ne peut être représenté comme un objet distinct de ces perceptions que s'il est soumis à une règle qui le distingue de toute autre appréhension et rend nécessaire une façon de lier le divers » (Critique, p. 210). Les changements objectifs ne sont donc pas seulement inconnaissables ; ils ne sont pas possibles, d'une manière générale, sans une règle de l'entendement qui prescrit ce qui doit arriver pour moi dans l'objet et ce qui doit suivre. « Par le fait que les états successifs sont connus, le rapport entre deux états doit être pensé de telle sorte qu'il est déterminé par là nécessairement lequel doit venir le premier, lequel le second, et toujours dans le même ordre » (Id., p. 208). Cela signifie littéralement : Par cela même que je connais une succession comme objective, je dois la déterminer d'avance ; et ce miracle doit se faire par le concept *a priori* de causalité. Il est cependant trop fort que la nécessité générale ou la disposition à soumettre les changements à des causes, détermine aussi dans les cas particuliers ce que doivent être et la cause et l'effet, ce qui doit précéder et ce qui doit suivre, le coup la mort, ou la mort le coup, la digestion l'entrée des aliments ou inversement, etc. Mais Kant ne se laissait pas troubler par l'étrangeté de cette doctrine : il y revient *con amore*, lui donnant différentes formes, comme dans ces propositions : « Dans la synthèse des phénomènes la diversité des idées est toujours successive. Aucun objet n'y est représenté.., mais aussitôt que je perçois ou (?) que je pressens que dans cette suite il y a un rapport à l'état précédent, que l'idée suit d'après une règle, alors quelque chose se pose comme un événement, comme quelque chose qui arrive, c'est-à-dire je reconnais un objet » (Id., p. 214, 215). Ce « je perçois *ou* pressens » est délicieux ; mais il semble à la raison commune non pas que l'on perçoit, que l'on pressent les rapports de succession, mais qu'on les conclut par induction de leur suite immuable. Il serait évidemment superflu de critiquer plus longtemps une telle doctrine. Je la laisse donc de côté, et j'avertis seulement que j'examinerai dans la deuxième Partie la question de savoir comment des successions objectives se distinguent des suites subjectives de nos perceptions.

Je ne puis examiner ici les diverses façons de concevoir le principe de causalité ; ce serait le moyen plutôt d'embrouiller que d'éclaircir le sujet. J'en viens donc à la dérivation de ce principe. Il s'agit de répondre à la question : D'où vient la certitude du principe que tout changement a une cause ?

§ 2. Dérivation du principe de causalité.

Au commencement de ce chapitre, j'ai déjà montré que deux opinions sont possibles sur l'origine du principe de causalité. Ou il vient de l'expérience, ou il a un fondement *a priori*. Mais il n'est évident de soi-même en aucun cas, et, quant à sa valeur objective, elle est au-dessus de toute question. La nier, c'est nier toute expérience. Mais l'expérience seule, comme on l'a déjà remarqué, ne peut garantir aucune liaison de phénomènes, et encore moins l'invariabilité d'une liaison, c'est-à-dire précisément la valeur absolue de la loi de causalité. Tant qu'on n'aura pas trouvé contre l'argumentation de Hume de meilleures objections que celles que nous connaissons déjà, on peut la considérer comme valable. Celui qui examine la question avec l'attention qu'elle mérite, doit nécessairement reconnaître que, d'une manière générale, des objections fondées ne sont pas à craindre. Je ne répéterai pas ce que j'ai dit dans le présent chapitre et dans le troisième, à ce sujet. Si donc notre foi en la valeur du principe de causalité a un fondement *rationnel*, ce doit être aussi un fondement *a priori*, et il ne reste qu'à le prouver.

Ce fondement, comme je le crois et comme j'espère le prouver, n'est pas autre chose que le concept *a priori* que nous avons de la nature propre, inconditionnée des choses, et qui trouve son expression dans le principe logique d'identité. Il n'y a de *primitif* que la certitude que tout objet est identique à soi-même, quant à son être propre. Mais de ce principe suit immédiatement et rigoureusement la certitude du principe de causalité.

On m'accordera, je l'espère, que l'identité avec soi-même et le changement sont deux concepts différents. Changement signifie, qu'on y prenne garde, *non*-identité avec soi-même, ou *non*-accord avec soi-même dans ce qui change. Ce qui change n'est précisément pas semblable à soi-même. Enfin le changement est la seule manière dont la non-identité d'un être avec soi-même puisse s'exprimer dans l'intuition. Toute autre manière serait déjà une contradiction et, par suite, impliquerait une impossibilité. Mais deux déterminations différentes forment une contradiction lorsqu'elles se rapportent à un seul et même objet au même point de vue, comme par exemple dans l'affirmation d'un cercle carré. Si donc l'identité avec soi-même doit être affirmée d'un objet ou lui être attribuée, le changement doit être tout à fait exclu ou nié de cet objet, de même (réciproquement) que l'identité avec soi-même doit être refusée à ce qui change comme tel.

Or, il est certain *a priori* que, en soi, quant à son être

propre, tout objet est identique avec soi-même, et il en résulte immédiatement que tout changement est étranger à l'être propre des choses et ne doit jamais s'y rencontrer (1).

Mais dire que tout changement est étranger à l'être inconditionné des choses, c'est dire évidemment que tout changement est *conditionné*, et c'est là précisément ce qu'exprime le principe de causalité : pas de changement sans cause.

On peut encore exposer comme il suit la liaison logique du principe de causalité et de notre loi fondamentale de la pensée :

Changement est union du divers. Si par exemple un objet vert devient rouge, il unit deux qualités différentes, et cela à un seul point de vue, celui de la couleur, mais d'une manière successive seulement. Or l'expression négative de notre loi suprême de la pensée, le principe de contradiction dans toute son étendue, s'énonce ainsi, comme on le sait : « Une union inconditionnée du divers est impossible ». Il est donc certain *a priori* qu'aucun changement inconditionné, c'est-à-dire sans cause, ne peut se produire. Aussi est-il absolument impossible de concevoir que d'un état de repos (c'est-à-dire de l'état d'identité avec soi-même qui est propre à l'être des choses en soi) un changement puisse se produire. De cela seul qu'un changement se produit, un autre changement a dû précéder qui le rend possible, et ainsi de suite dans une régression indéfinie.

Ce fait, précisément, que tout changement suppose une série indéfinie, sans commencement, de changements antérieurs montre, sans qu'on puisse en douter, quel est le vrai sens et quelle est l'origine du principe de causalité, à savoir l'impossibilité de penser qu'un changement puisse sortir de l'être propre, inconditionné des choses. Aussi le principe de causalité qui nous

(1) Voir p. 166 ; il s'agissait alors de la nature du changement lui-même ; il s'agit ici de sa certitude *a priori*.

oblige à attribuer une cause à tout changement en particulier exclut en même temps toute hypothèse d'une cause première, inconditionnée des changements.

Mais il sera question de cela plus loin; ici nous nous en servons seulement pour éclaircir les choses, je veux dire le rapport logique qui existe non seulement entre la loi de la pensée exprimée par les principes d'identité et de contradiction et le principe de causalité, mais aussi entre ce principe et le concept de substance, le principe de la permanence de la substance et de la nécessité primitive de penser qui nous fait prendre tous les objets pour des substances (par où, comme on le verra dans la deuxième Partie, toute notre expérience est conditionnée).

Une substance est un objet qui possède un être propre, non emprunté du dehors et indépendant de toute condition. Or, le principe de la permanence de la substance exprime précisément la même pensée que le principe de causalité, à savoir que le fait d'être inconditionné et le changement s'excluent. Voici en effet ce principe de la permanence de la substance : La substance, l'inconditionné est en soi permanent, immuable, et le principe de causalité s'énonce ainsi : Aucun changement n'est inconditionné, indépendant de causes. Ils ont l'un et l'autre un même fondement logique, à savoir la certitude que tout changement est étranger à l'être propre, inconditionné des choses (1). Et le dernier fondement de cette certitude est dans l'idée, évidente de soi, qu'un objet dans son être vraiment propre,

(1) Par le changement, comme nous l'avons montré plus haut, une chose se nie, en fait, elle-même, preuve qu'elle n'a pas d'être propre, qu'elle n'a pas de consistance interne. Dans une substance réelle, normale, correspondante à notre concept, qui est donc vraiment identique et simple, le changement est impossible et inconcevable. Si une chose simple pouvait changer, devenir autre qu'elle n'est, elle disparaîtrait, elle ferait place à une chose nouvelle; car elle est indivisible. Il n'y a que le composé qui puisse changer, car les parties peuvent prendre de nouvelles relations entre elles ou être, quelques-unes du moins, remplacées par d'autres. Les composés seuls sont conditionnés, et cela sans exception.

inconditionné, ne contient pas de différences ; que, dans l'être propre, inconditionné des choses, l'union du divers n'est ni possible ni concevable, comme nous l'avons amplement exposé dans le deuxième livre.

Si une union inconditionnée et simultanée du divers n'est pas concevable, une union inconditionnée successive du divers, c'est-à-dire un changement sans cause, n'est pas concevable davantage. Si un objet dans son être propre ne peut pas être divers (contenir une diversité), il ne peut pas davantage contenir en soi-même une raison de changer jamais. Par exemple, il est inconcevable qu'un objet carré soit rond, et, pour la même raison, qu'un objet carré, sortant de lui-même sans cause, devienne rond ; autrement la rondeur devrait déjà être dans son être propre. Précisément parce qu'une union inconditionnée du divers est inconcevable pour nous en général, nous avons la certitude que toute composition simultanée du divers, comme toute union successive de la diversité, c'est-à-dire tout changement, est conditionnée, dépend d'une cause. Précisément parce que, conformément à notre loi de la pensée, toute diversité interne est étrangère à l'être d'une chose en soi, une substance simple est seule pour nous un objet réel, et la permanence d'une telle substance la seule manière normale d'exister ; et, au contraire, toute diversité et tout changement dans une chose est le symptôme d'influences extérieures et étrangères, la conséquence de causes et de conditions extérieures. C'est là la raison qui nous force de connaître comme des objets inconditionnés, simples et permanents, comme des substances, les objets de l'expérience — notre moi d'une part, et de l'autre le contenu des sensations, — et d'attribuer tous les changements d'un objet empirique à une cause hors de lui, comme on le montrera dans la deuxième Partie.

On voit aussi par là pourquoi il y a une loi générale des phénomènes successifs, tandis qu'il n'y en a pas des phénomènes simultanés. La raison en est qu'il ne peut y avoir une différence intérieure d'une chose, par rapport à elle-même, que sous la forme du changement, que le changement est le seul signe *intuitif* possible de la *non*-identité avec soi-même, et par conséquent du fait d'être conditionné. Quant aux différences simultanées dans les choses, ou, en d'autres termes, quant à l'union simultanée des phénomènes — et tout objet empirique est un complexus, un composé de phénomènes simultanés, — le fait est que ce que nous y voyons n'apparaît pas à la conscience commune comme un composé du divers, mais comme *un* objet. C'est ainsi que nous-mêmes, par exemple, malgré la complexité de notre être, nous nous apparaissons comme une personne, simple, indivisible. De même, pour la conscience habituelle, un corps que l'on voit, que l'on sent, que l'on touche, etc., en même temps, ne nous apparaît pas comme un composé de qualités, mais comme un objet simple, présent, indivisible en cette diversité des qualités. Cette diversité simultanée dans l'être des objets empiriques peut échapper à la conscience irréfléchie, parce qu'elle n'implique pas une contradiction logique immédiate, une union inconditionnée du divers, et qu'elle n'est pas une différence d'une chose d'avec elle-même. Si, au contraire, un objet change, si de rond il devient carré, une conscience même irréfléchie ne peut pas méconnaître qu'il se produit une différence dans l'objet par rapport à lui-même, par rapport à sa première manière d'être, ce qui ne peut avoir lieu dans l'être propre d'une chose. Aussi la conscience même irréfléchie est-elle forcée de voir dans tout changement d'un objet l'effet d'une cause étrangère à cet objet. Où un changement se produit, nous savons qu'il est, en soi, abstraction faite de la nature particulière de ce qui change, un signe de la non-identité de cet objet avec lui et, par suite, de sa nature conditionnée. La loi des changements est donc tout à fait générale, sans égard à la différence des cas qui se produisent, parce qu'elle se rapporte précisément à un élément du changement commun comme tel à tous les cas.

Si le principe de causalité était connu seulement par induction de l'expérience, par ce fait que l'homme a trouvé une cause à la plupart des changements, il n'aurait pas plus de généralité et de valeur que la proposition : Tous les corps sont pesants, et à peine autant ; car un corps sans pesanteur ne s'est pas encore rencontré, tandis qu'il y a des faits, des phénomènes dont on ne connaît pas les causes particulières. Mais la loi de causalité a encore cette particularité que sa constance ne peut absolument pas être garantie par l'expérience. En effet, comme je l'ai déjà indiqué dans le premier livre, s'il était concevable en général qu'un phénomène pût se produire sans cause, on devrait s'attendre à chaque instant et à chaque endroit à de tels changements. Aucune condition ou aucun état antérieur ne pourrait empêcher la production de tels changements, précisément parce qu'ils seraient indépendants de toutes conditions. Avec la certitude de la loi de causalité serait minée la valeur de toute induction en général. Et en effet quel motif vrai, rationnel, avons-nous de compter sur l'universalité du cours de la nature, si rien ne nous garantit que pas un changement ne peut se produire sans cause et détruire ainsi toute liaison et toute ressemblance de l'antérieur et de l'ultérieur? La simple expérience de l'immutabilité antérieure du cours de la nature ne peut évidemment jamais le garantir.

Je ne veux faire ici que quelques remarques sur la preuve ainsi présentée de la loi de causalité. Cette preuve n'est pas dogmatique au sens de Kant, car elle n'est pas tirée de concepts purs *a priori*. Mais elle est cependant une preuve réelle et a pour point de départ le concept *a priori* que nous avons de l'être propre, inconditionné des choses. Par lui-même, il est vrai, ce concept ne présente pas le moindre rapport à un changement quelconque. Le principe « En soi tout objet est identique à soi-même » ne dit rien des changements. Mais qu'il soit rapproché du fait du changement que l'expérience nous fait connaître, aussitôt de ces deux prémisses se tire la conséquence que tout changement est étranger à l'*En soi* des choses et est conditionné.

On s'imagine quelquefois que, si un élément empirique est pris comme prémisse dans une démonstration, toute la démonstration est empirique. C'est tout à fait inexact. Quand, dans une déduction, des éléments empiriques et *a priori* sont combinés ensemble, ce sont les éléments *a priori* qui sont le principe déterminant et fécondant qui donne à toute la déduction son caractère. L'empirique est le matériel qui reçoit, en quelque sorte, les conséquences sans les produire. Ainsi le fait empirique du changement, par exemple, est un simple objet qui attend ce que nous affirmerons. Si nous ne devions, au sujet du changement, tirer des conséquences que des circonstances qui l'accompagnent, nous n'obtiendrions qu'une généralisation qui aurait l'incertitude et la valeur limitée de toutes les simples généralisations empiriques, et cela quand même nous aurions constaté une circonstance commune à tous les changements. Car, premièrement, la simple existence d'un fait ne peut pas garantir son existence future dans un monde où se produisent des changements, et, en second lieu, l'extension des faits de notre expérience effective à un domaine qui la dépasse, est très précaire et condamnée par les empiristes conséquents eux-mêmes (1). Si, au contraire, nous pouvons légitimement partir d'une raison *a priori*, c'est-à-dire sans égard à la diversité infinie des cas possibles, pour affirmer quelque chose du changement, notre affirmation vaut sans exception, et

(1) Voir, dans le deuxième volume de la Logique de Mill, le chapitre sur « la Preuve de la loi de causalité universelle », où il dit qu'il serait insensé d'affirmer hardiment que l'empire de la loi de causalité s'étend aux parties reculées des régions stellaires.

nous avons une loi qui a une valeur aussi générale que si elle était déduite de concepts purs *a priori*. Le service que nous rend ici le concept *a priori*, c'est de nous mettre en état d'admettre avec une certitude absolue, dans la diversité des données, une foule de cas *strictement identiques*. L'identité de ces cas doit, il est vrai, avoir dans l'expérience même un signe donné (à savoir ici le changement même comme tel); autrement nous ne pourrions pas du tout les constater et nous n'aurions aucune raison de rien affirmer en commun de tous ces cas; mais que nous devions absolument ajouter à ce signe donné une autre détermination avec une valeur sans exception, ça ne s'explique que par le concept *a priori*. Et comme d'abord l'union de deux déterminations fournit une loi, la garantie de la loi se trouve dans le concept *a priori* et non dans des conditions empiriques quelconques. La déduction qui précède fait seule comprendre comment la loi de causalité peut être certaine *a priori* pour nous, sans que nous ayons besoin de rien savoir *a priori* des changements et de la causalité.

§ 3. Différence entre la conception ordinaire et la conception scientifique de l'idée de causalité.

Du principe : « Tout changement a sa cause », découlent deux conséquences, qui sont d'une grande importance pour la science et donnent toute sa signification au principe de causalité. Les voici :

1° La cause particulière d'un changement ne peut être qu'un autre changement.

2° Toutes les causes et tous les effets sont liés mutuellement par des lois qui ne peuvent subir elles-mêmes aucun changement.

La conception habituelle, non scientifique, du concept de causalité se distingue de la conception scientifique, en ce que, dans la première, on ne tire pas ces conséquences, qu'elles ne sont pas incorporées au concept. La déduction de ces conséquences doit donc être entreprise avec soin.

On est habitué à admettre qu'à toute action correspond une passion. Tout effet est considéré comme une modification d'un objet par un autre, et celui-ci s'appelle l'agent, le premier le patient, au point de vue de leurs rapports mutuels. Il est clair qu'un produit qui résulte de l'action d'un objet sur un autre, est nécessairement déterminé par la nature de ces deux objets; mais l'on ne donne le nom de *cause* qu'à l'agent, et non au patient, bien que le produit en soit une modification. Le soleil produit sur différents objets des effets très différents : il fond la glace, il active la végétation, brunit le teint, noircit le chlorure d'argent, etc. La diversité de ces effets vient évidemment de la diversité des objets dans lesquels ils se produisent. La raison pour laquelle la glace fond aux rayons du soleil à une certaine température, n'est pas seulement dans l'action du soleil, mais aussi dans la nature de la glace. Une pierre, par exemple, ne fondrait pas dans les mêmes circonstances. Et cependant c'est à la chaleur seule du soleil, non à la glace, que l'on attribue, comme à sa cause, la fusion. De même le noircissement du chlorure d'argent exposé aux rayons du soleil est considéré comme l'effet de ces derniers, et non du chlorure. Et avec raison. Car sous le nom de cause d'un effet on entend uniquement ce qui contient non seulement la raison suffisante de sa manière d'être, au moins en partie, mais avant tout la raison qui fait que l'effet, en thèse générale, *se produit*, vient à l'existence. Une cause comme telle est avant tout la raison d'un *devenir*, d'un *changement*. C'est par erreur seulement que l'on appelle cause ce qui ne contribue pas à une production de changements.

Mais il est clair que la cause d'un changement ne peut être qu'un autre changement et que la cause doit nécessairement précéder son effet.

C'est une vérité méconnue cependant assez souvent, même par des savants. Ils sont quelquefois assez disposés à considérer de préférence comme causes des objets et des états persistants, et à regarder le rapport temporel de succession comme une détermination non essentielle pour la causalité.

Voyons d'abord d'où vient cette méprise.

L'expression habituelle du principe de causalité : Tout ce qui naît ou tout ce qui arrive a une cause, est elle-même fautive. Quand on parle de ce qui naît, on considère deux choses : 1° le *fait* de naître lui-même, et 2° la *nature* de ce qui naît. Mais la loi de causalité n'a rien à faire avec la nature de ce qui naît. Elle se rapporte exclusivement au fait de naître ou au changement, et exige que ce fait ait une cause ; autrement elle ne pourrait pas être générale, ou elle ne serait pas la loi de causalité, mais n'importe quelle autre loi. En y mêlant ce qui n'a aucun rapport avec elle, comme la considération de la nature de ce qui naît ou de ce qui change, on a corrompu la notion de causalité, et l'on a pris des choses et des circonstances, qui ne contribuent en rien à la production du changement et qui participent seulement à la manière d'être de ce qui change, pour les causes du changement.

L'opinion que la cause propre d'un changement ne peut être qu'un autre changement a deux raisons : l'une métaphysique ou spéculative, et l'autre empirique ou scientifique.

La raison métaphysique est celle sur laquelle repose le principe de causalité lui-même, à savoir le concept *a priori*, d'après lequel tout changement est étranger à l'être propre, primitif des choses, d'où suit que la cause ou la condition d'un changement n'est jamais dans la nature propre, constante d'une chose, ou, en d'autres termes, qu'un changement ne peut jamais sortir d'un état de repos. Kant l'a compris et, bien qu'il donne toujours ou le plus souvent le nom de cause à des objets ou à des choses, en même temps, cependant, il remarque expressément ce qui suit : « La causalité de la cause de ce qui arrive ou de ce qui naît est aussi *naissante* et a besoin elle-même, suivant le principe de l'entendement, d'une cause à son tour » (Crit. de la R. pure, p. 435). Entend-on par cause un objet — un changement dans la cause précédera l'action de cette cause si la loi de causalité doit être valable, parce qu'autrement le passage de la cause d'un état de repos à un état actif serait un phénomène sans cause. Mais une cause qui a besoin elle-même d'une autre cause pour déployer sa causalité ne peut évidemment pas, au sens étroit et spécial du mot, s'appeler cause.

La raison scientifique consiste dans le fait que rien ne nous est donné, ne nous est connu de la causalité, si ce n'est une invariabilité, une uniformité dans la succession des phénomènes. Je ne regarde pas comme nécessaire de prouver cette proposition, car elle a été définitivement établie, comme nous l'avons vu, par d'autres, tels que Hume et Brown. Il faut s'étonner seulement que des penseurs pénétrants comme Brown et Stuart Mill n'aient pas remarqué à quelles conséquences conduit cette proposition. Mill parle même, en la critiquant, de la tendance à associer l'idée de causalité (*causation*) à un *événement* (*event*) antérieur plutôt qu'aux *états* antérieurs ou aux faits permanents (Log. I, p. 379). Et cependant il est clair que l'invariabilité de la succession suppose précisément une succession et qu'une succession consiste en des changements. Un antécédent permanent ne pourrait avoir qu'un conséquent permanent. La tendance dont parle Mill à considérer comme cause d'un changement le changement précédent qui est en rapport avec lui, et non l'état permanent des choses, vient de l'opinion que, dans le dernier, il n'y a que la raison pour laquelle le changement est *tel*, et *non autre*, mais jamais la raison *pour laquelle* un changement en général est produit. Si, comme le dit Mill lui-même, le commencement seulement d'un phénomène, et par suite le changement de l'état donné qui s'ensuit, est ce qu'une cause implique, il accorde lui-même par là que toute causalité comme telle se rapporte aux seuls changements, et l'on doit alors évidemment étendre la conséquence et reconnaître que la cause propre d'un changement ne peut être qu'un autre changement. L'analyse étendue de Mill à ce sujet (Log., I, chap. sur la loi de causalité, § 3), d'après laquelle la *totalité* des antécédents doit être considérée comme la cause d'un événement, repose sur la méconnaissance de ce qui suit : à tout changement toujours et partout un autre changement fait suite nécessairement, et dans les mêmes circonstances le même ; et, réciproquement, jamais un changement ne se produit sans qu'auparavant un autre se soit produit auquel le premier est toujours lié dans les mêmes circonstances. Quant à la *nature* du phénomène qui suit, elle est sans doute conditionnée et déterminée par l'état permanent dans lequel il se produit, de telle sorte que l'action du même changement dans des circonstances différentes peut être très différente. Mais comme la simple production des changements, comme telle, est indépendante de leur nature, et que la causalité se rapporte uniquement aux changements comme tels, la constitution des effets et des causes est indifférente à la théorie générale de la causalité (1).

On doit donc distinguer un emploi scientifique et un emploi philosophique du mot « Cause ». La science, qui a pour but de découvrir les lois données des phénomènes, de reconnaître *quelles* conséquences suivent d'antécédents donnés, doit entendre par cause d'un effet le tout, la somme de ses antécédents. Car la nature des antécédents conditionne la nature des conséquents.

---

(1) Il faut reconnaître que Mill dans son dernier ouvrage — Trois essais sur la Religion, Londres, 1874, p. 143, — a reconnu la vraie doctrine sur ce point. Il dit, en effet : « La cause de tout changement est un changement antérieur, et il ne peut en être autrement, car s'il n'y avait pas un nouvel antécédent, il n'y aurait pas un nouveau conséquent ».

Au contraire, la philosophie, qui a seulement à considérer et à fonder la loi générale de la causalité, entend par causes seulement des changements ; car la loi de causalité consiste seulement en ceci, que tout changement est conditionné par un autre changement.

Il est évident que la cause en ce dernier sens, son sens propre, est antérieure à son effet. Car c'est précisément dans son antériorité constante que consiste sa causalité. Si des causes et des effets pouvaient exister ensemble, toute la chaîne de la causalité, comme Schopenhauer l'a justement remarqué, toute la série des causes et des effets serait présente en un même moment, et il ne pourrait être question de succession.

La tendance à prendre les objets existants, les choses pour des causes et à croire que des causes et des effets peuvent coexister est sans doute favorisée par un examen superficiel de la réalité. Car l'expérience montre (en apparence) des choses qui agissent les unes sur les autres et coexistent à leurs effets. Mais les objets, les choses de l'expérience sont, en réalité, de simples complexus de phénomènes, et ce qui nous apparaît comme l'être réel de ces choses en est en vérité un perpétuel renouvellement. Ces choses apparentes ne sont des causes qu'en tant qu'elles sont des faits ; elles conditionnent un nouvel être en dehors d'elles autant seulement qu'elles sont elles-mêmes de nouveau. Une chose réelle, une vraie substance, au contraire, ne peut jamais être cause, ni être conçue comme telle. Cette idée sera développée amplement dans le présent ouvrage et c'est une de celles sans lesquelles il n'y a pas de vraie philosophie, mais seulement des tâtonnements dans les ténèbres.

§ 4. Suite du même sujet.

La seconde conséquence que l'on tire du principe de causalité est que les causes et les effets sont liés par des lois invariables, que les mêmes causes produisent toujours les mêmes effets.

A ma connaissance, personne n'a jamais remarqué que le principe : *Les mêmes causes ont toujours les mêmes effets* est en relation logique avec le principe : *Aucun changement n'est sans cause*, et qu'il en est une conséquence nécessaire. Si, quand j'aurai exposé cette liaison, il se trouve qu'elle n'est pas claire pour tout le monde, ce sera une preuve nouvelle de l'incroyable difficulté avec laquelle on saisit les liaisons d'idées les plus claires. Car c'est à peine s'il y a quelque chose de plus clair et de plus simple que la relation logique de ces deux principes.

Appelons une cause A et son effet B. S'il pouvait y avoir un changement dans le rapport de A et de B, si de A pouvait résulter, une fois, non pas l'effet B, mais l'effet B', ce changement de B en B' serait sans cause. Car, si l'on dit que le changement de B en B' a une cause, on dit précisément par là que ce changement a été occasionné par un changement dans la cause A, que l'effet modifié B' vient non pas de la cause A, mais de la cause modifiée A'. Il en est du rapport entre A' et B' exactement comme du rapport entre A et B, c'est-à-dire que B' doit invariablement suivre A', comme B suit A invariablement. En effet, disons-le une fois pour toutes, si, dans l'effet, un changement se produit sans que se soit produit auparavant dans la cause un changement par lequel le premier est conditionné, évidemment ce changement de l'effet est absolument sans cause.

Ainsi de ce que tout changement a une cause, il suit immédiatement que tous les changements se produisent suivant des lois immuables, que les rapports de causes à effets, les lois de leurs successions sont invariables. Ces lois ne se laissent naturellement pas déduire du principe de causalité, mais, si ce principe est bien établi, il nous donne la certitude *a priori* qu'il *doit y avoir* de telles lois et que *tout devenir* leur est soumis nécessairement.

Or, ce sont là de très importantes conséquences que la raison commune ne tire pas du principe de causalité, auxquelles elle ne fait pas attention. Aucune raison, même la plus grossière, ne peut concevoir un changement sans cause. Mais on ne voit pas clairement l'invariabilité du rapport entre la cause et l'effet, la constance de leur liaison, parce que l'on ne sait pas tirer les conséquences de son propre concept; bien plus, on trouve barrée la route qui mène à cette connaissance. En effet, comme nous l'avons déjà remarqué, ce sont les choses ou les objets que la conscience commune prend pour des causes et qui modifient par leur action d'autres objets. Mais une chose est, suivant son concept, existante par elle-même, inconditionnée. De là la tendance de la conscience commune à penser que l'activité des causes n'est soumise à aucune loi. De là encore la disposition à généraliser l'expérience imparfaite de son propre être et à la transporter aux autres choses. Et comme, le plus souvent, nous ne savons pour ainsi dire rien des lois de notre propre être, des règles de notre vouloir et de nos motifs, nous sommes tout disposés à admettre une parfaite absence de lois et à l'attribuer aussi aux autres objets.

En résumé, la raison commune elle-même ne manque pas d'attribuer tout changement perçu à une cause: mais elle a déjà de la peine à comprendre que dans la cause elle-même il ne peut pas y avoir de changement sans cause: elle ne peut pas s'écarter si loin de ce qui est donné immédiatement. Pour la science, au contraire, la loi de causalité est comme le garant et l'expression de l'uniformité, de l'invariabilité de l'ordre dans la nature: pour elle, ce ne sont pas des objets qui agissent sur d'autres objets qui sont les causes, mais bien des phénomènes, des changements qui sont les antécédents constants d'autres phénomènes, d'autres changements. La liaison des causes et des effets, les lois de leur enchaînement, c'est précisément la seule chose que la science ait à découvrir.

§ 5. Vérification de la déduction du principe de causalité.

Nous sommes en mesure, maintenant, de voir comment la conséquence qui résulte avec une nécessité logique du principe de causalité lui-même confirme la rigueur avec laquelle ce principe a été déduit du principe d'identité.

Du principe « Pas de changement sans cause » résulte, comme on l'a vu, que les rapports de causes à effets, les lois de leur succession sont immuables. Que signifie alors proprement le principe de causalité? Ceci évidemment :

Que la nature, dans tout changement en particulier, et en général (c'est-à-dire dans la liaison régulière du particulier), *est toujours semblable à elle-même.*

Le principe d'identité se fait donc valoir dans le principe de causalité. L'immutabilité des lois est la seule manière dont l'identité avec soi-même puisse se manifester dans un monde entremêlé d'éléments étrangers. Cette identité avec soi-même n'est pas inconditionnée, excluant toute relativité et tout changement, comme celle qui est propre à l'essence des choses, mais se tient cependant en très étroite relation avec elle. Si le principe de causalité n'avait pas de valeur, c'est-à-dire si quelque chose pouvait naître de rien, s'il pouvait y avoir un devenir inconditionné, le principe d'identité n'aurait pas de valeur non plus. Alors le *changement* (c'est-à-dire le contraire de l'identité avec soi-même) serait précisément la qualité *propre, inconditionnée* du réel. Et, au contraire, le principe d'identité ne serait pas vrai, l'être propre des choses ne serait pas identique à soi-même, il pourrait y avoir un devenir inconditionné, c'est-à-dire des changements sans causes. Précisément parce que tout changement est étranger à l'essence inconditionnée des choses, parce que l'identité avec soi-même, c'est-à-dire le contraire du changement, en forme le trait fondamental, tout changement est conditionné. Et c'est précisément, au contraire, parce que dans le monde changeant, tout, *en particulier*, est conditionné, dépend de causes, que ce monde reste, *en général*, dans sa régularité, toujours semblable à lui-même et par conséquent ne contredit pas le principe d'identité.

Sur ce fait que la nature, en même temps que tout ce qu'il y a en elle de particulier change, reste toujours, en général, semblable à elle-même, repose, comme on le sait, la valeur de toute induction, de toute conclusion du passé au présent et à l'avenir. Sur la certitude de ce fait, repose donc aussi la certitude de l'induction. Mais la certitude de ce fait ne peut jamais être garantie par l'expérience, comme je l'ai amplement montré en plusieurs passages. Elle dépend, comme on l'a bien vu par la déduction précédente, de la certitude première de la loi suprême de la pensée, qui trouve son expression dans le principe d'identité. Cette loi contient la raison fondamentale de notre croyance à l'induction.

A la preuve que nous avons, dans le livre précédent, tirée de l'expérience en faveur de notre loi suprême de la pensée, il faut donc ajouter celle qui se tire de l'autorité générale de la loi de causalité, et ainsi est close la série des témoignages particuliers de l'expérience en faveur de notre loi de la pensée. On peut bien dire maintenant que toute la nature dépose en faveur de la valeur objective de cette loi. La manière d'être des objets empiriques eux-mêmes, leur manière d'exister (passagère), leur dépendance absolue vis-à-vis de conditions, ainsi que leur commune uniformité reposant sur une illusion, et enfin le témoignage immédiat de notre propre intérieur, en un mot, tous les faits, quelque divers qu'ils soient, s'unissent pour attester que la nature empirique des choses n'est pas la nature vraiment propre, normale, et elle ne l'est pas, précisément, parce que l'identité interne avec soi lui manque, parce qu'elle ne s'accorde pas avec l'énoncé de notre loi de la pensée. Pour celui qui ne comprend pas ce langage des faits eux-mêmes, après toutes les discussions précédentes, il n'y a rien à faire.

Deuxième chapitre

Être et devenir

Il a été constaté que l'on doit distinguer deux côtés ou deux domaines de la réalité : l'essence propre, inconditionnée des choses, et leur développement empirique qui ne contient rien d'inconditionné, dont la qualité générale, au contraire, est d'être conditionné. Car il contient des éléments qui sont étrangers à l'être des choses en soi ; aussi tout en lui, à prendre chaque chose en particulier, dépend de conditions. On a prouvé spécialement pour le changement, le devenir, qu'il est étranger à l'être des choses en soi, et par suite nécessairement toujours et partout conditionné. Mais il n'est pas superflu de voir que, réciproquement, tout conditionné est un pur devenir, un pur processus, de telle sorte que le contraire de l'inconditionné et du conditionné est synonyme du contraire de l'être et du devenir.

Être conditionné, c'est dépendre d'un autre objet, mais seulement lorsque les deux objets sont étrangers l'un à l'autre dès l'origine. Car s'ils sont primitivement liés quant à leur essence propre, ils ne forment qu'un seul objet, dissemblable en soi. Leur rapport mutuel n'est donc pas étranger à leur essence et ne constitue pas le fait d'être conditionné. Que l'on compare à ceci ce que j'ai dit plus haut (p. 147). Or, il est facile de voir, qu'en dehors et indépendamment de la succession, aucun rapport de subordination et de dépendance n'est possible. Car si l'on conçoit deux choses qui de toute éternité sont liées, d'abord on ne peut pas dire que l'une est la condition et que l'autre est conditionnée, parce que dans leur relation respective il n'y a aucune différence concevable. Si l'on veut voir dans cette relation une dépendance, c'est une dépendance réciproque des deux choses. En second lieu, si une chose est inhérente de toute éternité à une autre chose, celle-là appartient ainsi, *eo ipso*, à l'être propre de celle-ci. Si donc deux choses sont unies primitivement, leur rapport mutuel n'est pas étranger à leur être, et, par suite, les deux choses ne sont pas conditionnées par là. J'ai aussi prouvé ci-dessus que, si ce qui est divers primitivement était un quant à son être propre, cela ferait nécessairement une unité immédiate, une unité différente d'elle-même, ce qui est contradictoire. Si l'on fait donc abstraction de toute succession, il ne peut pas être question de dépendance et de subordination.

Au contraire avec la succession, le conditionné, la dépendance d'un phénomène vis-à-vis d'un autre, peut très bien se produire. D'abord les objections élevées contre l'union inconditionnée du divers, ne valent pas contre la liaison du divers dans la succession. Car la succession précisément n'appartient pas à l'essence propre, inconditionnée des choses, et c'est au sujet de cette essence que l'on faisait ces objections. Une liaison du divers suivant des lois dans le devenir ne heurte pas le principe de contradiction. Et ici la dépendance d'un phénomène par rapport à un autre peut se constater précisément parce que le premier suit invariablement le second.

S'il y a des phénomènes différents, liés en réalité quoique coexistants, comme les divers caractères d'une chose, on ne dit pas que l'un conditionne l'autre. Personne ne prétendra que le poids d'un corps soit la condition de sa figure, ou sa couleur la condition de sa saveur. Les divers attributs d'une chose peuvent servir à la conscience comme de signes les uns des autres, et l'un indiquer l'existence simultanée des autres ; mais on ne peut admettre un rapport de dépendance mutuelle entre des qualités réellement simultanées. Si, au contraire, de deux phénomènes liés l'un précède et l'autre suit, l'existence du second est liée à celle du premier comme à sa condition :

car c'est comme s'il se produisait par l'intermédiaire du premier. Ici se réalise la dépendance unilatérale que l'on a coutume de considérer de préférence comme un conditionnement.

En outre, une liaison de phénomènes simultanés ne pourrait jamais être connue sans la succession. Car une liaison du divers ne peut jamais être donnée immédiatement dans la perception, et si tout se trouvait en même temps sans changement côte à côte, il n'y aurait aucune possibilité de connaître cette liaison médiatement, c'est-à-dire de la conclure. Mais si plusieurs phénomènes, dans le va-et-vient des autres, restent toujours ensemble, alors la nature elle-même nous offre comme un *experimentum crucis*, pour distinguer ce qui est lié mutuellement de ce qui ne l'est pas, bien que l'immutabilité de cette liaison ne puisse jamais être tirée avec certitude, comme nous l'avons vu, des données de l'expérience toute seule. Une liaison du divers selon des lois en général n'est donc possible et réalisable que dans le devenir, seulement par la succession.

Il importe beaucoup de bien voir que les concepts de « conditionné » et de « devenir » sont exactement équivalents, que tout ce qui tombe sous l'un tombe nécessairement sous l'autre. Seulement l'analyse des concepts, quoique nécessaire pour établir cette vérité, ne peut pas la rendre aussi évidente qu'on le voudrait. Nous en appellerons donc au témoignage de l'expérience elle-même, pour voir si le résultat acquis par voie d'analyse se confirme. Or, l'expérience nous montre en fait que tout, dans le domaine du conditionné, est un pur devenir et, suivant l'expression de Platon, « ce qui devient toujours et n'est jamais ». Ce monde sensible, qui nous paraît être si solidement fondé, se révèle, si on l'examine de près, comme un simple balancement de phénomènes qui recommencent toujours, dans lequel on ne rencontre rien d'immuable, si ce n'est la loi suivant laquelle se fait l'apparition et la disparition des phénomènes. On le constate aussi bien pour l'objet de l'expérience interne que pour ceux de l'expérience externe.

L'objet de l'expérience interne, notre propre moi, se présente à nous, sans qu'il soit possible d'en douter, comme quelque chose qui subsiste par soi, comme une substance. Je suis le même aujourd'hui que j'étais hier, ou même qu'il y a plusieurs années, depuis le premier commencement de ma vie consciente, quoi qu'il soit d'ailleurs arrivé pour moi pendant tout ce temps-là. Mais si l'on demande : « Que suis-je donc proprement? ou quel est ce moi constant? » on ne trouve là aucun être réel, particulier, mais seulement la pure unité de ma conscience. Ce qui forme le contenu de mon être, de mon existence, ce sont toujours des sentiments, des pensées, des inclinations ou d'autres états intérieurs qui passent; ce qui ne change pas, c'est uniquement la loi, pour le sujet connaissant, de connaître tous ces états comme siens, *propres*, et soi-même, par suite, comme quelque chose de permanent. Les penseurs mêmes, qui feraient volontiers du moi personnel une substance, conviennent qu'il ne s'y trouve aucun contenu qui réponde au concept de substance. Nous n'avons pas ici à nous étendre davantage sur ce sujet.

On se familiarisera peut-être avec l'idée que le moi conscient est un pur devenir, une sorte de processus, parce qu'on sait que ce moi naît et périt, a un commencement et une fin; mais que les objets corporels, que les montagnes majestueuses, que l'immense océan, ou bien la terre « si solidement assise », se résolvent, avec les autres corps célestes, en un processus quelconque, la conscience commune proteste de toutes ses forces contre cette assertion. Je demande seulement qu'on s'en tienne aux corps de l'expérience, et qu'on ne substitue pas la métaphysique à l'expérience. Car c'est uniquement des objets de l'expérience que j'affirme qu'ils sont un pur devenir. Combattre l'existence d'objets réels hors de nous, ce n'est ici ni mon intention, ni ma tâche. S'il y a hors de nous des substances réelles inconnues, elles ne sont pas conditionnées. Mais pour ce qui concerne les corps de notre expérience, j'ai déjà prouvé dans le premier livre qu'ils ne sont pas faits d'autre chose que de nos propres sensations, et celles-ci sont évidemment conçues dans un flux et un reflux perpétuels.

Les sensations et les états intérieurs du sujet connaissant forment la totalité du monde connaissable, du monde de l'expérience, qui est conditionné dans toutes ses parties. Il est donc vrai, comme l'enseignait le vieil Héraclite, que le monde de l'expérience doit être comparé à un fleuve dans lequel de nouvelles vagues remplacent toujours celles qui précèdent, et dont il n'y en a pas deux qui se ressemblent exactement un seul instant. Il y a bien quelque chose d'immuable dans le monde de l'expérience, mais ce n'est pas une nature substantielle, ce n'est pas un objet réel ou une pluralité d'objets: ce quelque chose consiste seulement dans les lois des phénomènes, dans l'ordre de leurs simultanéités ou de leurs successions. Il n'y a donc pas d'être réel dans le monde du conditionné, rien *n'est*, dans le vrai sens du mot, dans le domaine de l'expérience, mais tout *devient*. Nous croyons, il est vrai, comme nous l'avons dit souvent, que nous connaissons dans l'expérience des choses réelles, un moi immuable en nous, et un monde de corps permanents hors de nous; mais ce n'est là qu'une apparence naturellement nécessaire; l'existence immobile, en apparence, de ces choses, est, en réalité, une renaissance continuelle. Nous le verrons amplement dans les chapitres de la deuxième Partie qui traitent de la réalité et de la perception des corps, de la nature et de l'unité du moi.

De même que, d'une part, être conditionné et devenir se remplacent exactement, de même, d'autre part, essence inconditionnée et être sont synonymes. L'existence d'une vraie substance, d'un objet vraiment inconditionné est l'être pur, permanent, ne contient rien du devenir, du changement en soi. Car l'essence inconditionnée des choses est, comme on l'a déjà prouvé abondamment, parfaitement identique à soi-même et par suite incompatible avec le changement. Une vraie substance ne naît pas, ne passe pas, ne change pas, elle est hors du temps, en un mot.

L'essentiel est de comprendre que l'être seul est l'existence normale, que le devenir, au contraire, est une manière anormale d'exister. Le monde dans lequel rien n'est réellement, où tout devient, est anormal. Car tout ce qui change montre d'une manière péremptoire par cela même, comme on l'a prouvé plus haut, qu'il ne possède pas un être vraiment propre, qu'il est plutôt sans fixité intérieurement, qu'il est donc anormal. D'ailleurs nous voyons que le monde du devenir est soumis à une apparence naturellement nécessaire, qui le représente à la conscience comme un monde réel, comme un monde de substances. En conséquence, il n'est pas douteux que l'être seul est la manière normale d'exister, que le monde du devenir au contraire est anormal.

Cette théorie est décisive pour la façon de concevoir le rapport entre l'inconditionné et le conditionné, entre l'être et le devenir. Si tout conditionné, tout devenir est anormal (c'est-à-dire contient des éléments qui sont étrangers à l'être vraiment propre, normal, inconditionné des choses), il s'ensuit que le devenir ne peut pas être dérivé de l'être, le conditionné de l'inconditionné. Le prouver est la tâche aussi bien du chapitre suivant que de presque tout le dernier livre qui traite de l'*Explication*. Toute l'intelligence, et la plus profonde, des choses dépend de cette doctrine. C'est aussi le point où l'apparence naturelle trompe le plus gravement la conscience humaine. L'expérience nous montre partout l'être apparent et le devenir unis l'un à l'autre, c'est-à-dire des choses réelles, permanentes qui changent cependant et agissent les unes sur les autres. Que c'est là une pure apparence, que les substances de l'expérience ne sont pas de vraies substances, et, en un mot, qu'aucune chose de l'expérience, ni au dedans ni au dehors, ne peut en soi, quant à son essence individuelle, être cause et ne possède le pouvoir de produire des changements, des effets, c'est ce que nous aurons à prouver et ce que nous prouverons pleinement dans le cours ultérieur de cet ouvrage.

Troisième chapitre

Rapport du monde et de l'inconditionné

§ 1. Ce rapport ne ressemble à aucun de ceux que nous connaissons.

Rien d'inconditionné ne nous est donné immédiatement dans notre expérience, comme le montre la réflexion la plus simple. Celui même qui est emprisonné dans l'apparence naturelle qui nous fait voir dans l'expérience un monde de substances, d'êtres inconditionnés, n'affirmera pas que nous percevons immédiatement des substances réelles. Toute hypothèse d'un inconditionné est donc une conséquence de ce qui est donné, ne peut reposer que sur un raisonnement. Quel est maintenant le fondement, quelle est la justification de ce raisonnement ?

Nous l'avons déjà exposé précédemment. L'inconditionné n'est pas autre chose que l'essence vraiment propre, normale, comme l'être immuable d'une substance inconditionnée est la manière d'être normale des choses. Nous devons conclure de ce qui est donné à l'inconditionné, nous ne pouvons concevoir le conditionné sans l'inconditionné, le devenir sans l'être ; cela veut dire que nous ne pouvons concevoir l'anormal sans le normal d'où il s'écarte. Car l'anormal consiste dans la déviation de la norme. Nous avons vu précédemment que la réalité anormale, empirique, témoigne précisément par là pour la norme, par le fait même qu'elle s'en écarte. Mais s'il est clair ainsi que le conditionné a un rapport nécessaire à l'inconditionné ou le devenir à l'être comme à la norme de toute réalité, il est également clair, d'autre part, que le premier ne peut se dériver du second. Car la norme, de son côté, ne peut pas avoir un rapport avec ce qui s'écarte d'elle, ni contenir la raison de cet écart. Si nous appelons, avec Kant, l'inconditionné, le normal ou l'être « chose en soi », et le conditionné, le simple devenir, dont la nature est anormale « phénomène », nous devons dire : le phénomène, il est vrai, est une fonction de la chose en soi (ou des choses en soi, dans le cas où il y en aurait plusieurs), le conditionné une fonction de l'inconditionné, mais en aucun des sens que nous connaissons. La chose en soi ne contient pas la raison suffisante du phénomène.

On dit d'une chose qu'elle est fonction d'une autre quand elle en dépend essentiellement. Or il n'y a, je crois, que *cinq* manières élémentaires pour une chose d'être fonction d'une autre. Une chose peut être, en effet :

Ou 1° la *qualité*, ou 2° l'*état* (passager), ou 3° une *partie*, ou 4° un *effet*, ou 5° une *représentation* d'une autre.

Pour moi, il n'y a pas de rapport connu de dépendance essentielle qui ne rentre dans l'une ou l'autre de ces cinq classes ou ne soit composé de quelques-unes d'elles. — Or on voit sans difficulté que le rapport entre l'inconditionné et le conditionné ne rentre en aucune d'elles. Il suffit de bien considérer le fait que, dans l'expérience, rien d'inconditionné ne nous est immédiatement donné : que l'expérience ne nous montre pas les choses comme elles sont en soi, comme elles sont quant à leur essence vraiment propre, normale, inconditionnée.

Il est clair d'abord que le monde conditionné, donné, ne contient ni des qualités ni des états de l'inconditionné, que l'on considère d'ailleurs l'inconditionné comme une seule substance ou comme plusieurs. Car l'inconditionné lui-même nous serait alors donné dans ses qualités et dans ses états et serait par suite connaissable tel qu'il est, — et personne ne soutiendra que, dans le contenu de notre expérience (dans nos sentiments et nos impressions sensibles), l'inconditionné nous soit donné lui-même et soit par suite connaissable tel qu'il est. La question de savoir si l'inconditionné est un ou multiple (une ou plusieurs substances) est du reste une affaire de spéculation, non d'expérience, et les avis là-dessus sont partagés.

Il va de soi que le conditionné n'est pas une *partie* de l'inconditionné. Car dans une partie d'une chose on connaît la chose au moins en partie, et ce n'est pas le cas.

Il est inutile de prouver aussi que le conditionné n'est pas une *représentation* de l'inconditionné. Car nous n'avons précisément aucune idée de l'inconditionné, ou plutôt notre idée de l'inconditionné n'a aucun contenu donné dans l'expérience. D'ailleurs le monde donné ne se compose pas d'idées seulement, mais d'objets réels représentés, lesquels ne peuvent être non plus conçus comme idées de quelque autre chose.

Reste la supposition que l'inconditionné est *cause* du conditionné, que le rapport de noumène à phénomène est celui de cause à effet. C'est le fondement propre, l'hypothèse principale de toute métaphysique. Elle est si familière et naturelle à la conscience humaine et sa force si irrésistible, que même les penseurs qui ont résolument combattu l'application du concept de causalité aux noumènes, les ont considérés cependant comme causes des phénomènes.

Le rapport entre l'inconditionné et le conditionné, entre l'essence des choses en soi et le monde de l'expérience ne peut pas être un rapport de cause à effet ou de principe à conséquence. L'expérience, en effet, ne nous présente pas les choses comme elles sont en soi, c'est-à-dire qu'elle contient des éléments qui sont étrangers à la nature des choses en soi et qui par conséquent ne peuvent pas avoir en elles leur raison. Nous voyons donc que le conditionné ne peut être conçu comme l'effet de l'inconditionné, ni celui-ci comme la cause de celui-là.

Il n'y a que deux manières connues pour deux objets d'être cause et effet l'un de l'autre :

1° Un phénomène qui en suit toujours et invariablement un autre, dont l'existence dans la succession est conditionnée par celui-ci, est l'*effet*, et l'autre la *cause*.

2° Si un objet A exerce sur un objet B une influence modificatrice, l'état de B, modifié par cette influence, s'appelle l'effet de A, et A en est la cause.

Nous avons déjà montré que cette dernière manière ne diffère pas au fond de la première, que la cause propre d'un changement est un autre changement, et que le rapport causal ne consiste en rien autre que l'invariabilité de la succession. Mais nous allons considérer ici les deux cas séparément.

Il est clair d'abord que l'inconditionné n'est pas au conditionné comme un antécédent à son conséquent. Car si l'inconditionné était un antécédent éternel, il devrait avoir un conséquent éternel, et alors il n'y aurait plus succession des deux, et l'on ne pourrait plus dire que l'un est conditionné par l'autre. Des déterminations particulières dans le monde de l'être conditionné naissent, il est vrai, perpétuellement, et ont, dans ce monde, leurs causes, leurs antécédents constants ; mais dire que ce monde lui-même est né d'une cause quelconque, c'est contradictoire : car si l'on admet un premier commencement, un premier changement, il faut nécessairement qu'il soit inconditionné ou sans cause. Il tombe sous le sens qu'un objet immuable ne peut pas être l'antécédent constant de ce changement, parce qu'il a lui-même existé exactement dans les mêmes circonstances, avant la production de ce changement, pendant un temps indéterminé, infini, sans l'avoir pour conséquence. Mais on dira que l'inconditionné est la cause et non l'antécédent constant du conditionné? On ne sait alors ce que l'on dit. Car on parle d'un lien causal auquel rien ne ressemble dans la réalité où une liaison causale de deux choses s'entend et ne se comprend que comme l'invariabilité de succession de ces choses. Un effet qui n'est pas la suite constante de sa cause supposée ne contient rien qui exprime une dépendance vis-à-vis de cette dernière. L'affirmation d'un tel effet est donc absolument vide de sens.

Mais quand on dit que l'inconditionné est cause du conditionné, on peut l'entendre de la seconde des manières indiquées plus haut. L'inconditionné alors n'est plus, comme tel, l'antécédent constant du conditionné comme tel. Mais un état d'une chose (inconditionnée) doit être l'antécédent constant d'un état d'une autre chose. C'est la manière de voir habituelle. On parle souvent, il est vrai, des choses mêmes comme causes, mais on entend toujours par cette causalité des choses une liaison causale de leurs *états*. Ainsi l'on appelle le soleil la cause du jour, ou la balle la cause de la mort de l'animal qu'elle frappe, et l'on entend simplement par là que l'apparition du soleil a nécessairement le jour pour conséquence, et le choc de la balle la mort de l'animal rencontré. Mais on peut très bien concevoir que le feu du soleil soit éteint et alors il ne serait plus la cause du jour, il ne produirait plus de jour. On peut encore mieux concevoir que la balle reste en repos, ou du moins soit dirigée de façon à n'atteindre aucun être vivant; la balle ne serait plus alors une cause de mort. Ce ne sont donc pas les choses elles-mêmes, mais leurs états déterminés, qui sont causes des effets dont on parle.

D'après cette manière de voir, l'inconditionné comme tel

n'est plus la cause du conditionné, mais son support ou sa substance. Le conditionné signifie les états de choses qui sont conditionnés non par l'essence des choses mêmes dont il s'agit, mais par les états d'autre chose. Si une chose était elle-même la condition de ses états, la différence de la condition et du conditionné, et, par suite, le conditionnement des états disparaîtrait évidemment. Les états particuliers d'une chose ne pourraient donc pas être distingués de cette chose et seraient aussi peu conditionnés qu'elle-même si elle ne dépendait d'aucune autre. Aussi appelle-t-on ces états conditionnés d'une chose de purs *accidents*, voulant dire par là qu'ils n'appartiennent pas à l'essence de la chose en soi, mais qu'ils sont fortuits et contiennent donc un élément qui lui est étranger. Mais ce qui conditionne de dehors les états d'une chose, c'est-à-dire ce qui joue par rapports à eux le rôle d'antécédents invariables, ne peut être l'être propre, permanent, d'une autre chose ni de plusieurs semblables: car des antécédents permanents, pris à part, n'auraient que des effets qui seraient aussi permanents eux-mêmes. La cause d'un accident dans une chose ne peut donc être qu'un accident d'une autre chose, et ce rapport suppose, comme on l'a démontré plus haut, une liaison des choses et de leurs états suivant des lois invariables.

Mais une liaison d'objets inconditionnés suivant des lois communes et aussi un rapport causal entre eux, contredit, comme nous le savons, la notion d'objet inconditionné auquel toute relativité est nécessairement étrangère. Et en admettant que l'on pût concevoir une action de choses réelles les unes sur les autres, on n'y gagnerait rien pour répondre à cette question : Comment ce qui nous est *donné* dans l'expérience se rapporte-t-il à l'essence inconditionnée des choses? Quelle fonction est-il de cet inconditionné ? Car quel que soit le rapport des choses entre elles, ce qui est certain, c'est que *rien* de ces choses ne tombe sous notre expérience. Or, où ne sont pas les choses mêmes, on ne peut naturellement rencontrer leurs rapports ; il n'y a pas de rapports en effet en dehors des choses relatives. Un rapport causal de deux choses, A et B, signifie qu'un état de A est l'antécédent constant ou le conséquent constant d'un état de B. Mais nulle part et jamais n'est donné l'état d'une chose réelle. Car les choses nous seraient alors données avec leurs états, ce qui notoirement n'est pas le cas. Ce qui est immédiatement donné, comme on le reconnaît et comme on l'accorde de tous les côtés, ce sont nos sensations et nos états intérieurs, et aucun homme intelligent ne pensera qu'il rencontre en eux une substance réelle, une substance intérieure de l'âme, ou une substance extérieure du corps (Voir, pour la preuve, la deuxième Partie).

La supposition fondamentale des métaphysiciens que l'inconditionné contient la raison suffisante du conditionné, du monde de l'expérience, et que ce dernier doit pouvoir être dérivé de celui-là, est donc tout à fait inadmissible.

§ 2. Détermination plus précise du rapport entre le monde de l'expérience et l'inconditionné.

J'ai montré dans le § précédent que le rapport du monde de l'expérience avec l'inconditionné ne ressemble à aucun de ceux que nous connaissons. Cependant l'expérience offre un rapport qui a quelque analogie avec celui qui nous occupe entre la chose en soi et le phénomène, entre le noumène et le phénomène. C'est le rapport qui existe entre un objet et son idée *fausse*.

Si l'on dit que quelque chose est un pur phénomène et non une chose réelle, on entend toujours par là, sans en avoir cependant jamais clairement conscience, qu'il contient en lui un élément de *fausseté*. En fait, on a prouvé plus haut que les objets de l'expérience ne possèdent aucun être vraiment propre : cependant ils sont organisés conformément à une apparence naturellement nécessaire qui les fait paraître à la conscience comme un monde de substances. Les objets empiriques ne sont donc que de simples phénomènes. Il y a ainsi entre un phénomène et une idée fausse une certaine analogie, et c'est par là que nous pouvons le mieux nous faire une idée du rapport de la chose en soi et du phénomène, de l'inconditionné et du conditionné, si nous parvenons à comprendre en quoi il ressemble au rapport d'un objet et d'une idée fausse, et en quoi il s'en distingue.

L'expérience ne nous présente pas les choses comme elles sont en soi; elle contient des éléments qui sont étrangers à la nature des choses en soi. De la même manière, une idée fausse ne représente pas l'objet comme il est en soi, en réalité; elle aussi, elle contient des éléments étrangers à l'objet représenté.

Autrefois, par exemple, on prenait la terre pour une surface plane qui avait ses limites n'importe où, à une distance indéterminée, et qui formait le centre de l'univers. Or nous savons que cette idée est fausse, que l'on attribuait à la terre des qualités qui ne lui appartiennent pas en fait, qui lui sont donc étrangères. La terre n'est pas une surface plane et n'occupe pas le centre du monde.

Jusqu'ici l'analogie entre le rapport de l'idée fausse et de son objet, et celui du monde donné et de l'inconditionné est parfaite, et l'on doit dire que Kant n'a pas fait ou n'a pas remarqué de différence entre ces deux rapports. Pour Kant en effet le mot « phénomène » était synonyme du mot « idée »: aussi regardait-il les phénomènes comme de fausses représentations des choses en soi, des idées de ces dernières qui ne s'accordaient pas avec leur essence. Mais cette théorie est inadmissible. En effet le monde de l'expérience ne consiste pas seulement en idées, il contient aussi des objets. Au phénomène ne correspond pas seulement un sujet, mais aussi un objet. Dans le deuxième chapitre déjà du premier livre j'ai montré que la nature de l'idée elle-même garantit l'existence d'un objet qui lui correspond, qu'en fait nos impressions sensibles, nos sentiments doivent être considérés comme des objets réels, différents de leurs idées, bien qu'ils ne soient pas des choses en soi, des objets inconditionnés ou des substances. La fausseté de la connaissance expérimentale ne consiste donc pas, comme Kant l'affirme, en ce que nous prenons les choses en soi pour de simples phénomènes, mais au contraire en ce que nous prenons de simples phénomènes, notre moi, d'un côté, les impressions sensibles, de l'autre, pour des choses en soi, des substances, ce qu'ils ne sont pas en réalité. Les vraies choses en soi ne sont d'aucune manière et à aucun point de vue l'objet de connaissances expérimentales.

Si l'on croit que l'objet de notre connaissance est une chose en soi, on doit attribuer à *notre connaissance* seule tout ce qui est étranger à l'essence de ces choses, tout ce qui ne s'accorde pas avec elles. Dans cette supposition tout élément étranger à l'en-soi des choses dans notre expérience sera conçu comme quelque chose non d'objectif, mais de *purement représenté*. Aussi voyons-nous Kant expliquer comme une pure forme subjective de l'intuition la succession, le changement des phénomènes, et chercher en même temps dans la nature du sujet connaissant la raison de la relativité des phénomènes, de leur liaison suivant des lois. Herbart, lui aussi, s'efforce de ne voir dans le changement du donné qu'une pure apparence et de considérer sa relativité comme une détermination qui lui est en soi accidentelle. Mais ces opinions de Kant et de Herbart ne sont pas soutenables. La relativité essentielle des phénomènes, aussi bien que leurs successions, sont indubitablement des faits objectifs. S'il y a là quelque chose d'étranger à l'être des choses en soi, cet élément étranger est dans les *objets donnés eux-mêmes* et non dans la connaissance seulement que nous en avons.

Il faut conclure de tout cela qu'il y a même des objets réels qui sont de simples *phénomènes*, qui ont un lien de parenté avec l'idée, à savoir qu'ils portent en eux quelque chose de *faux*. Nous devons en être d'autant moins surpris qu'une idée, considérée au point de vue de son être et de son existence réels, est elle-même un objet ou un fait réel. On ne peut pas considérer une idée comme un rien ; elle est un objet, en réalité, bien qu'elle ne soit pas une chose en soi. Si d'autre part la fausseté consiste dans l'idée en ce qu'elle feint de représenter un objet comme il est en réalité, tandis qu'elle ne s'accorde pas avec la manière d'être réelle de cet objet, la fausseté des objets empiriques, des phénomènes, consiste, d'une manière générale, en ce qu'ils ne possèdent pas d'être vraiment propre, et sont en même temps disposés par la nature de façon à paraître à la conscience des choses normales, des substances, tandis qu'ils ne sont en vérité que des phénomènes passagers.

Et comme, — pour nous en tenir à l'exemple d'erreur que nous avons choisi, — la terre n'était pas coupable de ce qu'on la prenait autrefois pour une surface et pour le centre du monde, de même que la raison suffisante de cette idée fausse ne pouvait pas se trouver dans l'objet donné, à savoir la terre elle-même, la raison suffisante du monde phénoménal ne peut pas se trouver non plus dans l'essence des choses en soi. Le monde des phénomènes n'est pas le monde des choses en soi, précisément parce qu'il contient des éléments qui sont étrangers à la nature des choses en soi. Mais ce qui est étranger à cette nature ne peut évidemment pas avoir en elle sa raison d'être. La véritable essence doit être dans un certain rapport avec son phénomène, mais nous ne pouvons nous faire aucune idée de *ce que* ce rapport peut être. Kant dit avec raison : « Du substrat suprasensible de la nature nous ne pouvons rien affirmer, si ce n'est qu'il est l'être en soi dont nous connaissons seulement les phénomènes » (Crit. du Jug., Kirchm, p. 304) (1).

Pour nous en assurer, nous n'avons qu'à comparer ce rapport avec celui qu'il y a entre une idée fausse et l'objet représenté. L'idée fausse, elle aussi, contient des éléments qui sont étrangers à l'objet représenté (erronés) et ne peuvent avoir en lui leur fondement. Mais nous pouvons très bien nous expliquer la présence de l'erreur dans l'idée. Nous voyons la raison de l'erreur dans le sujet connaissant lui-même et dans les influences qui ont fait errer son jugement. On prenait autrefois la terre pour une surface plane ; cela venait de ce que l'on s'en tenait trop exactement à l'apparence immédiate, qui fait absolument l'impression d'une surface plane, et de ce qu'on ne se demandait pas pourquoi la surface visible était terminée par une circonférence, ni pourquoi elle s'élargissait toujours à mesure que l'on s'élevait sur les montagnes. L'erreur ne fut dissipée que lorsqu'on eut fait le tour de la terre. Mais il en est autrement du monde des phénomènes et des éléments de ce monde qui sont étrangers à l'essence des choses en soi, qui n'ont pas en elles leur raison. Il est absolument impossible de trouver à ces éléments une raison, car il n'y a rien en dehors de l'essence des choses d'où l'on puisse les dériver et les expliquer. La manière d'être du monde donné et son rapport avec l'inconditionné, avec l'essence du réel en soi, est donc inexplicable et incompréhensible par la nature même des choses.

Si même nous admettions avec Kant que le monde des phénomènes consiste simplement en idées qui ne représentent pas les choses comme elles sont, nous ne pourrions jamais expliquer d'où vient cette inexactitude. En disant avec Kant que cette fausseté a sa raison dans la part que le sujet lui-même

---

(1) Malheureusement, en contradiction avec cette affirmation si exacte, Kant a accordé aux choses en soi la causalité et a supposé avec la foule qu'elles étaient la raison suffisante des phénomènes.

prend à la connaissance, dans ses lois *a priori*, nous ne pourrions jamais concevoir comment ces lois trompeuses peuvent résulter de la vraie nature des choses. Si le sujet connaissant lui-même avec toutes ses qualités, toutes ses lois, venait de la nature des choses, la fausseté dans sa façon de les concevoir en viendrait aussi, et c'est absolument inadmissible; car les choses ne pourraient pas contenir dans leur propre et véritable essence la raison de paraître *autrement qu'elles ne sont*. Il ne peut pas être dans la véritable essence des choses, comme Hegel l'a prétendu, de se nier elles-mêmes et de devenir le contraire d'elles-mêmes. Qu'un objet se nie lui-même, c'est plutôt la preuve en fait qu'il n'a pas une manière d'être normale, qu'il contient des éléments étrangers à sa véritable essence. Car, en soi, quant à leur vraie et propre essence, les choses sont parfaitement identiques à elles-mêmes. Prendre le fait de se nier soi-même pour la qualité normale, primitivite, inconditionnée des choses, c'est un pur non-sens. La contradiction logique n'est pas, comme Hegel l'a enseigné, la vraie forme de la connaissance et de la pensée, mais la mort, le suicide de l'une et de l'autre. Mais nous n'avons ici que le choix entre les contradictions logiques, d'une part, c'est-à-dire le suicide de la pensée, et, de l'autre, l'aveu que le monde est incompréhensible. Si nous voulons penser vraiment et ne pas nous repaître de mots vides, nous devons nous décider pour la seconde alternative.

En un mot, nous arrivons à cette conséquence : tout, dans notre monde, est traîné en sens contraires, constamment en mouvement, mêlé de mal et d'imperfection et conditionné par une illusion. Or il est absolument impossible d'admettre que ces contradictions, ce changement, ce mal, et cette illusion ou cette fausseté appartiennent à la nature normale des choses. C'est absolument inconcevable, parce que le changement, l'imperfection, le mal et l'illusion portent en eux-mêmes le témoignage de leur anomalie; parce qu'un objet qui dépérit ou qui change, qui trompe, c'est-à-dire qui se donne pour autre chose que ce qu'il est en réalité et qui se révèle comme imparfait ou mauvais, se nie lui-même par le fait et prouve que sa manière d'être est anormale. Aussi la conscience commune elle-même ne peut pas méconnaître que le changement, le mal, l'imperfection et la fausseté sont ce qui ne doit pas être, ce qui n'appartient pas à la nature normale des choses. Mais précisément parce que ces éléments du monde sont étrangers à l'être normal, inconditionné, ils ne peuvent avoir leur raison dans cet être. Il est évident que la vérité ne produira jamais d'elle-même la fausseté ou l'apparence, que jamais l'illusion ou l'erreur ne peut sortir de l'essence vraie, propre et normale des choses. J'ai déjà montré et je montrerai encore que jamais le devenir ne peut se déduire de l'être, que jamais une chose vraiment, réellement en repos, une vraie substance ne peut être cause du mouvement ni contenir en elle-même la raison du devenir. Mais, dans ce monde, tout est un simple devenir et, par suite, ne peut avoir comme tel sa raison d'être dans l'inconditionné. L'inconditionné ne contient donc pas la raison suffisante du monde.

Comme conclusion de ce chapitre, nous pouvons établir ce qui suit :

Il n'y a, en thèse générale, que deux manières concevables de se comporter au sujet de ce qui est donné : 1º passer par raisonnement du conditionné à la condition ou, ce qui revient au même, parce que le conditionné, comme nous le savons, est un pur devenir, — de l'effet à la cause ; 2º prendre conscience de cette vérité que les choses en soi réellement ne sont pas faites comme nous les connaissons dans l'expérience.

La première est celle de la métaphysique, la seconde celle de la philosophie critique. On a montré que ces deux manières de penser ne peuvent pas se concilier. Où l'une conduit, l'autre ne peut conduire, et ce que l'une fournit, ou paraît fournir, l'autre ne peut le fournir. La supposition fondamentale des métaphysiciens est que l'inconditionné contient la raison suffisante du conditionné ; leur grande affaire est de déduire celui-ci de celui-là. Mais le raisonnement pour trouver la cause ou la condition ne peut jamais dépasser l'expérience ni atteindre l'inconditionné, comme je l'ai déjà montré et comme je le ferai voir surabondamment. Tout ce que peuvent les métaphysiciens, c'est donc d'étendre l'expérience d'une façon imaginaire. Leur inconditionné ou leur absolu, diversement façonné, est donc un objet empirique, comme les chimères ou les harpies de l'ancienne mythologie, et répond aussi peu que celles-ci à une réalité. De part et d'autre, ce sont des combinaisons fantastiques, arbitraires, de données fournies par l'expérience. — Si la méthode des philosophes critiques part de la vraie notion de l'inconditionné, elle conduit à ce résultat que l'inconditionné n'a aucune analogie avec aucun objet empirique et ne peut contenir ni la raison suffisante ni la condition du conditionné. Bien que dans ce monde, en effet, tout paraisse venir d'une même source ou d'une même racine, et que le normal et l'anormal, le bon et le mauvais, le vrai et le faux, soient en lui étroitement unis, il y a entre eux cependant une opposition radicale, essentielle, qui ne permet aucun accommodement et exclut immédiatement la pensée qu'ils puissent avoir en fait une raison et une origine communes. La composition, au contraire, et le changement, le mal, l'illusion et l'erreur sont des éléments étrangers, opposés à l'essence normale des choses et ne peuvent en être dérivés.

Quatrième chapitre

L'inconditionné est un

§ 1. Preuve de l'unité de l'inconditionné.

Nous avons montré que toute union du divers est étrangère à l'essence inconditionnée des choses. Une union inconditionnée du divers serait, en effet, contradictoire ; elle ne peut donc se produire ; d'autre part, une liaison conditionnée du divers suivant des lois, quoique non contradictoire et non impossible, n'est évidemment pas inconditionnée et ne peut pas, par conséquent, appartenir à l'en soi des choses. Or comme le monde donné, dans lequel le divers est rigoureusement uni suivant des lois, est le phénomène du réel d'une façon étrangère à ce que le réel est en soi, on se demande : quel est cet élément étranger dans le monde donné, sa multiplicité ou son unité ? Ou, en d'autres termes, le réel, l'inconditionné en soi, est-il une unité, une substance, comme Spinoza et tant d'autres avant ou après lui l'ont admis ? Ou bien est-il, dans son être inconditionné, une pluralité, une multiplicité de substances, comme les atomistes, Leibniz, Herbart et d'autres, l'affirment ? Nous allons voir ce qu'il y faut répondre.

On pensera peut-être que j'aurais dû résoudre la question de l'unité ou de la pluralité de l'inconditionné avant celle de son rapport au monde donné, car les rapports d'une chose dépendent de sa manière d'être. Mais nous n'avons que deux données sur lesquelles puisse être fondé un raisonnement relativement à l'essence du réel en soi, de l'inconditionné, savoir : d'abord, le concept *a priori* d'un objet réel, d'un objet parfaitement identique avec soi-même, et, secondement, la manière d'être du monde donné. Comme cette dernière est la seule donnée du raisonnement qui appartienne à l'ordre des faits (empirique), nous devons évidemment chercher le rapport du monde avec l'inconditionné avant de conclure de l'un à l'autre. Car c'est seulement d'après la manière dont le donné se rapporte à l'inconditionné, au réel, que l'on peut tirer du premier quelque conséquence relativement au second. Si l'on procédait autrement, on serait inévitablement conduit à des paralogismes qui fausseraient la manière d'entendre les choses. C'est ainsi que Herbart a admis une pluralité de réels ou de substances, parce que, sans recherche préalable, il supposait comme évident de soi que le donné est un effet du réel en soi et doit s'en déduire nécessairement. Sa grande affaire était d'expliquer le donné, et, comme « la moindre étude de la nature conduit à une pluralité du réel » (Mét. gén., I, p. 590), il a émis sans hésiter le principe : « Autant d'apparences, autant de signes de l'être » (id., II. p. 79) ; mais, si l'on analyse ce principe au moyen d'un syllogisme, on arrive à ce résultat : Le donné n'est pas le réel en soi (c'est ce que veut dire le mot *apparence*) ; le donné (l'apparence) est multiple ; — donc le réel est multiple. C'est un paralogisme manifeste (1).

(1) Ce principe de Herbart : « Autant d'apparences, autant de signes de l'être », fait trop bien ressortir l'opposition des deux voies que nous avons distinguées pour dépasser ce qui est donné et l'impossibilité de suivre celle que les métaphysiciens essaient de se frayer, pour que je le laisse passer sans quelques réflexions. Ce principe implique évidemment comme prémisse nécessaire la croyance que l'être (l'inconditionné) contient la raison suffisante de l'apparence. C'est seulement avec la supposition de cette prémisse que l'on peut comprendre cette affirmation. Et, en effet, Herbart ajoute lui-même : « Si le réel n'agissait pas, d'où viendrait le phénomène? » (Mét. gén., II, p. 68). Mais cette prémisse justement est si manifestement insoutenable que Herbart dit lui-même : « Si nous comprenons bien que les choses ne sont pas telles qu'elles paraissent, nous savons par là combien nous devons fermement distinguer la fausseté de l'apparence de la vérité de l'être... Autrement il y aurait dans l'être le germe de son contraire » (Ibid.). « Il faut donc, continue-t-il, des intermédiaires ». Cette conclusion est extrêmement significative et très digne de remarque. Bien qu'il voie clairement que « l'apparence » contient quelque chose d'étranger à l'être ou aux choses en soi, dont

Nous n'avons au contraire rien à expliquer ; nous n'avons qu'à constater. Nous n'avons pas à savoir comment le donné procède du réel en soi ou de l'inconditionné ; nous voulons savoir seulement comment de la manière d'être du premier on peut conclure au second. Et, d'après les recherches précédentes, il est clair que nous arriverons à une conclusion opposée à celle de Herbart. De la manière d'être du monde donné, ce n'est pas la pluralité, mais l'unité du réel en soi, de l'inconditionné qui s'ensuit.

Si nous ne pouvons pas passer du donné à l'inconditionné par une inférence d'effet à cause, mais seulement par la conscience que le réel en soi n'est pas fait comme ce que nous connaissons par l'expérience, nous devons nécessairement nier la pluralité du réel en soi. Car dès que le donné est la représentation du réel, non pas tel qu'il est en soi, mais d'une manière différente et qui lui est étrangère, comme, d'autre part, la manière d'être du donné a la forme du multiple, nous devons par cela même considérer le multiple comme étranger au réel en soi. Les choses multiples de ce monde en fournissent pour leur part la preuve en fait. Car elles prouvent d'abord, comme nous l'avons vu plus haut, par leur composition, leur relativité et leur mutabilité même, qu'elles n'ont pas d'être vraiment propre, qu'elles ne sont pas des « choses en soi », que leur multiplicité est étrangère à l'être des choses en soi. Et en

---

le germe ne peut être dans cet être ou ces choses, Herbart veut cependant déduire l'apparence de l'être, l'expliquer par lui ; il a cru pouvoir effacer l'opposition fondamentale de la vérité de l'être et de la fausseté de l'apparence par l'hypothèse absurde de ses « intermédiaires » (d'où viendraient-ils ?), parce que dès l'origine, sans aucune critique, il s'est persuadé que l'inconditionné, l'être, devait contenir la raison suffisante du donné : « Si le réel n'agissait pas, d'où viendrait le phénomène ? » Herbart n'a tenu aucun compte de ce fait notoire, que chaque phénomène suppose un antécédent, et ainsi de suite indéfiniment, et que, par conséquent, la série des phénomènes ne peut recevoir aucune explication définitive, c'est-à-dire que le donné ne peut ni être expliqué par l'inconditionné ni en être dérivé.

second lieu, c'est encore prouvé par le fait que la multiplicité des objets en ce monde est conditionnée par l'apparence et l'illusion (on en trouvera dans la deuxième Partie une démonstration décisive). Nous devons donc admettre que l'être vraiment propre, normal, inconditionné des choses, n'est pas une pluralité, mais une unité ou une substance.

Pour achever d'éclaircir la question, je donnerai une preuve négative de l'unité de l'inconditionné ou de la substance, en examinant les doctrines qui partent de l'hypothèse contraire. Je ne connais que trois tentatives pour dériver la réalité donnée d'une multiplicité de substances : 1° l'atomisme matérialiste, 2° la doctrine de Leibniz et 3° celle de Herbart.

Les matérialistes veulent faire une métaphysique de l'expérience même, de la connaissance empirique. Mais si c'était possible, la philosophie serait inutile. Si les corps existaient réellement, nous percevrions immédiatement l'inconditionné et il ne serait pas nécessaire de chercher quoi que ce soit par delà ce qui est perçu, puisque l'inconditionné est précisément le fond de la réalité et la limite de toute recherche. Mais nous voyons, au contraire, que les corps de la science sont tout autre chose que les corps de la perception. Ce sont des atomes imperceptibles, ou des centres de forces, dont on ne peut pas dire ce qu'ils sont, mais seulement comment ils se comportent les uns à l'égard des autres. La relativité ne constitue pas un état accidentel, mais toute l'essence de ces atomes. Or, un absolu relatif, comme tout le monde le voit, est une *contradictio in adjecto*. Dès qu'on a établi que les corps que nous percevons ne sont pas, dans leur manière d'être perçus, l'inconditionné, les choses réelles elles-mêmes, on ne doit évidemment pas déterminer ces dernières, même si l'on en admet la pluralité, par analogie avec les corps qui se sont révélés comme étant le *non*-inconditionné, mais seulement d'après ce que leur concept exige. Une métaphysique ne doit donc, en aucun cas, être une théorie des corps. Mais l'obscurité qui règne dans l'esprit des matérialistes est si grande, que beaucoup d'entre eux se moquent de la métaphysique, se raillent de l'idée d'une chose en soi, et considèrent en même temps la matière, non seulement comme quelque chose qui existe réellement, mais même comme la seule chose qui existe réellement. Ils ne sont pas encore arrivés à la conscience élémentaire qu'une matière réellement existant serait une chose en soi, un objet transcendant, que la matière n'est pas en vérité une chose en soi parce qu'elle n'est pas un objet dans la réalité, mais seulement une sorte d'idée dans le sujet. Les empiristes qui pensent et qui sont conséquents ont reconnu depuis longtemps qu'on ne purge l'expérience de la métaphysique que si l'on nie l'existence des corps.

Leibniz a fait une tentative opposée à celle des matérialistes; il a conçu par analogie à notre être intérieur, psychique, les monades d'où il déduit le monde. Ces monades sont des êtres idéaux et se tiennent les unes par rapport aux autres dans une harmonie déterminée par Dieu même, de telle sorte que chacune d'elles représente en soi l'univers entier. Mais cette théorie souffre de la même faute que celle des matérialistes. Elle conçoit, elle aussi, l'inconditionné comme semblable aux objets empiriques, comme relatif et conditionné, et par suite elle manque le but d'une explication métaphysique. S'il faut déduire les monades de Dieu et leur attribuer par rapport les unes aux autres une relativité essentielle, pourquoi ne pas déduire de Dieu le monde de l'expérience lui-même tel qu'il est, ou ne pas le faire subsister grâce à lui? A quoi bon intercaler ce pseudo-inconditionné qui ne satisfait pas au concept, et qui ne peut rien ajouter à la connaissance du donné, puisque tout, dans l'expérience, serait sans lui exactement comme il est? Ainsi que Brown l'a remarqué justement, la métaphysique de la Genèse est bien plus sublime, de cette Genèse suivant laquelle

Dieu dit : que la lumière soit, et la lumière fut. Des doctrines comme celle de Leibniz peuvent servir à la récréation d'esprits subtils, mais n'ont aucune valeur scientifique ; aussi n'a-t-on pas besoin de s'arrêter longuement à les réfuter. Les objets de l'expérience ne sont pas, en vérité, inconditionnés, et l'on ne doit évidemment pas concevoir l'inconditionné par analogie aux objets de l'expérience, corps ou âme.

Herbart seul a tenté une dérivation du donné d'une pluralité de monades inconditionnées ou de réels en essayant d'éloigner de leur essence toute relativité comme manifestement contradictoire au concept d'inconditionné. Mais Herbart, lui aussi, s'est embarrassé dans tout l'amas des contradictions logiques et s'est laissé conduire à des affirmations que la conscience la plus simple reconnaît comme inadmissibles. Il est donc clair qu'il y a une contradiction immédiate dans l'hypothèse que notre monde soumis à des lois générales consiste en des substances réelles, auxquelles toute relativité, tout rapport mutuel est étranger, ou se laisse dériver d'elles, expliquer par elles. Non seulement une action mutuelle de vraies substances est inconcevable en soi, comme contradictoire au concept d'une substance, mais encore l'hypothèse d'une telle action (comme on l'a vu plus haut, p. 232), est impossible à employer pour l'explication des faits, parce que rien de cette action prétendue mutuelle des substances ne se rencontre dans toute la sphère de notre expérience.

La seule explication exacte, satisfaisante, autant que l'objet le comporte, la seule explication physique des faits nous est offerte par la théorie scientifique, qui considère notre monde des corps comme formé d'atomes, et tout phénomène naturel comme un mouvement des atomes et de leurs agrégats. Cette théorie est la seule (au point de vue de l'expérience) qui soit exacte, parce qu'elle ne suppose aucun monde extérieur concevable en dehors du monde corporel perçu en fait. Cette théorie, d'autre part, est l'œuvre non d'un penseur isolé, mais, on peut presque le dire, de l'ensemble des savants. Si, en effet, les corps de notre expérience existaient réellement, ils seraient aussi de vraies substances, et la doctrine physique des atomes ou plutôt, comme nous l'avons déjà dit, l'expérience ordinaire elle-même serait la vraie métaphysique et l'on aurait aussi peu de raison que de droit d'en chercher une autre. Si l'on tient au contraire que les corps de notre expérience ne sont pas des substances réelles, on voit aussi dans notre perception des corps une pure apparence, comme ont fait Leibniz et Herbart, et il n'y a évidemment aucun sens à dériver, comme l'ont fait ces deux philosophes cependant, cette apparence d'une pluralité de substances supposées réelles, mais absolument inconnaissables, d'instituer à côté de la théorie scientifique des atomes qui ne vaut et ne subsiste que pour la physique seule, une prétendue philosophie de la nature, et de supposer, à côté du monde des corps qui apparaissent, un monde extérieur purement imaginaire. Herbart lui-même cependant dit avec raison : « A quoi sert d'ajouter au monde des sens donné encore un autre monde prétendu ? » (Mét. gén., II, p. 162). L'hypothèse d'une pluralité de substances n'aurait un sens et une raison que si ce qui est donné, les faits, se laissaient expliquer par là. Mais comme dans notre expérience aucune substance réelle n'est donnée ou connue, c'est un enfantillage de vouloir expliquer le connu, les faits, par quelque chose qui est parfaitement inconnu, par un X vide. Dans un chapitre de la deuxième Partie, je prouverai que les faits de la perception n'autorisent pas du tout à conclure à une multiplicité de causes, de quelque façon qu'on les imagine.

Telle est la preuve négative que le réel en soi, l'inconditionné n'est pas une pluralité de substances, mais une seule **substance**.

§ 2. Considérations touchant la simplicité du conditionné.

Mais si le réel en soi est un, il est simple aussi, c'est-à-dire parfaitement identique à lui-même, sans aucune diversité dans son essence. Si de l'identité de l'inconditionné avec lui-même et aussi de sa simplicité nous abandonnons même le moins possible, nous ruinons par là le concept, sur lequel nous nous appuyons, non seulement pour affirmer, mais même pour conjecturer une essence des choses distincte de la réalité donnée. Mais c'est trop, semble-t-il, pour la force humaine que de s'attacher à ces pensées. Mansel a dit : « La voix presque unanime de la philosophie qui affirme que l'absolu est un et simple doit être acceptée comme la voix de la raison elle-même, autant que la raison peut avoir voix au chapitre » (cité par H. Spencer, Premiers Principes, p. 42). Mais je ne sais rien de cette « voix unanime » de la philosophie. Presque tous ceux, au contraire, qui admettent un réel ou un inconditionné, supposent dans son essence des différences et des relations. Les Éléates font seuls exception, encore est-ce contesté. En dehors des Éléates, je ne connais pas un seul penseur qui ait soutenu avec rigueur l'unité et la simplicité de l'inconditionné.

J'ai recherché les raisons qui rendent ces pensées si extraordinairement difficiles, et je crois que ce sont les trois raisons suivantes :

1° La disposition à attribuer à l'objet ce qui vaut pour son idée ; 2° la disposition à prendre notre propre être humain pour le type le plus élevé ; 3° la disposition à croire que l'inconditionné contient la raison suffisante du conditionné.

Aucune de ces dispositions n'a la moindre valeur objective. Examinons-les l'une après l'autre.

La disposition à regarder plutôt comme réel l'objet dont l'idée est vive et riche en contenu, comme n'ayant au contraire aucune réalité, comme un schème abstrait ou une ombre, celui dont l'idée est abstraite ou pauvre, a évidemment son fondement dans l'empire que la perception sensible exerce sur la conscience. La façon immédiate et invincible dont ce que nous percevons actuellement s'impose à nous l'emporte, pour les hommes habitués à se fier à leurs sens, sur la force d'affirmation des pensées et des conclusions à ce point que nous ne sommes pas du tout surpris de voir ceux dont la réflexion n'est pas exercée y succomber tout à fait. Mais les penseurs eux-mêmes ne résistent pas toujours à cette influence. Dire d'une opinion : « C'est une pure abstraction », c'est pour beaucoup la même chose que dire : « C'est une pure imagination, une chimère ». Mais nous avons vu, dans le chapitre sur la nature de l'idée, que la certitude d'une idée, c'est-à-dire la force d'affirmation qu'elle contient, est indépendante de la question de savoir si elle est concrète ou abstraite, si son objet lui est antérieur ou postérieur. Est-il encore nécessaire de dire que la vérité d'une idée n'a absolument rien à voir avec sa vivacité ou sa faiblesse, sa richesse ou sa pauvreté? Quelle que soit la force avec laquelle nous nous représentons des Sphinx, des Gorgones ou des fées, ces objets n'y gagnent pas la moindre réalité. Et, au contraire, quoique nous ne puissions nous faire aucune idée intuitive des états de l'atmosphère solaire ou de l'intérieur des nébuleuses, il n'est pas douteux cependant que ces états n'existent réellement dans le domaine de l'expérience. « Mais, dans les exemples donnés, dira-t-on, bien que nous n'ayons aucune idée intuitive des objets dont il s'agit, nous savons qu'ils ont un contenu substantiel qui dans certaines circonstances, pourrait s'offrir à un être percevant, tandis que, au contraire, ce qui est absolument simple est, en vertu de son concept, très pauvre et, par suite, sans signification. » Le simple serait, suivant l'expression de Stuart Mill, le « minimum d'existence » (Ex., p. 60). C'est qu'on est précisément dominé par la tendance qui se manifeste dans ce cas-là, celle d'attribuer à l'objet ce qui vaut pour son idée. *Notre concept* de *l'un et du simple est en fait très pauvre et vide*; il signifie seulement ce qui en soi ne contient pas de différence. Mais par ce concept nous n'avons aucune idée de l'essence *positive* de l'un et du simple. Notre expérience ne nous présente aucun objet sans différence en lui-même ; le simple ne s'y rencontre pas ; de quelle manière pourrions-nous donc savoir comment il est fait? Cependant nous trouvons même dans notre expérience quelque chose qui peut au moins nous avertir de ne pas confondre nos idées avec leur objet. Ce que je veux dire, c'est précisément la *grandeur intensive* ou l'intensité des phénomènes. Que la grandeur intensive soit une pluralité, c'est évident de soi: car elle peut croître et décroître; elle est une grandeur, et grandeur est synonyme de pluralité. Néanmoins nous voyons que, dans la grandeur intensive, par exemple la sensation d'un point lumineux ou un son instantané, nous ne pouvons percevoir une pluralité d'éléments particuliers ni aucune trace de différences, bien que la force de la lumière ou du son croisse ou diminue dans la perception même (1).

Je ne prétends pas que l'inconditionné soit une grandeur intensive: je veux seulement faire remarquer que l'on ne doit pas conclure de la pauvreté de notre concept à la pauvreté ou à la non-existence de son objet (2). Nous avons prouvé la

(1) On comprend que cette simplicité de la sensation est tout à fait différente de la vraie simplicité suprasensible. La première est un phénomène passager de l'essence duquel nous ne pouvons rien conclure touchant la nature de la seconde. Sur la différence de la simplicité dans l'intuition et de la simplicité hors de l'intuition, Kant, dans sa réponse à Eberhard (v. 1re section, II) a fait des remarques intéressantes.

(2) On sait que la qualité n'est susceptible d'aucune détermination quantitative en ce qui concerne la valeur. Ce qui est simple peut avoir qualitativement la plus haute valeur, tandis qu'un objet sans valeur a beau s'étendre et même se multiplier à l'infini, il n'en reste pas moins dépourvu de toute valeur.

vérité objective du concept que nous avons de l'être propre, inconditionné des choses, dans le second livre, par le témoignage indubitable de l'expérience même ; la nature abstraite de ce concept n'a donc rien à faire avec notre certitude de l'existence et de l'élévation de l'objet correspondant. Cet objet est le seul qui soit vraiment réel, existant par soi, et le monde connaissable, sensible, n'a de valeur et de réalité qu'autant qu'il en participe intérieurement.

La seconde raison, la tendance à prendre notre être humain pour le type de ce qu'il y a de plus élevé, est aussi puissante et aussi peu justifiée que la première. Dans le Sophiste de Platon, par exemple, le dialecticien étranger dit : « Pouvons-nous nous persuader aisément que le mouvement, la vie, l'âme et la raison n'appartiennent pas à l'être véritable? qu'il ne vit ni ne pense, qu'il est immobile sans la noble et sainte raison? » (1) Et Herbart lui-même, qui enseigne avec tant de décision que « la qualité de l'être est absolument simple et incompatible avec le concept de quantité », affirme qu'on ne doit pas concevoir « Dieu comme un être absolument simple, parce que le simple est entièrement sans valeur » (2) (Petits traités, t. III, p. 176). Il préférait donc un Dieu non simple, c'est-à-dire composé, pour pouvoir le rendre semblable à l'homme. Mais dans cette tendance précisément à conjecturer d'après son propre être empirique ce que

---

(1) La raison sans doute est « noble et sainte », mais seulement parce qu'elle contient le concept de l'être véritable, non parce qu'elle est un de ses attributs.

(2) On voit par là que Herbart ne parle pas tout à fait sérieusement, quand il donne pour un principe du savoir le « Réel simple » suivant lequel il faut étudier et juger tous les phénomènes. Dans l'hypothèse d'un Dieu non simple, en effet, il fait voir que ce concept du Réel simple peut être abandonné là où il ne suffit pas à fournir les explications désirables. Et cependant il s'étonnait des métaphysiciens qui prétendent concevoir Dieu comme quelque chose de supérieur à l'être : « Comment pourrait-on, dit-il, *dépasser l'être pur? parler de la nécessité absolue?* » (Petits traités, édit. Hartenstein, I, p. 216).

doit être l'être le plus élevé se trouve la marque d'une pensée qui est encore dans les langes. Xénophane, il y a bien longtemps, reprochait à ses contemporains de se représenter leurs dieux d'après leur propre forme ; pour ce vieux penseur déjà c'était de l'enfantillage de tomber dans cette erreur, et cette tendance est toujours aussi forte que de son temps. Encore aujourd'hui, celui qui ne veut pas s'abandonner au naturalisme régnant, ne connaît pas d'autre issue que de supposer un principe semblable à l'homme, pensant et voulant, que l'on appelle Dieu, l'âme du monde ou de n'importe quel nom, mais que l'on regarde comme la première ou la dernière raison de toutes choses. On attribue à ce principe les intentions que l'on veut, tout à fait à sa fantaisie, sans se rendre compte que l'on n'a ainsi affaire qu'avec un *Fatamorgana*, une simple image de son être empirique, si indigent, si limité et si perverti. Dans le chapitre de la deuxième Partie, intitulé « De la nature et de l'unité du moi », je ferai voir que l'être conscient est conditionné par l'illusion, que notre existence, précisément pour cela, consiste dans la conscience de soi, parce que nous n'avons pas d'être vraiment propre, de vrai moi, et que nous ne serions rien, sans l'apparence qui nous représente dans la conscience un moi individuel et permanent. L'être conscient est donc bien loin d'avoir l'existence la plus élevée, une existence normale ; il contient au contraire la preuve explicite qu'il manque de la manière normale d'exister. Être conscient, en vérité, ce n'est pas être, mais devenir.

La troisième tendance, la tendance à supposer que l'inconditionné contient la raison suffisante de toute réalité, nous en avons déjà parlé et nous y reviendrons dans le livre suivant. Il n'est pas même nécessaire de réfléchir beaucoup pour comprendre que de l'un, qui est simple, ne peut procéder la diversité bariolée des phénomènes. Ce serait condamner l'hypothèse d'un inconditionné réellement un et simple. « La doctrine éléate, dit par exemple Herbart, mérite le reproche de séparer totalement l'être du phénomène et de ne pas expliquer celui-ci par celui-là » (Introd. à la Phil., p. 174). Mais aux yeux d'un philosophe, c'est-à-dire « d'un ami de la sagesse », ce n'est pas là un reproche. Car le but d'un véritable ami de la sagesse n'est pas d'expliquer, mais de connaître, et la recherche désintéressée peut autant que possible conduire à ce résultat — auquel, en effet, nous sommes arrivés par nos précédentes recherches, — que le donné ne peut être ni déduit de l'inconditionné, ni expliqué par lui, parce qu'il contient des éléments qui lui sont étrangers. La tendance à voir dans l'inconditionné la raison suffisante des choses empiriques ne peut mener qu'à des absurdités, à la tentative de regarder l'anormal même comme normal : nous l'avons déjà prouvé et nous le prouverons encore.

Enfin on doit aussi se rappeler que la simplicité de l'inconditionné est la seule chose concevable, qu'il est logiquement impossible et contradictoire de penser de lui, hors de cela, quoi que ce soit. Si l'inconditionné n'est pas simple, il doit être composé : mais tout composé subit une action pour en venir à l'état où il est, et un inconditionné produit est une évidente contradiction. « Non, dira-t-on, l'inconditionné n'est pas composé par quelque chose d'extérieur, mais il est dès l'origine en soi un et divers. » Affirmer que le divers en soi primitivement est par là, comme tel, un, et que l'un est, de la même manière, divers, c'est la négation directe du principe de contradiction. Et ce principe une fois nié, c'en est fini de toute pensée réelle, car tout est également vrai et faux, et tout effort pour arriver à la certitude sur un point quelconque est perdu.

En outre, de quels éléments serait formé un inconditionné non simple, c'est-à-dire unissant en lui le divers ? Serait-il, lui aussi, composé de *qualités*, comme les choses de l'expérience ? Mais une simple qualité n'est pas une chose ; elle n'a donc pas d'être vraiment propre : autrement elle ne serait pas une simple fonction d'une autre chose. Nous voyons, en fait, que toutes les qualités réelles dans l'expérience (couleurs, sons, etc.) sont des sensations fugitives qui vont et viennent et ne peuvent pas constituer l'essence d'une chose ayant un être propre et indépendante du devenir. Aussi toute combinaison de semblables qualités est-elle conditionnée et change-t-elle comme changent ses conditions, ce que prouvera, dans la deuxième Partie, l'analyse des objets aussi bien de l'expérience interne que de l'expérience externe. Dira-t-on que l'inconditionné est formé de plusieurs choses normales, permanentes, qui existent par elles-mêmes? Mais alors chacune de ces choses mêmes serait inconditionnée, et leur pluralité ne pourrait par suite former un inconditionné unique. En un mot, on voit que, de même qu'il est contradictoire au concept d'une chose inconditionnée de dépendre essentiellement d'autres choses ou d'être en relations internes avec elles, il lui est également contradictoire de contenir dans son unité même de la diversité et par conséquent des relations, des rapports. Car ce serait, de part et d'autre, aller contre le principe de contradiction, selon lequel une union inconditionnée du divers, en général, n'est pas possible.

Cinquième chapitre

Le phénomène et l'apparence

J'ai déjà montré dans un chapitre précédent quelle est l'essence d'un phénomène et pourquoi les objets empiriques doivent être considérés comme de simples phénomènes. Je vais montrer comment le phénomène se distingue de l'apparence et en quoi consiste l'essence de cette dernière.

« Une apparence trompeuse, dit Helmholtz, se produit lorsque la manière d'apparaître d'un objet se substitue à celle d'un autre » (Sc. popul., 2ᵉ cahier, p. 55). C'est parfaitement exact; l'apparence consiste, ainsi que l'erreur en général, en ce qu'un objet nous apparaît comme quelque chose qu'il n'est pas. Elle se distingue de l'erreur habituelle en cela seulement qu'elle persiste même quand sa fausseté est découverte et reconnue, ce qui n'est possible que par l'influence des associations sur une perception présente. Il ne peut donc y avoir d'apparence que dans les perceptions, et non, comme Kant l'a cru, dans la pensée pure. Par exemple lorsque des images planes nous apparaissent en relief dans le stéréoscope, lorsque nos propres impressions de couleurs sont extériorisées, ou lorsque le rivage devant lequel nous passons en bateau paraît se mouvoir, — ce sont autant d'apparences particulières. Il ne nous sert de rien de savoir que les images du stéréoscope sont planes, ou que les sensations de couleurs ne sont qu'en nous; nous ne pouvons pas nous empêcher de voir en relief dans le stéréoscope et d'extérioriser nos impressions de couleurs. Il est donc clair que l'apparence, comme l'erreur en général, n'est possible que dans les idées, parce qu'elle consiste à attribuer aux objets ou à en affirmer quelque chose qui, en fait, leur est étranger.

L'idée en général a deux côtés. Elle peut être considérée suivant ce qu'elle *est* et suivant ce qu'elle *représente*. Or, comme toute idée représente quelque chose qu'elle n'est pas, on peut considérer en général l'idée elle-même comme une apparence. Car dans le cas même où l'idée s'accorde avec son objet, elle est, ainsi qu'on l'a prouvé, quelque chose de différent de lui. L'existence d'un objet dans l'idée (le fait d'être représenté) est donc toujours en fait une sorte d'apparence, est essentiellement apparentée à l'apparence. Cependant, dans l'usage ordinaire du langage, est appelée apparence la représentation seulement à laquelle aucun objet réel, objectif, ne correspond.

Au contraire, considérée comme un fait réel, l'idée est elle-même quelque chose d'objectif. Cependant, même à ce point de vue, elle n'est pas une chose en soi, une substance, elle appartient plutôt au monde du *phénomène*, qui est ainsi tout à fait différent de l'apparence proprement dite. Comme le réel en soi est un, comme il n'y a pas en réalité une pluralité de choses en soi et de substances, le monde de l'expérience ne nous offre jamais et nulle part autre chose que des phénomènes. Nos idées, comme les objets empiriques connus de nous, sont donc, en tant qu'elles existent réellement, des phénomènes. Mais il ne faut pas, ainsi que l'ont fait les Éléates et les métaphysiciens bouddhistes et ceux des Védas, considérer le monde de l'expérience comme une pure apparence ou une simple illusion. Par le fait même que quelque chose, en effet, peut apparaître, les idées dans lesquelles seules se produit l'apparence, doivent exister très réellement. D'autre part la nature des idées garantit l'existence d'objets correspondants. Il y a donc des objets réels, mais qui sont de simples phénomènes. Si les objets de la connaissance étaient des choses en soi, toute notre connaissance ne serait qu'une pure apparence. C'est en effet un principe généralement reçu que par l'expérience nous ne pouvons rien connaître des choses en soi. Ce que nous prétendons connaître n'aurait donc, dans cette hypothèse, aucune existence objective ; la connaissance serait donc une pure apparence. Mais nous savons qu'il y a des objets réels de notre connaissance, que l'idée sans objet est contradictoire. Seulement ces objets réels ne sont pas des choses en soi, mais des objets empiriques, à savoir nos sensations. Que nous connaissions nos sensations, ou plutôt leurs groupes, comme des objets inconditionnés dans l'espace, c'est une *façon de les représenter* qui vient de la nature du sujet, et qui ne s'accorde pas du tout avec leur véritable essence donnée. Notre connaissance des corps offre par là en fait une véritable *apparence*, car rien ne lui correspond dans la réalité.

Cependant cette dernière affirmation n'est pas tout à fait exacte. Il n'existe pas de corps en réalité, tels que nous les connaissons, ou plutôt ce que nous connaissons comme un monde des corps consiste seulement en nos propres impressions sensibles et leurs groupes. Mais nous ne prendrions pas nos sensations pour des corps si elles n'étaient pas naturellement appropriées à cette façon d'être comprises ou saisies par le sujet (Voir ce qui a été dit plus haut, p. 108). Notre connaissance des corps est bien une pure apparence, mais une apparence à laquelle répond quelque chose dans la réalité, à savoir la disposition naturelle et, par suite, l'ordre conditionné de nos propres sensations. Aussi la permanence et la régularité de cette apparence constituent une sorte de vérité conditionnée que Kant appelait « Réalité empirique ». Les corps existent réellement pour notre expérience, comme les corps célestes se meuvent réellement de l'est à l'ouest pour notre perception, et la science a parfaitement raison de faire des suppositions sur l'essence des corps pour mieux expliquer les phénomènes. En un sens étroit, par conséquent, on ne désigne pas comme apparence ce qui nous paraît exister conformément aux lois générales de l'expérience, ni ce qui pour tous les sens et tous les sujets connaissants se présente d'une manière uniforme comme un objet extérieur, mais seulement ce dont l'existence extérieure ne consiste qu'en associations d'idées, comme dans les hallucinations, ou ce qui par la force de ces associations se présente comme étant autre qu'il n'est, dans le cas des images stéréoscopiques, par exemple, etc. Dans ces cas-là la sensation d'un sens est pensée avec des sensations d'autres sens, bien qu'en réalité elle ne soit pas liée avec elles.

Au contraire, le donné lui-même, c'est-à-dire nos sensations ne sont pas du tout une apparence, mais des objets réels dont nous pouvons avoir une connaissance parfaitement vraie et objectivement valable, pourvu qu'on les prenne pour ce qu'ils sont, c'est-à-dire pour des sensations en nous et que l'on recherche les lois de leur liaison réelle. C'est le côté de l'expérience qui rend possible une science réelle. Les sceptiques eux-mêmes, comme le remarque Lewes (Hist. de la phil., I, p. 339), accordent « que les phénomènes sont vrais en tant que phénomènes », c'est-à-dire qu'on peut vraiment les connaître comme tels. Si donc la connaissance empirique dans son fond contient cependant quelque chose de faux, si les objets empiriques doivent être conçus comme de simples phénomènes, il y a un élément de fausseté dans les *objets empiriques* eux-mêmes, non dans la connaissance que nous en avons.

Nous avons déjà vu dans un chapitre précédent ce que cela signifie. Dire que les objets de l'expérience sont de purs phénomènes et non des choses en soi, c'est dire qu'ils ne possèdent pas d'être vraiment propre et, par suite, qu'ils sont naturellement fondés sur une déception et disposés par rapport à cette déception. Précisément parce que les objets de l'expérience ne sont en vérité que des phénomènes passagers, sans être propre et sans consistance, ils ne pourraient subsister sans la déception dont la force les fait paraître à notre conscience comme des choses normales, des substances, un être propre, permanent, consistant. L'expérience interne comme l'expérience externe est conditionnée par cette déception. Par suite justement de leur mobilité, les objets de l'expérience, les sensations ont besoin d'une conscience, d'un sujet connaissant dans lequel ils s'unissent et se fixent, ne fût-ce qu'en images, et par rapport auquel toute leur régularité est organisée. Sans ce rapport à la manière de les entendre du sujet, sans l'apparence de la permanence, qui est conditionnée par cette manière de les entendre, la nature n'aurait aucune réalité, elle n'aurait rien d'immuable et par conséquent sa persistance même serait impossible.

J'espère avoir rendu claire la différence du phénomène et de l'apparence en montrant ainsi leur liaison. Comme l'idée suppose un objet empirique auquel ses affirmations se rapportent, de même réciproquement les objets empiriques, précisément parce qu'ils ne sont que des phénomènes passagers en réalité, sans être propre, sans consistance interne, supposent les idées du sujet auquel ils apparaissent comme des choses réelles, comme quelque chose de vrai, de solide, de durable et de consistant, en un mot comme un monde de substances.

Par nos recherches nous avons donc été amenés au principe qui paraissait être si absurde à Herbart (Mét. gén. I, 285), à savoir que le *phénomène apparaît à lui-même*. Mais à qui pourrait-il apparaître si ce n'est à lui-même? Il se partage précisément en deux facteurs qui ne peuvent subsister que par leurs relations mutuelles, le sujet et l'objet de la connaissance (1). Mais précisément cette division, cette relativité sont étrangères à l'inconditionné, au réel en soi. Aussi ne peut-il être conçu ni comme sujet, ni comme objet de la connaissance et l'on ne peut déduire de son essence la manière d'être de ce qui est connaissable. C'est avec une inconcevable naïveté que Schopenhauer (Le monde comme vol. et rep., 3ᵉ éd., II, p. 204) prétend faire du phénomène la manifestation de ce qui paraît, de la chose en soi, et qu'il propose pour but à la métaphysique de s'élever du phénomène à la chose en soi. On a raison d'appeler les objets empiriques des phénomènes, mais ce n'est pas parce qu'un noumène se montre *en* eux, c'est parce qu'*ils* apparaissent à nous-mêmes, ce que le noumène ne fait pas. Schopenhauer se laisse évidemment tromper par les associations du mot phénomène, et par la supposition

---

(1) Notre manière d'être le fait voir avec une clarté parfaite ; nous sommes par la conscience que nous avons de nous-mêmes et nous nous distinguons en un sujet et un objet de conscience. Voir dans la deuxième Partie : De la nature et de l'unité du moi.

impossible à extirper que l'inconditionné doit contenir la raison suffisante du donné. Il eut cependant quelques moments de lueur où il reconnut que le phénomène n'est pas une manifestation de la chose en soi, et ne peut pas servir à la faire connaître.

Le réel lui-même, dira-t-on, ne paraît donc pas dans la réalité donnée? Si fait, mais il n'y paraît pas tel qu'il est en soi, et c'est alors comme s'il n'y paraissait pas. Le phénomène est aussi peu la manifestation de la chose en soi que l'eau est la manifestation de l'oxygène et de l'hydrogène qui la constituent. De même que les éléments chimiques présentent dans leurs combinaisons quelque chose de tout nouveau, une manière d'être qui leur était auparavant étrangère et où l'on ne peut reconnaître leur être propre, de même le réel se présente dans le phénomène sous une forme qui lui est étrangère et sous laquelle on ne peut reconnaître son être propre. Or, du moment que cette forme étrangère, cette manière de paraître ne peut évidemment être déduite de l'être propre du réel, nous ne pouvons nous faire aucune idée du rapport du réel en soi à son phénomène. La seule chose que nous puissions savoir est, comme on l'a vu dans un chapitre précédent, que ce rapport n'a aucune analogie avec les rapports connus et ne doit en rien servir à expliquer le monde. Le monde phénoménal est d'un seul jet, homogène en toutes ses parties et n'a besoin pour cela d'aucune action de la chose en soi (1). Tout dans

---

(1) Il y a toutefois, dans le monde de l'expérience, des signes ou des manifestations de la chose en soi, c'est-à-dire de l'être vrai des choses; mais ces signes ne sont pas de nature physique; ils sont de nature esthétique et morale. Telles sont, dans le monde extérieur la beauté et la poésie, la moralité et la religiosité dans le monde intérieur. Elles ne sont pas le produit d'une action de la chose en soi, du noumène, mais la conséquence du fait que le monde de l'expérience, par un côté de son être, est apparenté avec le noumène ou l'être inconditionné, participe intérieurement à la nature supérieure des choses, a quelque chose en lui de la substance, précisément parce qu'il en est le phénomène. Dans cette relation, il n'y a rien de physique, rien de la nécessité avec laquelle une cause produit son effet. C'est un rapport de nature suprasensible, qui inaugure le règne de la liberté.

ce monde se passe suivant des lois inhérentes aux phénomènes eux-mêmes. Soumettre la vraie chose en soi à ces lois de quelque manière que ce soit, c'est en faire un objet empirique, nier ou supprimer son concept. Mais si on le supprime, on n'a plus aucune raison de rien admettre au delà du donné.

Pour le voir clairement il y a une triple distinction à faire :

1º Les objets empiriques qui nous sont réellement donnés dans l'expérience, nos sentiments et nos sensations, leurs lois et leurs modifications sous l'influence d'autres sujets. Ce sont là les vraies « choses pour nous », qui diffèrent de leurs idées, mais qui sont essentiellement conditionnées par rapport à notre représentation, à notre façon nécessaire de comprendre. Ce sont là proprement les *phénomènes*.

2º La manière dont nous connaissons dans nos sentiments passagers et dans nos états intérieurs un moi permanent, et dans les sensations passagères des sens externes un monde permanent de substances, de corps, extérieurement à nous dans l'espace. C'est là l'*apparence* contenue dans notre expérience et qui la conditionne.

3º La vraie chose en soi ou noumène, la vraie substance, l'inconditionné qui existe indépendamment de nous et de notre manière de comprendre, qui est au fond de toute réalité (à l'exception des éléments anormaux de celle-ci), mais dont le contenu de notre expérience ne nous permet pas de rien connaître.

Chapitre sixième

Le vrai sens de la relativité de tout savoir

On a examiné et discuté récemment, en Angleterre, la doctrine de la relativité de la connaissance avec une singulière prédilection. Hamilton, si je ne me trompe, l'a soutenue le premier, avec beaucoup de force, sans toutefois y apporter beaucoup de rigueur. Dans le livre de Stuart Mill sur la Philosophie de Hamilton, il y a deux chapitres (2ᵉ et 3ᵉ) sur ce sujet. Le deuxième chapitre est particulièrement intéressant, parce que les différentes nuances de cette théorie y sont clairement et brièvement analysées. Je crois cependant que ce penseur distingué a omis, malgré toute sa pénétration, un point essentiel dans l'affirmation de la relativité du savoir. Mill croit que la relativité consiste en ce que nous ne pouvons connaître que nos propres affections et nos états intérieurs. Aussi, d'après lui, ceux-là sont-ils partisans de la doctrine de la relativité en son sens extrême, qui affirment qu'en dehors de nos propres états non seulement nous ne connaissons rien, mais encore qu'il n'y a rien à connaître (Examen, p. 9). C'est là une méprise évidente. Avec la relativité, on admet un élément de *fausseté*, de valeur objective imparfaite de la connaissance. La théorie de la relativité a un sens dans l'hypothèse seulement que les choses *en soi ne* sont *pas* telles qu'elles sont *pour nous*, et que nous ne pouvons les connaître que telles qu'elles sont pour nous. Si l'on nie cette différence de l'*En soi* et du *Pour nous*, tout savoir, il est vrai, est relatif, mais cette relativité n'implique aucune fausseté de la connaissance, aucune limitation de sa valeur. Le savoir serait alors inconditionnellement vrai. Avec la relativité du savoir au contraire on affirme que notre savoir n'est pas inconditionnellement vrai.

La doctrine de la relativité du savoir s'est formée en opposition avec la conscience habituelle, ce qu'il faut bien remarquer. L'homme qui ne réfléchit pas croit : 1º qu'il connaît les choses exactement comme elles sont en soi, et 2º que ces choses existent, comme elles sont connues, indépendamment de la connaissance, sont des objets inconditionnés. L'inexactitude de ces deux déterminations a éveillé les premiers penseurs sceptiques, qui ont fini par proposer la théorie dont il s'agit ici. Protagoras déjà soutenait l'opinion que l'homme est la mesure de toutes choses, de celles qui sont comme elles sont, de celles qui ne sont pas comme elles ne sont pas, ce qui signifie, d'après l'interprétation de Socrate dans le Théétète de Platon, « qu'une chose est comme elle m'apparaît et est aussi comme elle t'apparaît ». Ainsi Protagoras aurait enseigné la doctrine de la relativité sous sa forme la plus extrême. Seulement, quand on étend à ce point la doctrine, elle se tourne contre elle-même et attribue à nos connaissances une valeur et une vérité illimitées en contradiction avec les faits. Le principe de Protagoras implique en effet que les objets connaissables ne sont pas différents de notre connaissance même, car autrement le sujet connaissant ne serait naturellement pas la mesure des choses. Mais si la connaissance et son objet ne font pas deux et ne sont qu'un, il ne peut y avoir évidemment aucune fausseté, aucune relativité du savoir : on ne peut concevoir, en effet, une relation sans deux choses entre lesquelles elle existe, et sans relation pas de relativité. La fausseté de cette théorie devient évidente quand manifestement les objets *diffèrent* de nos connaissances, et c'est le cas toutes les fois que se produit une *erreur* de fait. Aussi Platon déjà, dans le Théétète, a-t-il fait valoir que d'abord tous les hommes croient connaître les mêmes objets, et que, si ces objets paraissent ensuite différents à différents hommes, ces diverses façons d'apparaître ne peuvent pas être également vraies ; et, en second lieu, que, si l'on fait abstraction de ces objets communs extérieurs pour ne considérer que les états et sensations d'un homme, tout n'est pas comme il lui semble. Platon remarque avec raison que le cours futur de ses états maladifs n'est pas aussi bien prévu du malade lui-même que du médecin qui connaît la nature de sa maladie.

Aujourd'hui encore les partisans extrêmes de la relativité de la connaissance se rapprochent beaucoup de Protagoras ; car, d'après eux, les sensations, qui sont les objets particuliers en réalité, ne se distinguent cependant pas de la connaissance qu'on en a. Mais alors les sensations seraient les vraies choses en soi, et il ne pourrait être question de fausseté dans la connaissance. Comment, en effet, pourrait-il y avoir désaccord entre la connaissance et son objet, c'est-à-dire fausseté, si la connaissance et son objet n'étaient qu'une seule et même chose ? Mais ce serait en contradiction avec le fait que nous ne connaissons pas et ne pouvons pas connaître les sensations pour ce qu'elles sont, pour des affections et des états en nous, mais pour des objets réels hors de nous. En vérité l'empirisme ne peut jamais s'accorder ni avec les faits ni avec la théorie de la relativité du savoir. Cette théorie a un sens raisonnable dans la supposition seulement : 1° que les objets connaissables sont conditionnés par la nature propre, apriorique du sujet connaissant, et 2° que ces objets, précisément à cause de leur relativité, ne représentent pas l'essence vraie, inconditionnée de la réalité.

Que veut-on dire alors en affirmant que les objets connaissables sont relatifs par rapport au sujet, sont en relation nécessaire avec lui ? On veut dire que, dans leur essence, il y a quelque chose qui regarde le sujet, une adaptation originelle à ses lois. Mais cette relativité des *objets* ne constituerait pas encore une relativité du *savoir*, s'il appartenait à la propre et primitive nature des choses de se rapporter au sujet. Car il n'y aurait plus lieu de distinguer dans les choses le En soi et le Pour nous ; la manière d'être en soi primitivement des objets serait, en effet, dans ce cas identique à leur manière d'être pour nous, pour le sujet connaissant. Nous expérimentons qu'il n'en est pas ainsi par le fait que nous connaissons les objets empiriques comme des substances dans l'espace, qui subsistent indépendamment de tout rapport à un sujet.

Ce fait nous apprend évidemment deux choses : 1° que, conformément à notre concept, tout objet en soi est inconditionné et indépendant du sujet ; mais aussi 2° que les objets empiriques ne sont pas d'*accord* logiquement avec ce concept, précisément parce qu'ils sont *adaptés* en fait à ce concept, c'est-à-dire sont essentiellement en rapport avec un sujet connaissant.

Par suite, voici ce que signifie la relativité de la connaissance : les objets apparents de notre connaissance, les corps sont, il est vrai, inconditionnés quant à leur notion, mais cette connaissance n'a elle-même qu'une vérité et une valeur conditionnées. Car à notre connaissance des corps, comme nous le savons, ne répondent pas des choses réelles, mais seulement une disposition naturelle, réelle, de nos sensations, qui s'accorde en fait avec notre façon de les prendre pour des choses dans l'espace.

Au contraire, les sensations elles-mêmes existent réellement, elles sont les objets donnés de l'expérience, et nous pouvons en avoir une connaissance absolument vraie, valable sans condition et sans limite, du moins quand on les prend pour ce qu'elles sont, c'est-à-dire pour des sensations en nous (1) ; — mais ces objets ne sont pas eux-mêmes inconditionnés, ne sont pas des substances ou des choses en soi ; ce sont de simples phénomènes, c'est-à-dire qu'ils représentent la réalité non pas comme elle est dans son essence primitive, inconditionnée, mais sous la forme, qui lui est étrangère, de la pluralité, du changement et de l'opposition ou de la dualité du sujet et de l'objet de la connaissance.

(1) On est souvent tenté d'entendre par « Vérité absolue » une vérité qui n'est pas à notre portée, inaccessible, quelque chose comme la connaissance de l'absolu. C'est une pure méprise. La vérité absolue ou inconditionnée est très accessible dans la connaissance de n'importe quel objet et l'on y arrive par le fait même de connaître un objet tel qu'il est. Et si la vérité absolue est si difficile à atteindre, c'est que notre expérience ordinaire est conditionnée par une déception naturelle et nécessaire.

LIVRE QUATRIÈME

DE L'EXPLICATION

CHAPITRE PREMIER

DE L'EXPLICATION EN GÉNÉRAL

Expliquer, c'est donner la raison d'une chose, c'est-à-dire établir sa liaison avec une autre chose qui a été elle-même prouvée auparavant. Or, comme la preuve d'une liaison ne s'établit que par raisonnement, et qu'il y a deux sortes de raisonnements, déductif et inductif, toute explication est aussi déductive ou inductive. Mais de quelque manière que l'on explique un objet, le but de l'explication est toujours le même, à savoir de ramener le particulier, l'individuel au général.

S'il s'agit d'un fait particulier, d'une loi particulière, l'explication consiste toujours, aussi bien pour l'un que pour l'autre, à les ramener à des lois générales. Que ce soit le cas dans les sciences purement déductives qui procèdent par syllogismes, comme, par exemple, en mathématiques, il est à peine besoin de le dire. Car, dans un syllogisme, la conclusion n'est pas autre chose que l'expression du rapport logique que soutiennent les données contenues dans les prémisses. De ce qu'un nombre donné de *data* peuvent être mis en rapport de diverses manières, il est clair que le nombre des conclusions surpasse celui des prémisses et que celles-ci sont plus générales que celles-là.

Dans les sciences déductives, il n'y a aucune difficulté à comprendre pourquoi le général fournit l'explication du particulier et de l'individuel. Car dans ces sciences c'est le plus général qui est immédiatement certain et tout le reste ne peut être certain que par son moyen. Mais comment se fait-il que dans le domaine de l'expérience pure où ne sont donnés que des faits individuels, nous ne puissions nous en tenir à ces faits, et que nous ne croyions pas les bien saisir avant de connaître les lois les plus générales de leur liaison qui se déduisent cependant elles-mêmes des faits? Comment ce qui est dérivé peut-il fournir la raison de ce dont il est dérivé? Voici la réponse :

Quand chaque élément particulier donné n'a avec aucun autre aucun rapport essentiel, il n'est ni nécessaire ni possible de l'expliquer. La pensée ne tente pas de dépasser cet élément pour en atteindre un autre, pour expliquer le premier par le second, car tout ce qui pourrait être connu dans ce cas de l'élément dont il s'agit serait comme concentré en lui-même. Mais jamais et nulle part ne nous est donné un élément ainsi isolé dans son être. L'instabilité, la mutabilité pour ainsi dire constitutive de tous les phénomènes donnés, comme nous le savons par une raison *a priori*, est un signe déjà qu'ils dépendent de conditions et de leur liaison mutuelle. Mais la liaison d'un datum avec un autre ne peut être connue empiriquement que par induction, qu'autant qu'ils se produisent toujours ensemble dans la perception. Comme nous ne pouvons jamais être sûrs qu'un datum individuel d'aujourd'hui soit identique avec un datum semblable d'hier, nous ne pouvons pas parler de l'identité numérique du particulier, mais seulement de l'identité de l'*essence* de plusieurs phénomènes. Celle-ci est la seule qui nous serve dans nos inductions. La possibilité de connaître une liaison du particulier repose donc sur ce qu'il y a dans la nature une identité, un accord dans l'essence de plusieurs phénomènes, c'est-à-dire un élément *général*, qui est le même en plusieurs temps et en plusieurs lieux et par suite fait qu'on s'attend à la même chose. Expliquer le particulier, c'est donc toujours le ramener au général.

L'expérience nous montre qu'il y a des cas où la liaison de deux faits est le résultat d'un *intermédiaire* et qu'il y a deux sortes d'intermédiaires.

1° Un fait peut être le produit de plusieurs causes. L'exemple le plus simple est ce qu'on appelle le parallélogramme des forces. Si deux corps agissent sur un corps dans des directions différentes, le corps se meut dans le sens de la diagonale du parallélogramme que l'on construit en prenant pour côtés les directions des deux forces, la longueur de ces côtés étant déterminée d'après l'énergie respective de ces deux forces. Le mouvement du corps résultant est alors expliqué par l'intermédiaire de cette composition des deux mouvements auxquels le corps aurait été soumis s'il avait été mû d'abord par la première force et ensuite par la seconde.

2° Une autre sorte d'intermédiaire se présente lorsqu'un antécédent est lié à un conséquent non directement, mais au moyen d'un troisième. La discussion de ces deux cas se trouve dans la Logique de Stuart Mill, dans le chapitre intitulé : « Explication des lois de la nature », dont je ne cite que le passage suivant : « A semblait être la cause de C, mais on a reconnu plus tard que A était seulement la cause de B qui est la cause de C. On savait par exemple que par le contact d'un objet extérieur une sensation est excitée, mais on a découvert ensuite que par ce contact et avant que nous éprouvions la sensation, se produit un changement dans une espèce de cordon qui s'appelle nerf et qui va des organes extérieurs au cerveau. Le contact de l'objet n'est donc que la cause éloignée de notre sensation, c'est-à-dire non la cause proprement dite, mais la cause de la cause ; la cause réelle de la sensation est le changement dans l'état du nerf » (Log., I, 521).

L'explication d'une liaison ainsi produite consiste donc à découvrir et à montrer le terme intermédiaire qui se dérobe d'abord à l'observation. La différence des deux genres consiste donc, comme on le voit, en ce que dans le premier cas l'intermédiaire est simultané tandis qu'il est successif dans le second. Les causes concourantes sont simultanées à leurs effets ; au contraire l'élément qui unit un antécédent avec un conséquent se trouve dans leur succession.

Ainsi toute explication consiste à ramener le particulier au général, le composé au simple, le changement au constant. Ce qu'on veut connaître c'est la liaison d'un fait particulier avec ses raisons ou ses conditions réelles ; mais ce n'est possible que par induction si l'on constate une *loi* de liaison, et une loi dérivée demande à son tour pour son explication les lois primitives, générales de la liaison immédiate, de l'interférence desquelles elle procède et qui sont elles-mêmes, en tant qu'immédiates et primitives, immuables.

On a montré que le monde dans lequel le divers s'unit suivant des lois est un pur devenir, et que, d'autre part, tout dans le devenir est en relation nécessaire avec des antécédents déterminés. Aussi n'a-t-on besoin d'expliquer que ce qui appartient au devenir, ce qui est, quant à son essence, un simple phénomène, non un être en soi. Pour la connaissance de ce qui arrive, nous l'avons déjà remarqué, il y a deux choses à considérer : 1° la manière d'être de ce qui est tel et non autre ; 2° le fait de sa production. Par suite, toute explication scientifique doit contenir deux moments : 1° dériver le fait de la *nature* des éléments qui le conditionnent, et 2° dériver ce même fait d'un *état antérieur déterminé* de ces éléments que l'on prend pour point de départ. Ainsi, pour donner l'exemple le plus clair et le plus simple, la loi newtonienne de la gravitation explique les mouvements des corps célestes dans notre système planétaire par la supposition que ces corps, à des distances déterminées les uns des autres, ont déjà un mouvement d'une vitesse déterminée sur la tangente de leurs orbites. Cette explication prend donc pour accordés, non seulement l'attraction qui appartient à l'essence des corps suivant une loi déterminée et leurs masses respectives, mais encore leurs distances réelles, par rapport les uns aux autres et leurs mouvements propres. L'hypothèse de Kant et de Laplace sur la formation de notre système solaire remonte plus haut et déduit les états actuels d'états antérieurs différents où tout le système n'est qu'une masse sphérique très peu dense et occupant un très grand espace avec un mouvement de rotation. Cette hypothèse, à son tour, ne prend pas pour principe d'explication les qualités seulement et les lois des corps, mais encore un certain état de ces corps. Nous allons voir jusqu'où va une explication dans ces deux directions et dans quelle mesure elle peut contenter l'esprit.

Il est clair que l'explication empirique, scientifique de la réalité donnée aura atteint son dernier but lorsqu'elle sera parvenue à découvrir les éléments primitifs de tout ce qui est, à scruter les lois immédiates les plus générales de leur action ou de leurs rapports mutuels et aura été mise ainsi en état de dériver déductivement de ces éléments et de ces lois les états donnés des choses par la supposition d'un état déterminé antérieur, comme a fait la théorie newtonienne pour le mouvement des corps célestes. La science ne peut arriver à rien de plus en thèse générale que de faire pour l'ensemble des choses et des faits ce que la doctrine de Newton a fait pour un domaine particulier de ces faits. La science ne peut donc pas : 1° expliquer les éléments primitifs et les lois immédiates les plus générales de leur action; 2° démontrer un état absolument *premier* de ces éléments dans lequel tous les états ultérieurs auraient leur origine absolue.

Mais, se demande-t-on, pourquoi chercher cet état primitif? De quel droit aller si loin dans l'explication des phénomènes?

En ce qui concerne un état absolument premier des choses, le droit d'en chercher un est aussi clair que le jour. Car aucune déduction n'est définitive tant que la raison d'où elle part est elle-même dérivée. L'état de choses dont nous partons suppose d'autres états antérieurs, et alors le même besoin qui nous avait poussés à connaître la liaison des états suivants avec le premier, ou à les en dériver, nous porte à nous demander quelle est sa liaison à des états antérieurs. Mais non seulement nous ne pouvons pas atteindre en fait un premier état, mais la loi de causalité elle-même qui nous force à admettre une liaison des états successifs, à rattacher le conséquent à l'antécédent ou à l'en dériver, nous interdit de supposer, même par abstraction, un état absolument premier. Car cette loi signifie précisément qu'aucun changement ne peut se produire si un autre ne l'a précédé, et que par conséquent un premier changement est absolument impossible. Il y a là une antinomie réelle dont nous aurons à nous occuper dans un prochain chapitre.

Mais la raison pour laquelle la pensée même ne s'arrête pas à la connaissance des lois primitives de l'existence, est d'abord que ces lois manifestent quelque chose qui ne peut jamais être donné soi-même dans la perception, à savoir la liaison des phénomènes qui est inhérente à leur essence (1). Les lois ne

(1) « Expliquer une loi de la nature », dit Stuart Mill, « c'est seulement substituer un mystère à un autre; le cours général de la nature n'en reste pas moins mystérieux, car nous ne pouvons pas plus assigner un *pourquoi* aux lois les plus générales qu'aux lois particulières. L'explication peut mettre un mystère qui est devenu familier et qui, par suite, semble n'être plus un mystère, à la place d'un autre qui est encore étrange pour nous » (Log., I, p. 530). Mais H. Spencer commet une méprise quand il dit : « Il est évident que puisque la connaissance *la plus générale* à laquelle nous arrivons ne peut être réduite à une *plus générale*, elle ne peut être comprise » (*Premiers Principes*, trad. Cazelles, p. 78). La connais-

sont pas elles-mêmes ce qui lie le divers, elles expriment seulement la manière dont la liaison interne et inaccessible pour nous des phénomènes se manifeste dans leurs rapports perceptibles. On appelle ce lien inconnu des choses *pouvoir, force, puissance*, etc., sans arriver à savoir en quoi il consiste. Car bien que ce qui unit intérieurement les phénomènes soit un objet empirique, une partie intégrante du monde des phénomènes et puisse en être conclu avec certitude par induction, cependant rien de ce que nous percevons ne nous permet d'atteindre par raisonnement une idée claire de cet objet éternellement inaccessible à notre perception.

Mais il est certain que même quand nous pourrions avoir une intuition immédiate de la liaison interne des choses, cela cependant ne pourrait pas satisfaire notre pensée. Car la manière d'être des choses dans laquelle le divers est uni (est en rapports mutuels) est, comme nous l'avons vu, anormale et conditionnée par une illusion. L'explication physique des choses ne peut donc pas être définitive, parce qu'elle se fonde sur la perception des corps qui n'est elle-même qu'une pure apparence. Toutes les explications physiques n'ont donc qu'une valeur conditionnée, empirique, qui repose sur ce que le contenu réel de

sance la plus générale pourrait être évidente *de soi*. Par une semblable méprise, Platon, dans le *Théétète*, déclare que les éléments qui ne peuvent être ramenés à d'autres éléments ultérieurs, sont pour cela obscurs et inconnaissables, quand même nous pourrions les percevoir. Une chose, en effet, peut très bien n'être pas *susceptible* d'explication et, en même temps, *n'en avoir pas besoin*. Si, par exemple, nous pouvions percevoir les éléments de la réalité, nous ne nous tiendrions cependant pas pour satisfaits; mais ce ne serait pas parce qu'il serait impossible de les ramener eux-mêmes à d'autres, c'est parce que nous serions obligés de supposer encore en eux quelque chose de mystérieux et que la perception n'atteint pas, à savoir leur liaison interne. Si l'on conçoit, au contraire, ces éléments comme tout à fait séparés, sans aucun rapport mystérieux les uns avec les autres, on en aurait en les percevant une connaissance parfaite et pleinement satisfaisante, car cette perception nous permettrait de saisir tout ce que contient leur nature, sans qu'il reste rien d'impossible à saisir et à concevoir.

Fac. de Lille.

l'expérience (c'est-à-dire le contenu de nos sensations) est en fait conforme et approprié à notre façon de les considérer comme un monde de corps dans l'espace. Par suite nous devons bien, au point de vue de l'expérience, tout dériver ou chercher à expliquer, autant que possible, d'après la nature des corps, mais non pas croire que cette explication ait une valeur métaphysique ou qu'elle contente définitivement la pensée. Une explication métaphysique, définitive, de la réalité donnée, sa déduction de l'inconditionné est impossible. Car le changement et l'illusion qui pénètrent et conditionnent la réalité donnée sont étrangers à l'essence normale, inconditionnée des choses et ne peuvent pas avoir en elle leur fondement. Ainsi une cause première, inconditionnée de la production du monde ou des changements qui se succèdent en lui, et une raison inconditionnée de leur régularité — laquelle est déjà conditionnée par l'illusion, c'est-à-dire appropriée à notre façon de concevoir les sensations comme des corps hors de nous, — ne sont pas concevables, comme je le ferai voir encore plus complètement dans le cours de cet ouvrage. Alors même que nous connaîtrions parfaitement l'essence et les lois des objets de l'expérience, nous ne les comprendrions donc pas encore, parce que leur nature est anormale et ne s'accorde pas avec notre concept de l'essence vraiment propre et normale des choses. Nous ne pouvons pas même connaître notre propre moi, bien que nous soyons ce moi lui-même, parce qu'il ne répond pas à la norme de notre pensée. Nous donnerons plus de détails dans la seconde Partie.

Nous devons donc bien distinguer les différents sens des mots « compréhensible » et « incompréhensible ». Nous disons quelquefois qu'une chose est incompréhensible, parce que nous ne savons pas comment elle se produit. Par exemple, les tours d'un escamoteur sont incompréhensibles pour ceux qui ne sont pas initiés, en ce sens qu'ils ne savent pas comment on les fait. Mais tout le monde sait que tout s'y passe le plus naturellement du monde et que les choses peuvent être parfaitement expliquées. L'explication consiste dans l'énoncé des raisons naturelles ou des lois suivant lesquelles ces faits se produisent ; nous avons parlé plus haut de ce genre d'explication. En second lieu, toute contradiction logique est incompréhensible, mais en un autre sens. La contradiction logique, l'union inconditionnée du divers, ne peut pas en réalité être conçue ou être représentée comme existant en réalité, car elle est inconciliable avec la loi fondamentale de notre pensée et la nature des choses. En troisième lieu, est incompréhensible tout ce qui, sans s'opposer directement ou contradictoirement à la loi de notre pensée, ne s'accorde cependant pas avec elle. En ce sens, le monde empirique tout entier et sa régularité sont incompréhensibles, parce qu'il est anormal, parce qu'il présente l'union (conditionnée) du divers, contient non pas l'être, mais un pur devenir, et est conditionné par une illusion.

Incompréhensibilité est donc très loin d'être synonyme d'incognoscibilité. L'inconditionné qui est inconnaissable est cependant parfaitement compréhensible en même temps ; bien plus, il est la seule chose compréhensible qu'il y ait. Car l'inconditionné est un objet qui répond à la norme, à la loi fondamentale de notre pensée, c'est-à-dire possède un être qui lui est vraiment propre, non emprunté du dehors, et qui est parfaitement identique à soi-même. Au contraire, les objets empiriques, quoique connaissables, ne sont pas compréhensibles parce qu'ils ne répondent pas à la norme, à la loi fondamentale de notre pensée. L'inconditionné n'a pas besoin d'explication, parce qu'il est lui-même considéré comme l'explication suprême. Toutes les tentatives pour expliquer à fond la réalité donnée ne sont pas autre chose que des tentatives pour la dériver de l'inconditionné. L'incompréhensibilité du monde donné consiste donc en ce qu'il ne peut se dériver de l'inconditionné et ne peut être conçu comme d'accord avec la norme de notre pensée. Il est donc impossible de se satisfaire pleinement en remontant aux raisons de ce qui est donné (1).

Mais si, en remontant aux principes, nous ne pouvons nous contenter pleinement, nous pouvons pleinement nous satisfaire en descendant des principes aux conséquences. Car les prémisses une fois données, les conséquences s'en déduisent par substitution du semblable au semblable, ou de l'identique à l'identique. L'axiome fondamental de tout syllogisme, à savoir que de choses identiques on peut affirmer la même chose, est un principe analytique, évident de lui-même, qui n'offre à la pensée aucune difficulté. Aussi, bien que des lois nouvelles de liaison, inconnues ou au moins inconscientes à la pensée, soient découvertes par le syllogisme, elles ne nous causent cependant aucun embarras nouveau: elles paraissent, au contraire, tout à fait compréhensibles et claires, parce que toute l'incompréhensibilité impénétrable à la pensée se rencontre dans les hypothèses et dans les faits fondamentaux, non dans le processus de la déduction.

Deuxième chapitre

Du principe de raison suffisante

Le besoin signalé dans le chapitre précédent de se demander les raisons de ce qui est donné a fait concevoir une loi générale sous le nom de *Principe de raison suffisante*, qui est quelquefois affirmé sous cette forme absolue : pour toute chose on doit donner la raison qui fait qu'elle est plutôt que de

---

(1) Lorsque viendra, dans la seconde Partie, l'analyse du monde empirique, son incompréhensibilité sera encore mieux établie.

n'être pas (1). Et il y a une preuve récente que cette extension excessive du principe de causalité n'appartient pas seulement à l'histoire du passé.

Schopenhauer, en effet, a considéré le principe de raison suffisante comme un principe qui est au-dessus de tout examen. « Demander, dit-il, une preuve du principe de causalité, c'est montrer qu'on manque de réflexion. Toute preuve, en effet, est l'exposé de la raison d'un jugement exprimé, lequel en reçoit précisément le prédicat *vrai*, et le principe de causalité est précisément l'expression de ce besoin de raison pour *tout* jugement (2). Celui qui demande pour ce principe une preuve, c'est-à-dire l'exposé d'une raison, le suppose par cela même comme vrai, et appuie sa demande sur cette supposition. Le voilà donc dans un cercle et obligé de demander une raison du droit de demander une raison. » (Quadruple racine, etc., p. 23).

Il faut donc regarder comme évident de soi que tout doit être dérivé, doit avoir une raison. Mais, bien loin que ce soit évident, c'est absurde au contraire. Car si, dans le domaine de la pensée, il n'y avait rien d'immédiatement certain, c'est-à-dire sans raison, il n'y aurait pas non plus de certitude médiate, de certitude fondée sur des raisons. Et, s'il n'y avait pas dans le domaine de la réalité quelque chose d'inconditionné, c'est-à-dire existant sans raison, il n'y aurait rien qui pût être la raison d'autre chose. Il n'y a pas de loi ou de besoin inné de notre pensée de chercher l'explication des choses — comme le ferait entendre un principe général *a priori*

---

(1) Spinoza affirmait en effet (Ethique, Prop. VIII, Sch. 2) que « pour toute chose il y a une cause ou une raison qui permet d'expliquer pourquoi elle existe et aussi pourquoi elle n'existe pas », sans songer que, si des raisons sont nécessaires pour l'existence d'une chose, l'absence de ces raisons est une raison suffisante de la non-existence de cette chose.

(2) Deux lignes plus haut, Schopenhauer a dit qu'il y a des propositions certaines, « dont la certitude propre n'a pas besoin d'être assurée par d'autres propositions ».

de raison suffisante; — mais, au contraire, c'est parce que les objets de l'expérience ne s'accordent pas avec la loi fondamentale de notre pensée que nous nous sentons portés à en chercher l'explication. Il ne se comprend pas de soi que tout ce qui est réel doive avoir une raison, doive être dérivé ou ait besoin d'une explication; c'est, au contraire, parce que les choses de l'expérience ne sont pas évidentes de soi, ne s'accordent pas avec la loi de notre pensée, que nous nous en demandons la raison, le pourquoi et le comment. Le principe de raison n'est évident de soi que sous la forme tautologique de l'affirmation que tout ce qui n'est pas immédiatement certain ou existant par soi (inconditionné) doit avoir une raison ou de sa certitude ou de son existence.

La seule proposition évidente par elle-même est celle qui exprime le principe d'identité, à savoir que tout être dans son essence propre est identique à lui-même. Il ne peut arriver à personne de demander pourquoi un objet doit être identique à lui-même. Car c'est immédiatement évident en vertu de la loi primitive qui constitue l'essence de notre pensée. Si les objets de l'expérience s'accordaient avec cette loi, tout ce qui est donné serait identique à soi-même, et alors il n'y aurait jamais à se demander le pourquoi et le comment de rien. Tout se comprendrait de soi-même. Le passage d'un objet à un autre, une dérivation de l'un à l'autre, ne serait ni possible ni nécessaire. Tout serait parfaitement arrêté en soi. C'est parce que la propriété de dépendre de raisons et d'avoir besoin d'une explication est étrangère à l'essence normale inconditionnée des choses, que nous sommes autorisés et forcés à demander non seulement le pourquoi et les raisons de tout objet conditionné, mais aussi pour quelle raison en général n'importe quoi dépend de raisons et a besoin d'explications. Seulement on ne peut faire à cette dernière question une réponse satisfaisante. Puisque le fait de dépendre de raisons (d'être conditionné) est étranger à l'être normal, primitif des choses, il ne peut avoir aucune raison dans la réalité. Nous sommes ainsi amenés à voir non seulement qu'il y a des choses — au moins une chose, l'inconditionné, — qui ne dépendent pas de raisons et n'ont pas besoin d'explication, mais aussi que beaucoup de choses, qui, par suite de leur essence, supposent une raison, n'en ont cependant pas; c'est le cas, en particulier, pour ces éléments de la réalité donnée qui sont étrangers à l'essence normale, inconditionnée des choses. Ces éléments ont besoin d'explication et ne peuvent cependant en recevoir aucune (1).

Nous devons chercher maintenant quel est le signe de ce qui est dérivé et dépend de raisons. Il doit y en avoir un, car nous ne saurions pas autrement ce qui de son essence est dérivé. La dépendance, en effet, d'un objet par rapport à un autre n'est jamais donnée dans la perception.

Toute dérivation suppose succession. Car ce qui n'est pas produit, ce qui n'a pas d'origine, est par cela même sans raison. Je l'ai déjà montré dans le chapitre intitulé *Être et devenir*, et il est inutile d'y insister. Le principe de raison n'est donc pas autre chose que le principe de causalité, d'après lequel aucune production, aucun changement n'est possible sans cause. Et j'ai montré par la dérivation du principe de causalité qu'il n'est pas immédiatement certain, qu'il n'est pas évident par lui-même.

Même dans le domaine de notre conscience, le rapport de principe à conséquence est un rapport de succession, celui de ce qui est pensé avant à ce qui est pensé après. La raison d'une connaissance ou d'un jugement est ce par l'intermédiaire de quoi la conscience arrive à cette connaissance ou à la constatation de la certitude. Toutefois le rapport d'antécédent à conséquent n'est pas ici absolument celui de la simple causalité.

---

(1) Voir le chapitre suivant, et surtout le dernier de cette première Partie.

Il y a des raisons qui ne sont pas de simples causes, ou, en d'autres termes, il y a des lois qui ne sont pas de nature physique. J'ai déjà montré plus haut que la croyance naturelle aux idées n'est pas un événement physique, une propriété physique, et que les lois suivant lesquelles la croyance (la conviction) doit être produite, c'est-à-dire les lois propres, normales de la pensée ne sont pas de nature physique, mais logique. Il faut cependant insister encore ici sur cette différence.

On sait que les hommes croient et jugent souvent faussement, bien plus, que la croyance et le jugement faux sont encore plus fréquents que les vrais. En ce qui concerne la raison des jugements faux, on peut bien dire qu'ils sont l'effet de causes agissant suivant la loi de causalité qui se manifeste dans la nature physique. Si un corps se meut parce qu'il a été heurté par un autre corps, si un homme croit quelque chose parce qu'il y a été poussé par une inclination, l'autorité ou l'habitude, — ce sont de part et d'autre des cas de causalité ordinaire, physique. Mais on ne peut pas dire la même chose de la croyance et des jugements vrais. Si nous voyons la vérité d'un théorème et la reconnaissons parce que nous en avons une preuve décisive, la preuve est sans doute la cause de notre croyance ou de notre conviction, mais on comprend bien que cette preuve n'est pas une cause physique, qu'elle n'agit pas sur notre croyance en vertu d'une loi physique. Ce qui le montre bien, c'est que l'effet d'une cause physique peut être détruit en tout ou en partie par une autre cause, tandis que notre croyance en la vérité d'un théorème bien démontré ne peut être annihilée par aucune cause, à moins qu'elle ne nous prive de tout sens. Bien plus, quand notre salut dépendrait d'une erreur, nous ne pourrions pas, une fois que nous en aurions vu clairement la fausseté, la prendre pour une vérité. Nous avons donc affaire ici à une force qui diffère *toto genere* de la force physique, à une force dont l'action dépend non de son énergie physique, mais de son *exactitude plus haute*.

En dehors des lois logiques, il y a encore une loi dont l'efficacité dépend aussi, non pas de son énergie physique, mais de son exactitude supérieure, c'est la loi morale. Que l'on ait conscience de cette haute valeur des lois logiques et morales et que l'on se sente obligé de conformer ses pensées, sa volonté, ses actions à ces lois malgré toutes les causes ou tous les motifs contraires, cela prouve bien que l'homme n'est pas seulement un être physique. Mais il est aussi un tel être et soumis aux lois naturelles, et par suite la valeur supérieure, en lui, est souvent vaincue par la force physique : il en résulte l'erreur et le mal.

Mais il ne s'agit pas ici de l'homme et de sa nature, mais du principe de raison suffisante. Les explications qui précèdent ne vont qu'à faire comprendre qu'il y a des raisons qui ne sont pas des causes physiques, ou, en d'autres termes, qu'il y a des lois qui ne sont pas des lois de nature physique ou des lois naturelles. On doit donc distinguer deux sortes de raisons, physiques et logiques, raisons de l'être ou du devenir, et raisons de la connaissance et de la croyance.

Mais quoiqu'il y ait des raisons qui ne sont pas de simples causes, il n'y a pas de « principe de raison » qui soit différent du principe de causalité. En dehors des changements, en effet, il n'y a rien dans le monde en général dont on puisse dire qu'il a des causes ou des raisons. Et en particulier ce n'est pas vrai des jugements. Car s'il n'y avait rien d'immédiatement certain, s'il n'y avait pas des jugements sans raison au point de vue de leur certitude, il n'y aurait, comme nous l'avons montré, aucune certitude, aucun jugement certain. Il ne peut pas y avoir de premier fondement du devenir: les premiers fondements de la connaissance comme tels se trouvent au contraire dans la certitude immédiate. Avec le certain immédiat commence toute connaissance ; elle se fonde alors sur des perceptions immédiates. En tant qu'événements dans la réalité, nos connaissances et nos jugements appartiennent au domaine du devenir général, et, comme tout ce qui devient, ils supposent des antécédents invariables et des causes à l'infini ; mais en tant que connaissances, comme jugements, ils ont leur premier fondement dans ce qui est immédiatement certain.

La confusion des raisons réelles, c'est-à-dire des causes, avec les raisons de la connaissance a déjà occasionné plus d'une méprise. Ainsi l'on est disposé à considérer comme raison suffisante ce qui *produit* les conséquences, ce qui les tire de soi. Cela vient de ce que dans un syllogisme les prémisses produisent en quelque sorte pour la conscience la conclusion. La conclusion est déjà dans les prémisses, et il suffit de l'en faire sortir en les rapprochant ; elle est précisément la simple expression du rapport logique dans lequel se trouvent mutuellement les données exprimées par les prémisses. Or, on transporte involontairement la même manière de procéder aux raisons du devenir, que l'on trouve ou que l'on suppose dans la réalité : il semble que l'on pourrait conclure de la nature de la cause pourquoi elle produit précisément telle conséquence et non telle autre, comme dans le syllogisme les prémisses permettent de voir pourquoi elles autorisent telle conclusion et non telle autre. Mais c'est évidemment une confusion entre les conséquences logiques intellectuelles et les conséquences réelles. Si l'on considère une loi générale comme le fondement des lois particulières, qui en sont des spécifications plus approchées dans des circonstances ou des conditions déterminées, on peut sans doute comprendre celles-ci grâce à celle-là. Que la chute des corps sur la terre et les mouvements des planètes autour du soleil ont lieu conformément à la même loi qui sert de fondement aux lois du mouvement données par Képler, — c'est logiquement clair ; car cela résulte de la simple subsomption des rapports et des faits donnés à la loi de la gravitation. Mais le rapport d'une cause à son effet est tout à fait différent du rapport d'une loi à ses spécifications et à ses conséquences. La cause ne précède pas l'effet dans l'ordre logique de la conception, mais dans les séries réelles de la succession, et réciproquement la loi générale n'est pas le fondement réel ou la cause des lois et des faits particuliers qui lui sont soumis, et ceux-ci n'en sont pas les suites ou les effets, mais seulement des cas, des exemples, des spécifications plus précises. Hume et Brown ont déjà fait voir que, dans la nature d'une cause donnée, on ne peut rien trouver qui permette de prédire de quels effets elle sera suivie. Le rapport de cause et d'effet ne peut donc être connu que par l'expérience, c'est-à-dire par le fait de ses séquences constantes. Mais il est impossible de deviner que n'importe quel objet réel en produira un autre pareil. On ne peut même de très loin former l'idée d'une semblable production. Le fondement réel ou la cause d'un effet n'est pas autre chose que son antécédent constant dans l'existence, et cette raison est *suffisante* si elle est toujours accompagnée de *tout* l'effet et si d'autres antécédents plus éloignés ne sont pas nécessaires pour conditionner l'apparition de l'effet.

Mais ici il est à craindre qu'on ne tombe dans l'erreur opposée, ce qui est arrivé précisément à Hume et à Brown. Parce que nous ne connaissons pas la raison pour laquelle des causes déterminées sont accompagnées d'effets déterminés, ces penseurs ont nié d'une manière générale l'existence d'une telle raison. C'est évidemment là rejeter le bon avec le mauvais. La raison de ce qu'une cause donnée n'entraîne avec elle qu'un effet ne se trouve pas plus dans cette cause seule que dans l'effet seul; elle est dans ce qui lie la cause et l'effet. Le fait que des phénomènes déterminés sont toujours liés l'un à l'autre ne peut pas signifier autre chose que leur liaison mutuelle. J'ai déjà répété que la croyance à la valeur de l'induction équivaut à la croyance à une liaison réelle des phénomènes. Car l'induction n'est pas autre chose que la conclusion d'une apparition constante de phénomènes semblables à une liaison mutuelle de ces phénomènes.

A la vérité, l'hypothèse d'une force, d'un pouvoir particulier dans un objet individuel de modifier d'autres objets ou de produire des effets en général, est tout à fait insoutenable. En fait, la force, le pouvoir de produire des changements ne peut jamais être la propriété d'une chose individuelle comme telle, car autrement cette chose serait une cause inconditionnée, et une telle cause est inconcevable. Mais il ne s'ensuit pas que la force en général n'existe pas. Si elle n'appartient pas à un objet dans son isolement et son individualité, elle appartient cependant aux objets dans leurs rapports mutuels, comme le prouve l'expérience. La force n'est pas, il est vrai, une cause individuelle elle-même, la qualité d'un objet particulier, mais bien la base réelle de tous les rapports de causalité entre les objets de l'expérience en général.

Ces penseurs semblent ne l'avoir pas compris. Brown dit ironiquement à ce sujet : « Tout ce que nous savons réellement de la causalité, c'est une simple immutabilité de succession; mais nous croyons toujours qu'il y a encore quelque chose à découvrir là-dessous,... quelque chose d'obscur, de mystérieux,... qui produit tout changement que nous percevons, excepté celui par lequel ce quelque chose deviendrait lui-même un objet de notre perception » (Cause et effet p. 124). Il oublie que précisément l'immutabilité de la succession ne signifie pas autre chose qu'une liaison du successif, que l'on doit par suite regarder comme nécessaire bien que nous ne la percevions jamais. Demander que ce lien lui-même soit perçu, c'est demander que ce qui forme la base de tout rapport causal se présente lui-même comme membre d'un rapport causal, et c'est absurde.

Troisième chapitre

Ce qu'est la négation dans la réalité

C'est un fait triste et troublant qu'en philosophie les leçons ne servent de rien. Nous voyons, même dans les questions les plus simples, les plus élémentaires, reproduire et affirmer des opinions dont la fausseté est manifeste et a été cent fois établie. S'il n'était pas possible dans ce domaine de la recherche d'arriver à des résultats exacts et positifs, rien du moins, ne devrait, semble-t-il, nous empêcher d'éviter l'erreur et les suppositions fausses. Mais l'homme, suivant la remarque de Bacon, a un penchant naturel à croire et à affirmer qui nous porte à croire et à affirmer au risque de nous tromper, au lieu de nous reposer, à l'exemple de Socrate, dans la conscience de notre ignorance touchant tel ou tel objet de recherche, ou, ce qui vaudrait mieux, au lieu de continuer nos investigations avec plus de précaution et de sens critique.

Un exemple de cette erreur inexcusable, c'est la confusion de la négation *logique* et de la négation *réelle*. Il semble incroyable que des hommes qui pensent, bien plus, des philosophes, aient pu considérer les affirmations et les négations que nous portons sur les objets dans nos idées et leurs expressions comme quelque chose d'inhérent à ces objets. Nous aurions tout autant de raison de considérer les mots, par lesquels s'expriment nos affirmations et nos négations, comme faisant partie de la nature des objets en question. L'eau n'est pas du cuivre, un cheval n'est pas un moineau; ce sont là, comme un enfant même peut le voir, non des négations dans les objets eux-mêmes, mais dans notre pensée seulement qui les compare et fait ressortir leur différence. Néanmoins des systèmes entiers ont été fondés sur l'objectivation des négations logiques, et la méprise dure encore. Telle l'opinion d'Ulrici (Questions logiques 1870, p. 70) : « Les négations dans l'être ont la même signification que dans la pensée », et réciproquement ; « car ce qui dans l'être est la détermination est la différence dans la pensée... Un être déterminé (c'est-à-dire quelque chose) ne peut *être* et être conçu que par la négation, par la différenciation relativement à un autre ». D'où il suit qu'un objet réel doit perdre ses déterminations particulières et ses qualités si tous les autres objets s'éloignent, et s'il reste seul, sans pouvoir être comparé à aucun d'eux.

Spinoza a donné l'expression la plus concise de cette erreur dans la proposition célèbre : « *Omnis determinatio est negatio* ». Herbart dit avec justesse à ce propos (Métaphys. génér., I, p. 493) : « Spinoza prend la négation que nous énonçons quand nous opposons une chose à une autre, pour une négation dans les choses. Avec cette confusion il n'est pas étonnant que précisément ce que l'on pose comme fini, c'est-à-dire terminé et complet, soit pris pour un infini, dans le sens que s'il lui manquait quelque chose on pourrait encore le lui ajouter ».

La conséquence particulière de cette objectivation de la négation logique est qu'il faut prendre pour réel seulement ce qui ou bien manque tout à fait de détermination ou unit en soi une foule infinie de déterminations et de prédicats. On serait conduit par là à se représenter un *Ens realissimum* qui devrait être le total de tous les prédicats et de toutes les réalités existant en fait, et que Kant lui-même prend pour un *idéal* de la raison « fondé sur une idée naturelle et involontaire » (Crit. de la R. pure, p. 468). Kant ne voyait, il est vrai, dans cet idéal qu'un simple principe régulateur de la raison : mais les panthéistes, à son exemple, adoptèrent très bien cette imagination, et de notre temps encore, Mansel, par exemple, a affirmé que l'absolu et l'infini (deux choses proprement incompatibles) « ne peuvent être rien moins que la somme de toutes les réalités », qui contient en soi tout ce « qui est actuel, y compris le mal » (1).

Voyons comment Kant a justifié cette singulière manière de voir. Nous lisons dans la Critique de la Raison pure ceci entre autres choses :

« Le principe : Toute chose existante est universellement déterminée, ne signifie pas seulement que, de chaque couple de prédicats opposés *donnés*, mais que de tous les prédicats possibles un seul lui convient... Il revient donc à dire que pour connaître parfaitement une chose, il faut connaître tout le possible, et la déterminer, soit en affirmant, soit en niant ». De là dérive « l'idée de la totalité de toute possibilité », qui, en y regardant de plus près, « se change en un concept universellement déterminé *a priori*, et ainsi se forme le concept d'un objet particulier, qui est universellement déterminé par la simple idée, et qui, par conséquent, doit être appelé un *Idéal* de la raison pure » (p. 463).

La relativité des objets donnés a pour résultat, il est vrai, que l'on ne connaît bien un objet que si l'on connaît proprement ses rapports avec *tous* les autres objets ; car les qualités des objets connus ne sont que les manières dont ils se comportent les uns à l'égard des autres. Mais Kant et les panthéistes ne pensent évidemment pas ici à la relativité réelle des choses, mais seulement à celle qui résulte de leur rapprochement dans une pensée qui les compare (2). Un homme peut connaître beaucoup d'objets et supposer *in abstracto* une foule tout à fait indéterminée d'objets présents ou possibles, et alors sans doute

---

(1) Cité par Stuart Mill, dans l'Ex. de la phil. de Hamilton, p. 110.

(2) Du fait, en effet, que la relativité des objets empiriques est étrangère à l'être inconditionné des choses, et par suite à la norme ou à l'idéal, il s'ensuit, comme on l'a longuement prouvé plus haut, non pas que l'idéal unit en lui tous les prédicats possibles, mais bien qu'il ne contient en lui aucune multiplicité de prédicats, aucune diversité, qu'il est simple, au contraire, parce qu'il est parfaitement identique avec lui-même.

il observe qu'un objet n'est pas comme un autre, et qu'en lui manquent beaucoup des qualités des autres objets. Mais qu'est-ce que cela a de commun avec les objets réels eux-mêmes ou avec la connaissance que nous en avons? Ma connaissance d'un encrier est-elle perfectionnée parce que je remarque que ce n'est pas un rossignol? Et que dire de cette idée d'unir les diverses idées d'attributs dans l'esprit d'un homme à l'idée d'un objet hors de son esprit, et à l'idée d'une cause première? Qu'il n'y ait là rien de sensé, Kant lui-même s'en est aperçu, car il dit : « Comme on ne peut pas dire qu'un être primitif se compose d'une foule d'êtres dérivés, puisque chacun de ceux-ci suppose celui-là et par conséquent ne peut le constituer, il s'ensuit que l'idéal de l'être primitif doit être pensé comme simple (« *simple* » ce qui possède tous les attributs possibles?). La dérivation de toutes les autres possibilités de cet être primitif ne sera donc pas, à parler exactement, une *limitation* de sa réalité suprême ou comme sa *division*..... La plus haute réalité serait plutôt comme une *raison* que comme un *ensemble* de la possibilité de toutes choses » (p. 467).

Ainsi Kant a commencé par l'idée de *total* pour arriver à celle de *raison*, sans autre transition que celle que nous avons vue. Mais l'idée d'une raison est évidemment tout autre que celle d'un total. Comme on s'imagine confusément qu'il faut admettre une raison, l'idée d'une différence entre cette raison et ses conséquences s'introduit nécessairement, et l'on s'écarte ainsi de l'idée panthéistique de l'unité. Mais il en a toujours été ainsi dans le panthéisme : on affirme l'unité de la cause et du monde et l'on ne cesse cependant pas de regarder cette cause comme quelque chose de différent du monde.

On dissipera facilement ces imaginations bizarres si l'on fait voir ce qu'est en vérité une négation réelle et comment elle se distingue d'une négation logique.

Quand un objet manque de quelque chose qui n'appartient

pas du tout à sa nature, il n'y a pas là le moindre défaut et il n'y a aucune négation dans l'objet. Il n'y aura négation que dans la pensée qui, en dehors des qualités de cet objet, en connaît d'autres et considère qu'elles ne se trouvent pas dans l'objet.

Mais s'il manque à un objet quelque chose qui appartient à sa nature propre, il y a alors un défaut réel, une véritable négation dans l'objet que l'on doit soigneusement distinguer de la négation logique. — Qui voudrait considérer comme un défaut pour l'homme de n'avoir ni cornes ni queue? Mais si un bœuf en manque, nous le regardons comme un défaut. La raison en est claire. Cornes et queue appartiennent à l'essence d'un bœuf, non à celle d'un homme. La *perfection* d'une chose consiste donc non en ce qu'elle ait toutes les qualités possibles ou réelles, mais seulement en *ce qu'elle possède tout ce qui appartient à sa nature*.

Encore n'est-il pas très clair dans le cas des cornes et de la queue qu'il y ait une négation réelle, car il ne s'agit là que de l'apparence extérieure de l'animal et non de sa constitution intérieure. Mais que l'on considère tout état maladif, soit de l'esprit, soit du corps, toute privation des états normaux d'un être vivant, on accordera qu'un être vivant dans un tel état n'est plus tout à fait lui-même. En particulier, une maladie de l'âme est comme une aliénation complète de l'être par rapport à lui-même. Un homme en délire et un chien enragé ne peuvent plus être identifiés à leur personnalité antérieure que par des signes et des qualités extérieures.

Mais une négation réelle peut encore consister en ce que, dans une chose, il y a ce qui n'appartient pas à son être propre et doit en être nié. Et, en vérité, toute négation réelle peut être ramenée à cette dernière définition. Car, s'il manque à un objet quelque chose qui appartient à sa nature, c'est là un fait qui lui est étranger en soi ou qui n'appartient pas à sa manière d'être normale.

Fac. de Lille.

La présence d'une telle négation réelle dans une chose forme en elle une contradiction qui diffère tout à fait de la contradiction logique. Si un objet contient quelque chose qui lui est étranger, il n'est évidemment pas tout à fait identique à lui-même, et cette absence d'identité est une contradiction réelle, un manque d'accord de la chose avec elle-même. Mais ce rapport ne constituerait une contradiction *logique* que si cet élément étranger à la chose appartenait cependant à son essence *propre*, ce qui est, comme toutes les contradictions logiques, impossible et inconcevable, bien que quelques philosophes, et Hegel en particulier, l'aient sérieusement affirmé.

Nous voyons donc que la perfection ne signifie pas autre chose que la nature normale d'une chose, c'est-à-dire la nature de ce qui est vraiment identique à soi-même. Car tout défaut, toute négation réelle dans une chose, est un désaccord de cette chose avec elle-même et montre la présence en elle d'éléments et d'influences qui n'appartiennent réellement pas à son être. Dire que les choses empiriques sont imparfaites, c'est donc dire que leur nature n'est pas normale, qu'elle contient une négation, c'est-à-dire quelque chose qui est en soi étranger à la nature de la chose, et qu'elle manque par conséquent de la vraie identité avec soi-même. — Mais on a prouvé que le concept de conditionné a le même sens, c'est-à-dire désigne la présence de quelque chose d'étranger à la nature de la chose en soi. Tout ce qui est imparfait est donc conditionné, tout ce qui est conditionné est imparfait. Conditionné et imparfait sont donc deux spécifications d'un concept commun supérieur, à savoir celui de l'absence d'identité avec soi-même dans les objets empiriques ; mais cette absence se manifeste dans les deux cas d'une manière différente : d'une part dans la dépendance des objets empiriques vis-à-vis de conditions, et de l'autre dans le fait qu'ils se nient eux-mêmes et fournissent ainsi la preuve positive qu'ils n'ont pas un être vraiment propre, une identité véritable. On voit encore par là que l'opposition entre l'inconditionné et le conditionné est la même que l'opposition entre la nature normale, parfaite, vraiment propre des choses, et une manière d'être anormale, imparfaite et se niant elle-même (1).

Il ne suffit pas de réfuter les fausses opinions à ce sujet, et d'en donner une véritable interprétation; il faut encore rechercher d'où vient l'erreur. Comment en est-on arrivé à voir dans toute détermination une négation, et à considérer par suite l'inconditionné ou comme un assemblage monstrueux de toutes les qualités présentes, ou — ce qui est plus ordinaire, — comme un « infini », tandis que les concepts d'inconditionné et d'infini s'excluent mutuellement au contraire? L'objectivation de la négation logique n'a pas produit toute seule ce résultat, ou plutôt elle dépend elle-même d'une raison plus profonde qu'il faut montrer.

La vraie raison est l'illusion naturelle qui nous fait paraître les objets de l'expérience comme des substances, c'est-à-dire comme des choses inconditionnées, douées d'un être propre. L'homme ainsi réduit à l'apparence croit qu'un objet empirique, le moi, par exemple, est dans son unité une substance, c'est-à-dire qu'il est inconditionné, tandis qu'avec un peu d'attention il ne peut s'empêcher de voir qu'à chaque instant de son existence il est conditionné, et dépend de conditions extérieures. On est par suite conduit à croire que toute détermination dans les objets est une négation, c'est-à-dire précisément une négation de sa substantialité. Tant qu'il s'agit des objets de l'expérience, c'est parfaitement vrai, en ce sens que les objets de l'expérience ne sont pas en fait de vraies substances, de vraies

(1) La tendance à penser l'inconditionné comme parfait — et l'idée de Dieu unit ces deux concepts, — est tout à fait justifiée; elle est le résultat d'une intuition vraie. Au contraire, on s'est toujours trompé quand on a voulu déterminer davantage l'idée de Dieu. C'est ce que nous verrons mieux dans la suite.

choses, mais de simples assemblages de qualités, de simples phénomènes. Mais la plupart du temps on comprend cette négation tout de travers. De ce que dans toute détermination particulière les objets empiriques sont conditionnés, on ne conclut pas que ces objets sont de simples phénomènes et non des substances, mais que toute détermination en général est conditionnée et doit être ainsi étrangère à l'inconditionné.

C'est là aussi la raison qui porte les hommes à considérer l'inconditionné ou comme la totalité de toute réalité qui contient en soi toutes les qualités mêlées à leurs conditions et qui est cependant une unité, ou à le concevoir du moins comme un infini. Nous reviendrons sur la première de ces hypothèses dans le chapitre suivant. Expliquons dès maintenant la seconde en quelques mots.

Que veut-on dire quand on affirme de l'inconditionné qu'il est infini? On veut dire que l'inconditionné est à la fois déterminé et non déterminé, qu'il possède des qualités positives mais qui cessent d'être déterminées par défaut de limitation. Il est difficile de comprendre une façon de penser si obscure et si contradictoire et on ne la comprend que par ses motifs. Un objet réel doit avoir une nature déterminée, et tout le monde le sent, quoique obscurément. On en vient alors à l'hypothèse que l'inconditionné est déterminé qualitativement, il est vrai, mais que ses qualités sont indéterminées quantitativement, sans limites, infinies. De cette manière seulement on croit pouvoir les penser comme inconditionnées malgré leur détermination qualitative. En vérité, l'inconditionné est non seulement non infini, mais simple au contraire et intérieurement étranger à toute pluralité, à toute quantité. Après toutes les explications que j'ai données plus haut sur la vraie notion d'inconditionné, je n'aurais pas besoin de réfuter plus longuement ici ces fausses théories. Il le faut cependant pour bien faire comprendre le sujet, et je prie le lecteur de ne pas se fâcher si j'ajoute les chapitres suivants.

Quatrième chapitre

Le panthéisme ou la confusion de l'inconditionné avec le général

Dans un chapitre précédent, j'ai montré que les faits établissent, non pas la pluralité, mais l'unité de l'inconditionné ou de la substance. J'ai aussi prouvé que toute tentative de déduire la réalité donnée d'une pluralité de substances ou de l'expliquer par cette pluralité doit échouer. Il est donc inutile de revenir à l'hypothèse d'une pluralité de substances. Nous ne nous occuperons désormais que des doctrines métaphysiques qui conçoivent l'inconditionné comme une unité et qui s'efforcent de rendre intelligible l'union du monde donné avec cette unité. Ces doctrines se divisent en deux groupes, et considèrent l'inconditionné, d'un côté, comme identique au monde ou inhérent à lui, de l'autre, comme différent du monde et extérieur à lui.

Le premier groupe est celui des doctrines *panthéistes*, le second des doctrines *théistes*. Examinons-les, et commençons par les doctrines panthéistes.

Je prétends d'abord que le panthéisme est trop inadmissible, trop absurde pour que personne l'ait jamais professé réellement. Je dis au sens étroit. Car le pur panthéisme consiste dans l'affirmation que tous les objets divers et multiples que nous voyons dans le monde, forment précisément dans leur pluralité, dans leur diversité, un seul objet qui est justement l'inconditionné. Suivant le pur panthéisme, suivant la formule ἓν καὶ πᾶν, le monde multiple quant à son essence doit être l'inconditionné et réciproquement.

Nous avons déjà prouvé dans le second livre de cette première Partie qu'une unité inconditionnée ou l'union du divers devrait être immédiate et immuable. Car si le divers était un quant à son essence, il ne pourrait d'aucune manière être divisé, sa composition ne pourrait changer. Si le divers en soi était un, son unité serait donnée immédiatement et connaissable immédiatement aussi dans sa diversité, dans sa pluralité, et ne saurait en être distinguée. Mais cette hypothèse est non seulement logiquement contradictoire et inconcevable, mais encore inconciliable avec les faits. Car nous voyons que rien ne nous est donné immédiatement, si ce n'est une pluralité de phénomènes dont la liaison ne peut jamais se révéler dans leur manière d'être telle qu'elle est perçue, mais seulement se déduire de l'ordre de leur simultanéité ou de leur succession. L'unité du divers se trouve donc ailleurs que dans sa diversité même.

Par suite, ce que les panthéistes entendent par leur absolu ou leur Dieu n'est jamais une unité qui soit vraiment identique en réalité avec le monde divers des objets connus ; ils entendent plutôt par là simplement la liaison immanente conclue des choses, l'élément *général* de la nature, qu'ils se représentent, d'une manière, il est vrai, très confuse, comme un objet réel qui serait le support du monde multiple. Le panthéisme est, en fait, la confusion de l'inconditionné avec le général, confusion à laquelle Platon avait déjà préparé la voie par sa théorie des Idées. Mais rien ne peut être plus faux et plus absurde que cette confusion. S'il y a en effet un concept diamétralement opposé à celui d'inconditionné, c'est précisément celui de général : car celui-ci est précisément celui de la relation mutuelle du divers. Schopenhauer a donc raison de dire : « Le progrès du théisme au panthéisme est le passage de ce qui n'est pas prouvé et de ce qui est difficile à concevoir à ce qui est parfaitement absurde » (Par. et Paral., 1851, II, p. 85), avec cette réserve que Schopenhauer lui-même a enseigné le panthéisme sous un autre nom. Sa « Volonté » comme « chose en soi » est précisément la liaison générale des choses, conçue par analogie à la volonté humaine et en même temps élevée à la hauteur de l'inconditionné. Il semble, il est vrai, que celui qui prend la liaison immanente des choses et leur ordre naturel pour leur support inconditionné réel, ne commet qu'une simple erreur, tandis que celui qui appelle Dieu cet ordre naturel commet une double erreur, parce que dans la conscience de chaque homme, à ce nom, Dieu, se trouve plus ou moins liée l'idée de bien et de perfection inconditionnés, et l'ordre naturel des choses n'est rien moins que bon et parfait d'une manière inconditionnée. Mais cela revient au même ; car il résulte des explications données dans les chapitres précédents que le concept d'inconditionné est inséparable de celui de bon et de parfait et que, par suite, on ne peut entendre en fait que Dieu même quand on parle de l'inconditionné.

Lorsqu'il s'agit de la liaison des choses qui forme un des principaux objets de l'explication métaphysique, on voit clairement l'étonnante et invincible tendance de l'esprit humain à ne jamais considérer un fait purement pour soi et abstraction faite de toute explication possible et impossible, et à toujours considérer, au contraire, à la fois les faits et l'explication qu'on en donne comme un objet indivisible. C'est une sorte de chimie mentale, comme disent les Anglais, qui suggère les réflexions les plus surprenantes. Nous voyons, par exemple, que la liaison interne des choses est ou niée totalement — en particulier par quelques empiristes, — ou prise pour le fondement même des choses — par les panthéistes, — ou enfin comme l'effet d'une cause réelle extérieure au monde, — par les théistes. Personne ne se demandera : Que devons-nous penser et affirmer proprement de la liaison intérieure des choses qui est conclue par induction des faits mêmes, avant d'en venir à l'expliquer par n'importe quelles suppositions ?

Les remarques suivantes suffiront à ce sujet :

1° Croire à la valeur de l'induction, c'est croire à une liaison réelle des choses et des phénomènes de ce monde. Union conditionnée du divers, liaison du divers conformément à des lois, tel est le caractère général du monde de l'expérience que nous avons précédemment reconnu (Livre II). Cette liaison des phénomènes, nous devons la concevoir comme un *élément réel* qui unit les phénomènes, bien que nous ne puissions jamais en avoir une idée intuitive parce qu'elle ne se présente jamais dans notre perception. Il est donc absolument impossible de penser que les phénomènes donnés sont liés entre eux et ne sont liés *par rien*. Ce qui les lie doit être quelque chose de réel, et nous devons nous garder d'en affirmer rien de plus que ce que permet l'induction fondée sur les faits. Ainsi lorsque, dans la manière d'être telle que nous la percevons des phénomènes eux-mêmes, nous remarquons des rapports mutuels manifestement exprimés, comme il s'en produit dans la succession invariable de l'effet et de la cause ou dans les groupes simultanés de phénomènes adaptés de telle sorte l'un à l'autre que leur réunion dans les circonstances les plus variées et les plus diverses apparaît constamment comme un corps toujours le même et identique, — ces rapports, cette adaptation ne peuvent être autre chose qu'un signe de la liaison intérieure des phénomènes en question. Dire que cette liaison est intérieure, c'est dire qu'elle est au-delà de ce qui est perceptible et immédiatement donné; car on ne peut entendre par « intérieur » des objets que ce qui n'est pas immédiatement accessible au sujet connaissant.

C'est ainsi que l'on sait comprendre la liaison des phénomènes, si on la considère comme un fait constaté simplement par induction. L'induction autorise seulement l'hypothèse de *forces* qui agissent suivant les lois que l'expérience révèle. Nous ne pouvons rien savoir d'une force si ce n'est qu'elle est quelque chose d'intensif et qu'elle est l'élément unifiant qui lie des phénomènes donnés en dehors l'un de l'autre dans la perception. Nous devons reconnaître que dans ce quelque chose d'inconnu gît la raison pour laquelle certains phénomènes déterminés sont liés avec tels phénomènes déterminés plutôt qu'avec les autres, pourquoi les phénomènes se produisent simultanément ou successivement, suivant les lois mêmes que nous connaissons et non suivant d'autres lois. Nous devons donc attribuer à cet inconnu une riche nature sans nous croire pour cela autorisés à fonder là-dessus des conjectures qui n'auraient rien de sérieux. On doit seulement chercher à comprendre un fait surprenant, à savoir la remarquable similitude, la parenté de l'ordre objectif, général des choses hors de nous, et de la pensée ou la raison en nous. Comment on peut y arriver sans de chimériques suppositions métaphysiques, je le dirai dans la deuxième Partie.

2° Mais ce qu'il nous importe surtout de bien voir et d'affirmer au sujet du lien intérieur des phénomènes que nous appelons force, c'est que la force elle-même est un *objet empirique*, une partie intégrante du monde des phénomènes et non pas un objet transcendental ou un noumène. De même que la vitesse (une force) est seulement une fonction du mouvement, toute force, toute causalité est une fonction du devenir même. Pour dire les choses d'une manière générale, la liaison du divers est une fonction de ce dernier, n'existe qu'avec lui et en lui. Dans l'ordre de l'origine, les objets sont *avant* leurs rapports et non l'inverse. Vouloir prendre l'élément général unifiant de la nature pour l'inconditionné, ou vouloir dériver de l'inconditionné la manière d'être diverse donnée des phénomènes particuliers, c'est à peu près aussi sensé que si l'on voulait faire dériver l'existence des citoyens d'un état de la constitution de cet état. C'est précisément ce que les panthéistes entreprennent, et leur doctrine repose par suite sur une méprise assez misérable.

Je vais examiner un moment la doctrine de Spinoza dont la rigueur logique est particulièrement célèbre. La pensée de ce philosophe « rigoureux » est si obscure que les uns la prennent pour un acosmisme ; les autres, au contraire, pour un athéisme. On trouve dans ses œuvres des raisons pour les deux interprétations. En ce qui concerne le rapport d'un inconditionné avec la pluralité du monde connu, il y a quatre affirmations différentes dans l'Éthique. 1° « Les choses particulières sont seulement les affections des attributs de Dieu ou les *états* par où les attributs de Dieu se font connaître d'une façon fixe et déterminée » (Eth. Ire partie, Prop. XXV. cor.). 2° L'inconditionné, suivant Spinoza, se comporte par rapport à la multiplicité des choses comme une définition par rapport aux conséquences qu'on en tire : « De la nécessité de la nature divine, l'infini doit suivre d'une infinité de manières, c'est-à-dire tout ce qui peut être conçu par une raison infinie, etc. » (Prop. XVI). Il en résulte, suivant lui, 3° que Dieu est la cause réelle de toutes les choses qui peuvent être conçues par une raison infinie. Et en effet, à plusieurs reprises, Dieu est, pour Spinoza, la cause immédiate de tout. Ce qui est fini, ce qui a une existence limitée « doit, dit-il, venir de Dieu ou d'un de ses attributs, *en tant qu*'il paraît produit d'une certaine manière » (Prop. XXVIII). C'est ce « En tant que » qui est d'après Herbart la façon la plus commode de ramener la multiplicité à l'unité. Enfin, 4° Dieu, d'après Spinoza, est la nature agissante (*natura naturans*), qu'il définit, il est vrai, comme « des attributs de la substance qui en expriment l'essence éternelle et infinie, c'est-à-dire Dieu, en tant qu'il peut être considéré comme cause libre » (Prop. XXIX, sch.), et par là il veut entendre seulement le principe interne agissant de la nature, c'est-à-dire l'élément général de liaison qui se manifeste dans l'ordre naturel des choses.

Ainsi, quoique Spinoza n'ait pas hésité à unir dans l'essence de sa substance la pensée et l'étendue, quelque disparates qu'elles soient, il n'a cependant pas osé une seule fois considérer l'inconditionné comme l'unité immédiate des choses, comme un ἓν καὶ πᾶν réel. Une multiplicité de choses, selon lui, vient de ce que Dieu peut être conçu comme affecté de façons diverses. Par qui Dieu est affecté et par qui il peut être considéré comme affecté dans la production des choses, c'est ce que Spinoza naturellement n'explique pas. Ce sont des mots pour remplacer des concepts absents et en cacher le défaut. Et comme on ne peut donner à sa doctrine un sens précis, on l'a prise avec autant de raison pour un acosmisme que pour un athéisme. Si l'on se fie aux affirmations de Spinoza que l'un seul est inconditionné et possède la plénitude de la réalité, on doit tenir les choses multiples du monde pour de pures apparences qui ont en elles un élément de fausseté et de négation qui les distingue de l'être réel et empêche de les prendre pour de propres états ou déterminations de l'être : on se rapproche ainsi de la doctrine éléate, de l'acosmisme, qui est tout à fait différent du panthéisme. Mais ce n'était pas du tout sa pensée. Si l'on adopte au contraire ses autres développements, il est clair qu'il prend plutôt les choses du monde pour réelles et qu'il ne voit en Dieu que le principe de liaison des choses, leur ordre naturel, et c'est alors le véritable athéisme, parce que le principe actif de la nature est une partie de la nature. Dire que l'étendue est un attribut de la substance, c'est déjà nier l'unité de la substance. Car ce qui est étendu est divisible, se compose de choses séparables les unes des autres et qui peuvent exister isolément. Si l'étendue existe réellement, il y a une pluralité de substances (de corps), qui n'ont quant à leur concept aucune liaison mutuelle et ne peuvent être pris pour les modes d'une substance unique que par une pensée tout à fait confuse. Si au contraire l'étendue n'existe pas dans la réalité, mais dans la pensée seulement, elle ne peut pas davantage être prise pour un attribut de l'être véritable, de la substance.

Je ne connais qu'une seule forme de panthéisme qui, si elle n'offre pas un sens intelligible, permet cependant d'entrevoir du moins une intention intelligible de la pensée, par laquelle on sait du moins ce que les gens veulent dire, c'est la supposition que les choses multiples du monde, primitivement, dans leur état antérieur, avaient formé une unité et en sont venues par une *division réelle* de cette unité à cette existence multiple d'aujourd'hui. Alors on imagine un reste de l'unité primitive, qui, parmi tous ces éléments séparés, est tout au moins de la même étoffe et est aussi d'une certaine manière le représentant de cette unité et comme le lien central de ces éléments dispersés. C'est à peu près la doctrine de l'*émanation*. Il y a aussi une décroissance de la perfection des éléments en raison de leur éloignement par rapport au point central. On est habitué, en effet, à cette idée que ce qui s'éloigne dans l'espace d'un point central est toujours plus faible ou plus rare en raison de l'éloignement, et, pour les panthéistes, la perfection n'est pas autre chose que le quantum de la réalité, l'excès de celle-ci. Il va de soi que la pensée de la division d'une unité réelle n'a pas de sens (1). Car on ne peut entendre par unité que de deux choses l'une, ou ce qui ne peut être divisé, et alors c'est une réelle unité, ou une liaison du divers, mais qui ne peut précéder le divers, puisqu'elle en est un simple rapport.

Il me semble inutile, après ce qui précède, de réfuter plus longuement le panthéisme. On sait depuis longtemps qu'il ne peut pas expliquer la pluralité des choses ni la justifier par ses hypothèses. Je veux seulement remarquer un fait qui est incompatible avec tout panthéisme. C'est la présence de la *fausseté* dans le monde. Pourquoi cette distinction du sujet et de l'objet de la connaissance? Pourquoi ce qui est là, dans les objets, se redouble-t-il encore une fois dans les idées qu'on

---

(1) Sans compter que cette division de l'unité primitive devrait être conçue comme un fait sans cause, c'est-à-dire serait inintelligible aussi à ce point de vue.

en a ? Et pourquoi les objets empiriques apparaissent-ils au sujet comme un monde de substances, tandis qu'il n'y a en réalité qu'une seule substance ? Aucun panthéiste n'a entrepris de répondre à ces questions. Le *mal* est également inexplicable pour le panthéisme, parce qu'on ne peut le concevoir comme appartenant à l'ordre éternel et fondé dans l'essence propre, inconditionnée des choses.

De ses deux manières indiquées plus haut et les seules concevables d'expliquer ce qui est donné, le panthéisme ne peut appliquer légitimement ni l'une ni l'autre. Car le raisonnement qui aboutit à une cause ou à une raison du monde, alors même qu'il serait exact, conduirait à une distinction de la raison et de la réalité donnée, c'est-à-dire à une explication du monde, non pas panthéiste, mais théiste. Et la conscience que la réalité en soi, dans son essence propre, inconditionnée, n'est pas telle que nous la connaissons, implique que le monde connu contient des éléments qui sont étrangers à cet inconditionné et qui ne peuvent ni lui être identifiés ni en être dérivés. Si, au contraire, l'inconditionné était identique avec le monde, que pourrait signifier l'hypothèse inutile de cet inconditionné ? Car le monde serait précisément inconditionné et l'expérience serait une métaphysique. Si par le monde on entend les corps, on a la transformation matérialiste de l'expérience en métaphysique. Si, au contraire, on entend par là l'étoffe donnée de la réalité qui est soumise à un changement continuel, on en a la transformation héracléitaine et hégélienne. L'inconséquence évidente des deux doctrines consiste en ce que ni l'une ni l'autre ne se contente de l'expérience telle qu'elle est : les matérialistes se forgent l'idée d'un monde d'atomes qu'on ne peut percevoir, et Hegel rêve d'une prétendue « idée » qui poursuit dans le monde le cours de ses métamorphoses. Si l'on prend le monde lui-même pour l'inconditionné, ces deux doctrines n'ont aucune raison d'être.

Le panthéisme n'a été simplement que la fantaisie d'esprits dépourvus de critique, qui, entraînés par le besoin d'unité propre à la pensée humaine, cherchaient à le satisfaire en postulant comme déjà acquis et trouvé ce qu'il s'agissait d'atteindre. Cependant Kant a dit lui-même qu'il était désirable de tout déduire d'un seul principe (Crit. du Jug., p. 25-26). Mais la pensée dépourvue de critique peut réaliser tous ses désirs par ce simple artifice de s'imaginer qu'elle les a déjà réalisés n'importe comment. Il ne manque aux partisans du panthéisme qu'un point essentiel, à savoir de comprendre que la nature empirique des choses est foncièrement anormale et est conditionnée par une déception. Mais celui qui ne tient pas compte de ce fait, celui qui prend pour vrai, comme les naturalistes et les panthéistes, le contraire précisément de ce fait, n'est encore qu'un enfant dans les choses de la philosophie.

Cinquième chapitre

Le théisme

Beaucoup plus répandue que le panthéisme et d'une fausseté moins évidente est la doctrine théiste, d'après laquelle le monde, ou du moins le devenir et ses lois, l'ordre qu'on y remarque, ont une cause inconditionnée, extérieure au monde. On conçoit ordinairement cette cause extérieure au monde comme un être semblable à l'homme, doué d'intelligence et de volonté, qu'on appelle Dieu. Il faut avant tout ne pas prendre *en bloc* les problèmes et les questions, mais les distinguer exactement et les examiner les unes après les autres, sous peine de manquer de clarté dans l'examen des objets. Il y a d'abord deux questions importantes à résoudre : 1° Si la conclusion en faveur d'une cause extérieure au monde est valable ; 2° Si ce à quoi cette conclusion aboutit, en supposant qu'elle soit valable, peut être considéré comme inconditionné. Nous ne rechercherons que dans la deuxième Partie jusqu'à quel point il convient de considérer comme semblable à l'homme le principe agissant de la nature.

Dans le chapitre sur le rapport entre la réalité donnée et l'inconditionné j'ai déjà montré que l'inconditionné ne peut être conçu comme cause, et comme la cause du monde doit être elle-même inconditionnée, il est impossible de concevoir une causalité première du monde. Mais il ne sera pas superflu d'examiner ce point en lui-même, abstraction faite de toute autre chose. Cherchons donc la réponse aux questions qui précèdent.

La première implique trois problèmes différents : 1° L'étoffe du monde a-t-elle été créée elle-même, en d'autres termes, a-t-elle une cause, ou seulement le devenir en elle ? Et comme pour l'explication de ce qui arrive il y a deux choses à considérer, sa nature et le fait de son existence, nous avons encore à résoudre les deux questions suivantes : 2° Peut-on admettre, concevoir une cause première de l'existence, du devenir en général ? et 3° La nature de ce qui arrive, c'est-à-dire sa régularité donnée, doit-elle être rapportée à une cause première extérieure au monde ?

Par l'expression d'étoffe du monde on peut encore entendre deux choses, ou ce que l'on appelle la matière, ou les objets empiriques donnés, c'est-à-dire les sujets connaissants et leurs sensations.

Si la matière est elle-même quelque chose de réel, il ne peut être question, naturellement, d'un Créateur, d'un Producteur. Car dans la matière même nous concevons l'inconditionné dans l'espace dont l'essence et l'existence ne tombent pas dans le temps, qui ne peut être pensé, par suite, comme causé ou produit d'aucune manière. Mais si la matière n'est pas, en réalité, telle qu'on la conçoit, elle n'est rien autre chose, comme nous l'avons déjà montré, qu'une façon de penser dans le sujet. Chercher l'origine de cette façon de penser, c'est évidemment une question de psychologie, qui relève de la théorie de la connaissance. Il ne peut naturellement pas être question de la création d'un monde qui n'existe pas.

Mais si l'on parle d'une création de l'étoffe donnée de l'expérience, on ne peut entendre par là qu'une création *ex nihilo*. Or une telle affirmation contient une double contradiction. La pensée d'une production *ex nihilo* est, comme on l'a montré, impossible et vide. C'est exactement l'équivalent d'un devenir *sans cause*. Création *ex nihilo* est aussi une évidente *contradictio in adjecto*. Ce qui vient de rien ne peut absolument avoir une cause, car cette cause devrait être conçue dans un certain rapport avec ce rien, ce qui ferait de ce rien quelque chose. Ce serait une origine inconditionnée conditionnée, ce qui n'a pas de sens. Il est inutile d'insister sur cette hypothèse. Il peut, tout au plus, être question d'une cause première inconditionnée des *changements*, non de l'étoffe, et c'est précisément l'objet de notre seconde question.

S'agit-il de savoir si l'on peut concevoir une cause première, inconditionnée des changements? Il va de soi que l'on n'entend pas par cette cause inconditionnée un changement, mais un objet existant, réel. Car on est déjà d'accord que les changements eux-mêmes ne sont pas inconditionnés et qu'on en cherche la cause. Par causalité inconditionnée d'un objet, on peut entendre deux choses, qu'il cause d'une manière inconditionnée les changements ou 1° en lui-même, ou 2° dans d'autres objets, et, suivant l'expression de Kant, « commence absolument une série de devenir ».

Mais si l'on dit qu'un objet peut produire en lui-même des changements sans autre cause, on entend simplement par là que dans cet objet des changements sans cause, c'est-à-dire inconditionnés peuvent se produire. Car il est absolument impossible d'introduire dans le rapport d'un être avec lui-même la distinction de condition et de conditionné et ainsi de lui attribuer une existence conditionnée (1). Mais s'il pouvait y avoir n'importe où des changements sans cause, on n'aurait pas à se préoccuper d'une cause première des changements.

Si l'on dit, au contraire, qu'un objet peut produire d'une manière inconditionnée des changements dans d'autres objets, on ne peut donner à cette affirmation aucun sens soit par rapport à l'objet moteur soit par rapport à ses effets ; car il n'y a évidemment pas d'autre signe de la dépendance d'un mouvement par rapport à sa cause que le fait de le suivre d'une façon immuable. Si l'on conçoit sous le nom de cause un objet dans lequel ne se produisent pas de changements, il est absolument impossible de concevoir la succession des actions en relation avec l'essence de cette cause. Un antécédent immuable n'aurait évidemment qu'un conséquent immuable ; car cela seul impliquerait nécessairement la dépendance du second par rapport au premier. Si l'on attribue à une cause immuable des effets changeants, on se contredit soi-même, car on nie précisément cet état de l'effet par lequel seul il prouve sa dépendance vis-à-vis d'une cause.

Toute hypothèse d'une cause inconditionnée est équivalente à celle d'une production inconditionnée, d'un premier commencement, et c'est précisément la négation de la causalité ; car si dans un état de repos un changement se produit absolument, soudainement, il se produit sans antécédents, d'une manière inconditionnée. Mais si des changements pouvaient se produire inconditionnés, sans causes, sans antécédents, on n'aurait plus

---

(1) Un objet ne peut pas être cause et effet à la fois ou il ne serait ni l'un ni l'autre, car le rapport de cause à effet suppose évidemment une distinction entre ces deux termes.

Fac. de Lille.

besoin de s'inquiéter des causes ni d'une première cause des changements. De tels changements seraient eux-mêmes causes premières et pourraient se produire en tout temps. On voit donc que toute hypothèse d'une première cause, d'une causalité inconditionnée contredit le principe même de causalité, qui seul cependant justifie toute recherche relative aux causes.

Si maintenant le fait du devenir ou du changement lui-même ne peut avoir aucune cause inconditionnée extérieure au monde, la nature du monde, dans lequel les phénomènes se produisent, c'est-à-dire la régularité de ces phénomènes ne peut pas en avoir davantage. Si les séries de changements ne peuvent avoir aucun antécédent extérieur au monde, leurs lois ne peuvent pas en avoir non plus. Les lois sont les façons dont se manifeste la liaison des phénomènes dans leur existence et leurs relations telles que nous les percevons. Quelle raison et quel droit a-t-on de supposer que cette liaison des phénomènes a elle-même une cause extérieure au monde ? Elle est elle-même la condition constante, fondée sur la nature des choses, sous laquelle se présente dans la réalité un rapport régulier de causes et d'effets, d'antécédents et de conséquents. Affirmer que cette condition elle-même a une cause, un antécédent immuable, n'a évidemment aucun sens ; car c'est supposer que précisément ce qui constitue ce fondement de tout rapport de causalité est lui-même le produit d'un semblable rapport.

Les théories théistes, sur ce point, sont, comme on sait, différentes. Quelques disciples de Descartes, et Berkeley avec eux, croyaient que Dieu lui-même créait un effet pour chaque cause l'une après l'autre, et enfin jouait le rôle que l'on attribue d'autre part à l'enchaînement naturel des choses. D'autres, au contraire, pensaient que Dieu avait d'avance réglé les choses de telle sorte que celles-ci sans autre intervention s'ordonnaient suivant les lois immanentes de leur liaison. C'est ce que l'on peut appeler avec Leibniz une harmonie préétablie.

Il m'est impossible de concevoir que l'on puisse comprendre les choses autrement. Je crois que toute théorie théiste peut se ramener à l'une de ces deux-là, si elle a un sens intelligible, mais ni l'une ni l'autre n'est fondée en raison ; car si Dieu doit faire précisément ce que fait la liaison naturelle des choses et s'il se démontre par les mêmes arguments que cette liaison, alors il se confond avec elle. L'affirmation de son extériorité par rapport au monde est une affirmation gratuite qui n'est en rien justifiée par les prémisses du raisonnement (1). Si au contraire Dieu ne joue pas le rôle lui-même d'intermédiaire entre les phénomènes, s'il faut admettre une liaison naturelle des choses autre que lui, l'affirmation que Dieu a créé cette liaison a encore moins de sens, car tout raisonnement sur les causes suppose précisément cette liaison du divers dans la succession.

Il est manifeste, au surplus, que s'il était possible de conclure d'une seule cause à l'ordre et à la régularité du monde, cette conclusion ne dépasserait pas l'expérience et ne pourrait pas atteindre l'inconditionné. Tout ce qui est connu par le raisonnement sur les causes est déjà *eo ipso* un objet empirique. Il faut le prouver en peu de mots.

Le principe de causalité peut (il n'y a pas d'autre alternative) ou être le résultat d'une induction sur la simple expérience ou être certain *a priori*. Il n'est pas possible de faire une autre hypothèse. Dans aucun de ces deux cas il ne conduit à l'inconditionné.

Le principe de causalité vient-il de l'expérience, — évidemment il ne peut la dépasser: le progrès empirique d'un objet à un objet, l'induction est précisément un raisonnement de cas semblables à cas semblables. Il est donc matériellement impossible,

---

(1) Cette confusion est clairement exprimée par Brown (*Cause et effet*, p. 378) : « Celui qui accomplit une seule action de la vie commune en se fiant à la ressemblance du futur avec le passé a déjà confessé l'existence de Dieu ». Oui, si l'on admet comme Brown, p. 405, que Dieu est une des puissances de la nature, mais non, si l'on ne l'admet pas.

par voie inductive, de conclure une cause qui serait dans son essence différente de ce qui est donné. Tout ce que permet l'induction, c'est un simple développement de l'expérience. Sa valeur repose précisément sur la supposition d'une liaison des phénomènes qui en fait un élément de la réalité expérimentale.

Mais si le principe de causalité est certain *a priori*, il est valable sans exception, et il s'ensuit la conséquence déjà prouvée que *toutes* les causes sont liées avec leurs effets par des lois générales et invariables. Car si dans ces lois causales primitives, non dérivées, dans les rapports immédiats entre la cause et l'effet, un changement se produisait, il se produirait sans cause, ce qui contredit le principe de causalité. Ainsi dans l'hypothèse d'une valeur apriorique du concept de causalité, *toutes* les causes sans exception ont aussi leur place dans le contexte de l'expérience, sont des objets empiriques ou des antécédents physiques des changements, par conséquent conditionnées comme eux.

Il faut se rappeler le fait que toute liaison, tout enchaînement est nécessairement réciproque. A ne peut être lié à B sans que B soit en même temps lié à A. Il en est de même dans le rapport de cause à effet. Mais comme la cause précède l'effet dans la succession, existe déjà avant la production de celui-ci, elle semble avoir vis-à-vis de lui une certaine indépendance. Et l'on s'habitue vite à l'idée d'une cause absolue. Mais elle contredit le principe même de causalité. Une cause est indépendante, il est vrai, de ses effets quant à son existence; mais son *essence* se rapporte nécessairement à tous les effets qu'elle peut produire en différentes circonstances. Que ces circonstances se présentent, aussitôt l'effet déterminé se produit, et que tel effet et non un autre se produise, la raison en est aussi bien dans la nature de la cause que dans les diverses circonstances concourantes.

De toute manière nous arrivons donc à ce résultat que la

conclusion à une cause de l'ordre des choses extérieure au monde n'est ni valable ni légitime, et que même si elle était valable, cette conclusion ne porterait pas sur l'inconditionné, mais sur un objet empirique, conditionné. « Si la loi empiriquement valable de causalité, dit Kant (Crit. de la R. pure, p. 506-7), atteignait la cause première, celle-ci rentrerait dans la chaîne des objets de l'expérience ; mais elle serait alors conditionnée, comme tous les phénomènes. » Seulement Kant est impardonnable d'avoir conçu le suprasensible, la chose en soi ou le noumène, comme la cause des phénomènes, malgré l'affirmation que nous venons de rappeler, et bien que, d'après sa propre théorie, le principe de causalité ne puisse avoir aucune valeur objective (1).

Si donc il est impossible de conclure à l'inconditionné comme cause, parce qu'on ne peut jamais le concevoir comme tel, l'impossibilité sera bien plus grande encore de déterminer la nature de la cause en s'appuyant sur cette conclusion.

Une cause qu'on ne peut pas connaître elle-même peut être conçue ou par l'analogie de ses effets ou par celle d'autres causes dont les effets ressemblent aux siens. Mais vouloir connaître l'inconditionné par analogie avec des objets empiriques, c'est évidemment une tentative chimérique. Car la raison d'admettre un inconditionné distinct du monde consiste déjà en ceci, que les objets de l'expérience sont *tous* non-inconditionnés. Supprimer cette différence, c'est supprimer toute raison de chercher un inconditionné hors du monde. Il est surprenant, en vérité, que l'on ait pu s'imaginer résoudre le problème que le monde présente en posant de nouveau le problème dans la solution prétendue qu'on en donne.

(1) Encore dans la Crit. du Jugement, p. 35, Kant affirme que le suprasensible *agit* dans le monde, « bien que le mot « cause », employé en parlant du suprasensible, indique seulement la raison de déterminer la causalité des choses de la nature par rapport à un objet, conformément à ses propres lois actuelles. »

C'est un fait que l'homme a toujours conçu et conçoit encore la cause supposée du monde d'après celles que fait connaître l'expérience. On la conçoit, par exemple, comme semblable à la nature humaine, probablement parce que l'homme n'imagine rien de supérieur à lui-même, et pour d'autres raisons aussi que j'indiquerai dans la deuxième Partie. Les bonnes gens poussent si loin cet empirisme qu'ils croient voir et toucher leurs dieux, maîtres et seigneurs de ce monde, et les croient corporels et doués de sens comme nous. Une réflexion plus avancée épure cette idée de Dieu. On ne lui attribue plus la nature corporelle, mais seulement la nature psychique de l'homme, avec toute la perfection concevable de cette nature portée au plus haut degré. Inutile de répéter qu'une essence ainsi conçue n'est pas l'inconditionné (1).

Je crois avoir montré dans ce qui précède que toute tentative pour déduire le donné de l'inconditionné est vaine, que l'on conçoive un inconditionné panthéistique, inhérent au monde donné lui-même, immanent ou théistique, extérieur au monde. L'inconditionné ne peut pas être conçu comme condition. Là-dessus repose l'antinomie que nous allons exposer.

Sixième chapitre

L'ANTINOMIE FONDAMENTALE

En terminant cette première Partie, je vais résumer les résultats généraux des recherches qui précèdent, exposer le plus clairement possible, en particulier, la nature du conditionné, son rapport à l'inconditionné et l'antinomie fondamentale qui se rencontre dans son essence, enfin tout éclaircir à fond.

(1) V. ce qui a été dit au chapitre intitulé : « L'inconditionné est un. »

Je rappelle que pour toute affirmation ici proposée j'ai donné dans la première Partie ou donnerai dans la deuxième une preuve rigoureuse.

Est conditionné ce qui dépend de conditions. Comment se fait-il qu'au lieu de nous en tenir à la découverte des conditions pour chaque conditionné en particulier, c'est-à-dire à l'explication empirique, nous nous efforcions de dépasser dans notre conscience le monde du conditionné ?

Que le conditionné suppose une condition, c'est, dit Kant, un principe analytique ; mais qu'on cherche l'inconditionné au delà du conditionné, cela se fait selon un principe synthétique *a priori*, dont le simple entendement ne sait rien et pour lequel il faut un pouvoir spécial qu'on appelle la raison (Crit. de la R. pure, p. 300). Mais le second est une suite immédiate du premier. Car si toutes les conditions sont à leur tour conditionnées, sans doute chaque conditionné pris à part a sa condition, mais le conditionné en général, comme tel, n'en a pas. Si le conditionné en général doit avoir une condition, celle-ci doit être nécessairement inconditionnée.

On est si convaincu de la vérité de ces assertions que de tout temps on a cherché à dériver le conditionné de l'inconditionné. Mais j'ai déjà montré amplement que cette dérivation est impossible, que l'inconditionné n'est pas la raison suffisante du conditionné. Et l'antinomie fondamentale, l'antinomie que présente l'essence du conditionné consiste précisément en ce que l'inconditionné ne peut être conçu comme condition ou cause, ni aucune condition ou cause comme inconditionnée, que le conditionné à la fois a besoin et n'est pas susceptible d'une explication, d'une justification. Nous allons montrer le sens et la raison de cette antinomie.

La loi fondamentale, la norme de notre pensée est le concept que nous avons de l'inconditionné, de la substance. C'est le concept d'un objet qui possède une essence vraiment propre et qui est identique à lui-même, c'est-à-dire ne comporte pas du tout l'union du divers.

Le conditionné ne correspond pas à cette norme : il a une nature anormale ; car ce dont l'essence est produite par des conditions, a précisément une essence empruntée, qui ne lui est pas vraiment propre. Aussi ai-je prouvé plus haut (deuxième livre, 3e et 4e chap.) que les objets dans ce monde de l'existence conditionnée n'ont pas d'être propre, ne répondent pas à la loi de notre pensée. Les choses de ce monde paraissent, il est vrai, posséder un être propre ; nous reconnaissons dans l'expérience des substances, des objets qui répondent à la loi ; mais c'est une pure apparence. On l'a déjà compris par les développements de cette première Partie ; on en trouvera la preuve décisive dans la deuxième.

La définition de l'anormal est la suivante : est anormal ce qui n'a pas d'être propre.

Mais l'anomalie se manifeste aussi par d'autres symptômes. Un de ces symptômes, une de ces preuves, c'est que la chose anormale se nie elle-même. Nous avons constaté que l'anormal se nie de différentes manières. Ainsi l'instabilité et la variabilité des choses empiriques est d'abord un signe de leur anomalie. Qu'une chose passe ou change, en effet, c'est la preuve qu'elle n'est pas semblable et fidèle à elle-même, qu'elle est intérieurement instable, qu'elle n'a pas d'être vraiment propre, un vrai soi-même.

Une chose se nie, en second lieu, quand elle trompe sur sa nature et se donne pour ce qu'elle n'est pas en réalité. Notre monde qui repose entièrement sur une déception, montre par là qu'il est anormal.

En troisième lieu, un objet se révèle comme anormal quand il dépend de conditions ; car ce qui est produit par des conditions n'a pas d'être vraiment propre. L'être vraiment propre et normal des choses est inconditionné.

Tous les êtres conditionnés et changeants sont composés, et toute composition exclut la véritable unité, n'a pas d'essence vraiment individuelle. L'être inconditionné, normal des choses est étranger à toute union du divers.

Enfin, l'anomalie se manifeste immédiatement dans les sentiments de douleur et de mal, dans lesquels se montre la tendance à se détruire soi-même.

On voit clairement par là de quelle nature est le rapport du conditionné et de l'inconditionné et avec quel fondement on conclurait de celui-ci à celui-là.

Les choses de l'expérience n'ont pas d'être vraiment propre, — l'être vraiment propre des choses est donc hors de l'expérience. L'inconditionné, le métaphysique, ce qui est au-delà de l'expérience est donc la *Norme* (l'être normal) des choses, comme le concept de l'inconditionné est la norme de notre pensée.

Le monde de l'expérience, le conditionné ne peut pas être pensé sans l'inconditionné, c'est-à-dire que les choses ne peuvent être pensées sans leur véritable être propre.

Mais les choses de ce monde possèdent une nature qui nous est donnée dans l'expérience. Cette nature est anormale, se nie, se condamne elle-même. Elle est donc étrangère à l'être normal, inconditionné des choses. Le monde de l'expérience est l'expression de l'inconditionné sous une forme qui lui est étrangère en soi.

La seconde définition de l'anormal est donc : est anormal ce qui contient des éléments qui n'appartiennent pas à la nature vraiment propre, normale des choses.

Par ces définitions s'éclaircit le sens et la raison de l'antinomie fondamentale qui se trouve dans l'essence du conditionné, de l'anormal.

Les éléments de la réalité donnée qui sont étrangers à l'être normal des choses ne peuvent évidemment venir de cet être. Comme étrangers ils devraient s'y être ajoutés, mais comme hors de l'essence des choses en soi il n'y a rien d'où quoi que ce soit puisse dériver ou venir ; il s'ensuit qu'il est impossible de concevoir quel peut être le fondement de ces éléments étrangers et anormaux. On touche donc ici comme du doigt l'antinomie qui se rencontre dans l'essence du conditionné, c'est-à-dire de l'anormal. La thèse et l'antithèse ont là leur fondement commun. Si la nature empirique, conditionnée des choses est étrangère à leur être inconditionné, normal, elle doit avoir une condition étrangère. Mais si précisément elle est étrangère à l'être des choses en soi, elle ne peut pas avoir une condition étrangère ou différente, parce que, en dehors de l'essence des choses, il n'y a rien qui puisse servir de condition. La même raison alors qui rend nécessaire une explication du monde prouve que cette explication est impossible. Si dans la réalité donnée il n'y avait pas d'éléments étrangers à la nature normale des choses, il n'y aurait pas de raison pour demander ce qui les conditionne et chercher à expliquer cette réalité. Ce qui appartient en effet à la vraie nature normale des choses est précisément pour cela inconditionné, évident, et n'a besoin d'aucune explication, d'aucun fondement. Mais ce qui n'appartient pas à l'essence des choses ne peut en être dérivé, ne peut être expliqué d'aucune manière. L'existence de l'anormal est absolument incompréhensible.

On voit donc combien différent du tout au tout la méthode et les résultats, quand on fait une exacte recherche des choses au lieu d'en poursuivre avec négligence l'explication. Jusqu'à présent, séduit par l'apparente évidence des choses (V. p. 311), on a toujours vu dans l'inconditionné la raison suffisante du conditionné, et conçu l'inconditionné ou comme la substance ou comme la cause des choses. Et même l'impuissance de toute tentative d'explication métaphysique n'a ouvert les yeux à personne. On ne voit pas qu'on suit une mauvaise route qui ne peut conduire à aucun résultat. Kant seul, dans ses Antinomies, a essayé de montrer l'impossibilité de déduire le conditionné de l'inconditionné. Mais il était lui-même si éloigné de comprendre parfaitement les choses que, malgré sa propre théorie et en contradiction avec elle, il vit dans l'inconditionné, dans les choses en soi, la cause des phénomènes (1).

Si l'on comprend, au contraire, que les choses de ce monde sont conditionnées uniquement parce qu'elles n'ont pas d'être propre, que le monde de l'être conditionné a une nature anormale, il est clair aussitôt que la différence du conditionné et de l'inconditionné, de la chose en soi et du phénomène, est la différence de la norme et de l'anormal, et implique une opposition essentielle, radicale, qui rend inconcevable toute dérivation du conditionné par rapport à l'inconditionné.

Nous voyons donc pourquoi toutes les explications métaphysiques de ce monde sont nécessairement fausses. En fait, si l'on ne reconnaît pas l'antinomie qui réside dans l'essence du conditionné, de l'anormal, si l'on veut le dériver de l'inconditionné, on tombe nécessairement dans des contradictions. Expliquer l'anormal, en effet, c'est prouver qu'il est normal, et cela implique contradiction. Déduire de l'essence des choses des éléments du monde qui sont étrangers à cette essence, c'est prouver qu'ils ne lui sont pas étrangers, qu'ils lui sont propres, et cela implique contradiction.

Nous avons constaté quatre symptômes d'anomalie, quatre traits essentiels du monde empirique, qui sont étrangers à l'essence des choses en soi : 1° l'instabilité et le changement, en un mot cette façon d'être qu'on appelle le devenir par

(1) Quelques-unes des antinomies kantiennes ne se rapportent pas du tout à l'antinomie réelle qui se trouve dans le conditionné, et Kant d'ailleurs était tombé dans une singulière méprise en attribuant les antinomies à la Raison pure elle-même, tandis que l'antinomie a son fondement dans le fait que la nature empirique des choses ne répond pas à la norme de la raison. Du reste, il n'avait aucune idée de la loi fondamentale, de la norme de la pensée.

opposition à l'être ; 2° le fait d'être conditionné ; 3° la déception sur laquelle le monde de l'expérience repose entièrement, et 4° le sentiment immédiat de l'anomalie et de l'imperfection, la douleur et le mal. Il est facile de voir qu'il est impossible d'expliquer le devenir, le fait d'être conditionné, la déception et le mal, que toute tentative de donner une telle explication conduit à des contradictions logiques.

Pour ce qui concerne le devenir (l'instabilité et le changement), l'antinomie qu'il présente et l'impossibilité d'en donner une explication définitive se manifestent en ce que la série des causes du devenir se continue à l'infini. Kant a montré, dans l'antithèse, l'impossibilité de trouver un commencement pour fonder le devenir, et dans la thèse, au contraire, il a mis la croyance à un commencement définitif, à une première cause du devenir, et il a cherché à les appuyer l'une et l'autre de diverses raisons. Seulement l'une et l'autre s'impliquent mutuellement. Car la prétention d'une explication en général est nécessairement la prétention, en même temps, d'une explication définitive. L'antinomie consiste précisément en cela que même ce principe de causalité qui veut que tout changement ait une cause, veut aussi que tout changement soit expliqué, et exclut en même temps toute hypothèse d'une cause première, d'une explication définitive des changements, d'une dérivation de l'inconditionné. Tout changement doit avoir une cause, mais précisément pour cette raison, *un premier changement*, et par conséquent une cause première, inconditionnée des changements, n'est pas concevable. Tout ce qui arrive a sa condition en particulier. Mais le devenir en général, comme tel, le fait que quelque chose arrive, que des changements se produisent, ne peut avoir ni raison ni cause. La supposition d'une cause première, inconditionnée du devenir contredit le principe de causalité qui est cependant la seule raison de supposer des causes en général. L'antinomie que contient l'essence du devenir a donc le même fondement que le principe de causalité lui-même, à savoir la certitude que tout devenir, tout changement est étranger à l'essence inconditionnée, normale des choses.

Comme, depuis Kant, tous ceux qui sont versés dans la philosophie connaissent l'antinomie qui résulte du principe de causalité, ils peuvent voir clairement la nature et la raison de l'antinomie fondamentale qui pénètre le monde de l'expérience en général. Car cette dernière est contenue tout entière dans la précédente. S'il est impossible d'expliquer le devenir, le monde tout entier avec toutes ses propriétés est également inexplicable. Car tout, dans ce monde, n'est que pur devenir.

Il s'ensuit donc que tous les autres traits anormaux du monde, le fait d'être conditionné, l'illusion et le mal sont absolument inexplicables.

Le fait d'être conditionné dans le particulier devient dans le général la conformité aux lois; que les objets et les phénomènes dépendent de conditions, cela implique précisément leur liaison conformément à des lois générales. Or j'ai prouvé dans le chapitre précédent que la prétention de trouver une explication ou une cause de la régularité des choses n'a aucun sens, parce que toute relation causale, tout rapport de principe à conséquence n'est possible précisément que par cette régularité, et qu'aucun raisonnement ne peut, par suite, atteindre à un fondement ou à une cause par delà l'expérience.

Mais la régularité du monde est d'ailleurs conditionnée par une déception systématiquement organisée, et que cette déception naturelle nécessaire ne puisse s'expliquer, cela se comprend simplement de soi. Il est absolument inconcevable qu'il puisse appartenir à l'être vraiment propre des choses de tromper sur leur nature, que de ce que les choses sont en vérité puisse sortir l'apparence de ce qu'elles ne sont pas en réalité. Tout le monde comprend immédiatement qu'entre la vérité et la fausseté il y a une opposition radicale qui empêche que celle ci ne soit dérivée de celle-là.

De même, il est évident de soi qu'il est impossible de concevoir une première cause du mal et de l'imperfection. Depuis des milliers d'années déjà, les hommes s'épuisent pour expliquer l'existence du mal, de l'imperfection, et toujours en vain. Car, en fait, le mal et l'imperfection portent en eux-mêmes la preuve qu'ils n'appartiennent pas à l'être primitif des choses, qu'ils constituent une anomalie, qu'ils sont quelque chose qui ne doit pas être, qui se nie et se condamne soi-même. L'inconditionné seul (V. p. 290 sq.) peut être conçu comme parfait, et tout le monde conçoit immédiatement qu'entre la perfection et l'imperfection, le bien et le mal, il y a une opposition radicale qui empêche absolument que les premiers ne soient dérivés des seconds.

C'est donc là le point décisif dont tout dépend. Toutes les théories sur le monde et la vie, la religion, la philosophie et la morale sont toutes différentes suivant que l'on voit dans l'inconditionné la *Norme* ou la *Cause* des choses. Toutes les doctrines sur le monde, jusqu'à présent, naturalistes, théistes ou panthéistes, procèdent de l'opinion que l'inconditionné est la raison suffisante du conditionné. Cette fausse théorie formée avant toute recherche a dérouté nécessairement ceux qui l'ont adoptée, car on se met ainsi dans l'impossibilité de voir les faits. On obéit à un besoin d'explication dont on n'a pas toujours conscience et qui conduit à voir les choses de travers selon que l'explication le demande. De là cette stérilité absolue dans le domaine de la philosophie. Jusqu'à présent aucune doctrine ne s'accorde avec les faits, aucune ne profite à la science (1). Le but essentiel de tous mes écrits est de prouver

---

(1) Le seul profit réel est celui que les sensualistes ont fait par la découverte des lois de l'association des idées et des états intérieurs. Mais les vrais sensualistes, ceux qui réfléchissent, qui nient l'existence des corps, sont aussi ceux qui se sont le plus affranchis de ce faux principe.

que l'ensemble des choses, de l'ordre physique comme de l'ordre intellectuel et moral, ont pour norme et non pour raison suffisante l'inconditionné, que le monde de l'expérience contient des éléments qui sont étrangers à l'inconditionné et sont avec lui en contradiction radicale.

Parmi les faits, il y en a un toutefois qui a dans ces questions une importance décisive : c'est le fait que notre monde est conditionné par une déception systématiquement organisée. C'est seulement quand on aura pénétré cette déception qui nous fait voir dans les phénomènes éphémères un monde de substances, de choses durables répondant à la norme, que l'on comprendra vraiment que les choses empiriques ne correspondent pas en réalité à la norme de notre pensée, n'ont pas d'existence vraiment propre, que leur nature est anormale. Si donc l'on peut prouver d'une manière parfaitement certaine, sans qu'il reste un doute, d'une façon qui exclue toute autre manière de penser, que le monde est conditionné par une déception systématiquement organisée, tous les hommes devront reconnaître que notre monde est anormal et inexplicable, que nous devons voir dans l'inconditionné, non un principe d'explication, mais la norme (l'essence normale, vraiment propre) des choses. On doit donc attribuer à cette preuve une très grande importance.

Nous la donnerons dans la deuxième Partie, dans le chapitre sur la nature et l'unité du moi, et dans quatre chapitres qui traitant des corps et du mouvement, s'ajouteront aux 4e et 5e chapitres du premier livre de cet ouvrage. Cette preuve a cet avantage qu'elle ne s'appuie pas sur des considérations abstraites, mais sur des faits que chacun peut constater dès qu'il s'applique à voir les choses d'un œil désintéressé. C'est donc à chacun de décider. Celui qui n'a pas encore pénétré la déception naturelle n'y voit pas encore ; son esprit n'est pas encore éveillé.

DEUXIÈME PARTIE

LE MONDE DE L'EXPÉRIENCE

LIVRE PREMIER

LE MONDE EXTÉRIEUR

Premier chapitre

L'idée de temps

De l'idée générale de temps, il n'y a presque rien de positif à dire si ce n'est qu'elle est une pure abstraction, une idée abstraite des successions données et empiriquement connues. Le présent chapitre sera donc consacré plutôt à l'examen des théories relatives au temps qu'à une explication de l'idée même de temps.

Les idées de temps et d'espace occupent parmi les autres idées une place si particulière qu'elles se rapprochent naturellement dans notre conscience. Aussi les philosophes ont toujours été disposés à considérer comme des idées essentiellement semblables celles de temps et d'espace, et Kant a poussé à l'extrême cette assimilation. L'une et l'autre ont, il est vrai, quelque chose de commun et quelque analogie. L'espace est l'ordre de ce qui est juxtaposé, le temps l'ordre du successif. Quelque différents qu'ils soient l'un de l'autre, le juxtaposé et le successif reposent cependant sur un concept commun, celui d'un composé de parties extérieures les unes aux autres, et de cette façon particulière à laquelle on donne le nom d'*étendue* ou d'*extension*.

Voici en quoi consiste ce que cette manière d'être a de particulier. Dans l'espace et dans le temps, il y a des points réels (1) de telle nature que l'existence de l'un n'implique pas celle de l'autre et en est plutôt indépendante. Pour la succession, c'est facile à voir. Car, dans une série successive, il n'y a à chaque moment qu'un point, tandis que les autres ont déjà cessé ou n'ont pas encore commencé d'être. Conformément à la loi de causalité, il est vrai, tout phénomène, tout changement dépend essentiellement et nécessairement de ceux qui ont précédé. Mais cela ne nuit en rien à leur indépendance en tant que l'on considère simplement leur manière d'être extérieurs l'un à l'autre. Car, à ce point de vue, l'existence d'un point réel de temps non seulement n'implique pas celle d'autres points précédents, antérieurs, mais les exclut au contraire. Les points antérieurs doivent évidemment avoir déjà passé, dès que le point considéré est présent. — L'extériorité des points de l'espace est toute pareille en ce sens : l'existence de l'un n'implique pas celle de l'autre; car, dans un espace, on ne peut concevoir que des substances, c'est-à-dire des choses qui existent indépendamment les unes des autres.

Une autre analogie entre l'espace et le temps consiste en ce que les points extérieurs les uns aux autres sont, aussi bien dans l'espace que dans le temps, liés les uns aux autres par *continuité*. Par suite de cette analogie, les successions données de sensations fournissent un matériel tout prêt pour la formation de notre idée d'étendu spatial, lequel n'est pas donné.

Mais là se bornent la ressemblance et l'analogie entre l'espace et le temps. Ces deux idées sont d'ailleurs à tous

---

(1) Par points réels, j'entends des objets réels (dans l'espace) et des événements réels (dans le temps) si l'on fait abstraction de leur étendue — spatiale pour les premiers, temporelle pour les seconds. Je ne veux pas affirmer que ce qui vaut de ces points réels doit valoir exactement et nécessairement des points purement abstraits, mathématiques, dans l'espace et dans le temps.

égards différentes. La raison de leur différence se trouve précisément dans le fait que les successions sont réellement et immédiatement données, tandis que les choses dans l'espace ne nous sont données ni immédiatement ni n'importe comment; leur idée est formée par nous-mêmes. Là-dessus se fondent les deux différences essentielles de l'idée de temps et de celle d'espace : d'abord la réalité des successions ne peut être mise en doute ou niée comme celle des choses dans l'espace; en second lieu, il n'y a aucune raison de considérer l'idée du temps comme une intuition *a priori*, ainsi qu'il arrive pour l'idée d'espace.

Kant, qui assimile en tout l'idée de temps à celle d'espace, a donc avancé deux erreurs fondamentales : 1° l'affirmation de l'*idéalité* du temps, c'est-à-dire l'affirmation que les successions n'existent pas en réalité, mais seulement dans notre idée; 2° l'affirmation de l'apriorité du temps comme d'une forme d'intuition inhérente au sujet lui-même. J'ai déjà prouvé dans la première Partie (p. 163 sq.) que la doctrine de Kant est insoutenable. Ici je veux montrer surtout que la théorie de l'apriorité de l'idée de temps n'a aucune valeur.

Il est remarquable de voir que, dans la soi-disant « Exposition métaphysique » du concept de l'espace et de celui du temps, Kant emploie presque mot pour mot les mêmes arguments, sans considérer que ce qui vaut pour le concept de l'espace ne vaut absolument pas pour celui du temps. Il dit d'abord : « Le temps n'est pas un concept empirique fourni par l'expérience. Car la simultanéité ou la succession ne tomberait pas même sous l'observation, si la représentation du temps ne leur servait de fondement *a priori* » (Crit. de la R. pure, p. 81).

C'est là une singulière affirmation. Kant répète lui-même qu'un changement, une succession — c'est la même chose, — ne peut être connu que par l'expérience. Que signifie alors l'affirmation que les successions ne peuvent être connues sans une intuition *a priori* du temps? Si les successions n'étaient pas comprises dans le contenu donné de la perception — comme c'est le cas pour l'étendue spatiale, — on aurait alors le droit de dire que l'idée de succession est, il est vrai, « inhérente à l'expérience », mais « n'a pas son origine dans l'expérience ». Mais dès que la perception nous donne son contenu comme successif, la prétendue intuition *a priori* de la succession ne peut pas l'ajouter aux données et apparaît comme une hypothèse inutile. J'ai fait voir dans la première Partie que Kant ne s'était pas montré conséquent dans la théorie de son « Esthétique transcendentale » au sujet du temps. Son opinion propre était que les changements et les successions ne pouvaient être connus que par comparaison avec quelque chose d'immuable, d'identique à soi, et par suite ne pouvaient être immédiatement perçus par intuition, mais seulement conclus. Il serait en fait peu raisonnable de croire que l'on pût percevoir le passé, c'est-à-dire le non-être comme tel, ou en avoir l'intuition. Ce qui, d'une manière générale est présent dans la conscience, est actuel *ipso facto*. L'idée d'un changement ou d'une succession ne peut donc se produire que parce que nous ne confondons pas la perception de l'état présent de l'objet changé et le simple souvenir de son état passé, c'est-à-dire que nous ne pouvons pas attribuer les deux états à l'objet au même point de vue; car ce serait contraire au principe de contradiction qui exprime, comme nous l'avons déjà montré, une loi primitive de la pensée. Mais si les deux états, le perçu et le remémoré, ne peuvent appartenir à l'objet, un des deux doit *ne pas être*, et l'état remémoré sera connu comme n'étant pas, parce que la perception a une force d'affirmation plus grande que le simple souvenir. Par suite le dernier être sera rejeté dans le passé. Il ne peut donc évidemment être question d'une intuition immédiate du temps ou des successions.

La méprise de Kant sur ce point est aussi très visible. Il

dit que « si l'idée de temps n'était pas une intuition (intérieure) *a priori, aucun concept,* quel qu'il fût, ne pourrait rendre intelligible la possibilité d'un changement, c'est-à-dire d'une liaison de prédicats contradictoires dans un seul et même objet (comme pour un même objet être et n'être pas en un lieu) » (p. 83). Aucun concept ne peut le rendre intelligible, mais bien l'*expérience*, qui nous présente les changements et dont Kant ne tient pas compte. Il est impossible de voir en quoi une intuition *a priori* pourrait contribuer à la connaissance des successions.

Le second argument de Kant pour l'apriorité de l'idée de temps est ainsi conçu :

« Le temps est une représentation nécessaire, qui sert de fondement à toutes les intuitions. On ne peut pas supprimer le temps par rapport aux phénomènes en général, quoique l'on puisse très bien faire abstraction des phénomènes dans le temps. Le temps est *donc* donné *a priori* » (p. 81).

C'est encore une affirmation sans fondement, et l'erreur sur laquelle elle repose doit être mise soigneusement en lumière parce que c'est précisément là que se présente le plus clairement la différence fondamentale de l'idée d'espace et de celle de temps.

Le temps n'est pas, comme l'espace, une idée nécessaire d'où l'on puisse abstraire tout contenu donné. On peut en effet concevoir un espace vide, mais non un temps vide, c'est-à-dire un temps dans lequel il n'arrive rien, dans lequel il n'y ait pas d'événements qui se suivent. Un temps vide ne peut être mesuré par rien, ni, par suite, connu comme grandeur, ni, en conséquence, être pensé. Au contraire, on peut mesurer un espace vide, notamment par le temps qu'un corps met à atteindre un autre corps à travers l'espace vide. La durée de ce mouvement, comparé avec d'autres successions simultanées peut être mesurée, car toute mesure est la comparaison d'un quantum avec un autre. S'il n'y avait que deux corps, la durée du mouvement de l'un vers l'autre ne pourrait sans doute pas faire connaître une mesure absolue de leur distance, car un mouvement dans une égale durée peut avoir des vitesses différentes et mesurer ainsi des espaces différents ; mais, en tous les cas, ce mouvement permet de constater qu'il y a entre les deux corps un espace vide. Il en est tout autrement du temps. Un temps vide ne peut pas être mesuré par des successions réelles données ; car un temps dans lequel se produisent des successions réelles n'est pas un temps vide, et en dehors des successions on ne voit pas ce qui pourrait servir à mesurer le temps. Le temps s'évanouit donc tout à fait si l'on fait abstraction en lui de toute succession réelle. Pour éclaircir ce point, prenons un exemple concret. Un homme très fatigué, qui a dormi sans rêve de dix heures du soir à six heures du matin, croit souvent qu'il n'a dormi qu'un instant. Le temps entre le moment où il s'est endormi et son réveil n'a pas existé pour lui. Supposez maintenant qu'il ne se soit pas produit pendant ce temps le moindre changement dans l'univers, que tout se retrouve à six heures du matin dans le même état que la veille à dix heures du soir (1), et dites comment et par quel moyen le dormeur en se réveillant pourra distinguer cet intervalle de temps de celui d'un instant. On n'y saurait trouver aucune différence. Un temps dans lequel rien n'arrive n'est pas un temps. Si l'on veut concevoir un temps vide, on se représente en réalité une succession réelle, régulière, un mouvement régulier en ligne droite.

En outre, si le temps était un milieu commun pour des successions réelles, comme l'espace est le milieu commun et le réservoir commun des corps, il ne pourrait pas s'accommoder avec la diversité de vitesse des successions réelles, car le temps

(1) Dans cette supposition, les expressions six heures du matin et dix heures du soir n'ont aucun sens parce qu'elles se rapportent à des changements réels, et il est impossible de déterminer un temps vide.

devrait avoir lui-même une vitesse propre et ne pourrait par suite contenir des vitesses différentes. Herbart a montré la contradiction qui en résulterait (*Psych. comme sc.*, p. 358, et *Introd. à la Phil.*, p. 168). Par exemple, avec la rotation de la terre, un point se meut à l'équateur à raison d'une vitesse un million de fois plus grande qu'un point au pôle, et ces deux points accomplissent tous deux leur mouvement de rotation dans le même temps qu'ils emploient d'une façon continue et régulière. Le point qui va lentement ne s'arrête pas plus que celui qui va vite. Comment donc si le temps n'était pas une pure abstraction, mais quelque chose de distinct des successions réelles, comment ce même temps aurait-il pu être rempli régulièrement et au même point de vue, par deux quantum si différents de succession ? Ce serait évidemment impossible.

De ce fait que le temps n'est rien, abstraction faite des successions réelles, il s'ensuit que la *totalité* des successions réelles est nécessairement *continue*, qu'il ne peut pas y avoir d'interruption dans le cours du devenir et que, par suite, l'espace de temps dans lequel rien ne se produit $= 0$. Des successions particulières pourraient, il est vrai, être discontinues, comme par exemple la succession des sons dans un clavier et celle des étincelles d'une machine électrique ; mais ces successions discrètes elles-mêmes doivent avoir pour fondement des conditions associées d'une façon continue dans le temps. Cette conséquence résulte aussi de la loi de causalité qui exige une liaison du conséquent avec l'antécédent et ne permet ainsi aucune interruption de la continuité dans leur succession, telle que la produirait un temps vide.

Les arguments que Kant propose encore dans son « Exposition métaphysique » en faveur de l'apriorité de l'idée de temps ont si peu d'importance, qu'ils n'ont pas besoin d'être reproduits ou réfutés longuement. Ainsi cette idée, selon lui, doit être *a priori* parce que, autrement, aucun principe, aucun axiome apodictique ne serait possible, par exemple que le temps n'a qu'une dimension et que des temps différents sont non pas simultanés mais successifs. Il est clair que l'on ne parle d'une dimension du temps que par métaphore et parce qu'on le conçoit par analogie avec l'espace. Et quant au principe que les divers temps ou parties du temps sont successifs, c'est une tautologie, parce que temps et succession sont la même chose. — Mais il n'est pas sans intérêt de jeter un coup d'œil sur « l'Exposition transcendentale » du concept du temps, dans laquelle Kant s'est proposé de montrer comment la soi-disant intuition *a priori* du temps peut servir de fondement à d'autres connaissances synthétiques *a priori*. Cette dernière exposition est très peu développée, et avec raison, car elle ne peut pas du tout donner ce qu'elle promet. Kant affirme d'abord que sans une intuition *a priori* du temps la possibilité d'une association d'attributs contradictoirement opposés dans un seul et même objet (c'est-à-dire le changement) est inconcevable. Cette affirmation, comme je l'ai déjà montré, n'est pas fondée. « Par conséquent, ajoute Kant, notre concept de temps nous explique la possibilité d'autant de connaissances synthétiques *a priori* que la science générale du mouvement, qui n'est pas peu féconde, en expose elle-même ». Ce *par conséquent* marque un saut par trop hardi. En admettant même que sans une intuition *a priori* du temps on ne connût ni changements, ni mouvements, on ne s'explique cependant pas du tout par là la possibilité d'autres connaissances synthétiques *a priori* du mouvement. Kant, en effet, dit lui-même à plusieurs reprises et avec raison qu'un mouvement ne peut être connu que par l'expérience et non *a priori*. Il distingue très bien le mouvement d'un *objet* dans l'espace, du mouvement comme simple *description* d'un espace (p. 154). Le dernier seul, dit-il, appartient à la pure intuition et à la géométrie qui est fondée sur elle, mais jamais le premier : « car on ne peut pas savoir *a priori*, mais seulement par l'expérience que quelque chose est mobile ». Il est donc évident qu'une intuition supposée du temps ne peut pas du tout être une source de connaissances synthétiques *a priori* du mouvement, comme l'intuition de l'espace est la source de connaissances synthétiques *a priori* en géométrie. Les lois géométriques de l'espace sont données dans l'idée de cet espace, indépendamment de toute expérience, mais les lois mécaniques du mouvement ne peuvent pas nous être données indépendamment de toute expérience, parce qu'un mouvement ne peut jamais être connu qu'empiriquement. Il s'ensuit que Kant pouvait bien donner une « Exposition transcendentale du concept de l'espace », mais non du temps. Je montrerai plus loin en quel sens on peut considérer la connaissance des lois du mouvement comme fondée *a priori*. Mais cette connaissance n'a rien à faire avec une intuition spéciale du temps.

En dehors de ceux que Kant a présentés, je ne connais pas d'arguments pour l'apriorité de l'idée de temps et je ne vois pas quelle bonne raison on pourrait en donner: car il est certain que des changements et aussi des successions peuvent être connus sans une idée *a priori* du temps. Par le mot « temps » nous ne devons donc entendre qu'une idée générale, abstraite des successions données, où sont supprimées toutes les différences des successions et qui ne contient et n'exprime que l'élément commun de ces successions. Mais si les idées abstraites se présentent sous forme concrète à l'imagination, c'est qu'on y ajoute les mêmes déterminations que présentent les objets individuels dont on les a abstraites, qui correspondent le mieux à leur nature générale et dont les idées s'associent le plus facilement à cette nature dans la conscience. Par suite on se représente le temps comme une succession *régulière* quand on l'imagine, bien que le temps puisse être aussi bien conçu comme une succession irrégulière. Au contraire, on ne peut attribuer au temps aucune vitesse déterminée, parce que dans les successions données aucune vitesse en son essence ne se marque de préférence à une autre de manière à pouvoir être considérée comme une règle commune primitive de ces successions et par suite être transportée facilement à l'idée générale de temps. Si donc on s'imagine le temps, on lui attribue tantôt telle vitesse, tantôt telle autre, et cela au gré des circonstances.

En ce qui concerne la mesure du temps, elle ne peut consister qu'en des comparaisons de successions, et particulièrement en la comparaison de toutes les autres successions avec une succession régulière prise comme règle. Mais ici se présente la question : Comment peut-on reconnaître et constater la régularité d'une succession, puisque les diverses parties d'une succession ne sont pas juxtaposées et qu'on ne peut en percevoir, par suite, l'égalité ou l'inégalité? Si la production de successions régulières était purement accidentelle dans notre expérience, je ne vois pas, en fait, comment on pourrait en constater la régularité et s'en servir pour mesurer le temps. Mais il n'en est heureusement pas ainsi. Les révolutions de la terre et des autres corps célestes se produisent régulièrement du commencement à la fin de notre expérience. En voyant se reproduire toujours le même cycle de phénomènes, on est naturellement conduit à supposer une régularité dans cette répétition, et si l'on remarque, en outre, que deux ou plusieurs cycles semblables ont toujours les mêmes rapports entre eux, que l'un contient toujours le même nombre de répétitions que l'autre, on constate alors comme un fait leur régularité. Il y a précisément un semblable rapport entre la rotation de la terre sur son axe, qui est la condition de la succession des jours et des nuits, et son mouvement autour du soleil, qui ramène le cours des saisons. Il n'est pas difficile de diviser le mouvement diurne de la terre en portions égales, suivant la division des arcs que le soleil ou les étoiles semblent parcourir dans leur mouvement journalier. On peut également se servir d'un autre mouvement que l'on aura des raisons objectives de considérer comme régulier, par exemple celui d'un pendule librement suspendu. Il n'est pas nécessaire pour cela de recourir à des considérations philosophiques sur le temps. C'est assez d'avoir montré que ce qu'on appelle le temps est une simple abstraction et qu'on ne doit y voir ni quelque chose de réel ni une espèce d'idée nécessaire et primitive.

Deuxième chapitre

L'idée d'espace

§ 1. — Du contenu de l'idée d'espace.

On attache avec raison une grande importance à la question de l'origine de l'idée d'espace; seulement on n'a pas beaucoup de chance de la bien résoudre si l'on n'a pas cherché auparavant à déterminer le contenu de cette idée. Sans cela l'on ne sait pas même de quoi l'on cherche l'origine. La deuxième question doit évidemment être traitée la première.

Dans le chapitre précédent, j'ai déjà montré que le concept qui est au fond de l'idée d'espace ou d'étendue dans l'espace est celui d'extériorité mutuelle (*Aussereinander*), c'est-à-dire d'extériorité ou de juxtaposition simultanée. Mais toute manière d'être hors l'un de l'autre n'a pas la nature de l'espace. Mill a déjà très exactement remarqué que, dans notre conscience, deux idées, par exemple l'idée d'un son et celle d'une couleur, peuvent exister ensemble à côté l'une de l'autre sans être étendues, sans être séparées par un espace. La juxtaposition étendue a donc un caractère spécial, et c'est ce caractère qu'il faut saisir et définir exactement. Et cette question a encore deux aspects, l'un *psychologique*, l'autre *ontologique*, si l'on peut ainsi parler : car nous devons nous demander, premièrement, quelle particularité nous attribuons aux objets que nous reconnaissons comme existant dans l'espace et, en second lieu, par quoi se distinguent les *data* empiriques, c'est-à-dire les sensations dont est formée l'idée d'étendue.

A la dernière question, Stuart Mill et Bain ont fait, je crois, une réponse exacte. Ils affirment que c'est seulement au moyen du mouvement, ou mieux de la sensation musculaire qui accompagne le mouvement de nos membres qu'une extension spatiale ou une étendue peut être connue. Mill dit à ce sujet : « Il faut nécessairement qu'une série de sensations musculaires s'interpose entre le fait d'atteindre un objet et celui d'en saisir un autre pour que la simultanéité dans l'espace se distingue de la simultanéité qu'il peut y avoir entre une couleur et une saveur, entre une saveur et une odeur » (Exam., p. 268). Bain a exposé avec ampleur la même théorie. Il remarque d'abord que la perception de deux objets simultanés, par exemple de deux bougies allumées, ne nous donne pas l'idée de leur distance dans l'étendue ou de leur position dans l'espace. Par cette perception, dit-il, « je sens une diversité d'impressions de nature en partie optique, en partie musculaire. Mais pour que cette diversité exprime pour moi une diversité de positions dans l'étendue, elle doit révéler le fait nouveau qu'un certain mouvement de mon bras porterait ma main d'une bougie à l'autre, ou que tel autre mouvement de mon corps changerait d'une façon déterminée le phénomène que je vois déjà. Tant que nous ne savons rien de la possibilité des mouvements du corps, nous n'avons pas d'idée de l'étendue. Nous ne croyons avoir un concept (*notion*) de l'étendue que quand nous connaissons clairement cette possibilité. Mais on n'a jamais pu expliquer comment le fait d'y voir peut d'avance révéler à l'œil comment doivent être dirigées les expériences de la main ou d'aucun autre membre capable de se mouvoir » (Sens et intelligence, p. 374).

Sans notion de la distance, on ne peut en fait rien savoir de l'étendue et l'on n'arrive, sans contredit, que par le mouvement à une notion de la distance. Mais si l'espace ne peut être connu par la vue seulement, il est cependant donné par la vue de quelque manière. L'appréciation des distances par les yeux seuls est très peu sûre : un enfant sans expérience tend les mains vers la lune avec l'illusion de pouvoir y atteindre. Il n'en est pas moins certain que les distances des corps nous sont données par la vue même, que nous voyons les corps précisément à la place qu'ils occupent dans l'étendue. On le prouve par le fait que la distance même des objets inaccessibles peut être mesurée au moyen des yeux (par triangulation). La lune, par exemple, est évidemment pour nous un objet inaccessible et dont la distance cependant est connue avec une sûreté suffisante. La distance de la lune par rapport à nous peut être conçue comme une ligne droite dont une extrémité aboutit à nos yeux et l'autre à la lune. Cette ligne a été mesurée et n'a pu l'être que parce que nous voyons la lune à son extrémité, car pour mesurer une ligne il faut de quelque façon la parcourir d'une extrémité à l'autre.

Or quand il s'agit de mesurer cette distance de la lune, il n'y a pas de mouvement vers l'objet, et d'autre part, cette distance qui est d'un grand nombre de kilomètres ne peut être contenue dans notre impression visuelle qui, à proprement parler, n'a pas d'étendue. Que signifie donc le fait que l'emplacement et la distance de la lune nous sont donnés par la vue? Ce fait ne peut s'expliquer que de la façon que j'ai dite déjà dans la première Partie (p. 108 sq.) et que je vais reprendre dans celle-ci avec plus de développements, à savoir que nos sensations sont telles qu'elles nous apparaissent comme des corps dans l'espace. C'est ainsi que les distances des corps nous sont données par la vue, bien que la vue toute seule ne puisse nous les faire connaître. Il faut pour cette connaissance, comme on l'a montré plus haut, d'autres expériences encore qui correspondent au mouvement, mais aussi qui ne permettent pas de conclure à un espace réel, à des choses ou à des phénomènes dans l'espace, qui sont de simples sensations en nous.

Ce n'est pas le sujet de ce chapitre de rechercher exactement comment et en vertu de quelle disposition naturelle chaque sorte de sensation contribue à la perception des corps et de l'espace. Ce côté psychologique de l'idée d'étendue est ici pour nous d'un intérêt secondaire. Nous devons au contraire nous attacher au côté ontologique et à la question de savoir quelle propriété des objets les fait paraître comme existant dans l'espace.

J'ai déjà montré dans la première Partie (p. 88) quelle est cette propriété. Elle consiste en ce que les objets représentés dans l'espace (les corps) sont quant à leur concept des substances (des objets inconditionnés) qui existent indépendamment aussi bien d'une cause du monde extérieur que des sujets connaissants et sans aucune liaison interne les unes avec les autres. Tant qu'on méconnaîtra cette qualité des choses dans l'espace et de l'espace lui-même, les théories relatives aux corps et à l'étendue ne pourront donner lieu qu'à des débats sans fin et toute explication claire sera impossible.

Outre les deux propriétés déjà établies, l'espace en a encore une troisième, à savoir sa nature *géométrique*, le système parfaitement organisé des lois d'après lesquelles ses déterminations s'accordent les unes avec les autres et dont la connaissance est l'objet de la géométrie.

De sa fin, d'être un milieu pour les substances ou mieux une forme pour l'idée de coexistence des substances, peut se déduire *a priori* une propriété de l'espace, à savoir celle de contenir en soi la totalité de toutes les directions possibles, et cela pour la raison suivante. De ce que des substances, c'est-à-dire des êtres existant par eux-mêmes, inconditionnés, n'ont aucune liaison originelle et que leurs rapports ne sont en aucune manière prédéterminés et invariables, une pluralité de substances doit être conçue dans un milieu qui permette *tous* les rapports extérieurs et contienne ainsi la totalité de toutes les directions possibles. Cette propriété de l'espace, de contenir la totalité de toutes les directions possibles, fait que tout corps est entouré d'espace *de tous côtés* et, par suite, est séparé de tous côtés des autres choses, ce qui fonde mutuellement leur substantialité (1). C'est donc là la qualité fondamentale de l'espace, celle qui unit sa nature ontologique et sa nature géométrique. Mais la liaison entre ces deux natures ne va pas plus loin. Ni du concept de juxtaposition en général, ni de celui d'une juxtaposition de substances, et par suite d'espace en général, ne peut être dérivé un seul théorème géométrique, et pas même le principe que l'espace doit avoir trois dimensions. Et il n'est pas malaisé de voir pourquoi du concept d'espace aucune propriété géométrique ne peut être dérivée, excepté celles qui ont été désignées plus haut. C'est que, conformément à sa notion, l'espace est un milieu pour des substances, c'est-à-dire pour des choses qui n'ont entre elles aucune liaison essentielle et originelle; ses propriétés géométriques, au contraire, sont les lois de la liaison du divers en lui (de ses diverses déterminations les unes par rapport aux autres). Le côté géométrique de l'espace ne s'accorde donc pas avec son côté ontologique — en dehors de la propriété mentionnée plus haut, de contenir la totalité de toutes les directions, — et ne peut en aucun point s'en dériver. Si donc la connaissance des

(1) Plus loin, dans le chapitre sur les théories scientifiques des corps, je montrerai de plus près que l'espace exclut la possibilité d'une liaison interne entre les corps.

lois géométriques est *a priori*, elle repose, comme Kant l'a bien montré, sur une *intuition a priori*, non sur de simples concepts.

§ 2. — De l'origine de l'idée d'espace.

Sur l'origine, ou du moins sur les conditions fondamentales de l'idée d'espace, on peut se faire une idée assez exacte si l'on connaît, d'une part, le contenu de cette idée, et de l'autre la nature des données qui servent à la former. Les données immédiates de notre expérience générale sont nos sensations, et celles-ci ne contiennent rien de l'espace en elles et ne sont pas non plus dans l'espace. L'espace n'est pas la manière dont les sensations sont en nous, mais celle dont les substances existent hors de nous ou sont pensées exister. L'étendue spatiale ne peut donc jamais être perçue immédiatement, parce qu'elle n'est pas contenue dans les objets de la perception, dans les sensations. L'idée d'espace ne peut en conséquence résulter que d'une *interprétation* des sensations. Quelles sont maintenant les conditions que suppose cette interprétation? Comment en venons-nous à nous représenter les choses dans l'espace et non sous une autre forme?

Nous avons déjà constaté une condition de ce fait, à savoir que nos sensations sont disposées par la nature de façon à nous apparaître comme des choses dans l'espace. Elles ne pourraient sans cela servir à la formation de l'idée d'espace. Mais cela ne suffit pas; car le sujet connaissant ne peut rien savoir dès l'origine de cette disposition naturelle des sensations. Pour se représenter les sensations dans l'espace, le sujet doit aussi être naturellement disposé par la nature, avoir en lui une clé ou une loi pour les interpréter, et, d'un côté, en ce qui concerne l'aspect ontologique, et, de l'autre, en ce qui concerne l'aspect géométrique de l'espace.

Dans l'espace, on ne se représente que des substances;

l'espace est la juxtaposition des substances. Pour constituer l'idée d'étendue, il faut donc, comme on l'a assez montré plus haut, la disposition du sujet à se représenter chaque chose comme une substance, disposition par laquelle est conditionnée la forme générale de notre expérience. Car les substances ne nous sont pas données dans l'étoffe de l'expérience, et alors même qu'elles nous seraient données, elles ne seraient pas perçues de la façon passive dont nous percevons la qualité du bleu ou du doux. La substantialité n'est pas une qualité perceptible, comme la couleur, la saveur ou l'odeur. Mais la disposition du sujet à se représenter chaque chose comme une substance qui conditionne la forme générale de l'expérience, ne peut pas seule conditionner aussi la particularité spéciale de l'idée d'espace ; de l'aspect ontologique de l'espace, on ne peut pas, comme nous l'avons déjà montré, déduire l'aspect géométrique. Les propriétés géométriques de l'espace ne peuvent être fournies ni par la loi fondamentale de la pensée ni par les simples données de l'expérience. Il faut pour les constituer une disposition particulière du sujet, et c'est ce que Kant a voulu dire quand il a appelé l'idée d'espace une intuition *a priori*. Il ne faut pas entendre par là que l'idée d'étendue se trouve toute formée en nous dès la naissance : elle est plutôt formée par l'expérience, ou plus exactement avec l'expérience même : mais la raison de sa formation est dans le sujet. Nous venons au monde sans barbe et sans dents, mais avec une disposition naturelle à en avoir : il en est de même de l'idée d'espace.

Les arguments employés par Kant pour prouver l'*a priorité* de cette idée dans son « Exposition métaphysique » et dans son « Exposition transcendentale », sont, sans doute, exacts, mais incomplètement développés. Kant laisse de côté l'aspect psychologique et, en partie aussi, l'aspect ontologique de l'espace : sa nature géométrique était pour lui à peu près l'essentiel. On ne pourrait vraiment exiger de lui qu'il eût donné de cet objet une explication qui épuisât la question. C'est déjà un grand service que d'en avoir préparé la vraie théorie. Ainsi il affirme avec raison que les rapports d'étendue dans l'étoffe donnée de la perception n'auraient pas pu être connus sans la disposition du sujet à en avoir l'intuition dans l'espace : car cette étoffe ne contient en soi, abstraction faite de la manière dont elle est saisie par le sujet, rien de l'espace. Elle est aussi exacte cette remarque de Kant, que l'espace est une idée nécessaire qui ne peut pas être supprimée elle-même, quoique l'on puisse très bien faire abstraction de toutes les choses dans l'espace (1). L'objection de Herbart que l'espace signifie la pure possibilité des choses extérieures et comme tel ne peut naturellement pas être anéanti après que l'on a reconnu la réalité des choses, n'est pas valable. Car une pure possibilité ne peut être mesurée, tandis qu'on peut mesurer l'espace vide et le connaître comme une grandeur. C'est le fait contre lequel viennent échouer toutes les théories qui supposent que l'idée d'espace a une origine empirique et que les choses existent réellement dans l'espace. On ne peut pas dire que l'espace soit un pur rien : car un rien ne peut être mesuré et posséder une foule de qualités (les qualités géométriques). On ne peut pas dire que l'espace soit simplement l'ordre de juxtaposition des choses réelles : car cet ordre seul ne peut pas être représenté abstraction faite de toutes choses et exister là où il n'y a rien (comme l'espace vide). On ne peut pas dire que l'espace soit abstrait de la connaissance des choses, car il n'est pas un objet abstrait comme le temps, mais bien un objet concret quoique

(1) Ce n'est pas à dire que l'espace puisse être conçu sans aucun contenu psychologique, mais bien sans aucun contenu ontologique. L'espace que nous nous représentons doit être une couleur, ou avoir un substitut quelconque de la couleur. De même il doit y avoir dans son idée, fussent-elles latentes, des expériences du sens du toucher et du sens musculaire au moyen desquelles cette idée a été d'abord réalisée. Mais on peut concevoir l'espace vide de toute chose réelle.

idéal (1). Sans espace vide le mouvement est inconcevable, car le mouvement n'est que le changement des positions réciproques des choses dans l'espace. Si donc l'on admet des choses réelles et des mouvements dans l'espace, on doit admettre l'existence d'un espace vide réel. Mais, selon la juste remarque de Kant, un tel espace serait une absurdité, un rien qui aurait différents attributs des choses réelles. Kant en a donc conclu avec raison que l'espace est une intuition *a priori* sans réalité objective.

Mais la raison définitive pour l'a priorité de l'idée d'espace est toujours que dans les données réelles de l'expérience, les sensations, il n'y a pas d'espace et qu'il ne peut par conséquent en être dérivé. Toutes les explications purement empiriques de l'idée d'espace ne sont donc que des tours de passe-passe. Je donnerai des éclaircissements plus complets dans un chapitre ultérieur sur la perception des corps.

Troisième chapitre

SI NOUS NOUS DISTINGUONS PRIMITIVEMENT D'AUTRES CHOSES

La question de l'origine de notre connaissance d'un monde extérieur ne peut être résolue si nous ne répondons d'abord à cette première question : comment le sujet connaissant parvient-il à se distinguer des autres choses, des choses qui lui sont étrangères ? Cette distinction est-elle immédiate et intuitive, ou se produit-elle de quelque façon au cours de la vie ?

Pour la doctrine qui admet certain « sens externe » spécial, cette question n'existe pas. Car, pour elle, un objet est connu

---

(1) Stuart Mill l'a remarqué : « L'espace, dit-il, peut être dit un nom concret d'objet idéal, étendu mais non résistant ». Rem. sur J. Mill. I, p. 111.

comme extérieur et distinct du moi par le fait même qu'il se présente sous la forme du « sens externe ». Seulement cette doctrine est inadmissible. Il n'y a pas de « sens externe » spécial. Nous ne pouvons pas connaître une chose comme extérieure à nous et étrangère, parce qu'elle se présente à un sens externe, — car cette connaissance et cette distinction n'est pas d'une manière générale affaire de sens. — Au contraire, nous ne connaîtrions rien comme distinct de nous, si dans le contenu de notre perception il n'y avait rien de réellement étranger, dont le caractère étranger et la non-adaptation à notre essence individuelle frappent notre conscience. Le concept d'*étranger*, de *non-moi* est plus large que celui d'extérieur ou d'existant hors de nous. Un objet ne peut pas exister hors de nous sans se distinguer de nous, sans nous être étranger ; mais il pourrait se rencontrer aussi au dedans de nous beaucoup d'éléments qui nous sont étrangers. La distinction du moi et du non-moi doit donc précéder nécessairement celle d'un monde extérieur. Je vais établir seulement deux points.

1º Dans notre perception immédiate, dans le contenu donné de notre expérience, se présentent des éléments qui nous sont réellement étrangers, à nous sujets individuels, qui n'appartiennent pas à notre moi. Telles sont par exemple toutes les sensations objectives, comme couleurs, sons, saveurs, odeurs, sensations de température, etc.

2º Nous sommes immédiatement, intuitivement conscients du fait que le contenu de ces sensations nous est étranger : la distinction du moi et du non-moi, la distinction de ce qui appartient à notre être propre individuel et de ce qui ne lui appartient pas, est intuitive, originale, ne peut être acquise ou dérivée d'autres lois.

Revenons au premier point. Quelqu'imparfaite que soit notre connaissance de l'unité du moi, je crois cependant devoir affirmer qu'il serait tout à fait incompatible avec cette unité d'admettre que tout le contenu si divers de nos sensations objectives appartint au moi lui-même et fît partie intégrante de notre être individuel. Il impliquerait contradiction que nous fussions nous-mêmes bleus ou rouges, doux ou amers, etc., comme nous sommes joyeux ou tristes. Notre moi devrait être en soi aussi divers que le monde extérieur que nous connaissons. Les philosophes, depuis Locke, sont sans doute habitués à considérer les couleurs, les saveurs, etc., comme des modifications, des états ou des accidents du moi, de la façon dont la figure d'un corps, et la place qu'il occupe dans l'espace sont de purs accidents de ce corps; mais assurément cette façon de voir n'est pas tout à fait exacte. La figure, le lieu ne sont pas quelque chose de réel, qui aurait une qualité, abstraction faite des objets dans lesquels on les perçoit; ce sont de simples rapports des corps ou des parties d'un corps dans l'espace. Si un corps rond devient carré, sa forme ronde antérieure a simplement disparu; elle n'a pas de qualité propre ou de détermination, indépendamment des rapports des parties du corps considéré avec un autre dans l'espace. Mais peut-on en dire autant d'une couleur ou d'une saveur? Assurément non. La couleur bleue ou rouge, par exemple, est évidemment un contenu réel qui n'existe pas hors de nous, mais qui peut très bien être *représenté* hors de nous et qui en effet est pensé comme tel, c'est-à-dire comme qualité de choses extérieures. Les sensations de couleurs sont donc des accidents du moi, mais non de la manière dont la figure et le lieu d'un corps sont des accidents de ce dernier, de la manière plutôt dont divers objets qui sont placés dans une caisse et qui en sont tirés, pourraient être appelés des accidents de cette caisse. Le moi n'est pas la substance, mais plutôt comme le réservoir de ces sensations. Il en est tout autrement des sentiments de plaisir et de douleur. Ce sont là réellement des états du moi, qui ne peuvent être pensés ou représentés indépendamment de lui. Si un homme joyeux est attristé par quelque cause, sa joie s'est anéantie aussi bien que la figure d'un corps déformé. La joie est aussi peu quelque chose en soi que le rond et le carré.

Mais le fait principal qui prouve que les sensations objectives n'appartiennent pas au moi, sont différentes de nous et nous sont étrangères, c'est que dans les mêmes circonstances elles sont communes à tous les sujets connaissants et que leurs lois sont indépendantes de notre individualité, de ses états particuliers, de sa destinée et de ses lois. Tous les hommes qui perçoivent le même objet dans les mêmes circonstances, reçoivent les mêmes impressions ou les mêmes sensations objectives. Bien que la vue du même objet puisse éveiller chez plusieurs personnes des mouvements fort divers et des associations fort différentes, cependant les impressions visuelles sont les mêmes chez tous. De même, le même mot peut agir très diversement sur l'esprit de plusieurs : il peut n'être pas du tout compris par l'un, en effrayer un autre, rendre courage à un troisième : mais le son lui-même, sa force, sa hauteur, son timbre et son articulation sont identiques pour tous.

Il en est de même pour les lois des sensations objectives et l'ordre de leur apparition dans notre perception. Ce sont là des choses tout à fait indépendantes de notre individualité. J'ai beau faire, je vois toujours les mêmes objets de la même manière, j'entends toujours les mêmes sons, les mêmes bruits dans les mêmes conditions, je sens la même odeur, etc., du moins tant que mes organes restent dans le même état. Si je vais, par exemple, à la fenêtre de ma chambre, j'y reçois en partie les mêmes impressions qu'hier, en partie des impressions différentes, mais cette similitude comme cette différence sont parfaitement indépendantes de mes états, de mes changements. Elles sont les mêmes, en effet, si les objets en dehors, devant ma fenêtre, sont les mêmes qu'hier, et différentes, si ces objets ont changé ou ont été remplacés par d'autres. Les lois suivant lesquelles se succèdent en moi les sensations objectives ne dépendent, en aucune façon, de ma volonté ou de mon individualité. Ce sont les lois de la nature que nous devons, autant que possible, nous efforcer de découvrir, d'utiliser, mais auxquelles nous devons aussi nous soumettre. Ce fait précisément que les lois de nos sensations objectives sont indépendantes de nous, du sujet connaissant lui-même, est la raison pour laquelle la croyance à un monde extérieur réel comme cause de nos sensations est si difficile à détruire malgré les objections les plus claires.

S'il est établi que les sensations objectives n'appartiennent pas à notre essence subjective, sont un réel non-moi, il n'est pas difficile de montrer que la connaissance de ce non-moi comme tel, c'est-à-dire de la différence qu'il y a entre lui et nous, est primitive et intuitive. Car il ne peut absolument pas y avoir d'autre criterium pour cette distinction que précisément l'intuition primitive du sujet.

Si la différence de deux choses, A et B, est dans leur manière d'être perçue, comme celle du rouge et du vert, de l'amer et du doux, il n'y a évidemment pas besoin de criterium pour la constater. Mais si la différence de A et de B que l'on veut constater ne concerne pas leur manière d'être donnée, n'est pas en elle, mais dans leur rapport à une troisième chose C, si l'on ne sait pas comment A et B diffèrent entre eux (en soi), mais comment ils se distinguent par rapport à C, — il faut évidemment alors un criterium, et ce criterium ne peut être que la chose C ou la connaissance de cette chose. Or la différence de ce qui est propre et de ce qui est étranger est précisément de cette sorte. Elle ne concerne pas la nature perçue du contenu donné, mais seulement son rapport au sujet connaissant. Le criterium pour distinguer ce qui appartient au sujet ou lui est étranger ne peut être, suivant ce qui précède, que la connaissance du sujet lui-même. La supposition que le sujet doit apprendre à se distinguer d'autre chose tourne d'ailleurs dans un cercle. Car le criterium pour cette distinction est précisément la connaissance même du sujet, laquelle, suivant la dite supposition, ne peut être acquise qu'au moyen de ce criterium. Si le sujet, en effet, n'a primitivement aucune connaissance expérimentale de lui-même, cette distinction ne peut se produire qu'en conséquence d'une intuition primitive du sujet, en conséquence d'une faculté primitive de distinguer dans le contenu perçu ce qui lui est propre et ce qui lui est étranger.

Pour éviter les méprises, je dois remarquer que la conscience que le moi a de lui-même est capable d'un développement très variable. Il serait naturellement risible d'affirmer qu'un enfant nouveau-né est, même de loin, en état d'avoir de lui-même, comme objet particulier, une conscience aussi développée que nous. L'intuition primitive se réduit à ceci, que le sujet, dès le début, peut distinguer dans le contenu donné de la perception ce qui lui est propre et ce qui lui est étranger. Cette distinction est évidemment primitive ou intuitive. Il serait encore risible, évidemment, d'affirmer que l'enfant doit apprendre d'abord à reconnaître dans un sentiment de peine qu'il éprouve quelque chose qui lui appartient et à le différencier à ce point de vue de ses sensations de son ou de saveur. Non seulement il est certain que nous sentons nous-mêmes de la douleur, si un tel sentiment est en nous, et que nous ne sommes pas bleus si nous percevons quelque chose de bleu, mais il est aussi certain et indubitable que, dès le commencement, nous reconnaissons comme notre état la douleur donnée et que, au contraire, nous ne regardons pas comme étant notre état la couleur bleue donnée ou perçue, que nous ne nous connaissons pas comme bleus. Si l'aptitude à faire cette distinction manquait dès le début, jamais, comme je l'ai déjà montré, elle ne pourrait s'acquérir.

Il n'est pas inutile, pour éclaircir ce point, de signaler la méprise où est tombé à ce sujet l'excellent penseur Stuart Mill. Selon Mill, la conscience de soi, comme la distinction de soi-même et des autres choses, repose sur la mémoire, sur le souvenir d'états antérieurs. « L'identification, dit-il, d'un état présent avec un état dont on se souvient, et qu'on connaît comme passé, constitue à mon avis la connaissance (*the cognition*) que le *moi* est ce qui sent l'état (1) ». L'identification d'un état présent et d'un état passé suppose en effet l'identité du moi et la conscience qu'il en a ; mais, pour cette raison même, elle ne peut pas produire cette conscience. La simple identification de deux états séparés par le temps peut seulement produire la conscience que les deux états appartiennent à un seul *objet* qui reste permanent d'une manière générale, mais non qu'ils m'appartiennent à *moi*. Si j'entre pour la première fois aujourd'hui dans mon cabinet de travail et que j'y retrouve tout à la même place et dans le même ordre qu'hier, je n'en conclus pas que les impressions sont, aujourd'hui comme hier, *miennes* et identiques *comme impressions*, mais que les *objets* dans la chambre sont restés les mêmes aujourd'hui qu'hier. La conscience qu'un état passé m'appartient ne peut en aucune façon se produire que comme la conscience qu'un état présent m'appartient. Si je ne puis reconnaître comme mien un état tant qu'il est présent, je peux encore moins le reconnaître comme mien s'il est déjà passé et ne revit pour moi que dans le souvenir. Car la connaissance du passé comme tel suppose toujours la conscience de l'identité de l'objet auquel est rapporté l'état passé, comme je le ferai voir dans le prochain chapitre. Je puis aussi bien me souvenir de mes propres états que des états d'autres choses et les reconnaître ; cette reconnaissance ne

---

(1) Exam., p. 252. — Stuart Mill s'exprime de la même manière dans ses remarques sur le livre de J. Mill, p. 229.

fournit donc aucun criterium pour distinguer ce qui nous est propre de ce qui nous est étranger.

Une autre théorie assez répandue fait dépendre la distinction du moi et des autres choses de la distinction entre notre propre corps et les autres objets. Seulement cette théorie n'est pas plus soutenable et elle montre un exemple de la facilité avec laquelle on prend pour fondé en vérité et même pour évident de soi ce qui cependant est contredit par les faits les plus manifestes.

Comme beaucoup d'hommes arrivés à l'âge adulte ne se distinguent jamais en pensée de leur corps et que, dans les périodes primitives de culture, on ne songeait pas du tout à cette distinction, on croit devoir admettre que nous nous reconnaissons primitivement comme corps, ou que nous prenons notre corps pour une partie de nous-mêmes. Mais cette supposition est contredite, comme je l'ai indiqué, par les faits mêmes. Ce qui suit va l'éclaircir.

Notre moi repose sur la conscience de nous-mêmes ; nous sommes uniquement parce que nous nous connaissons. Voici ce qui s'ensuit : cela seul fait partie de notre moi qui fait partie de notre conscience de nous-mêmes, ce que nous connaissons primitivement, intuitivement, comme propre à nous-mêmes. Or il nous est impossible de rencontrer primitivement dans notre conscience de nous-mêmes nos membres, mains, bras, jambes, etc., comme parties de nous-mêmes, car la perception de ces membres, ainsi que la physiologie le constate, n'est possible qu'au moyen des nerfs et du cerveau. En nous-mêmes, dans notre conscience, nous ne trouvons ni pieds, ni mains, mais seulement la suite des excitations nerveuses qui y prennent naissance. La manière d'être de nos pieds, de nos mains, de nos autres membres, nous ne la connaissons pas autrement que celle des corps qui entourent notre corps, par la vue et le toucher. Si une partie quelconque du corps pouvait se rencontrer primitivement dans la conscience de nous-mêmes et être connue comme une partie du moi, ce serait évidemment le système nerveux et principalement le cerveau parce qu'il est le plus près possible de nous et a seul une influence immédiate sur nos états intérieurs ; mais que nous apprennent les faits à cet égard ? Que nous ne savons rien et ne pouvons rien savoir de notre système nerveux et de notre cerveau par une expérience personnelle, intérieure. On peut vivre cent ans sans soupçonner qu'on a un cerveau. Bien plus, l'humanité a vécu des milliers d'années sans soupçonner que les nerfs et le cerveau eussent le moindre rapport avec les faits psychiques, avec les phénomènes de la vie intérieure. Il est donc clair que si des gens sans culture ne peuvent pas séparer la pensée de leur corps de l'idée de leur moi, c'est un pur effet de l'association des idées, de l'habitude de penser à l'un et à l'autre en même temps ; car la liaison entre nous et notre corps est connue, comme on l'a montré, non par une intuition immédiate, mais par induction, en particulier par un raisonnement sur le fait que les modifications et les mouvements du corps sont toujours suivis de modifications de nos sensations, de nos états intérieurs, et suivent eux-mêmes nos désirs d'une façon inexplicable. Quand j'ai vu pour la première fois ma main dans mon corps, elle a dû m'apparaître comme quelque chose d'aussi étranger que n'importe quel autre objet, et c'est grâce seulement à l'expérience externe que j'ai remarqué qu'elle est plus étroitement unie à moi qu'un autre corps, en voyant que les mouvements de ma main correspondent toujours à mes désirs et que tout contact avec ma main m'était sensible à l'instant même (1).

(1) Le professeur Preyer rapporte ainsi (dans son article *Psychogenesis*, Deutsche Rundschau, mai 1880) ses observations sur de petits enfants : « Au contraire ses bras et ses pieds apparaissent à l'enfant, même après beaucoup de mois, comme quelque chose d'étranger, qui ne lui appartient pas, qu'il regarde avec surprise, qu'il observe avec attention, qu'il essaie comme des objets toujours présents. Il attrape ses pieds avec ses mains

Une distinction entre nous-mêmes et les autres choses doit donc précéder la connaissance de notre propre corps. Je ne pourrais connaître mon corps comme *mien* si d'abord je ne m'étais connu moi-même et ne m'étais pas distingué des autres choses.

Il faut encore remarquer en général que mon moi ne peut être distingué de la connaissance de moi-même. Je *suis* dans le fait tel que je me connais et dois me connaître selon mon essence. J'ai déjà eu souvent l'occasion de signaler le fait que le non-moi donné, ce qui m'est étranger dans la perception, c'est-à-dire le contenu de mes sensations objectives, est originellement lié à l'existence du sujet connaissant en moi ; que les deux choses (moi connaissant et non-moi) se conditionnent mutuellement, non seulement dans leurs états successifs, mais aussi dans leur existence même. Il s'ensuit que le moi et le non-moi — et par ce dernier mot on ne doit naturellement pas entendre un *corps*, une chose indépendante du sujet, mais seulement les sensations objectives, — n'appartiennent pas à deux mondes différents ou ne sortent pas de deux mondes différents, mais constituent une unité par un côté de leur nature soustrait à notre perception. Mais *je ne suis pas* cette unité, et il faut le remarquer particulièrement. Dans cette mienne détermination empirique, je suis tel que je me connais et dois me connaître conformément à mon essence. Les sensations objectives me sont donc réellement étrangères, précisément parce que je dois les reconnaître comme étrangères. Par une recherche quelque minutieuse qu'elle soit sur les couleurs, les sons, les odeurs, etc., je ne puis absolument rien apprendre sur mon être propre, et c'est là une preuve suffisante que ces qualités ne lui appartiennent pas. Le sujet connaissant qui dans

et les porte à sa bouche, et même à quatre ans il mord son propre bras si fort qu'il se fait mal. Il donne le biscuit à goûter à ses pieds, comme aux chevaux de bois qui lui servent de jouet ».

le contenu donné de la perception distingue ce qui lui est propre et ce qui lui est étranger, forme par cela même le criterium de cette distinction. Car la loi fondamentale de sa connaissance de lui-même est un des facteurs constitutifs du monde connaissable en général.

La distinction du moi et du non-moi est donc nécessairement originelle et immédiate ou intuitive.

Quatrième chapitre

De la connaissance des successions

La théorie d'après laquelle par la mémoire nous connaissons le passé immédiatement comme passé est une de celles que nous devons rejeter comme absolument insoutenables. Le passé, en effet, c'est-à-dire ce qui n'est plus, n'est évidemment pas un objet de perception ou d'expérience immédiate. Si nous pensons à un objet, son idée est présente dans notre esprit. Mais l'essence d'une idée consiste comme nous le savons, dans l'affirmation de son objet, dans la croyance à son existence. Une idée ne peut par suite offrir aucun signe d'où nous puissions déduire immédiatement la non-existence de son objet. Il y a, sans contredit, une différence entre l'idée qui correspond à un objet présent (c'est-à-dire une perception) et l'idée qui ne répond à rien de tel (c'est-à-dire le simple souvenir). Cette différence peut naturellement être observée, comme toute donnée. Mais pour concevoir la *signification* de cette différence, pour voir qu'à l'une des idées correspond un objet, et à l'autre non, il faut nécessairement des conditions qui soient en dehors de ces idées. Il en est de la conscience du passé et du non-être comme de la conscience de la fausseté. Dans les deux cas, la réalité de l'idée est *niée* et une négation ne peut jamais se trouver dans l'essence d'idées particulières et en être déduite. Le passé, comme le faux, ne peut donc être connu que par raisonnement, et en vertu du même principe, à savoir de l'idée générale qu'un objet ne peut pas être fait de diverses façons ou être différent de lui-même. Dès que deux idées divergentes se forment au sujet du même objet, nous devons, en vertu de ce principe, choisir entre elles, et alors pour la première fois nous pouvons prendre conscience et nous apercevoir de la différence entre une perception et un simple souvenir, et aussi entre un être et un non-être, un objet présent et un objet absent. Soit A la qualité ou la nature perçue d'un objet, et B sa nature simplement reproduite ou rappelée ; je dois, en vertu du principe que l'objet ne peut pas être à la fois A et B, conclure qu'*il n'est pas actuellement B*. Car la certitude qu'il est actuellement A l'emporte comme perception immédiate sur toute autre. Mais s'il y a cependant dans l'idée de la nature B des signes qui produisent et autorisent la croyance que la nature B a été perçue dans le même objet, la conscience du non-être se change en celle du *passé*. Si la nature B est propre à l'objet et cependant ne lui est pas actuellement propre, elle doit lui avoir été propre *antérieurement*; il n'y a pas d'autre issue. L'idée de passé et de succession est loin d'être, comme le voudrait Kant, une intuition *a priori* ou de reposer sur une telle intuition; elle doit venir au sujet par l'expérience.

Il faut ici répondre d'abord à la question de savoir comment le souvenir d'un objet ou d'un événement réellement passé peut être distingué d'une idée qui ne répond dans le passé à aucun objet réel et qui est purement imaginaire. Cette distinction n'est évidemment rendue possible que par les *associations* qui unissent le souvenir des objets primitivement perçus à nos perceptions actuelles. Tout le cours de notre vie passée forme, en tant qu'il est encore présent à notre mémoire, une série liée, dont les membres sont unis par association. Les changements de mes domiciles et de mes destins en général, ce que j'ai éprouvé et expérimenté, tout cela se reproduit dans ma mémoire non pas isolément, mais avec les liaisons contractées par la suite du temps dans ma conscience. Si je perçois ou si je ressens quelque chose qui me soit arrivé déjà, l'expérience actuelle évoque, en vertu des lois de l'association par ressemblance, l'expérience antérieure qui lui ressemble; en d'autres termes, je me souviens que j'ai déjà vu autrefois le même objet ou un autre semblable, que je l'ai perçu, en général. Ces idées reproduites éveillent, de leur côté, d'après les lois de l'association par contiguïté, celles que j'ai eues en même temps ou en succession rapprochée, c'est-à-dire que je me rappelle où et quand j'ai perçu autrefois les objets en question. C'est ainsi d'abord que les idées reproduites se changent en souvenirs réels. Si je viens, par exemple, dans une ville que j'ai déjà visitée, je me souviens de mon premier séjour et de plusieurs choses qui me sont alors arrivées. En même temps, je peux me rappeler où j'étais avant cette visite, les motifs qui me l'ont fait faire, etc., jusqu'au point où mon souvenir commence ou finit. Une pensée purement imaginaire, l'idée de ce qui n'a été ni vécu ni éprouvé ne se prête pas à de semblables associations. Je ne peux pas rattacher l'objet d'une telle idée à mes expériences antérieures. Je ne peux pas me dire : je l'ai vu à telle époque, en tel lieu, parce que, dans ma mémoire, il n'est associé à aucun temps et à aucun lieu.

Voilà pour les faits particuliers, les expériences et, en quelque sorte, les parties historiques de notre mémoire. En ce qui concerne les faits généraux, la connaissance des genres, des lois de la nature, il est encore plus évident qu'elle se produit primitivement dans notre conscience par l'association des idées des choses. C'est là-dessus que repose à l'origine toute induction. Seulement, dans ce cas, l'association avec nos expériences réelles ne fournit plus une garantie sans appel de l'exactitude de nos idées, comme dans la partie historique de nos souvenirs. Car, de ce que j'ai réellement expérimenté des cas semblables de succession et de simultanéité pour certains phénomènes, il ne s'ensuit pas que les inductions que j'ai fondées sur eux, les vues générales que j'en ai déduites soient exactes ; et comment on peut distinguer les bonnes inductions des mauvaises, c'est une question qui n'appartient pas à ce chapitre.

La connaissance du passé, comme tel, rend possible la connaissance du changement, de la succession, comme telle, ou plutôt ces deux connaissances n'en font qu'une. Dès que je vois qu'un objet avait autrefois une autre nature qu'aujourd'hui, je sais par cela même qu'il a *changé*. La conscience de la mutabilité, comme celle du changement et de la succession, ne peut se produire que par rapport à un objet connu comme permanent et identique. Si un changement se produit devant nos yeux ou, d'une manière générale, dans notre perception, quand nous pouvons suivre les phases successives de ce changement dans une succession continue, la constatation de l'identité de l'objet changeant, comme aussi la connaissance des changements qui se succèdent en lui, est par là facilitée. Mais jamais un changement comme tel, une succession comme telle ne peuvent être perçus. Puisque les parties, en effet, d'une succession ne coexistent pas, mais que les moments antérieurs doivent nécessairement avoir passé quand on perçoit les moments actuels, on devrait, pour percevoir une succession comme telle, pouvoir percevoir comme passés, comme n'existant plus, les moments qui sont passés et n'existent plus, ce qui est évidemment impossible.

On demandera maintenant : « Comment pouvons-nous distinguer les changements et les successions subjectifs, le simple changement de nos perceptions, des changements objectifs, des faits qui se passent hors de nous? » Pour Kant, qui considère toute succession comme une simple façon d'intuition du sujet, il est, on le sait, très difficile de répondre à cette question, et la manière dont il a essayé de la résoudre conduit à des difficultés plus grandes encore. C'est seulement au moyen du concept *a priori* de causalité, c'est seulement parce que nous soumettons les successions à une règle que nous pourrions, selon lui, les considérer comme objectives. Dans la première Partie de cet ouvrage, j'ai déjà montré que cette doctrine de Kant est absolument inadmissible et qu'il est simplement absurde de prétendre que l'on peut connaître la loi causale des changements avant de connaître les changements, ou de les déterminer d'avance n'importe comment. Tous les changements sont réels, qu'ils se produisent en nous ou hors de nous, mais aucun mouvement s'exécutant au dehors ne peut évidemment nous être donné, parce que tout ce qui est donné est déjà *ipso facto* en nous. Il faut donc répondre à la question de savoir comment nous distinguons des changements successifs et des changements objectifs, en nous et hors de nous. Or cette question ne présente aucune difficulté. Puisqu'un changement en général ne peut être connu que par rapport à un objet qui reste identique comme tel, nous regarderons comme subjectifs les changements et les successions que nous rapportons à nous-mêmes et comme objectifs ceux que nous rapportons à des objets extérieurs. Si l'on a déjà montré comment nous en venons à rapporter nos perceptions à des objets extérieurs, on a du même coup répondu à la question précédente. Il y a toutefois un point particulier à éclaircir.

L'opposition entre les changements subjectifs et les changements objectifs n'est pas toujours prise dans le sens large indiqué plus haut. Ce ne sont pas toutes les successions de nos sensations que l'on oppose aux phénomènes objectifs comme purement subjectives, mais seulement celles dans lesquelles nous connaissons une simultanéité des objets et qui dans l'expérience ordinaire ne se présentent pas du tout elles-mêmes à la conscience comme des successions. Le passage du plaisir à la douleur, par exemple, ou même les successions des sons en nous se produisent sans qu'il y ait aucune distinction de phénomènes extérieurs particuliers ; mais il n'en est pas de même pour la succession de nos sensations de la vue ou du toucher, par lesquelles nous connaissons une pluralité d'objets simultanés. Si je regarde de droite à gauche, de haut en bas ou inversement, la maison qui est en face de ma fenêtre, les perceptions se suivent toujours l'une l'autre dans mon esprit et cette suite de changements doit être distinguée de ceux qui se produisent dans la maison même. Cette distinction est précisément ce qui a paru si difficile à Kant et ce qui, en fait, ne peut être expliqué par ses hypothèses. Mais si l'on ne nie pas la réalité des successions en général, on comprend très facilement la distinction dont il s'agit, car les données nécessaires pour la faire se trouvent dans notre perception même. Les changements objectifs, qui surviennent dans la maison indépendamment de moi, se reconnaissent à ce que *des changements se produisent dans la série de mes sensations* pendant que je reste en repos. Par exemple : la maison en face de chez moi a cinq étages et à chacun cinq fenêtres. Toutes les fenêtres sont fermées et ont leurs volets ouverts. Si je regarde la maison de gauche à droite et du haut en bas ou réciproquement, j'ai toujours la même série de perceptions successives. Dans mon expérience ordinaire, je ne sais rien de ces successions comme telles ; ce que je connais par elles c'est la maison dont toutes les parties sont *simultanées* et *immuables*. Mais si dans cette suite même de perceptions se produit un changement, si par exemple parcourant du regard la maison de droite à gauche, je vois la troisième fenêtre du premier étage, qui était fermée auparavant, ouverte maintenant, ou le volet qui était ouvert fermé, c'est la preuve d'un changement *dans la maison même*, tout à fait différent de mes propres états, de mes propres perceptions. Je dois donc attribuer à un tel changement une cause objective, distincte de moi-même, ce qui est confirmé par l'expérience. Je sais, en fait, que quelqu'un a ouvert la fenêtre ou qu'elle était simplement poussée et que le vent l'a ouverte.

Nos sensations objectives n'appartiennent pas à notre être propre ; elles sont un vrai non-moi et sont soumises à des lois indépendantes du sujet que nous sommes ou plutôt de tout sujet particulier, et cependant elles sont si bien adaptées à la loi fondamentale de notre pensée que nous pouvons toujours reconnaître en elles les mêmes objets, des objets qui forment dans leurs rapports un monde bien organisé et dont l'expérience et les sciences naturelles ont à expliquer la régularité. Il nous est ainsi devenu possible de reconnaître les changements dans les successions des perceptions mêmes comme des événements dans le monde extérieur, sans que notre expérience les démente jamais, parce que toute l'expérience est, en fait, adaptée à la connaissance de nos sensations ou de leurs groupes comme corps dans l'espace. Nous allons le prouver amplement.

Cinquième chapitre

Démonstration de l'idéalisme [1]

§ 1. Remarques préliminaires.

Avant de parler des corps et de la perception des corps, il faut examiner la question de savoir si l'hypothèse de corps

---

[1] On pourrait croire que ce titre : « Démonstration de l'idéalisme » ne convient pas, et qu'il vaudrait mieux dire « Réfutation du réalisme ». En effet, puisque l'idéalisme est essentiellement la négation de la croyance

réels ou de choses extérieures est possible en général et valable ou non. Cet examen servira d'introduction dès le présent chapitre aux chapitres suivants.

Par l'expression de monde extérieur on peut entendre deux choses :

1° Ou les corps que nous percevons en fait, que nous voyons, sentons, touchons, etc.

2° Ou des choses extérieures qui ne sont pas elles-mêmes perçues, tout à fait différentes par conséquent des corps de notre expérience et inconnaissables, mais qui par hypothèse produisent nos sensations.

Ce qui fait surtout qu'on se trompe au sujet de notre question, c'est que l'on confond un monde extérieur purement hypothétique et imaginaire avec celui qui est réellement perçu, bien que l'on reconnaisse volontiers, en général, qu'un monde réellement extérieur ne peut pas être lui-même perçu. Or il est manifeste qu'il y a là deux choses entièrement différentes, et, par suite, il faut diviser notre démonstration en deux parties, et établir :

1° Que les corps réellement perçus par nous ne sont pas autre chose que nos sensations ;

2° Qu'il n'y a pas de choses extérieures inconnues qui produisent nos sensations.

§ 1. *Démonstration de l'identité de nos sensations et des corps perçus.*

Pour ce qui concerne les corps que nous percevons en réalité, j'ai déjà prouvé expérimentalement dans la première Partie

réaliste fondée sur l'illusion naturelle, la démonstration de l'idéalisme est proprement la réfutation du réalisme, de même que, réciproquement, il n'y aurait pas d'autre réfutation de l'idéalisme que la démonstration du réalisme, laquelle, à dire vrai, n'a jamais été et ne pourra jamais être faite. Mais comme l'idéalisme implique une conséquence positive, à savoir la constatation du fait que notre expérience contient une illusion, j'ai préféré le titre « Démonstration de l'idéalisme ».

(p. 81 sq.) qu'ils ne sont pas autre chose que nos sensations. Cette démonstration expérimentale a réellement tranché déjà le débat, car les faits sont sans appel. Cependant pour plus de clarté et de certitude, je vais donner ici la preuve réciproque complémentaire, que si l'on retranche des corps perçus tout ce qui constitue nos propres sensations, il n'y reste plus rien de réel.

Puisque les corps, quant à leur concept sont des substances, des objets extérieurs et indépendants et, par suite, tout à fait différents de nos sensations, la première démarche de la pensée logique est de n'attribuer aux corps aucune des qualités qui sont données à la sensation. C'est par là que commence toute théorie scientifique des corps. Ils ne peuvent être en soi ni colorés, ni brillants, ni chauds, ni froids, ni doux, ni amers; ils n'ont enfin aucune qualité sensible. Mais puisque toutes les qualités réelles sont données dans nos sensations, les corps en soi sont sans qualités. Il ne leur reste pas d'autre caractère propre que d'être dans l'espace, de remplir l'espace et d'agir les uns sur les autres.

Mais la propriété pour une chose de remplir un espace, d'être étendue, est logiquement contradictoire. Car ce qui est étendu est présent à la fois en différents points de l'espace et il y a une contradiction immédiate dans la pensée qu'une même chose réelle soit présente en même temps en différents points de l'espace. L'essence de l'étendu, en effet, se résout, si l'on y regarde de près, en de pures extériorités, c'est-à-dire en un néant. Ce qui est étendu est composé et cependant n'est composé de rien, puisque toutes ses parties aussi petites qu'on peut les supposer sont elles-mêmes étendues et divisibles à l'infini et encore composées. Les corps n'ont donc pas d'*intérieur*; car tout corps peut être partagé par le milieu et alors ce qui était au dedans est mis en dehors, devient une pure surface, et ainsi de suite à l'infini.

D'ailleurs la contradiction de l'essence de l'infini a été si souvent établie que je n'ai pas besoin d'y insister. Remplir l'espace, cette qualité fondamentale des corps, n'est donc pas une qualité réelle (1). Mais une chose qui n'a pas de qualités réelles n'est pas réellement une chose, mais une pure pensée, une abstraction. Les corps de notre expérience, dépouillés de tout contenu sensible, sont donc de simples idées en nous.

« Mais les corps agissent, dira-t-on peut-être, et, si nous ne savons pas ce qu'ils sont en eux-mêmes, ce qu'ils sont dans leurs qualités qui échappent à la perception, nous éprouvons cependant leurs actions, et il est alors impossible de douter de leur réalité. »

Je demande qu'on ne commette pas la confusion déjà signalée d'un monde que nous percevons en fait avec un monde extérieur purement imaginaire et inconnu. Notre perception est-elle l'effet d'un grand nombre de choses inconnues ou non? C'est une question que nous examinerons dans le prochain chapitre. Mais, en ce qui concerne les corps que nous connaissons en réalité, nous *savons* qu'ils ne possèdent aucune qualité qu'on puisse ou non percevoir, qu'ils sont de pures idées dans notre esprit. Dire que nous connaissons les corps et en même temps que nous ne savons pas ce qu'ils sont en eux-mêmes, c'est dire à la fois que nous connaissons et que nous ne connaissons pas les corps, ce qui est contradictoire. Car l'en-soi d'une chose est précisément la chose même, sa propre essence. Si l'on soutient que nous ne connaissons pas les choses extérieures telles qu'elles sont en soi, on soutient alors que nous ne les connaissons pas du tout,

---

(1) Si l'on prive les derniers éléments du corps de toute étendue, si on les conçoit comme de simples monades ou des centres de forces, on passe ainsi de la physique à la métaphysique Car on ne peut regarder comme des éléments des corps de notre expérience des monades ou des centres de forces. Ce sont alors des choses extérieures tout à fait inconnues, purement imaginaires. Nous verrons bientôt ce qu'il faut en penser

mais que nous connaissons quelque chose qui en est tout à fait différent, à savoir leur action sur nous. Cependant nous connaissons les corps de notre propre expérience: ils sont l'objet de notre perception, et, puisque les choses réelles extérieures ne peuvent être perçues elles-mêmes ni immédiatement connues, il est nécessaire d'admettre que, comme nous l'avons déjà montré expérimentalement dans la première Partie, nous ne percevons pas des corps réels, mais seulement le contenu de nos sensations comme des corps.

Ce qui précède a démontré que ce que nous percevons en fait comme des corps ne consiste pas en autre chose que nos propres sensations. Si l'on admet donc un monde extérieur réel, on doit entendre par là un monde d'objets inconnus, différents des corps de notre expérience, dont nous ne savons ni ce qu'ils sont, ni où ils sont, ni comment ils agissent. Mais alors la question est transportée du domaine de l'expérience à celui de la métaphysique. La question de savoir si un monde extérieur inconnu existe ou non est, pour l'expérience et pour les sciences de la nature, absolument sans valeur. Que l'on réponde par oui ou par non, les faits restent en dehors et n'en sont pas affectés. Tant que nos sensations se produiront dans le même ordre et selon les mêmes lois, elles seront perçues comme étant le même monde qu'aujourd'hui, quelle que puisse être la cause des sensations.

C'est précisément là au fond ce qu'on ne voit jamais. On est toujours disposé à croire plutôt que, s'il n'y avait pas de corps réels, il n'y aurait pas non plus de perception des corps comme la nôtre. Mais cette croyance, on l'a vu, est parfaitement démentie par les faits. Il suffit de penser que tout ce que nous percevons par les cinq sens ne consiste pas en autre chose que nos impressions sensibles et ne peut être autre chose; — on comprendra alors que, pour rendre possible notre perception des corps, il n'est pas du tout nécessaire qu'il y ait des corps correspondants, mais seulement que nos sensations se succèdent exactement dans le même ordre que maintenant. En réalité, comment pourrions-nous nous apercevoir de l'absence des corps tant que nous aurions exactement les mêmes impressions que lorsqu'il y a des corps, ou, pour parler plus exactement, que lorsque, au sens ordinaire du mot, nous percevons des corps? Les rêves, les hallucinations, les illusions des sens fournissent la preuve indiscutable, par le fait, qu'une apparence de perception est possible en l'absence des corps réels, et que le contenu de la perception est par conséquent le même, qu'il y ait ou qu'il n'y ait pas hors de nous des corps réels. L'illusion des rêves et des hallucinations serait absolument impossible si le contenu de la perception dans ces états était autre que dans l'état normal et pendant la veille.

C'est donc un fait fondamental et indiscutable que *notre perception des corps* (objective) (1) *est exclusivement conditionnée par l'ordre et la régularité* de nos sensations.

Ce fait ne peut plus être mis en question après la double preuve expérimentale et analytique que nos sensations sont elles-mêmes ce que nous percevons comme des corps hors de nous. Dans le débat entre l'idéalisme et le réalisme, ce point est mis hors de cause : le débat ne porte plus que sur la question suivante :

L'ordre donné et la régularité de nos sensations peuvent-ils s'expliquer exclusivement par l'action de corps extérieurs et faut-il nécessairement supposer ou non une multitude de choses hors de nous ?

Examinons cette question.

---

(1) Il y a aussi dans la nature de la pensée une raison *subjective* de notre perception, comme on le verra dans le prochain chapitre.

§ 3. Démonstration de la non existence des choses extérieures comme causes de nos sensations.

Pour bien comprendre cette question, le lecteur doit se garder avec soin de la confusion plusieurs fois déjà signalée, mais *jamais assez énergiquement*, et presque impossible à détruire, celle des corps de notre expérience avec des choses extérieures purement supposées et inconnues. Cette confusion va avec l'opinion erronée que la connaissance des corps est l'effet d'un raisonnement, que nous ne percevons pas les corps eux-mêmes, mais que nous les connaissons grâce à un raisonnement fondé sur ce que nous percevons. Cette opinion ne peut être maintenue contre le fait que nous voyons et saisissons les corps de notre expérience. Déjà dans la première Partie (p. 98-101), j'ai montré que nous ne saurions rien des corps s'il nous fallait les conclure. Les corps de notre expérience font eux-mêmes partie des faits de notre conscience et par suite ne peuvent pas servir à l'explication de ces faits. La confusion d'un monde corporel perçu avec un monde extérieur simplement supposé est précisément la confusion des faits de conscience avec une explication de ces faits, laquelle est, il est vrai, rendue vraisemblable par l'apparence extérieure, mais dont nous devons d'abord éprouver la validité.

Si l'on a seulement une fois bien compris que la perception (objective) est conditionnée uniquement par l'ordre et la régularité des sensations, que les corps de notre expérience font partie des faits de notre conscience et ne doivent donc pas servir à l'explication de ces faits, — on verra clairement combien il est inadmissible et impossible d'expliquer la régularité des faits par la supposition d'autres choses ou d'autres causes inconnues. On ne sait absolument rien, en effet, de choses inconnues, pas même si elles existent ; comment pourraient-elles fournir les moyens d'expliquer le connu ? Il devrait y avoir dans la nature même des choses une raison qui obligeât à les admettre, mais on y trouve plutôt le contraire. Vouloir expliquer la régularité des faits par des causes n'a aucun sens, car toute causalité, tout rapport de cause à effet ne sont rendus possibles que par cette régularité même, en sont des parties ou des moments et ne peuvent donc pas en contenir la raison.

Autrement dit, la conclusion à des causes extérieures de nos sensations et de leurs lois ne serait légitime que si l'induction fondée sur les faits l'autorisait. Mais l'induction elle-même tire d'abord sa valeur de la régularité des faits et pour cette raison elle ne peut jamais conduire à l'hypothèse de causes et de raisons de cette régularité même, comme je l'ai déjà montré (Première Partie, p. 95). Bien plus, on peut faire voir que l'induction s'appuyant sur les faits exclut toute hypothèse d'une pluralité de causes. Ce sera le complément de la démonstration de l'idéalisme.

C'est un fait, comme on l'a prouvé, que nous percevons le contenu de nos sensations mêmes comme des corps hors de nous, et que, par suite, notre perception (objective) est conditionnée exclusivement par l'ordre et la régularité de nos sensations. Mais cela implique évidemment que, réciproquement, l'ordre et la régularité de nos sensations sont, en fait, appropriés à leur connaissance comme des corps hors de nous et lui sont conformes. Car sans cela, la forme et le contenu de notre perception ne s'accorderaient pas et cette perception même ne serait pas possible. Nous ne connaîtrions évidemment pas le contenu de nos sensations comme des corps hors de nous, si ce contenu n'avait pas été organisé par la nature de façon à répondre en fait à cette façon de le comprendre. C'est précisément sur cette organisation des sensations que reposent la vérité et la valeur (empiriques) de notre connaissance des corps. On l'expliquera abondamment plus loin; mais il faut l'éclaircir tout de suite.

Le fait que nous percevons le contenu de nos sensations comme un monde de corps hors de nous, implique aussi deux faits internes qui se conditionnent mutuellement. Notre perception est exclusivement conditionnée par l'ordre et la régularité de nos sensations et précisément pour cela l'ordre et la régularité des sensations sont conditionnés réciproquement par rapport au fait pour elles d'être perçues comme corps.

Je pourrais hardiment laisser le lecteur tirer les conséquences inductives de ces faits. Toute induction part d'une rencontre constante de faits et de phénomènes et aboutit à une liaison de ces faits entre eux. Or nous avons constaté deux faits internes qui se conditionnent mutuellement. Aussi l'induction ne peut-elle rien en conclure, si ce n'est une liaison intérieure de ces faits. c'est-à-dire une *unité fondamentale naturelle*, un principe général agissant qui unit non seulement les sensations de tout sujet particulier, mais aussi les sujets connaissants et qui produit la régularité et la détermination de leurs perceptions. Car nous percevons tous dans nos impressions sensibles respectives un seul et même monde, commun à tous. Ce principe est donc ce qui produit tous les effets qui semblent dépendre des corps (1).

Au contraire les faits sont absolument opposés à l'hypothèse d'une multitude de causes de nos sensations. Celui même qui pourrait admettre que des choses extérieures sont causes de nos sensations, n'affirmera pas que des choses extérieures soient causes aussi de ce que nous percevons le contenu de nos sensations mêmes comme un monde de corps hors de nous. Seuls, l'ordre et la régularité des sensations sont comme on l'a dit, directement appropriés et conformes à cette connaissance, parce qu'autrement elle serait impossible. Des choses extérieures multiples seraient donc aussi incapables de produire l'ordre et la

(1) Pour la nature de ce principe, voir le chapitre intitulé : *Force et loi*. et celui qui a pour titre : *De l'observation téléologique de la nature*.

régularité de nos sensations que de produire notre perception même, ou de percevoir à notre place.

Celui qui ne peut pas s'en tenir à la simple croyance naturelle, admettre avec le vulgaire que nous percevons immédiatement des choses extérieures réelles, que tous les hommes et tous les animaux perçoivent le même monde commun à tous — et voilà longtemps que c'est devenu impossible à tous les penseurs, — celui-là reconnaît précisément par là que notre expérience contient une illusion. Car nous percevons tous, en apparence, les mêmes corps, communs à tous, immédiatement hors de nous. Mais dès qu'il est une fois constaté que notre perception est une apparence, il n'est pas raisonnable, comme je l'ai montré, de vouloir expliquer cette apparence par l'effet d'un grand nombre de choses extérieures. Vouloir expliquer la régularité des faits par l'action d'un grand nombre de substances est la moins admissible de toutes les explications imaginables, quelque naturelle et raisonnable qu'elle semble étant donnée l'apparence extérieure, car une régularité entre substances n'est pas concevable. Elle contredit le concept de substance qui exclut toute relativité. C'est évident en particulier pour les corps comme je le montrerai dans le septième chapitre.

§ 4. Remarques et éclaircissements

Les explications précédentes ont mis fin au débat entre l'idéalisme et le réalisme. Après avoir montré que l'hypothèse d'un monde extérieur réel ne peut d'abord pas être prouvée, ensuite ne peut servir en rien à l'explication des faits de l'expérience, on doit reconnaître que cette hypothèse est vaine. Cependant la vraie théorie, malgré toute son évidence interne, serait peu éclaircie, si l'on ne montrait pas d'où vient qu'elle est cachée et pour ainsi dire masquée pour la conscience.

La véritable théorie est masquée précisément par la nature de la connaissance : c'est l'explication dont il s'agit. Le contenu de nos sensations est connu par nous comme un monde de corps, c'est-à-dire de substances. Or le concept de substance implique d'abord qu'elle n'a pas commencé et qu'elle est immuable. La somme actuelle des substances doit donc être toujours la même. Une pluralité de substances doit, en outre, lorsqu'on en a l'intuition, être pensée dans l'*espace* (1), et être soumise à certaines lois selon lesquelles les éléments spatiaux, comme la position, la distance, la direction, la vitesse, la masse, etc., sont déterminés. Si donc notre perception des corps est possible, nos sensations doivent se succéder dans un ordre tel qu'elles nous apparaissent sans contradiction de fait comme un monde soumis à des lois physiques et mécaniques. Mais nous, les sujets connaissants, nous ne sommes pas intérieurement soumis nous-mêmes aux lois mécaniques et physiques : les déterminations spatiales, comme figure, masse, éloignement, etc., ne nous sont pas applicables. Pour que nous puissions nous-mêmes être compris dans la régularité du monde étendu, apparent, nous devons paraître liés à un corps particulier qui serve d'intermédiaire pour nos rapports avec le reste du monde. C'est ce rôle que joue notre corps dont l'union avec notre intérieur est réglée par des lois différentes des lois physiques, selon lesquelles toute affection du corps a pour conséquence une sensation en nous, de même que, réciproquement, un sentiment ou une résolution produit dans le corps des mouvements que la mécanique et la physique ne peuvent expliquer. Il doit par suite nous sembler que nous percevons à la fois les corps immédiatement et que nous les concluons de leurs actions sur notre corps, en particulier sur nos organes des sens. C'est ainsi que nous ne voyons du monde que ce que nos yeux nous permettent de voir, nous n'en touchons que ce que nos mains saisissent, nous ne parcourons que l'espace sur lequel

(1) Voir plus haut le chapitre intitulé *De l'idée d'espace*.

nos pieds peuvent nous porter, etc. Il doit nous sembler que nos sensations sont produites, non pas comme c'est le cas, par un principe naturel un et non perceptible, mais par la multitude des corps perçus, dont il change suivant le temps et le lieu le groupement autour de nous. Il doit aussi se produire dans notre expérience des effets qui, grâce à notre ignorance des circonstances ou des lois naturelles de leur apparition, nous semblent inattendus et surprenants, et qu'on peut cependant expliquer par une recherche plus attentive. Et en fait l'ordre et la régularité des sensations sont si parfaitement adaptés à la connaissance que nous en avons réellement comme d'un monde extérieur, que non seulement une expérience concordante, mais une science expérimentale des corps est possible (ce qui serait tout à fait inconcevable avec des choses extérieures réelles), une science qui a un champ de recherches illimité et qui constate partout dans ce monde des corps l'action de lois naturelles immuables. Sur cet ajustement parfait du contenu de notre perception à sa forme, reposent, comme nous l'avons déjà vu, la vérité (empirique) et la valeur des théories des sciences naturelles et de l'expérience en général.

La disposition de notre expérience, en vertu de laquelle nous percevons immédiatement les corps eux-mêmes et les connaissons médiatement d'après leur action sur notre corps, rend plus difficile la constatation de ce qui est réellement et produit les deux méprises fondamentales dont nous avons déjà parlé, d'une part la fausse opinion que la connaissance des corps est dérivée, et d'autre part cette croyance, liée à la précédente, que les corps de notre expérience doivent être confondus avec d'autres choses extérieures, impossibles à percevoir, purement supposées, qu'on croit devoir admettre pour expliquer les faits.

Cependant il est nécessaire, pour expliquer les choses, de considérer un cas particulier, car il s'agit ici d'une question que la philosophie proprement dite ne peut résoudre et pour l'éclaircissement de laquelle il faut recourir à de tels arbitres qu'il n'y ait plus de discussion possible. Qu'on se figure une cible et, auprès, un tireur. Le tireur est si près que la cible lui apparaît comme un tableau aussi grand que lui, avec un large cercle et, au milieu, une marque noire de la grosseur d'une pomme. Que le tireur s'éloigne et alors la cible diminue, le cercle se rétrécit et le centre n'apparaît plus que comme un point noir. La cible a-t-elle changé en quoi que ce soit par l'éloignement du tireur? Évidemment non: elle garde ses dimensions, que le tireur soit près ou loin. C'est donc un fait que ce que le tireur voit, ce n'est pas la cible (qui ne change pas) hors de lui, mais son impression visuelle (qui diminue à mesure qu'il s'éloigne).

Mais à ce fait s'en oppose un autre tout à fait différent. C'est que le tireur voit hors de lui la cible elle-même et *précisément à la place exacte qu'elle occupe dans l'espace*. Ce qui le prouve clairement, c'est que le tireur, s'il est bien exercé, ne manque pas le but.

Nous avons donc là deux faits qui se contredisent, qui s'excluent mutuellement : d'une part, le fait que le tireur voit hors de lui la cible et, de l'autre, celui qu'il ne voit que son impression visuelle. De ces deux faits, l'un seulement peut être vrai, tandis que l'autre n'est qu'une apparence (1). Quel est des deux celui qui est réel et celui qui n'est qu'une apparence? Pour résoudre cette question, on doit rechercher quelle

---

(1) Ce que nous voyons ne peut être que les objets extérieurs ou nos propres impressions, mais pas les deux choses à la fois. Beaucoup de gens croient d'une façon obscure que nous ne voyons immédiatement que nos propres sensations, il est vrai, mais que nous voyons en elles les objets extérieurs. Je crois inutile, après ce que j'ai dit, dans la première Partie, sur la perception, de montrer que c'est impossible, que nos sensations ne peuvent pas être des images d'objets extérieurs, et encore moins coïncider avec eux, comme il semble que ce soit le cas pour la perception ordinaire.

sorte de certitude ils présentent l'un et l'autre. Le fait que nous voyons nos impressions visuelles a cette sorte de certitude qui est propre à la perception immédiate, qui n'a besoin d'aucune preuve et ne peut être contredite par aucun principe. Les preuves, dans ce cas, en effet, servent moins à confirmer le fait — qui n'a pas besoin de confirmation, — qu'à dissiper l'illusion opposée, celle que nous voyons les objets mêmes hors de nous. Ces preuves sont : 1° le fait que les objets vus diminuent à mesure qu'ils s'éloignent ; 2° le fait qu'il suffit d'un coup sur les yeux pour déplacer les objets ; 3° les erreurs des sens et les hallucinations ; 4° le témoignage de la physiologie des sens, d'après lequel nos perceptions ne sont jamais conditionnées par la nature des choses extérieures, mais seulement par la nature et les fonctions de nos organes sensoriels. J'ai développé ces raisons dans la première Partie (p. 81 sq.), et elles ont tant de force que pas un penseur n'admet qu'il voit ou qu'il perçoit en général des objets hors de lui.

Et, en fait, si l'on examine cette assertion que nous voyons les corps mêmes situés hors de nous, on reconnaît qu'elle n'a pas la certitude immédiate de la perception. Car, si elle avait cette certitude, il n'y aurait pas, il ne pourrait pas même y avoir de doute sur la réalité des corps perçus. On conçoit bien, en effet, que nos sensations nous apparaissent comme des corps hors de nous — et c'est le cas, sans hésitation possible, dans les rêves et les hallucinations, — mais on ne conçoit pas que des corps réels immédiatement perçus apparaissent à notre réflexion comme de simples sensations. La réflexion peut découvrir une illusion mêlée à notre perception, mais non reconnaître dans une perception réelle une illusion ou une apparence, ou bien la réflexion serait l'équivalent de la folie. Et l'on en est encore plus convaincu si l'on examine les raisons qui semblent prouver que dans notre exemple le tireur voit, non pas son impression visuelle seulement, mais une cible hors de lui.

Ces raisons sont : 1° que le tireur, lorsqu'il est près de la cible, peut la toucher et la remuer ; 2° qu'à une certaine distance il l'atteint avec sa balle ; 3° que tout le monde croit voir la même cible que lui et que cette croyance s'accorde très bien avec toutes les autres expériences et cela conformément à des lois physiques. Qu'on examine ces raisons, qu'on en apprécie exactement la valeur, et l'on verra que tout ce qu'il y a là de réel, de vraiment perçu appartient exclusivement aux sensations. Que le tireur près de la cible vue puisse aussi la toucher, cela revient en fait à ceci, qu'il peut éprouver des sensations tactiles et musculaires correspondantes à ses sensations visuelles. Qu'à une certaine distance il puisse l'atteindre avec sa balle, cela revient à dire que d'abord il éprouve les sensations de la vue, et aussi celles du toucher et du sens musculaire qui répondent au fait de tenir et de décharger un fusil, et ensuite celles qui accompagnent la rencontre de la cible. L'adresse du tireur exercé consiste en ce qu'il sait amener les impressions qui correspondent à l'exacte façon de tenir un fusil, ce qui ressortira mieux des éclaircissements que je donnerai plus loin, en parlant de « l'observation téléologique de la nature ». Enfin le fait que d'autres hommes aussi voient la même cible, signifie simplement qu'ils ont dans les mêmes circonstances les mêmes impressions.

Jamais et d'aucune façon nous ne pouvons percevoir autre chose que nos impressions. Mais ces impressions sont organisées de telle sorte que nous croyons percevoir en elles des objets extérieurs communs à tous et s'accordant d'une façon parfaite. Qu'il y ait par exemple plusieurs personnes dans le tir et chacune croira avec une entière vérité empirique et unanimement qu'elle voit une cible hors d'elle-même. L'une la voit peut-être à vingt pas, une autre à cinquante, une troisième à cent, et pour toutes les trois elle a une apparence différente. C'est la preuve que chacune ne voit pas la cible (identique pour tous), mais ses impressions visuelles individuelles. Mais ces impressions visuelles sont disposées de telle sorte qu'elles se rencontrent dans la perception d'une même cible. Et en effet l'impression visuelle change à chaque mouvement du tireur, alors cependant que toutes ces impressions diverses paraissent en nous comme la perception d'un seul et même objet hors de nous.

Voilà à quel point est parfait l'*accord de fait* entre l'ordre de nos sensations et l'idée que nous nous en faisons comme de corps extérieurs. Mais le *désaccord logique* entre l'un et l'autre terme ne peut pas être dissipé par là : car nos sensations sont et restent de simples sensations en nous et ne peuvent jamais devenir des substances réelles hors de nous. Il en résulte que si l'on poursuit jusqu'à ses derniers éléments le monde des corps que l'on perçoit en réalité, on arrive partout à des contradictions logiques. Le concept de corps (de chose étendue dans l'espace), le concept de mouvement, la loi de la communication du mouvement contiennent une commune contradiction logique. Les contradictions s'accroissent encore si l'on veut dériver les autres lois, les lois physiques et chimiques, ou les phénomènes de la vie organique de l'essence propre du corps ou des atomes corporels (1). Et pour ce qui concerne le rapport du corps et de l'âme, on sait en effet que sur cette question les philosophes n'ont su que dire ou sont arrivés à de surprenantes théories, comme celle des « causes occasionnelles », de « l'harmonie préétablie », etc., lesquelles d'ailleurs ne suffisaient à l'explication des faits qu'autant qu'on faisait intervenir un Dieu tout puissant. Mais si l'on a besoin pour ses explications du

---

(1) Nous l'avons déjà prouvé en partie et nous achèverons de le prouver dans les chapitres suivants.

secours de Dieu, ce n'est plus, suivant la juste remarque de Kant, de la philosophie, mais l'aveu qu'on est au bout de sa philosophie.

Ainsi apparaît par une recherche et une réflexion approfondies le caractère illusoire et trompeur de notre connaissance du monde des corps, son inconsistance logique. D'où il suit que les doctrines des sciences de la nature n'ont pas une valeur inconditionnée ; en d'autres termes, les sciences de la nature ne peuvent pas être une métaphysique, comme ce serait nécessairement le cas si les corps de notre expérience étaient des substances réelles et non une pure apparence de substances.

Mais cette erreur, cette inconsistance logique ne se révèle qu'à la pensée abstraite, à une réflexion pénétrante, tandis que la consistance de fait, ou la vérité empirique de notre connaissance des corps se renouvelle à chaque pas dans la vie et dans la recherche empirique et trouve à chaque instant une confirmation dans les faits. De là la croyance inébranlable, que ne peut diminuer aucune raison, aucune évidence rationnelle, de la plupart des hommes en la réalité des corps hors de nous.

Que cette organisation systématique de l'apparence est bien ce qui exerce sur la plupart des hommes une influence invincible, on le voit déjà par cette circonstance que dans tous les cas où manque cette organisation systématique, comme dans les rêves, les hallucinations et autres états semblables, l'illusion qui nous représente des objets extérieurs est bientôt dissipée sans difficulté. Au contraire, par suite de cette organisation systématique de l'apparence dans la perception normale, nous admettons que notre perception des corps est en elle-même une pure apparence et que cependant la vérité répond à cette apparence, que, suivant le mot d'un écrivain, « elle est organisée, par un artifice de la nature, de façon à correspondre aux objets (1) ». On ne songe pas que sans cette organisation systématique de l'apparence, l'apparence ne serait pas possible et l'illusion ne pourrait pas se produire qui nous montre dans nos sensations un monde extérieur. L'organisation de l'apparence est si loin de supposer un rapport nécessaire à un monde réel qu'elle l'exclut plutôt, comme nous l'avons vu dans le § précédent. C'est précisément parce que l'ordre de nos sensations est adapté à la connaissance que nous en avons comme corps, qu'il ne peut être produit par des choses extérieures multiples. La supposition que la réalité répond à l'apparence, que toujours à l'endroit où un corps paraît être se trouve une chose extérieure réelle quoique inconnaissable, et que tout mouvement perçu du corps apparent doit accompagner le mouvement non perçu d'une chose extérieure réelle, forme un très curieux contraste avec la façon de voir habituelle. Suivant l'opinion ordinaire, les choses extérieures et les phénomènes qui se produisent en elles sont les causes de nos perceptions; selon cette supposition au contraire nos perceptions devraient être la propre *raison d'être* des choses extérieures et des phénomènes qui se passent en elles. Il devrait donc y avoir un monde extérieur inconnu de nous et qui éprouverait tels et tels mouvements, exclusivement pour que nos perceptions ne restent pas sans objets correspondants dans la réalité, bien que, entre elles et ce monde, il n'y ait aucun rapport direct et que notre perception ait aussi peu besoin du monde extérieur que celui-ci de notre perception. Il est évidemment superflu de réfuter cette théorie; elle sert simplement à prouver que ceux mêmes qui ont pénétré en partie l'apparence, ne peuvent cependant pas toujours s'en

(1) « Si la perception extérieure, ni les autres prises de connaissance ne sont des actions simples qui s'appliquent et se terminent à des objets différents d'elles-mêmes. Ce sont des simulacres, des fantômes ou des semblants de ces objets, des hallucinations le plus souvent vraies et par un artifice de la nature arrangées de façon à correspondre aux objets ». Taine, *De l'Intelligence*, 1870, I, 413-14.

affranchir. Sans doute la nature est passée maîtresse dans l'art de tromper ; ce n'est pas une raison pour nous laisser éternellement duper par elle.

Cependant si notre perception des corps est une pure apparence, en ce sens qu'aucune substance existant réellement dans l'espace ne lui correspond, ce n'est pas une pure apparence en ce sens qu'aucun objet ne lui correspond dans la réalité. Notre perception a au contraire des objets correspondants, à savoir nos sensations. Un des fondements de la croyance réaliste ordinaire est la tendance à ne considérer que les substances comme réelles et à regarder au contraire nos sensations comme quelque chose d'irréel. On tient pour identique qu'une chose existe comme sensation en nous ou seulement dans notre idée. Sans doute nos sensations ne sont évidemment pas réelles dans le sens où nous concevons le réel : elles ne sont pas, en effet, des choses inconditionnées et persistantes, des substances; mais elles ont la même sorte de réalité que nous et que tous les objets de l'expérience en général, à savoir une réalité phénoménale, celle d'objets empiriques qui sont différents de l'idée que nous en avons. Un sentiment de peine, non plus, n'est pas une substance, et personne ne le regarde comme irréel. Est-ce la même chose si nous sentons une douleur ou si nous en avons seulement l'idée ? Or, cette même sorte et nature de réalité qui appartient à un sentiment de douleur appartient aussi à une sensation de couleur, de son, de saveur, etc. La tendance à compter pour rien cette réalité a la même raison interne que celle qui nous fait reconnaître dans nos sensations un monde de substances (de corps); c'est la raison pour laquelle nous ne pouvons concevoir, conformément à la nature et à la loi fondamentale de notre pensée, que la manière d'être normale, c'est-à-dire l'être seul d'une substance persistante, identique à elle-même, et pour laquelle nous attribuons à tous les phénomènes, à toutes les successions, des substances comme supports. Il en résulte que nous prenons notre moi interne pour une substance, comme nous prenons les sensations de nos sens extérieurs (qui offrent un contenu étranger à nous-mêmes) pour un monde étranger de substances extérieures. En réalité, cependant, ni en nous ni hors de nous on ne peut rencontrer aucune substance, mais seulement de pures sensations, des sentiments, des idées et des phénomènes semblables, qui toujours viennent et passent. Tout, dans le monde de l'expérience, n'est que pur devenir, bien que le contenu de l'expérience soit organisé de telle sorte que nous croyions reconnaître en lui des substances durables.

Il est, sans doute, incompréhensible que la nature soit systématiquement organisée pour l'illusion au point que nous paraissions avec nécessité voir des choses, les toucher et les mouvoir, alors qu'elles n'existent pas telles que nous les pensons. Mais c'est ignorer l'essence de la réalité qui nous entoure que de supposer précisément (et c'est là le propre et profond fondement du réalisme) que la réalité donnée doive être compréhensible et qu'elle puisse être expliquée par l'hypothèse de choses hors de nous. Les développements antérieurs ont montré combien cette supposition est inexacte. Les faits ne sont pas expliqués par l'hypothèse de choses extérieures réelles, mais à l'incompréhensibilité présente des faits s'ajoute une incompréhensibilité nouvelle qui, outre son défaut d'utilité et de fondement, a le grave inconvénient d'impliquer une contradiction logique. J'ai assez prouvé déjà que la nature empirique des choses en général est anormale et, par suite, n'est pas susceptible d'une explication valable (1).

(1) Pour rompre le charme de la déception naturelle, il faut bien comprendre qu'elle a, pourrait-on dire, cette malice de présenter le vrai comme absolument invraisemblable, et de donner au contraire à la pure apparence un vernis de vérité, de raison et de solidité. Un effet remarquable et plaisant de la déception naturelle est précisément que l'idéalisme qui s'oppose à elle semble, à le considérer superficiellement, affirmer quelque chose d'absurde et

Sixième chapitre

De la perception des corps

§ 1. Les conditions essentielles de la perception.

J'ai exposé les principes d'une théorie exacte de notre connaissance des corps dans la première Partie (livre premier, quatrième et cinquième chapitre) et dans le chapitre précédent de cette deuxième Partie ; je les considère donc comme établis. Voici ce qui a été prouvé :

1º Nos sensations sont elles-mêmes ce que nous connaissons comme des corps ;

2º Le contenu des sensations est quelque chose d'étranger à nous en tant que sujets individuels et elles se produisent suivant des lois qui ne dépendent pas de nous.

3º Si nous savons que les sensations nous sont étrangères, sont différentes de nous, c'est la conséquence d'une intuition immédiate, primitive.

d'extravagant, tandis qu'en réalité il n'affirme pas, mais nie plutôt, et nie, en particulier, que les faits de perception puissent être expliqués par l'hypothèse d'une multiplicité de choses hors de nous. La croyance réaliste contient au contraire des absurdités réelles, c'est-à-dire des contradictions logiques, et même, comme on l'a montré, en grand nombre. Et si l'on comprend que l'idéalisme n'affirme pas, mais qu'il nie seulement, celui qui n'a pas le regard assez pénétrant peut encore, par suite de la déception naturelle, s'imaginer aisément que l'idéalisme nie les faits eux-mêmes. Mais j'ai assez fait voir quels sont les faits que nie l'idéalisme. Ce qui est réel consiste exclusivement en nos sensations ; voilà longtemps que les penseurs l'ont mis hors de question. En tout ce qui concerne le monde extérieur, il ne s'agit pas de faits, mais de conclusions à tirer des faits, et en particulier de l'explication métaphysique des faits. L'idéalisme nie simplement la possibilité d'une telle explication. On doit toujours l'avoir présent à l'esprit si l'on ne veut pas toujours se laisser duper par la déception naturelle. L'idéalisme est la doctrine la plus positive et la plus sensée ; elle consiste à constater exactement ce qui est et se refuse seulement à en tirer des conclusions mal fondées et inexactes.

4° Les corps sont quant à leurs concepts des substances, des êtres inconditionnés.

5° Les sensations sont disposées par la nature de façon à apparaître comme un monde de substances dans l'espace.

6° La connaissance des sensations comme d'un monde de substances n'est pas possible sans une loi primitive du sujet, sans la nécessité interne pour la pensée de concevoir tout objet en soi, quant à son être propre, comme inconditionné, comme substance.

Cette loi primitive de la pensée, qui trouve son expression dans les principes logiques d'identité et de contradiction, je l'ai expliquée abondamment et prouvée dans la première Partie. Je vais faire voir comment cette loi forme le principe de notre connaissance du monde des corps.

Le simple concept d'une existence inconditionnée resterait en soi et pour soi parfaitement stérile, comme Kant l'a déjà très bien remarqué; car sans savoir ce qui pourrait lui correspondre dans l'expérience, on ne pourrait en faire aucun usage. Mais si le concept de l'inconditionné, comme je l'ai montré, est une simple spécification du concept d'identité avec soi-même, les choses changent aussitôt. « L'identité avec soi-même », en effet, est un signe dont l'absence ou la présence, au moins dans certains cas, peuvent être constatées dans l'expérience même. Par suite, la loi de concevoir tout objet en soi comme un être identique avec soi, devient féconde, devient le principe même de la connaissance expérimentale. Ce concept n'a pas besoin pour cela de schèmes ou d'autres intermédiaires, comme Kant s'est cru obligé d'en imaginer; il s'applique fort bien sans cela aux données de l'expérience. Dans les cas mêmes où l'absence de l'identité avec soi-même ne peut être constatée — du moins sans réflexion, — cette loi primitive sera précisément pour cela le principe d'une connaissance, d'une connaissance erronée, il est vrai. Et c'est précisément le cas pour notre connaissance des choses extérieures, des corps.

Si l'on admet une loi primitive de la connaissance, on doit naturellement admettre aussi que les conséquences logiques qu'elle contient doivent agir indépendamment de toute réflexion du sujet et déterminer ses conceptions. Une telle loi agit dans la pensée, comme l'instinct chez les animaux qui leur fait disposer et effectuer des choses dont ils n'ont aucune expérience, aucune connaissance. Or, de même que l'impulsion instinctive peut être contrariée par des obstacles extérieurs ou trompée par une ressemblance, tant que l'expérience n'a pas encore instruit l'animal, ne lui a pas appris à écarter ou à tourner l'obstacle et à distinguer les choses à travers leurs analogies, de même l'effet de la loi de la connaissance dans le sujet encore irréfléchi peut être modifié et limité par d'autres circonstances régulatrices. Le principe de la connaissance doit précisément, comme toute loi de la nature, s'accommoder avec d'autres lois et partager avec elles son domaine d'action. Nous allons voir ce qui en résulte.

Admettons comme une loi innée, comme une nécessité primitive du sujet de concevoir *tout* objet en soi, dans son être propre, comme identique à soi-même, c'est-à-dire, ainsi qu'on l'a prouvé dans la première Partie, comme inconditionné et immuable. Et qu'il prenne ensuite conscience de sensations données de couleur, de son, etc.

Que le sujet distingue de lui-même toutes ces sensations comme quelque chose qui lui est étranger, cela ne dépend pas de conditions bien compliquées ; c'est la conséquence d'une intuition immédiate, d'une aptitude primitive à distinguer dans le contenu de sa perception ce qui lui est propre et ce qui lui est étranger, aptitude qu'il serait impossible, comme je l'ai prouvé, d'acquérir, si l'on ne l'avait dès l'origine.

Or si le sujet pouvait réfléchir dès le début sur les objets donnés et la manière exacte de les concevoir, dès le premier coup d'œil il arriverait à cette appréciation du contenu donné à laquelle nous pouvons atteindre aujourd'hui, mais après des siècles de tradition philosophique et au prix d'une grande application, à savoir que les sensations objectives, couleurs, sons, odeurs, saveurs, sensations tactiles, musculaires, sensations de température, n'appartiennent pas au sujet individuel, à son être propre, sont réellement un « non-moi », mais ne répondent pas non plus à notre concept de l'essence propre, inconditionnée d'un objet, qu'elles ne doivent pas être considérées comme des objets réels ou des substances hors de nous, ni comme des qualités de tels objets, mais seulement comme des phénomènes en nous. L'intelligence à l'origine est naturellement bien éloignée de prendre garde à l'exactitude de ses conceptions et de suivre avec une précision logique les conséquences de ses concepts. Elle s'exerce plutôt inconsciemment sous l'impression des déterminations internes ou externes qui l'affectent. Or, il y a deux nécessités inévitables qui s'imposent au sujet dès le début : 1° la nécessité de reconnaître tout objet en soi, comme identique avec soi-même, et par suite comme existant de soi-même; 2° la nécessité de connaître les objets *donnés*. Le résultat de l'action simultanée de ces deux nécessités doit être évidemment que le sujet considère immédiatement tout objet donné, c'est-à-dire toute sensation comme un objet réel, existant de soi. Ainsi se constitue la perception des corps.

La plupart des hommes qui ont réfléchi sur la formation de la connaissance des corps, croient que nous les connaissons en raisonnant sur les causes de nos sensations. En réalité, il ne faut pas séparer logiquement cette croyance de la supposition que les corps existent hors de nous ; car des corps réels existant hors de nous ne pourraient naturellement pas être perçus, et ne pourraient tout au plus qu'être conclus. Mais j'ai déjà prouvé amplement qu'il n'en est pas ainsi, que nous ne connaissons pas le monde des corps par un raisonnement, que nous le percevons immédiatement. S'il en était autrement, le monde extérieur ne serait qu'une idée abstraite en nous et non l'objet essentiel de notre expérience même. Il nous reste à voir la raison de ce fait.

Voici en général comment on se représente la manière dont se produit la connaissance : le sujet reconnaît, dit-on, que quelque chose en lui, à savoir les sensations des soi-disant sens extérieurs (couleurs, sons, saveurs, etc.), est étranger à son être individuel, subjectif, et par suite ne peut avoir en lui sa raison d'être. Il en conclut alors, dit-on, que ces sensations ont des causes extérieures. Mais tout au contraire, il est clair que la première conscience exclut la seconde. La conscience précisément que les sensations des sens externes (couleurs, sons, etc.) sont quelque chose qui *nous est étranger*, ne laisse pas se produire celle que ce sont des effets *en nous* ou des sensations en général. Cette dernière conscience est la conscience du philosophe, non de l'enfant nouveau-né, ou de l'homme qui ne réfléchit pas. Pour admettre que quelque chose qui nous est étranger est cependant en nous et suppose des raisons, des causes extérieures qui expliquent sa présence en nous, il faut une réflexion déjà très avancée. Parmi ceux qui ne réfléchissent pas, qui va supposer que couleurs, saveurs, odeurs, etc. sont de simples sensations en nous, et non des qualités de choses extérieures? La connaissance des choses extérieures se produit au contraire précisément parce que le sujet reconnaît immédiatement dans le contenu de la perception qui lui est étranger (le contenu de ses sensations) un monde étranger, c'est-à-dire des objets différents de lui-même et indépendants. Aussi croyons-nous dans notre expérience habituelle percevoir les choses extérieures, les corps mêmes. Si, au contraire, nous devions d'abord conclure les choses extérieures, nous ne saurions absolument rien d'elles, comme je l'ai montré dans la première Partie (p. 98 sq.).

On voit donc, je l'espère, que notre perception des corps est conditionnée par la loi de notre pensée, d'après laquelle nous devons connaître tout objet comme un objet identique avec lui-même, comme une substance. Une substance, comme nous le savons, est uniquement un objet qui a un être propre, non dérivé du dehors ; comment l'enfant nouveau-né pourrait-il voir que les objets de l'expérience n'ont pas d'être propre, sont de purs phénomènes ? Beaucoup de *philosophes* eux-mêmes sont incapables de s'élever à cette conception. L'enfant croit aussi connaître dans le contenu de ses sensations objectives, qui lui est étranger, non pas des effets de substances extérieures, mais des substances extérieures mêmes (c'est-à-dire précisément différentes de lui-même). C'est seulement de cette manière que peut se constituer notre connaissance expérimentale des corps (1).

Si dans le donné se montrent des marques manifestes de non-identité, alors le sujet peut encore ne pas voir l'incompatibilité originelle des objets donnés avec son concept de l'essence d'un objet, parce qu'il ne peut pas les comparer avec conscience. Aussi ne cessera-t-il pas pour cela de voir et d'affirmer le donné réel en soi, la substance ; seulement il rapporte cette affirmation à d'autres éléments, et cela de la manière suivante.

Il y a deux sortes d'événements où l'on peut constater dans l'expérience une non-identité, en fait, des objets donnés : 1° les

---

(1) Par là seulement le sujet peut se représenter le contenu de ses sensations *dans l'espace*. L'hypothèse de Kant que le sujet transporte au dehors à travers la forme innée ou l'intuition de l'espace ses sensations, les perçoit comme des corps hors de lui, est évidemment insoutenable ; car comment pourrions-nous nous représenter nos sensations *comme telles* dans l'espace ? L'espace n'est certes pas la forme des sensations en nous, mais des corps hors de nous. La forme de l'espace ne peut donc s'appliquer aux sensations, c'est-à-dire les sensations ne peuvent être représentées dans l'espace, que si nous les connaissons, non *comme sensations*, mais comme corps. Cette connaissance doit donc nécessairement précéder l'idée de l'espace et non en procéder.

changements de ces objets, et 2° leur apparition simultanée constante dans des groupes déterminés, si cela, aux yeux du sujet, vaut pour un signe de leur liaison réciproque et lui fait croire à leur liaison. Or l'un et l'autre se rencontrent dans les sensations. Le caractère éphémère des sensations particulières uni à la constance de leur coexistence en groupes modifie d'une façon inconsciente la conception *du sujet*, de telle sorte qu'il prend, non plus les sensations isolées, mais leurs *groupes constants*, pour des objets réels hors de lui. L'existence constante d'une substance est la manière normale d'exister d'une chose identique avec elle-même. Aussi le sujet doit-il prendre pour une substance ce qui est constant dans son expérience, et la constance est donnée dans les groupes de sensations.

Ce que j'entends par groupes constants, il n'est pas, j'espère, difficile de le voir. Tout corps peut être perçu par tous les sens, à la fois vu et touché, goûté et senti. Cela veut dire — puisque nous ne pouvons percevoir que nos sensations, — que toute sensation de la vue est indissolublement liée à certaines sensations simultanément possibles du toucher, de l'odorat, etc. Si je vois quelque chose, je sais que la même chose peut être touchée, sentie, et ainsi la présence d'une sensation du toucher est le signe infaillible que des sensations de la vue et de l'odorat pourraient être en même temps produites, et ainsi de suite. Nos sensations forment de cette manière des groupes constants et ce sont ces groupes que nous prenons pour des corps. Puisque le sujet, comme nous l'avons montré plus haut, doit nécessairement connaître dans les objets, c'est-à-dire dans les sensations, des substances, il conçoit un groupe de sensations comme *une* substance, comme *un* corps. Dès qu'il remarque une liaison entre ses sensations de la vue, du toucher, du goût, de l'odorat, le sujet croit donc qu'il y a là un objet extérieur qu'il sent, goûte, voit et entend.

Le sujet est donc naturellement bien éloigné de supposer dans ces groupes un je ne sais quel substrat différent des sensations. Il n'a aucune conscience de la différence entre *une* chose et ses qualités *multiples*. Plus tard seulement vient la réflexion qui analyse cette idée complexe d'un corps, la décompose en ses éléments et alors se manifeste le caractère illogique de notre connaissance des corps. Aussi la théorie scientifique doit-elle se représenter les corps tout autrement qu'ils ne paraissent dans la perception; et même la théorie ne peut, comme nous le verrons dans le prochain chapitre, découvrir aucun concept du corps qui soit exempt de contradiction logique.

Le caractère illogique est inséparable de notre connaissance des corps. Elle consiste en effet en ce que nos sensations nous apparaissent comme quelque chose qu'elles ne sont pas en réalité, à savoir comme un monde de substances dans l'espace. La connaissance des corps offre précisément un cas où la loi suprême de la pensée agit en partie à la manière d'une loi physique, et cela parce que le sujet est soumis à la nécessité de concevoir les objets donnés conformément à la loi de sa pensée. La loi de la pensée exige que l'on conçoive chaque objet en soi comme identique avec soi-même, comme une substance. Mais à son entrée dans la vie le sujet ne peut pas arriver à la conscience que l'expérience *ne* nous présente *pas* les choses comme elles sont, que leur nature empirique est anormale. Il est donc contraint physiquement de prendre les objets donnés pour des substances. La supposition que l'expérience *doit s'accorder* avec la loi de notre pensée, qui a été faite même par des philosophes et qui est injustifiable de leur part, est au contraire naturelle et inévitable pour le sujet connaissant quand il commence à penser. Et en faisant cette supposition le sujet ne se trouve pas tout à fait dans l'erreur. Car bien que les objets donnés (les sensations) ne s'accordent pas *logiquement* avec la loi de notre pensée, puisqu'elles ne sont pas des choses identiques avec elles-mêmes, de vraies substances, cependant elles sont *en fait* conformes à cette loi. Car nos sensations sont naturellement disposées de telle sorte que nous pouvons en fait reconnaître en elles sans inconséquence un monde de corps dans l'espace. C'est là que réside la vérité empirique de cette connaissance.

Cette disposition des sensations se manifeste principalement en ceci, qu'elles peuvent faire naître l'impression de quelque chose de stable, d'immuable dans l'expérience, bien qu'elles soient elles-mêmes passagères et changeantes.

Nos sensations viennent et passent continuellement. Le moindre mouvement de ma tête ou seulement de mes yeux change mes sensations visuelles, un mouvement de ma main change mes impressions tactiles, etc. Les corps, au contraire, quant à leur concept, sont immuables, et même les composés, les agrégats de corps, ont souvent une stabilité qui forme avec la nature éphémère des sensations le plus frappant contraste. C'est ainsi que les Alpes, par exemple, le golfe de Naples, la grande pyramide d'Égypte sont restés pour ainsi dire immuables depuis des milliers d'années et ont été perçus par des milliers d'hommes et d'animaux. Or il est d'une part indiscutable que l'on ne peut connaître, expérimenter de ces objets que les sensations qui leur correspondent dans la perception du sujet percevant, et il est indubitable d'autre part que cette correspondance serait impossible si notre expérience ne contenait les conditions grâce auxquelles tous ceux qui peuvent les remplir ont toujours la même perception des Alpes, du golfe de Naples ou des pyramides, ce qui suppose évidemment une disposition particulière, naturelle, du contenu de la perception, c'est-à-dire de nos sensations.

Nous allons examiner dans le détail comment la loi fondamentale de notre pensée et la disposition correspondante des sensations produisent la connaissance des corps.

§ 2. Étude approfondie du fait de la perception.

C'est un fait reconnu que les sensations de la vue, du toucher, les sensations musculaires qui accompagnent les mouvements de nos membres et la victoire sur les résistances qu'ils rencontrent, constituent le matériel de notre connaissance des corps. Réduits à l'ouïe, à l'odorat et au goût, nous n'aurions aucune connaissance des corps ; on peut donc laisser ces sens de côté dans les recherches sur la manière dont se forme cette connaissance. On doit voir aussi quelles qualités des sensations nommées les premières les rendent propres à donner la connaissance des corps.

La première qualité consiste en ce que ces sensations sont de nature continue ou durable (1). Les sensations du toucher ne tardent jamais à reparaître ni celles de la vue, du moins tant qu'il y a de la lumière. Ces sensations peuvent toujours se reproduire les mêmes, et cela dans n'importe quel ordre, par exemple, quand nous regardons ou touchons une chose de gauche à droite, de droite à gauche, de haut en bas ou réciproquement. Il en résulte une association intérieure et une reproduction plus facile et plus rapide de leurs idées, ce qui fait qu'elles reparaissent toujours ensemble et simultanément dans la conscience et produisent ainsi la croyance que les objets correspondants sont aussi persistants et simultanés. Cette croyance ne s'établirait jamais si dès le début nous considérions nos sensations comme des sensations, des états en nous, car leur simultanéité et leur diversité seraient inconciliables avec l'unité et l'identité du moi. C'est seulement à la condition de considérer nos sensations comme des objets réels, comme des substances, que leur succession peut nous apparaître comme

(1) Cette permanence n'est cependant pas du tout de la nature de celle d'une substance, ce n'est pas une manière d'être immuable, mais une reproduction continuelle. Les sensations s'évanouissent et reparaissent à chaque instant.

une simultanéité. Le seul signe intuitif possible de la non-identité des phénomènes avec soi et aussi de leur manière d'être conditionnés, c'est, comme nous le savons, leur caractère éphémère et changeant. Alors, par contraste, la permanence est le signe principal de l'existence substantielle, non phénoménale, d'une substance comme telle. Conformément à notre disposition primitive à prendre tout objet en soi pour une substance, ce qui est durable dans le contenu donné doit nous apparaître comme un objet réel ou une pluralité de tels objets. Or la qualité ci-dessus désignée des sensations de la vue et du toucher conduit précisément à ce résultat. Grâce à elle, la nature flottante de ces sensations est comme masquée et elles perdent leur caractère de simples phénomènes de conscience. Que cette qualité réside dans les dites sensations elles-mêmes, et puisse en être le fondement objectif, c'est ce dont on peut se convaincre par une simple réflexion. Par le toucher et la vue, je n'ai pas conscience d'une succession de sensations, à moins d'y faire expressément attention, je crois plutôt que dans cette succession sont présents des corps persistants.

La seconde qualité des sensations de la vue et du toucher qui les rend aptes à nous faire connaître les corps est le fait qu'elles permettent une *localisation*.

Les autres sensations ne peuvent se distinguer les unes des autres qu'à deux points de vue, au point de vue de leur qualité et à celui de leur intensité. Au contraire celles du toucher et de la vue se distinguent, en outre, au point de vue de la diversité des nerfs à l'excitation desquels elles sont dues. Deux sons qui se ressemblent par la qualité et l'intensité ne peuvent être distingués l'un de l'autre. De même deux filets nerveux de l'odorat ou du goût excités à la fois ne donnent pas deux sensations différentes, mais seulement une sensation plus intense. Pour ces sortes de sensations, ce qui se ressemble se fond en un complexus indiscernable et l'intensité seule s'accroît dans ce mélange. Si au contraire deux nerfs de la vue ou du toucher sont excités, les sensations qui en résultent peuvent se distinguer même quand elles sont qualitativement semblables. Si, par exemple, je touche avec le doigt deux pointes d'aiguilles, je distingue deux sensations de contact bien qu'elles soient qualitativement semblables. Et si je vois une surface également colorée, les sensations qui correspondent à ses diverses parties ne se confondent pas, malgré leur unité qualitative, mais elles se rapportent à différents points du champ de la vision.

En Allemagne on explique ordinairement cette qualité des sensations de la vue et du toucher, selon le procédé de Lotze, par l'hypothèse de *signes locaux* qui distinguent l'excitation d'un nerf de celle d'un autre dans la sensation. Cette hypothèse n'est pas à proprement parler une explication, parce qu'on ne sait rien de la nature de ces signes locaux. De plus, comme on l'a justement remarqué, il est impossible de comprendre comment l'espace ou le lieu comme tel pourrait produire une excitation nerveuse particulière, ou comment une excitation sensible pourrait contenir l'indication d'un lieu déterminé dans l'espace. Les rapports dans l'espace, comme le lieu, la direction, la distance et autres semblables ne peuvent justement pas être sentis. Provisoirement on doit simplement s'en tenir au fait que les sensations de la vue et du toucher peuvent être distinguées même quand elles sont de qualité semblable. Il s'agit simplement ici de savoir si l'aptitude à se distinguer, même quand elles sont identiques en qualité, est naturelle aux sensations de la vue et du toucher ou leur est venue par association au cours de l'expérience. Quelques psychologues anglais sont disposés à admettre la dernière hypothèse, mais il est évident qu'ils ont tort. On ne doit pas confondre ici deux choses : la *localisation* de deux sensations semblables et leur simple *distinction*. Il serait purement arbitraire, il est vrai, de soutenir que dès le début de notre vie nous avons été capables de localiser nos sensations de la vue et du toucher, selon les parties du corps, par exemple de les distinguer de la rétine par laquelle elles nous arrivent, ou même simplement de remarquer qu'elles viennent de quelques parties du corps, comme de la rétine en particulier. Mais il est évident qu'il serait tout aussi arbitraire d'affirmer que l'excitation de différents nerfs de la vue ou du toucher donne des sensations absolument indiscernables entre elles et que nous apprenons à les distinguer par l'expérience seule, car aucune expérience ne peut découvrir ou introduire une distinction dans ce qui est en soi absolument indiscernable.

L'exacte détermination des sensations de la vue et du toucher, leur aptitude à se distinguer même quand elles sont de même qualité, conduit au même résultat que leur persistance dans la conscience et la possibilité de les reproduire toujours dans les séries que l'on veut, à savoir que ces sensations, bien qu'en réalité successives, apparaissent comme quelque chose de simultané. Mais ce résultat ne peut être atteint que dans la condition déjà mentionnée, dans un sujet. Il est en effet impossible de comprendre comment le sujet pourrait distinguer des sensations de même qualité s'il les prenait pour ses propres qualités ou ses propres états : car les signes locaux — de quelque nature qu'ils fussent, — n'auraient alors pour le sujet aucune signification. Le sujet ne peut considérer comme simultanés ses propres états comme tels, et par suite il ne peut leur attribuer aucun rapport dans l'espace. Au contraire si l'on admet que le sujet est disposé naturellement à reconnaître les données comme des objets, il est possible qu'il distingue ces données, qu'il les utilise et se les représente comme quelque chose de simultané. Par la distinction de la qualité de deux sensations, l'attention est naturellement appelée sur leur différence qualitative et l'on est ainsi nécessairement conduit, dès que les sensations sont rapportées aux mêmes objets, à la conscience de leur succession. Au contraire, si je distingue deux sensations de même qualité, je ne peux que les concevoir comme quelque chose de simultané. Une succession de données qualitativement semblables ne peut pas venir primitivement à la conscience. Car cette conscience, comme on l'a montré plus haut (p. 352), se fonde sur l'opposition entre la diversité des données successives et l'identité de l'objet auquel elles se rapportent quand on les connaît comme étant ses états. Par cette aptitude à être distinguées, même quand elles sont de même qualité, les sensations deviennent capables de servir à une intuition et à une localisation dans l'espace.

Par les qualités ainsi expliquées des sensations de la vue et du toucher se manifeste le fait que j'ai déjà signalé, à savoir que ces sensations sont disposées ou organisées par la nature de manière à apparaître comme un monde d'objets réels dans l'espace. Et cette disposition ou cette organisation est très compliquée et porte loin. Avec les seules qualités mentionnées plus haut, les impressions de la vue et du toucher ne fourniraient pas encore un matériel propre à la connaissance d'un monde extérieur, indépendant de nous-mêmes. Car la constance de leur manifestation dans la conscience et la possibilité de les renouveler à volonté dans des séries, sont elles-mêmes conditionnées. C'est seulement tant que je vois et que je touche *le même* objet du *même* côté que je retrouve les mêmes sensations dans les mêmes séries. Au contraire dès que ma position change vis-à-vis de l'objet, je n'ai plus les mêmes impressions qu'avant, mais de toutes différentes. Naturellement aussi, j'ai de tout autres sensations quand je perçois un autre objet. Alors se posent les trois questions suivantes : 1° Comment puis-je reconnaître que je vois et que je touche le même objet ? 2° Comment reconnaître que c'est le même objet que j'ai vu et touché en de semblables circonstances ? 3° Comment arrivé-je à la conviction que l'objet vu et touché existe encore quand je ne le vois plus et ne le touche plus ?

Nous pouvons apercevoir facilement quelles conditions sont requises pour cette connaissance de la part des objets donnés, c'est-à-dire des sensations. Il doit y avoir évidemment une liaison très régulière entre les sensations, d'une part entre les sensations du même sens, et d'autre part entre celles du toucher et de la vue. Dans les mêmes circonstances déterminées les mêmes séries de sensations doivent toujours se produire, et avec les circonstances les séries doivent aussi changer en vertu d'une loi telle qu'elles puissent paraître comme des modifications d'objets extérieurs ou de rapports de tels objets. Si je tiens par exemple ma plume devant mes yeux, j'ai des séries déterminées de sensations de la vue de gauche à droite et de droite à gauche ; j'ai en même temps des sensations déterminées de contact de mes doigts avec la plume. Si maintenant je penche ma plume, si je la tourne, si je l'éloigne ou la rapproche, les sensations changent chaque fois ainsi que leurs séries et leur groupement, mais de telle sorte que je perçoive toujours en elles la même plume. Ces sensations sont donc évidemment liées par des lois qui servent à les faire prendre pour des objets réels. Ces lois mettent donc d'abord dans ces sensations un élément de constance et sans elles il n'y aurait aucune possibilité de connaître des objets extérieurs permanents.

J'ai déjà exposé les conditions que doit de son côté présenter le sujet pour que cette connaissance soit possible. C'est d'abord la disposition du sujet à reconnaître comme une substance tout objet en soi, et par conséquent les sensations, ou du moins ce qu'il y a de constant en elles, comme des substances ou comme des objets inconditionnés ; c'est ensuite l'association des idées qui produit d'elle-même la croyance à la liaison des objets. Or la manière d'être et les lois de cette liaison sont ce qu'il y a de constant dans les objets donnés : aussi la connaissance d'objets extérieurs réels doit s'y rattacher. En effet dès que dans les mêmes circonstances nous avons toujours les mêmes impressions de la vue et du toucher et qu'elles se présentent toujours ensemble quand tout le reste change, nous croyons que c'est le même objet que nous voyons et que nous touchons. La conscience que même dans des impressions qui changent nous percevons encore le même objet, s'appuie d'abord sur le fait qu'un changement comme tel peut être connu par rapport seulement à quelque chose qui reste identique à soi-même, et par suite à la condition seulement de supposer un tel objet, et elle vient aussi du fait qu'une même série de changements, renversée seulement, me ramène des impressions présentes à celles que j'ai eues auparavant (par exemple quand je me place de nouveau dans les circonstances où j'ai déjà auparavant perçu l'objet en question): c'est une expérience qu'on peut renouveler à volonté et qui se répète sans qu'on le veuille un nombre infini de fois. Enfin la conviction que l'objet continue à exister quand on ne le perçoit plus, réside dans la croyance qu'il est une substance, c'est-à-dire une chose inconditionnée, existant par elle-même.

Jusqu'à présent, pour simplifier le problème, je n'ai rien dit de la sensation musculaire qui résulte du mouvement de nos membres et de la victoire sur la résistance. On peut bien dire que sans la sensation du mouvement et de la résistance, notre connaissance d'un monde extérieur aurait un tout autre caractère que celui qu'elle a actuellement, à supposer même qu'elle fût possible. Je crois, il est vrai, avoir prouvé que le sujet a une disposition naturelle à considérer ses sensations objectives comme quelque chose qui lui est étranger et en même temps tout objet en soi comme une substance, et c'est assez pour conduire à la connaissance d'un monde extérieur. Mais on doit certainement admettre qu'il s'agit, dans tous les cas, non pas seulement du contenu, mais de l'*énergie* de la conscience. Dans les couleurs et les sons, par exemple, nous ne pouvons sans doute jamais reconnaître quelque chose qui nous appartienne, une partie de notre propre être intérieur : mais la conscience de la nature étrangère de ces sons et de ces couleurs a trop peu d'énergie pour fonder l'affirmation d'un monde extérieur, indépendant, la conviction qu'il existe un tel monde. Par les seules sensations de la vue et du toucher nous obtiendrions, il est vrai, la conscience d'un monde différent de nous, mais cette conscience serait comme celle du rêve et le monde comme une ombre de monde. Il n'y a dans notre expérience que deux éléments qui puissent donner à notre conscience d'un non-moi, d'un monde différent de nous, l'énergie nécessaire, ce sont : 1° le sentiment de la *douleur*, et 2° le sentiment de la *résistance*. Douleur et résistance, en effet, ne sont pas seulement étrangères, mais encore *hostiles* à notre être ; aussi la conscience que la raison de notre douleur et du sentiment de la résistance ne peut résider en nous, a une énergie incomparablement plus grande que la conscience que les couleurs et les sons n'ont pas leur principe dans notre propre être. C'est par la douleur d'abord et la résistance que le véritable sérieux entre dans notre vie et dans nos convictions ; c'est par là seulement que l'inflexible rigueur des lois de la nature s'imprime définitivement dans notre esprit.

Je crois ne devoir considérer ici que le sentiment de résistance, parce que la douleur est un état purement subjectif qui nous force bien à conclure à une cause différente de nous, mais ne donne aucun éclaircissement sur la nature de cette cause. Au contraire, le sentiment de résistance est objectif, parce que nous ne concluons pas seulement avec lui à une cause inconnue pour nous de la résistance, mais parce que nous avons en lui immédiatement présent ce qui s'oppose à nous. Dès qu'une association s'est formée entre des sentiments de résistance et des impressions de la vue et du toucher données en même temps, nous croyons que ce que nous voyons et touchons est précisément ce qui résiste à nos efforts (1). Les objets extérieurs que nous connaissons de cette manière ne sont eux-mêmes rien autre chose que des liaisons d'impressions visuelles, tactiles et autres, avec des sensations de résistance, lesquelles sont disposées par de telles lois qu'elles peuvent toujours, à travers tous les changements des circonstances de la perception, être reconnues comme des objets identiques. On en a déjà donné la preuve auparavant. La nature objective du sentiment de l'effort repose principalement sur la constance de sa production dans la conscience. Presque à chaque contact des objets, nous sentons plus ou moins la résistance qu'ils opposent au membre avec lequel ils sont en rapport. De là s'établit une association indissoluble entre les idées des impressions du toucher et celles du sentiment de la résistance qui, pour les raisons énoncées plus haut, nous fait croire que le tangible et le résistant sont une seule et même chose.

Si nous ajoutons maintenant la sensation musculaire qui accompagne tout mouvement non empêché de nos membres, nous avons tout le matériel nécessaire pour former la connaissance d'un monde extérieur dans l'espace. A chaque position

(1) C'est dans la résistance que les corps opposent à notre volonté, qu'on est disposé à voir la preuve principale de la réalité d'un monde des corps. Et en effet le concept fondamental de corps est celui de quelque chose d'étendu qui résiste. Seulement la moindre réflexion montre qu'en concluant ainsi à la réalité des corps on se laisse tromper par une illusion naturelle. Les corps ne peuvent opposer aucune résistance à notre volonté par la raison bien simple que notre volonté n'agit pas elle-même sur les corps, n'a aucun pouvoir de les mouvoir. Je le prouverai dans l'un des chapitres suivants. Ce n'est pas l'action de notre volonté, mais celle de notre corps qui est gênée par la résistance des autres corps, et il est facile de le voir si l'on songe que la résistance du même corps est plus ou moins facile à vaincre selon la force de nos muscles. Un poids qu'un enfant malgré tous ses efforts ne peut déplacer, sera enlevé presque sans effort par un homme robuste. Mais l'effort de nos muscles est accompagné d'un *sentiment* de l'effort, et ce sentiment produit l'illusion que le corps résiste à notre volonté elle-même. Cette résistance purement illusoire ne peut donc servir à prouver l'existence des corps hors de nous.

de n'importe lequel de nos membres correspond une sensation musculaire spéciale, qui peut différer de toutes les autres, bien que d'ordinaire nous n'ayons aucune conscience de la différence de ces sensations *comme telles*. De même le changement de position des membres (c'est-à-dire leur mouvement) est accompagné de séries de semblables sensations en succession continue. L'expérience constante des impressions visuelles qui se produisent avec des sensations musculaires déterminées dans chaque position de la main par exemple et des changements dans les impressions visuelles qui sont liées avec des séries déterminées de sensations musculaires, conduit, grâce à des répétitions innombrables, à comprendre d'une manière intuitive, *quasi* immédiate, comment la main apparaît à chaque sensation musculaire, et comment à telle autre, et réciproquement, quelle sensation musculaire correspond à telle ou telle apparence de la main, à tel ou tel mouvement du même organe. Cette connaissance est contrôlée et complétée par le fait que nous pouvons toucher avec une de nos mains l'autre main et nos autres membres. Car à l'union des sensations de la vue et des sensations musculaires que la main fait éprouver, s'ajoute alors l'union de ces deux sortes de sensations avec celles du toucher, comme on peut l'expérimenter pour les divers membres. Nous sommes ainsi sûrement conduits à la localisation des sensations. Mais nous devons naturellement nous représenter ces sensations dans l'espace ou les projeter dans l'espace avant de les localiser.

J'ai déjà expliqué l'origine de l'idée d'espace. Tout penseur non prévenu convient, aujourd'hui, espérons-le, que l'étendue spatiale n'est pas perçue d'une façon passive comme les sons et les couleurs et qu'elle ne résulte pas des seules données sans une disposition du sujet. Mais l'opinion que l'idée d'espace ou de choses dans l'espace est *conclue* des données est inexacte et en désaccord avec les faits. Si cette idée n'est pas une perception passive, elle est indubitablement une intuition immédiate. Nous ne concluons pas de nos sensations à des causes extérieures, mais nous projetons nos sensations elles-mêmes dans l'espace, nous en avons l'intuition comme d'objets étendus. Les choses dans l'espace paraissent être, il est vrai, quelque chose de tout à fait différent de nos sensations — et c'est là une des raisons qui rendent si difficile à admettre qu'elles leur sont identiques, et que le monde des corps n'existe pas réellement hors de nous; — mais cela vient uniquement de ce que depuis le commencement de notre vie et jusqu'au moment où la réflexion nous renseigne mieux, nous connaissons nos sensations non pas comme des sensations en nous, mais comme des objets réels. Ainsi s'ajoute à l'idée de nos sensations un élément qui leur est tout à fait étranger, mais qui s'est si bien mêlé à elles, grâce à l'association, qu'il nous paraît aujourd'hui ne faire qu'un avec elles. Nous n'avons jamais remarqué la présence en nous des sensations; nous les avons toujours perçues comme des objets dans l'espace: il n'est donc pas surprenant que si nous faisons jamais attention à nos sensations *comme telles*, elles nous semblent tout à fait différentes de ce qu'elles paraissent être dans l'expérience ordinaire. Que les couleurs et les sons ne puissent être des qualités en soi, c'est déjà démontré d'une manière indiscutable et généralement accordé; mais, dira-t-on, comment la figure, la surface, la solidité d'un objet peuvent-elles être identiques avec les impressions que nous en avons, puisqu'elles signifient tout autre chose que ces impressions? Oui, et c'est là précisément la clef du mystère. Les choses dans l'espace et leurs qualités *signifient* autre chose que les impressions en nous, mais ne *sont* en fait rien de différent. La connaissance des choses dans l'espace vient, il est vrai, d'une explication des impressions ou des sensations, mais cette explication ne consiste pas en ce que nous concluons de nos sensations à leurs causes et en ce que nous avons l'intuition de ces dernières dans l'espace — car des causes extérieures conclues ne pourraient être en aucune manière l'objet d'une intuition, — mais en ce que nous sommes forcés, et d'ailleurs habitués, à unir à nos sensations des affirmations qui dépassent ce qui est réellement donné en elles pour les considérer comme quelque chose qu'elles ne sont pas en réalité.

Les corps ne sont pas les causes de nos sensations, mais leur essence consiste précisément dans les sensations. Les corps ne sont qu'une façon de se représenter les sensations, comme une manière pour elles d'apparaître. Ce qui distingue d'une manière générale les corps des sensations, c'est leur existence, leur extension dans l'espace. Le concept fondamental de corps est sans contredit celui de quelque chose d'étendu qui résiste. Or, les sensations comme telles ne peuvent pas être dans l'espace, avoir de l'étendue, précisément parce qu'elles ne sont pas des corps. Aussi l'intuition de l'espace ne pourrait-elle jamais être dérivée uniquement des simples sensations et de leurs rapports. Toutes les qualités des corps qui sont liées avec leur étendue, ne sont pas non plus en fait de la nature des sensations et doivent nous faire apparaître les corps comme quelque chose de tout à fait différent des sensations. Mais l'étendue ne pourrait évidemment venir *du dehors* à notre connaissance, parce que rien de ce qui vient du dehors ne peut se communiquer à nous que par l'entremise de nos sensations. L'étendue est donc ajoutée aux sensations par quelque raison intérieure. Les sensations nous apparaissent comme des corps, parce que, en conséquence d'une loi interne, nous sommes forcés de les reconnaître comme des substances et d'en avoir l'intuition dans l'espace.

Je vais ajouter seulement quelques éclaircissements sur l'origine de cette apparence de l'existence dans l'espace des objets donnés. On a montré plus haut sous quelles conditions les impressions données successivement nous apparaissent comme des objets simultanés. Mais à l'idée de leur simultanéité doit seulement s'ajouter la continuité de la perception pour produire l'intuition d'une étendue dans l'espace ; car nous connaissons, conformément à la loi fondamentale de la pensée, tous les objets comme des substances et l'espace est précisément la manière de se représenter l'une près de l'autre une pluralité de substances, non pas dans la pure pensée, dans la pensée abstraite, mais dans l'intuition. Or nous rencontrons la continuité aussi bien dans les successions des sensations de la vue que dans celles des sensations musculaires qui accompagnent les mouvements de notre corps. Les sensations de la vue, il est vrai, ne suffiraient pas à elles seules pour éveiller une idée exacte de l'étendue, parce qu'un éloignement et une étendue n'ont aucun sens pour nous sans le mouvement qui est nécessaire pour les parcourir. Les impressions visuelles seules ne peuvent pas, comme nous l'avons vu, fonder la conviction de l'existence d'un monde extérieur, indépendant. Ce sont les sensations musculaires du mouvement en relation interne avec le sentiment de la résistance, par suite de l'association de l'idée de ce mouvement avec celle de résistance (laquelle représente essentiellement pour nous l'extérieur, l'indépendant par rapport à nous), qui conduisent à la conscience de l'existence de ce monde dans l'espace. Dès qu'une pluralité de points simultanés résistants s'est imprimée dans la conscience, les successions continues de sensations musculaires, qui accompagnent le mouvement de notre main d'un point à un autre, et réciproquement, conduisent à l'idée d'un éloignement dans l'espace des points résistants. Et si les successions des sensations de toucher et de résistance sont elles-mêmes continues, comme lorsque nous promenons de ci et de là la main sur un objet, alors se produit l'idée d'un objet résistant et étendu dans l'espace. Si la manière dont les points réels sont juxtaposés et liés en continuité les uns avec les autres est analogue dans l'espace et dans le temps, il est clair qu'une succession continue doit apparaître comme une étendue spatiale, dès que les parties en sont connues comme simultanées. C'est ainsi qu'une baguette enflammée tournée en rond avec vitesse apparaît comme un cercle de feu. Mais quant à expliquer comment les trois dimensions et toutes les propriétés géométriques de l'étendue se présentent dans l'intuition de l'espace formée des successions données, il n'y a qu'une chose à dire, c'est que ce n'est possible que par une loi primitive ou une disposition primitive du sujet. Mais que cette disposition soit accordée une fois, et alors il est facile de voir quelles données peuvent être utilisées pour l'idée de la longueur et de la largeur, et quelles autres pour celle de la troisième dimension, pour l'appréciation de la distance. Mais d'autres auteurs l'ont déjà exposé amplement.

Septième chapitre

Des théories scientifiques des corps

§ 1. De l'essence des corps en général.

Si c'est un fait que nous ne connaissons rien autre dans les corps que nos sensations, il s'ensuit inévitablement que le concept de corps doit être contradictoire parce que les sensations ne sont pas en réalité des corps. Cette contradiction dans notre idée des corps est la raison pour laquelle nous ne pouvons pas nous en tenir à notre expérience habituelle et sommes forcés de la développer en concepts. Et ce n'est pas seulement la philosophie qui y est contrainte, mais aussi la science. C'est pourquoi le concept scientifique de corps est différent du concept ordinaire.

Il est impossible d'éliminer tout à fait la contradiction du concept de corps pour les raisons qu'on a déjà données. Que l'on conçoive les corps comme on voudra, cette conception sera toujours contradictoire. Tout ce qu'on peut espérer, en rectifiant ce concept, c'est qu'il ne s'oppose pas par trop aux faits. Notre expérience, notre idée habituelle des corps se compose, comme on l'a déjà vu, de deux parties hétérogènes : il y a d'abord les sensations qui forment la propre étoffe, la seule étoffe réelle de la perception; il y a ensuite l'affirmation liée aux sensations ou aux groupes de sensations, l'affirmation que ce sont des substances et l'intuition de ces substances dans l'espace. L'union de ces éléments hétérogènes dans l'expérience est une évidente contradiction et le redressement de l'expérience ordinaire dans la théorie consiste en ce que l'on supprime cette union dans le concept, que l'on ne reconnaît pas les sensations comme qualités des corps, et qu'on nie par suite la perception de ces derniers.

Mais si les sensations forment le seul contenu réel de notre connaissance des corps, l'idée des corps séparée des sensations n'est plus qu'une idée vide. Le concept scientifique de corps n'est donc qu'une abstraction vide, l'idée de quelque chose qui remplit l'espace et à qui sont attribuées différentes forces. Or personne n'a une idée positive ni de la nature de ce qui remplit l'espace ni de ses forces. Dans notre expérience ordinaire nous affirmons (et selon le langage des métaphysiciens : nous posons) les groupes de nos sensations comme des substances réelles dans l'espace. Les sensations éliminées, il ne reste donc que la simple affirmation, qui n'a aucun contenu, de substances dans l'espace et ce sont là les corps de la science. Les forces attribuées aux corps sont aussi l'idée abstraite d'une union, d'une liaison entre nos sensations et l'affirmation, qui en est maintenant séparée, de ces sensations comme substances dans l'espace. Les forces sont simplement des pouvoirs que par hypothèse l'on attribue aux corps de produire certaines sensations en nous et certains changements mutuels, qui doivent être perçus en fonction des changements et des rapports des sensations elles-mêmes.

Comme le concept de corps est une abstraction vide, comme en réalité il n'y a ni espace ni choses dans l'espace, il est, au point de vue philosophique, indifférent de préciser davantage ce concept, mais au point de vue empirique et pour la science, il n'est pas sans intérêt que l'on se fasse du corps une idée, sinon absolument exacte, du moins relativement juste. Aussi allons-nous examiner sommairement les diverses théories proposées, pour voir quelle est la plus exacte. Il y a en tout trois théories différentes sur la nature essentielle du corps, et on ne peut pas en imaginer davantage.

1° Pour quelques penseurs, la matière doit remplir tout l'espace d'une manière continue, sans intervalles et ne forme proprement ainsi qu'un corps.

2° Selon d'autres, les corps n'ont au contraire aucune étendue ; ce sont de simples points mathématiques, des centres de forces.

3° La troisième théorie, la plus répandue — et avec raison, comme nous le verrons, — est la théorie atomistique, selon laquelle les derniers éléments de la matière, les unités corporelles, sont étendus, il est vrai, mais si petits qu'ils ne sont pas perceptibles, et sont séparés entre eux par des intervalles vides.

Toutes ces théories sont contradictoires, mais les deux premières sont des abstractions inexactement formées, tandis que la dernière — autant que l'objet le comporte, — est une abstraction régulièrement formée d'après l'expérience des faits et l'idée de corps.

La doctrine d'après laquelle l'étendue est pleine sans solution de continuité a trouvé dans Kant un défenseur éminent dont je ne dirai ici que peu de mots. Kant a exposé son opinion dans un ouvrage spécial : *Fondements métaphysiques de la science*. Selon lui, la matière doit être formée elle-même de deux forces, attraction et répulsion ; par suite de cette conception, l'espace est donc pure attraction et répulsion et il est plein d'une manière continue, sans qu'il y ait rien qui s'attire et se repousse, car tout ce qui est dans l'espace doit être lui-même un produit de l'attraction et de la répulsion. Cette théorie n'a évidemment aucun sens et il est inutile de la réfuter. Nous devons plutôt considérer quelles raisons a eues Kant pour la concevoir. La première était une singulière confusion qui se rencontre déjà dans la Critique de la Raison pure, particulièrement dans la soi-disant preuve de l'anticipation de la perception. De ce que toutes les sensations données ont un certain degré d'intensité qui diminue ou s'accroît d'une façon continue, Kant conclut que l'expérience ne peut jamais nous laisser saisir un espace vide (Crit. de la R. pure, p. 194-195). Il confond ce qu'il appelle la matière des sensations, c'est-à-dire leur contenu, avec la matière dans l'espace, et transporte par suite l'intensité des sensations aux corps qui remplissent l'espace. Mais une intensité dans le fait de remplir l'espace, c'est-à-dire une intensité de l'extension est une contradiction. Car l'essence de l'extension ou de l'étendue consiste en ce que tout y est juxtaposé côte à côte et de telle sorte que les différents points sont pensés comme indépendants les uns des autres ; l'intensité, au contraire, est une sorte de pénétration du divers, car la pluralité dans une grandeur intensive ne se laisse pas du tout concevoir, comme telle, *in extenso*. Ainsi, admettre une intensité de l'étendue, c'est une contradiction pire encore que celle de sa continuité. C'était donc par une pure méprise que Kant blâmait les savants de considérer le réel dans l'espace comme « partout identique » et comme différent « en grandeur seulement, c'est-à-dire en quantité » (p. 195). La preuve expérimentale de cette théorie scientifique est manifestement dans les faits de pesanteur et de conservation de la force. Car tous les corps tombent dans le vide avec la même vitesse, et il s'ensuit que la densité plus ou moins grande des corps ne signifie pas autre chose qu'une accumulation plus ou moins grande d'éléments qui sont attirés par la terre avec la même force ou la même intensité. Et de même la conservation de la force est proportionnée uniquement à la masse, ou à l'élément extensif des corps, et indépendante de leurs autres qualités.

Or, s'il faut rejeter la doctrine que la matière peut remplir l'espace avec des degrés divers d'intensité par des grandeurs extensives égales, c'est-à-dire par des quantités égales d'éléments, il faut aussi rejeter l'affirmation que la matière remplit l'espace d'une manière partout continue (1), que l'expérience ne peut jamais nous autoriser à admettre un espace vide. Tout mouvement *non empêché* de nos membres est la constatation en fait d'un espace vide. Que l'espace dans lequel nos membres se meuvent n'est pas tout à fait vide, nous ne pouvons pas le savoir immédiatement, mais seulement par un raisonnement. Et comment les choses se passent-elles quand nous allons plus loin ? La distance de la lune et du soleil est connue expérimentalement ; mais qu'il y ait quelque chose dans l'espace qui nous sépare de ces corps célestes, c'est une pure supposition, une hypothèse qui n'a pas son point de départ dans l'expérience, à moins que ce ne soit peut-être le rapetissement de l'orbite de la comète d'Enke, un faible point de départ, car les autres planètes qui se meuvent autour du soleil ne présentent

(1) En voyant qu'un corps peut être partagé en deux parties qui existent parfaitement indépendantes l'une de l'autre, l'intelligence simple, non faussée, comprend que ces fragments ont été dès l'origine deux corps indépendants, qui n'ont été unis que par cohésion ou par quelque autre cause. C'est seulement par méprise qu'on peut arriver à la surprenante opinion que les corps multiples et divisibles que nous connaissons sont une masse une, continue.

pas de phénomènes semblables (1). Les arguments de Kant contre cette doctrine sont assez étranges. Déjà dans la Critique de la Raison pure, dans l'antithèse de la première antinomie, il donne comme preuve valable de l'infinité du monde dans l'espace, cette raison que le monde, s'il était fini, serait en rapport avec l'espace vide, « mais un semblable rapport, par suite de la limitation du monde par le vide n'est rien ; le monde n'est donc pas limité quant à l'espace, c'est-à-dire qu'il est infini au point de vue de l'étendue » (363) (2). Kant s'est gardé, il est vrai, de vouloir prouver par cet argument qu'à l'intérieur du monde aussi le vide est impossible. Mais dans les deux cas l'argument a la même valeur ou le même défaut de valeur. En effet, ces considérations abstraites ne signifient rien contre le fait qu'un espace vide peut être mesuré et constaté comme une grandeur. Pour celui qui croit à la réalité des choses dans l'espace, il est en fait périlleux d'admettre un espace vide. Car un tel espace serait, comme Kant le fait justement remarquer dans « l'Esthétique transcendantale », un non-être, un rien existant réellement et mesurable. Mais celui qui, comme Kant, n'accorde à l'espace aucune réalité en dehors de la conscience du sujet, ne fait aucune difficulté d'admettre un espace vide, qui n'est qu'une pure idée — et même, selon la remarque de Kant, une idée nécessaire, dont on ne peut rien abstraire et qui, elle-même, est plutôt abstraite de toutes les choses. Ce philosophe se trompait évidemment lorsqu'il disait : « Tout ce qui

---

(1) Et quand il serait prouvé — ce que d'ailleurs nous ne voulons pas nier, — que l'espace céleste est plein de quelque substance, il ne faudrait rien en conclure contre l'existence du vide. Car ce remplissage de l'espace céleste n'est pas nécessairement continu et sans intervalles.

(2) Cette preuve kantienne de la finitude du monde est le digne pendant de la preuve donnée par Wolf du principe de raison suffisante. On connaît cette preuve : Si une chose n'avait pas de raison, rien serait sa raison ; rien serait donc en rapport avec une chose réelle et serait ainsi pensé lui-même comme quelque chose de réel, ce qui est contradictoire. Comme Wolf, Kant fait de rien quelque chose de réel, et triomphe ensuite de la contradiction qu'il a ainsi rendue inévitable.

nous exempte du besoin de recourir à des intervalles vides est un réel profit pour la science. Car ces intervalles donnent carrière à l'imagination, qui remplace par ses fictions la connaissance intime de la nature » (Élém. mét. des sc. de la nature, 3e éd. 1800, p. 78). Bien au contraire, ce sont les rêveurs qui adoptent de préférence le soi-disant dynamisme de Kant, tandis que l'atomisme, qui admet des intervalles vides, est et demeure la doctrine des savants positifs.

L'hypothèse d'un espace vide n'est pas seulement légitime, elle est encore nécessaire; car le mouvement n'est possible que dans l'espace vide. Le mouvement n'est pas autre chose, en effet, que le changement mutuel de position des choses dans l'espace. Ce dans quoi se meut un corps est *ipso facto* un espace vide (1). La matière, par opposition à l'espace vide, est, au contraire, synonyme d'impénétrabilité. Quelques qualités que l'on puisse attribuer à la matière, elles perdent tout soutien et tout sens dès que l'on supprime l'impénétrabilité. Le concept fondamental de la matière est, comme nous l'avons déjà montré, l'affirmation de quelque chose qui remplit l'espace. Mais qu'un corps remplisse l'espace, cela ne signifie pas autre chose que l'impossibilité de concevoir dans cet espace un autre corps en même temps, et je ne peux m'en faire une autre idée. Mais on ne veut pas s'en tenir à la constatation de l'impénétrabilité, on veut l'*expliquer*, et de là la méprise. L'impénétrabilité et les autres qualités premières de la matière, il n'est pas possible de les expliquer, de les rendre compréhensibles, parce que la matière n'est pas réelle et que son concept est contradictoire. On doit alors se borner à les constater simplement; autrement on tombe dans une vaine

---

(1) On ne peut croire le contraire qu'en se faisant des choses une idée toute superficielle. Un poisson, par exemple, se meut dans l'eau, mais seulement parce que l'eau s'écarte à droite et à gauche. Le poisson ne se meut donc pas réellement dans l'eau, mais dans le vide. Si l'eau ne se déplaçait pas, le poisson ne pourrait pas se mouvoir.

métaphysique, qui n'a de valeur ni pour la science ni pour la philosophie. Il est d'autant plus surprenant que Kant ait fait ce reproche à ses adversaires. L'hypothèse d'une impénétrabilité absolue ou, comme il dit, « mathématique », des dernières parties de la matière est, selon lui, inadmissible, parce qu'elle serait une *qualitas occulta* : « Si l'on demande pourquoi les éléments matériels ne peuvent se pénétrer dans leurs mouvements, il faut répondre : parce qu'ils sont impénétrables. » Au contraire, l'explication de l'impénétrabilité par une force répulsive doit être affranchie de ce reproche. « Car si cette force, quant à sa possibilité, ne peut pas être expliquée plus avant, si elle doit valoir comme force fondamentale, elle fournit un concept d'une cause agissante et de ses lois, selon lesquelles l'action, c'est-à-dire la résistance dans l'espace plein, peut être appréciée selon ses degrés » (Él. mét. des sc. de la nature, p. 33). Kant confond évidemment ici la force répulsive qui se manifeste entre les corps déjà constitués, et dont on peut constater empiriquement les lois, avec la force répulsive qui doit, d'après son hypothèse, former dès le début les corps et dont sûrement personne n'a encore observé l'action et découvert les lois. Les forces attractives et répulsives, qui, d'après Kant, forment les corps, ont précisément ce désavantage qu'elles veulent être des *explications* et qu'elles n'expliquent rien cependant, qu'elles ont besoin d'explication, au contraire, qu'elles sont des *qualitates obscurae* de la pire espèce et de purs non-sens.

Ce qui précède suffit, je l'espère, pour démontrer la fausseté de la première des théories qui ont été d'abord proposées. Mais la seconde est tout aussi fausse, celle d'après laquelle les éléments primitifs de la matière sont des centres de forces sans aucune étendue. Je ne répéterai pas qu'il est absurde de composer les choses réelles de forces, c'est-à-dire de relations. Je demande simplement : si les corps consistent en forces, qu'y a-t-il donc qui constitue la *masse matérielle* qui sert de point d'attache et qui est *mise en mouvement?* Une force peut-elle être heurtée et déplacée d'un lieu à un autre ? Le mouvement peut-il être l'état d'une force ? Mais la force comme la vitesse est elle-même une qualité du mouvement ? Une force qui se meut est donc semblable à la plaisante promenade de Hobbes qui se promène. L'hypothèse de centres de forces non étendus n'est plus du tout une façon d'entendre les corps perçus, mais une pure fiction. Car l'étendue perçue ne peut pas consister en centres de forces inétendus; on ne peut pas les concevoir comme des éléments des corps de notre expérience. Un monde de centres de forces inétendus serait donc un monde particulier, hypothétique, à côté du monde constitué par des corps étendus. Je n'ai pas besoin de montrer qu'une semblable hypothèse n'a aucun sens et aucune raison, après que j'ai prouvé que nos sensations elles-mêmes sont ce que nous percevons comme un monde de corps dans l'espace, et que les faits de la perception en général n'autorisent pas à conclure à une pluralité de causes.

Cette théorie des centres de forces fournit un exemple vraiment curieux de la façon dont la physique quand elle veut se hausser jusqu'à la métaphysique, se prend dans ses propres filets, et se met avec elle-même dans la plus manifeste contradiction. Que peut-il y avoir en effet de plus contradictoire que la théorie qui fait consister les corps en de purs centres de forces et la vraie théorie physique qui cherche à éliminer le plus possible la force du concept de corps et à réduire toutes les forces à de simples mouvements de la matière? Cette dernière est seule conforme à la vraie doctrine métaphysique d'après laquelle une substance, quant à son concept, n'est pas une cause et ne peut avoir aucune cause. C'est aussi la seule conforme à la vraie doctrine de la connaissance, d'après laquelle la connaissance des corps est conditionnée, non pas par le concept empirique de force (par une conclusion à une cause), — mais par le concept métaphysique de substance — c'est-à-dire par la nécessité de concevoir tout objet en soi comme un objet identique avec soi-même, et par suite comme une substance. — Cependant j'y reviendrai encore dans le prochain chapitre.

Le point de vue directeur auquel on doit, en général, se placer pour former et juger les théories relatives aux corps est celui-ci : si l'on fait une théorie avec l'intention et la confiance de trouver une explication métaphysique des faits, on aboutira infailliblement à de faux résultats. Car les corps ne sont précisément pas des objets métaphysiques, de vraies substances, et une explication métaphysique des faits est, en général, impossible. La vraie tâche ici est tout autre. On doit partir de la perception des corps étendus non pour chercher comment elle peut être expliquée, mais bien pour chercher ce qui suit avec une nécessité logique touchant l'essence des corps, de ce qui a été perçu. Avec ce procédé, il ne peut se produire aucune divergence d'opinions et il est hors de doute que la théorie atomistique est seule exacte comme théorie empirique des corps. La divisibilité réelle des corps, leur force d'expansion, leur compressibilité et les autres qualités fondées sur leur mobilité, ne permettent pas d'autre conclusion que celle-ci, à savoir que le monde des corps est un agrégat d'unités discrètes ou de choses particulières séparées les unes des autres. Si maintenant la divisibilité mathématique des corps est infinie, il s'ensuit que leur divisibilité physique a réellement à chaque instant, une limite. Car si loin que la division physique puisse être poussée, elle ne peut jamais cependant, en conséquence même de l'infinie divisibilité de l'étendue, conduire à quelque chose qui ne soit plus étendu. Mais tout ce qui est divisible physiquement doit être considéré comme déjà *primitivement divisé*, car les morceaux séparés continuent d'exister, après leur division, indépendamment l'un de l'autre, et ils doivent par conséquent avoir été, dès l'origine, des corps existant par eux-mêmes. Une chose, à proprement parler, ne peut pas être divisée ; c'est le cas seulement d'un agrégat de choses. La science a donc le droit de supposer une limite absolue à la divisibilité des corps, quelque éloignée que cette limite soit du champ de la perception. En d'autres termes, la science a le droit de concevoir les derniers éléments des corps comme des unités absolument indivisibles, comme des *atomes*, dont la grandeur en comparaison de tout ce que nous pouvons percevoir est infiniment petite (1).

Le concept d'une unité étendue, d'un atome, est, il est vrai, contradictoire, lui aussi, et vide ; mais il ne doit pas être considéré comme vrai sans condition. La théorie atomistique est, en effet, une théorie scientifique et non métaphysique : elle ne prétend qu'à une valeur empirique ; mais sous cette condition elle est seule exacte. Elle n'essaie pas, en effet, d'expliquer la nature des corps, mais se contente de la constater simplement. Aussi ne doit-on pas prendre la théorie atomistique pour une simple hypothèse, elle est formée au contraire avec une nécessité logique et légitimement abstraite de notre expérience des corps.

(1) On ne doit cependant pas croire que les atomes ne sont absolument pas perceptibles. Avec l'hypothèse d'éléments imperceptibles on perdrait le sol de l'expérience pour se mouvoir dans le vide métaphysique. Si les atomes n'étaient pas perceptibles, les corps qu'ils forment ne le seraient pas davantage et ne seraient plus les corps de notre expérience, car on ne peut pas percevoir un tout sans ses parties, le tout n'étant que la somme de ses parties. Suivant les justes remarques de Leibniz, nous n'entendrions pas le bruit de la mer, si nous n'entendions pas du tout le bruit de chaque vague. Mais nous n'entendons pas séparément le bruit de chaque vague, c'est ensemble seulement qu'elles affectent d'une façon notable notre oreille. Il en est de même des atomes. Chacun d'eux concourt pour sa petite part à la perception du tout, du corps. La perception d'un corps ordinaire n'est que la résultante de tous les atomes qui forment le corps ; mais pris séparément en soi, un atome n'est pas perceptible.

§ 2. Des qualités des corps.

Le monde des corps est, comme nous l'avons vu, l'affirmation de nos propres sensations ou de leurs groupes comme substances et l'intuition de ces substances dans l'espace. Ni l'affirmation des substances, ni leur intuition dans l'espace n'est conclue; elle est liée aux sensations mêmes, si bien qu'elles nous apparaissent comme hors de nous, comme se trouvant dans l'espace; on le voit avec évidence pour les couleurs, par exemple. Mais quand on a constaté la subjectivité de toutes les sensations, il ne reste rien du monde extérieur, si ce n'est l'affirmation d'un quelque chose dans les formes et les rapports spatiaux sous lesquels nos sensations apparaissent dans l'expérience habituelle. Cette affirmation ne peut donc se trouver en aucune autre relation avec nos sensations que celle de cause, c'est-à-dire que les choses extérieures ne peuvent être considérées que comme les causes de nos sensations et des rapports qu'elles ont entre elles. Or on appelle *force* la cause inconnue de toute relation causale. Il faut donc attribuer des forces aux corps, en tant que principes de leur causalité par rapport à nos sensations comme entre eux. Il y a donc lieu de distinguer dans les corps deux sortes de qualités : les qualités *premières* et les qualités *secondes*.

Aux qualités premières appartient tout ce qu'il y a dans le concept d'une substance étendue et aussi dans l'affirmation d'une chose qui remplit un espace : aux qualités secondes, au contraire, tout ce qui peut lui être attribué par raison expérimentale. Les qualités premières sont propres aux corps en soi, primitivement et indépendamment de toutes relations : les secondes au contraire sont ces qualités des corps qui résultent de leurs rapports tant entre eux qu'avec le sujet connaissant. Les premières sont certaines *a priori*, les autres ne sont connues que par l'expérience. Examinons-les de plus près les unes et les autres.

Les qualités premières suivantes se déduisent immédiatement de l'idée d'un objet qui remplit l'espace : l'impénétrabilité, la figure, la position dans l'espace, la mobilité, c'està-dire la possibilité de passer de cette position à une autre, et l'inertie. Pour l'inertie, il peut sembler douteux au premier coup d'œil qu'elle se déduise immédiatement de l'idée d'une chose qui remplit l'espace. Mais on doit remarquer que l'inertie a deux sens différents. D'abord elle signifie qu'aucun corps ne peut changer son état de lui-même et qu'il faut pour cela une cause extérieure. Prise en ce sens, l'inertie se déduit immédiatement de l'idée de corps comme substance. Je l'ai, en effet, assez montré : une substance ne peut en soi être cause, c'est-à-dire ne peut jamais contenir dans son propre être une raison de changement, car tout changement, tout devenir est étranger à l'être en soi de la chose ou de la substance. Mais sous le nom d'inertie on entend encore le fait qu'un quantum déterminé de force est nécessaire pour communiquer une vitesse déterminée à un quantum déterminé de masse corporelle. Cet aspect de l'inertie des corps ne peut, en fait, être dérivé de leur concept, parce qu'il n'a pas sa raison dans l'essence même des corps, mais dans la nécessité d'une mesure pour les forces motrices. Mais, cette nécessité une fois reconnue, la loi de communication du mouvement peut être déduite *a priori* du concept de corps, comme j'espère le prouver dans le chapitre suivant. L'inertie peut donc être considérée comme cet élément dans les corps qui tient le milieu entre les qualités premières et les qualités secondes, qui les unit les unes aux autres.

S'il n'y a pas de difficulté particulière à concevoir les qualités premières des corps, parce qu'elles peuvent se déduire du concept de corps, il n'en est pas de même des qualités secondes. Ici, en effet, s'ajoute au concept de corps celui de force, et il a toujours été très difficile de les concilier. Nous connaissons déjà la raison de cette difficulté et nous l'exposerons avec plus de développements encore. Une manière assez répandue de remédier à cette difficulté est de considérer les corps eux-mêmes comme des forces. En effet, si l'on oublie l'origine *a priori* de l'idée de corps et si l'on considère le fait que les corps ne se révèlent à nous que par leur action et, comme on le croit, par leurs forces, on sera facilement conduit à voir dans la force l'essence du corps. Examinons de près cette façon de penser.

Depuis le temps de Leibniz s'est répandue la doctrine que la force devait constituer l'essence des corps. Mais que faut-il entendre par une force? Entend-on par là un être réel qui est quelque chose en soi, abstraction faite de ses relations à autre chose? Évidemment non, car on donne à un tel objet le nom de substance et non celui de force. Par force, on entend plutôt cette qualité dans l'objet de se tenir en rapport avec d'autres choses. Le concept de force est inséparable de celui de causalité, et par suite du rapport d'une cause à son effet (1).

---

(1) Selon Leibniz, la force d'une substance ou d'une monade est le pouvoir qu'elle a de produire des effets non en d'autres choses, mais seulement en soi. Leibniz tenait pour impossible une action mutuelle des monades. Dieu seul pouvait agir sur les autres monades. Cette doctrine contient un malentendu manifeste. Une seule et même chose ne peut pas être à la fois cause et effet, car le rapport de cause à effet suppose précisément la distinction de ces deux termes. Dire qu'une chose peut produire des changements en elle-même, c'est dire que dans cette chose se produisent des changements sans causes extérieures, que dans la même chose les antécédents conditionnent les conséquents et en sont ainsi la cause. Une substance dont l'essence consiste dans la force ne signifie donc pas autre chose qu'une substance dont l'essence consiste dans un flux perpétuel, dans un changement perpétuel. Mais c'est là l'opposé de la véritable essence, du vrai concept de la substance, dont la manière d'être est plutôt une existence immuable. Déjà dans la première Partie j'ai montré que les composés seuls peuvent changer et que le changement est étranger au contraire à une substance.

S'il était de l'essence des choses d'être en rapport les unes avec les autres, substance et force seraient inséparables ; mais les concepts de force et de substance ne seraient pas non plus des abstractions différentes l'une de l'autre et séparées. La vérité est, au contraire, que la force ou la causalité, ou la relativité en général, bien loin d'être inséparables de l'essence et du concept de la substance, leur sont plutôt directement contradictoires. Comme on peut le montrer très manifestement au sujet des corps, je vais le prouver ici.

Voici les raisons pour lesquelles une *liaison interne* entre les corps est absolument inconcevable.

Ce qui unit deux corps entre eux doit être évidemment *dans chacun d'eux en même temps*. Un corps A ne peut pas être lié à un corps B sans que, en même temps, B soit lié à A, sans que leur lien commun se trouve donc simultanément dans l'un et dans l'autre. Mais comme les corps sont environnés d'espace *de tous côtés*, de l'espace qui les sépare, il faut évidemment que ce qui lie les deux corps et se trouve simultanément dans tous les deux, *remplisse* nécessairement *aussi l'espace qui est entre eux*. Car d'un corps à un autre il n'y a absolument pas d'autre chemin qu'à travers l'espace qui les sépare. Mais un lien des corps qui est aussi dans l'intervalle est lui-même corporel, étendu, et par suite purement extérieur. C'est ainsi que deux villes sont reliées par un chemin de fer ou un télégraphe. Il n'y a évidemment pas ici de force, de pouvoir intérieur d'un corps qui produise des changements dans un autre corps, mais c'est, comme on le voit, la seule liaison entre des corps qui ait d'une manière générale un sens concevable. Car les corps, comme on l'a déjà montré, n'ont pas d'intérieur et ne peuvent être liés l'un à l'autre intérieurement.

On peut faire encore, il est vrai, cette hypothèse qu'il y a entre les corps *une relation* mutuelle, primitive, une sorte d'harmonie préétablie, en vertu de laquelle des changements en un corps ont pour conséquence d'autres changements dans un autre, sans que rien passe de l'un dans l'autre ou soit contenu dans l'un et dans l'autre comme leur lien commun. Mais sans parler d'autres difficultés qui s'opposent à cette théorie leibnizienne, une telle relation interne des corps suppose du moins une *origine commune* des corps; mais les corps ne peuvent avoir aucune origine commune, parce que, en tant que substances, ils n'ont pas de commencement (v. première Partie, p. 91).

Mais je dois insister un peu plus sur ce dernier point. Si la ressemblance ou la conformité dans la manière d'être de plusieurs choses repose, en bonne règle, sur une origine commune, on est aussi très disposé à considérer les corps eux-mêmes, parce qu'ils ont une commune manière d'être, comme apparentés les uns aux autres dans une certaine mesure. En effet on parle souvent d'une « Matière » au singulier, comme si tous les corps étaient un seul objet ou une substance unique. Mais c'est tout à fait inadmissible. Autrement on pourrait avec tout autant de raison ou même davantage parler d'une « humanité » comme d'un objet particulier, unique, parce que les hommes ont tous la même essence. Il est d'ailleurs difficile de comprendre comment il se fait que tous les corps aient en général une nature commune, — du moins ce n'est difficile que si l'on tient les corps pour des substances qui existent réellement, c'est au contraire très facile à expliquer, c'est une conséquence nécessaire des conditions données, si on les prend pour une manière de voir du sujet, — mais nous n'avons pas à nous en mettre en peine : car la ressemblance de nature de plusieurs substances n'est pas contradictoire à leur concept. C'est tout autre chose si l'on voit dans la conformité de nature des corps un lien et un signe de parenté entre eux, comme le signe de leur commune origine. Cette manière de voir est en contradiction de la manière la plus formelle avec leur concept. Les corps sont parfaitement indépendants les uns des autres, n'ont aucune liaison interne, c'est une vérité impliquée dans leur concept comme substances, et prouvée à l'évidence dans ce qui précède.

Nous savons aussi qu'il est tout à fait contradictoire au concept de corps, qu'ils possèdent des forces, qu'ils agissent sur d'autres choses, et cette manière de voir nous permet d'entendre comme il faut l'œuvre de la science.

Le concept de substances implique l'absence de relations de leur part ou leur indépendance de toute relation. Mais puisque la liaison régulière de nos sensations et leur ordre réglé rend possible en elles la connaissance de substances ou de matières corporelles, il est clair que ces substances, précisément pour la raison qui conditionne leur connaissance même, doivent apparaître comme conçues dans les diverses relations. La théorie scientifique ne peut donc jamais éliminer de son concept des corps toute relativité et doit par suite toujours rester contradictoire dans ses concepts fondamentaux. Elle peut faire cependant des progrès dans la direction marquée et nous voyons en fait que tous les efforts de la science tendent vers ce but. Le but de la science, comme on le sait, est d'expliquer tous les phénomènes du monde des corps par des lois mécaniques générales, par choc et par pression, ou, comme on dit, de les ramener à une mécanique des atomes. Cela veut dire, en d'autres termes, que la science tend à concevoir la force comme une qualité non des corps, mais des mouvements mêmes, à résoudre les qualités secondes en qualités premières ou à les en dériver. Ainsi elle a déjà réussi à faire considérer la lumière, le son, la chaleur et aussi l'électricité en partie, et l'affinité chimique, non plus selon l'ancienne doctrine, comme des qualités des corps, mais comme des modifications du mouvement lui-même, et la gravitation paraît être un effet du mouvement des atomes. Si ce but était pleinement atteint, la relativité des corps et, par suite, la contradiction que contient leur notion serait réduite au minimum qu'implique la loi de la communication du mouvement (1) et dont il sera question dans le chapitre suivant.

Nous pouvons maintenant éclaircir tout ce qui se rapporte à la notion de corps. Notre connaissance ordinaire des corps, antérieure à toute théorie, est la connaissance de nos sensations ou de leurs groupes comme de substances dans l'espace, en vertu de raisons qui ont été assez développées plus haut. Dans cette connaissance effective, primitive, n'intervient pas encore la distinction des qualités premières et des qualités secondes des corps. Couleur, température, odeur, etc., semblent encore appartenir proprement aux corps, comme l'étendue, l'impénétrabilité et la figure. Mais bien que nos sensations (en conséquence de leur disposition naturelle dont il a été déjà question) s'accordent en fait avec la conception qui nous les fait considérer comme des substances corporelles, elles ne s'accordent cependant pas avec elle logiquement; car des corps réels ne peuvent pas être des sensations ou être constitués par des sensations. Bien plus, des corps réels ne peuvent pas d'une manière générale avoir aucun rapport avec un sujet sentant.

(1) Mais il est aussi évident que ce but ne peut être atteint pleinement. La *diversité* des substances chimiques ne peut être expliquée par des lois mécaniques. Car si l'on admettait que la nature propre de tel ou tel corps tient à telle sorte spéciale de mouvement de ses atomes, il faudrait admettre que telle sorte de mouvement est inséparable de telle substance et l'on reviendrait ainsi à l'affirmation d'une spécialité qualitative primitive des substances. Jamais on ne pourra ramener tous les corps de la chimie à une substance primitive, ni dériver la généralité des différences qualitatives données de différences purement quantitatives, car ce serait faire quelque chose de rien. D'ailleurs il est clair que les phénomènes de la vie organique ne peuvent s'expliquer par les seules lois mécaniques, car ils manifestent un rapport interne des éléments du corps qui dépasse de beaucoup la loi de la communication du mouvement. Nous en parlerons comme il convient dans la suite.

Aussi le premier pas à faire pour donner un sens aux choses est-il nécessairement de chercher à déterminer l'essence des corps indépendamment de leur rapport au sujet, et de les distinguer de la manière dont ils se manifestent au sujet percevant. Par suite, les couleurs, les odeurs, les saveurs et les autres qualités senties ne sont plus conçues comme des qualités des corps eux-mêmes, mais comme leurs effets sur nous et l'on n'accorde aux corps que le pouvoir de les produire en nous. Ainsi se fait d'abord la distinction des qualités premières et des qualités secondes des corps. Les qualités premières sont dans les corps indépendamment du sujet, les qualités secondes, au contraire, tiennent à leur rapport avec le sujet.

Mais il reste encore un point non résolu : c'est au sujet des qualités des corps *les uns par rapport aux autres*. La question est de savoir s'il appartient ou non à l'essence physique d'un corps d'être en rapport avec un autre corps. Si l'on répond affirmativement, on attribue aux corps des forces, le pouvoir de produire des changements dans les autres corps, conformément à certaines lois. C'est ainsi que l'on comprenait sous le nom de forces naturelles des pouvoirs des corps. Mais cette conception est en contradiction avec l'idée de corps; aussi voyons-nous que la science s'est efforcée de ramener les forces à des modifications du mouvement.

Mais elle ne peut pas, comme nous l'avons vu, réussir entièrement dans cette tâche. Et, même si elle y réussissait, il resterait encore dans la notion scientifique de corps quelque chose d'inexplicable, une *qualitas occulta* ou, plus exactement, une contradiction. Car même l'action mécanique, par choc et pression, comme je le ferai voir dans le prochain chapitre, suppose entre les corps des rapports, une disposition mutuelle qui est en contradiction avec leur concept. Seulement cette contradiction, dans l'action mécanique, ne tombe pas sous les yeux comme dans leur *actio in distans* et, par suite, frappe peu une intelligence moyenne.

HUITIÈME CHAPITRE

DU MOUVEMENT

Nous avons déjà souvent montré que l'essence du mouvement contient quelque chose d'incompréhensible ou, plus exactement, des contradictions. Le mouvement est l'état d'un corps, et le corps, par son concept, est une substance, est indépendant de toute autre chose. Le mouvement d'un corps ne devrait donc impliquer aucun rapport de ce corps avec les autres. Mais l'observation la plus superficielle fait voir que le mouvement dans son essence même est nécessairement relatif, qu'un corps isolé ne peut être connu comme en mouvement, qu'il faut la présence de plusieurs corps pour déterminer les positions relatives qu'ils occupent successivement dans l'espace, de telle sorte qu'au fond on ne peut pas définir le mouvement autrement qu'en disant : un changement des positions relatives des choses dans l'espace. Cette relativité est encore plus manifeste et plus importante si l'on considère, comme nous allons le faire, les lois du mouvement.

Une tendance interne au mouvement ne peut pas être déduite du concept de corps: elle serait plutôt contradictoire à ce concept. De là la tendance de la science à considérer tout mouvement simplement comme un état en fait des corps, dont on ne doit pas chercher l'origine première. Par suite, la cause d'un mouvement ne peut être qu'un autre mouvement, et ainsi de suite à l'infini; la force (la cause du mouvement en général) est donc une qualité non des corps, mais des mouvements eux-mêmes. En conséquence, la science cherche à tout expliquer mécaniquement. Car c'est le propre des lois mécaniques de supposer tout mouvement comme un phénomène en soi indifférent aux corps, comme communiqué uniquement du dehors, comme un état qui n'a aucunement sa raison dans l'essence du corps mû. Conformément aux lois de la mécanique, aucun corps ne peut se mouvoir de lui-même, aucun ne peut prendre de lui-même aucune direction déterminée avec n'importe quelle vitesse déterminée. Tous les mouvements, toutes les directions, toutes les vitesses sont pour lui choses indifférentes. Si un corps est en repos ou se meut, et si, dans le dernier cas, il se meut à droite ou à gauche, avec telle ou telle vitesse, cela dépend exclusivement d'influences extérieures, et les lois mécaniques marquent simplement la manière et la mesure selon lesquelles ces influences se produisent et se propagent.

La première loi mécanique du mouvement consiste, comme on le sait, en ce qu'un corps mis en mouvement conserve indéfiniment le même mouvement dans la même direction. Cette loi dérive du concept de corps comme substance. Car une substance ne peut jamais être cause en soi ni produire aucun changement de ses états.

La seconde loi du mouvement est plutôt la loi de la communication du mouvement et consiste en ce que, lorsqu'un corps non élastique en mouvement choque un autre corps en repos, les deux corps se meuvent dans la même direction avec une vitesse qui est à la vitesse antérieure du premier corps comme la masse de ce corps à la masse des deux corps pris ensemble. Le corps qui frappe doit donc, d'après cette loi, perdre de son mouvement autant que l'autre en gagne. Cette loi peut s'exprimer ainsi : dans toute communication de mouvement l'action et la réaction sont égales.

Cette loi implique deux faits : 1° que le mouvement peut passer d'un corps à un autre, 2° que ce passage est dans un rapport tel que la masse des corps sert à la mesure de la force motrice. Ni l'un ni l'autre de ces deux faits ne peut se déduire du concept du corps.

Qu'un corps choqué doive se mouvoir dans le sens du choc, on ne peut pas le voir *a priori* (1). Ce fait nous paraît évident de soi seulement parce que l'expérience nous a familiarisés avec lui. Hume dit avec raison à ce sujet : « Lorsque je vois une bille de billard se diriger contre une autre, la pensée peut bien me venir que le mouvement de la seconde est la conséquence du choc ou du contact ; mais ne puis-je pas supposer aussi bien cent autres effets de cette cause ? Les deux billes ne pourraient-elles s'arrêter toutes les deux ? La première bille ne pourrait-elle pas revenir en arrière ou prendre une direction quelconque à côté de la seconde ? Toutes ces suppositions sont possibles et concevables ? Pourquoi préférer l'une à l'autre quand elles sont également possibles et concevables ? Toutes nos raisons *a priori* ne pourront jamais nous offrir aucun motif de nous décider pour tel ou tel effet » (IV⁰ Essai sur l'ent. humain). Sans l'expérience de ce fait, nous ne pourrions jamais concevoir que l'état d'une chose puisse se détacher de cette chose et passer à une autre. Que l'on essaie seulement de se représenter un semblable transfert d'état dans un autre domaine, par exemple le passage des sentiments et des idées d'un homme à un autre : l'inconcevabilité de ce phénomène apparaîtra alors manifestement. Un homme peut, il est vrai, communiquer ses sentiments et ses idées à d'autres hommes ; mais cette communication consiste en ce qu'il éveille dans ces hommes des sentiments et des idées qui sont semblables aux siens, non en ce qu'il transporte en eux ses propres idées. La communication du mouvement prouve que le mouvement n'est pas un état propre des corps, fondé dans leur essence, mais bien quelque chose qui leur est extérieur. Le mouvement laisse donc l'intérieur des atomes corporels — autant du moins qu'on

(1) Ce qui est sûr *a priori*, c'est seulement qu'un changement doit être suivi d'un autre changement. Mais quel sera ce changement, le premier ne permet pas de le voir *a priori*.

peut ici parler d'intérieur, — en repos et sans changement.

Le second fait impliqué dans la communication du mouvement, à savoir que la masse des corps sert à la mesure de la force motrice, peut encore moins se déduire du concept de corps considéré comme chose remplissant l'espace. *A priori* on ne voit pas pourquoi une force qui produit la vitesse v d'une masse A, ne produit pas pour une masse mA la même vitesse, tandis que cette dernière est en fait seulement $= \frac{v}{m}$. Cette détermination de la loi ne peut se déduire d'aucune qualité du corps, ni de sa mobilité, ni de son inertie. La première signifie seulement qu'un corps peut être mis en mouvement, et la seconde qu'il ne peut de lui-même, sans cause extérieure passer ni du repos au mouvement, ni du mouvement au repos; mais aucune de ces qualités ne contient une mesure sur laquelle le phénomène puisse se régler. Au contraire l'existence d'une loi fixe, d'une loi générale de la communication du mouvement montre dans les corps une disposition interne des uns à l'égard des autres qui contredit entièrement leur concept, comme nous l'avons montré. Qu'on se rappelle seulement les faits d'expérience. Si un corps A de masse 1 et de vitesse V heurte un corps B de masse 2, la conséquence invariable est que les deux corps se meuvent dans le sens du choc avec une vitesse $\frac{V}{3}$. N'y a-t-il pas là dans A un rapport évident à la masse de B, et dans B à la masse et à la vitesse de A? Sans cela, pourquoi le mouvement de A, après le choc, diminuerait-il dans une proportion déterminée par la masse de B? Et pourquoi, après le choc, B prendrait-il une vitesse qui est dans un rapport invariable avec la masse et la vitesse de A? Avec le seul concept d'un corps on arriverait d'autant moins à prévoir le phénomène, que ce phénomène est en parfaite contradiction avec ce concept. La raison précisément qui rend incompréhensible une action des corps à distance, à savoir leur indépendance, leur non-relativité, comme substances, rend incompréhensible leur action par choc et pression. Mais comme l'espace qui ne fait que séparer les corps rend manifeste l'impossibilité d'une liaison interne de ces corps, nous avons beaucoup de penseurs qui regardent comme impossible l'*action à distance* et qui ne font aucune objection à la communication des mouvements suivant les lois mécaniques. Et cependant il n'y a en fait aucune différence essentielle entre les deux cas. Ils sont aussi incompréhensibles l'un que l'autre.

Si l'on admet une fois que la masse du corps mû fournit une mesure pour la force motrice, qu'une force dix fois plus grande est nécessaire pour communiquer la même vitesse à une masse dix fois plus grande, alors la loi de la communication du mouvement peut être connue et déduite *a priori*. Le concept du corps permet en effet de considérer, au point de vue du mouvement, deux corps comme un seul corps après le choc, et l'on peut alors voir aisément dans quel rapport au mouvement qui précède le choc se trouve le mouvement qui le suit. Si un corps A de masse 1 et de vitesse V heurte un autre corps en repos B dont la masse est $m-1$, ils forment ensemble, après le choc, une masse $= m$. Si donc on la considère comme un seul corps sur lequel aurait agi au moment du choc la force qui a mis d'abord A en mouvement, il est clair que la vitesse des deux corps après le choc doit être exactement diminuée dans la proportion où la masse de A et B pris ensemble l'emporte sur la masse de A, car la même force qui a communiqué à la masse du corps A une vitesse V ne peut donner au corps $A+B$ dont la masse est m qu'une vitesse $= \frac{V}{m}$. Que le corps A ait été mis en mouvement le premier au lieu de $A+B$, cela ne change rien à l'affaire, car le mouvement de A jusqu'à son choc avec B, en vertu de l'inertie particulière des corps, ne peut à aucun point de vue conditionner aucun changement des faits. Naturellement nous ne considérons ici que la communication de mouvements entre de simples atomes, qui doivent être considérés comme parfaitement impénétrables et inélastiques. Nous n'avons à étudier ici ni les masses composées ni leurs mouvements.

C'est donc là le sens dans lequel la loi de la communication du mouvement peut être connue *a priori*. On ne peut pas la déduire *a priori* du concept du corps, mais bien de la nécessité d'une mesure pour la force motrice.

L'inertie des corps n'est donc pas dans leur concept, mais rend manifeste une disposition particulière de leur essence les uns par rapport aux autres. Si l'on prend l'inertie pour une qualité propre des corps, on aboutit à la doctrine absurde que l'inertie, c'est-à-dire l'absence de force, est une force elle-même. On parle souvent sans réfléchir d'une « force d'inertie », en vertu de laquelle un corps « résiste » au mouvement. Mais une force d'inertie est évidemment une *contradictio in adjecto*. Si les corps sont inertes, la force n'est pas dans les corps, mais seulement dans leurs mouvements. La résistance qu'un corps oppose au mouvement n'est donc pas la conséquence d'une « force » particulière en lui, mais la suite de la disposition naturelle qui fait que la masse des corps doit servir à la mesure des forces motrices. Cette disposition naturelle, cette organisation réciproque des corps est si loin d'être fondée sur l'essence des corps eux-mêmes qu'elle est plutôt contradictoire à leur concept, comme on l'a déjà montré (1). Le mouvement apparaît ainsi comme un état qui est à la fois propre et étranger aux corps. Un corps mû se distingue positivement d'un corps en repos parce qu'il peut produire des effets que celui-ci ne peut pas produire. Mais la cause qui produit ces effets, la force qui se manifeste dans le mouvement et sa vitesse, n'appartient pas au corps en mouvement ; c'est une

---

(1) Celui qui est disposé à chercher dans la nature des causes finales peut déjà voir dans cette organisation la preuve d'une finalité générale embrassant indistinctement et sans exception tous les corps.

fonction, un moment du mouvement lui-même. Car l'effet produit par cette cause consiste précisément en ce qu'une partie du mouvement et de la force qui est en lui passe, dans le choc, du corps mû à un autre. L'essence du corps n'intervient ainsi comme condition que d'une manière indirecte, et, à vrai dire, en cela seulement que la masse sert à la mesure de la force.

Du fait que la force est une fonction du mouvement lui-même et non quelque chose de propre au corps, résulte la conséquence qu'aucune force ne peut naître ou périr. Les corps, en vertu de leur inertie constitutive, ne peuvent développer aucune énergie nouvelle ni rien détruire de celle qui existe déjà. Le mouvement peut prendre différentes formes en passant d'une masse à une autre, mais le quantum de son énergie reste toujours identique. On l'a découvert par expérience dans les temps modernes, et c'est ce que l'on appelle la loi de la conservation de la force. Le sens propre de cette loi est que le devenir, le changement n'a pas de cause, pas de commencement, mais se maintient éternellement par sa propre impulsion. Dans la première Partie (troisième livre, premier chapitre), j'ai amplement prouvé que cette théorie est certaine *a priori* et j'y reviendrai encore prochainement. Mais c'est ici le lieu de jeter un dernier coup d'œil sur le sens et le fondement des théories scientifiques.

L'atomisme scientifique a sur toutes les autres doctrines l'avantage de s'accorder non pas avec des rêveries, mais avec ce qui est réellement perçu. Aussi cette théorie est-elle la seule exacte comme doctrine physique. Mais que sont les corps d'après les théories scientifiques? Des atomes sans qualités, des choses sans nature réelle propre, dont toute l'essence consiste dans l'étendue. Si les corps ne possèdent pas de qualités réelles, il ne peut pas s'en produire dans leur essence; le seul devenir possible pour les corps est le mouvement, c'est-à-dire le changement de leurs positions respectives dans l'espace. Aussi la science conçoit-elle tous les phénomènes dans la nature comme de simples mouvements. Mais si les corps sont séparés de tous côtés par l'espace et n'ont pas d'intérieur, ils ne peuvent se tenir mutuellement dans aucune relation interne et ne peuvent agir les uns sur les autres d'aucune façon si ce n'est d'une façon purement extérieure, c'est-à-dire par choc et pression. Ce fait a encore une autre raison, à savoir que tout devenir est étranger à l'essence des corps comme substances, et qu'ils ne peuvent par suite être causes en soi. Aussi les corps doivent-ils être conçus comme des choses inertes, pour lesquelles, en soi, tous les mouvements sont indifférents, qui reçoivent en elles-mêmes tous les mouvements et les forces (vitesse) qui résident en eux, qui les perdent (les transmettent) sans y participer intérieurement. Or, les lois mécaniques sont les seules qui aient quelque valeur dans l'hypothèse d'une inertie parfaite des corps. Les lois mécaniques seules ne supposent aucune force, aucune puissance interne dans les corps, mais s'accordent, comme nous l'avons vu, avec l'hypothèse que, pour les corps, tous les mouvements, toutes les forces et toutes les vitesses sont en soi choses indifférentes. Aussi voyons-nous les théories scientifiques tendre non seulement à considérer tous les phénomènes de la nature comme de simples mouvements, mais encore à voir dans tous les mouvements de simples effets des lois mécaniques. Tout se ramène à une mécanique des atomes. La science se rapproche d'autant plus de son achèvement qu'elle réussit mieux dans cette tâche.

On voit maintenant à quelle nécessité, dont ils n'ont pas toujours clairement conscience, les savants obéissent dans la construction de leurs théories, et le plus prévenu des hommes ne peut méconnaître désormais que les théories scientifiques n'ont affaire qu'à une chose idéale. Celui même qui serait resté sourd et aveugle à toutes les preuves données précédemment doit maintenant enfin se réveiller comme d'un rêve et se rendre à cette conclusion que l'on ne peut, si l'on est éveillé, prendre les atomes sans forces et sans qualités, cette abstraction vide et même contradictoire en définitive, pour quelque chose qui existe réellement et croire que l'infinie diversité des phénomènes naturels ne consiste vraiment en rien autre chose qu'en des mouvements, c'est-à-dire en de simples changements de position de ces atomes sans forces et sans qualités dans l'espace. On concevra enfin que toute la réalité expérimentale réside exclusivement en nous-mêmes et dans nos sensations et que le monde des corps est seulement la manière dont nous projetons dans l'espace, comme un monde de substances extérieures à percevoir, le contenu de nos sensations, conformément aux raisons surabondamment données jusqu'à présent.

Neuvième chapitre

Force et loi

Déjà dans un chapitre de la première Partie j'ai traité avec ampleur de la cause et de la causalité. Je veux revenir sur ce sujet et d'abord répéter brièvement ce que j'ai déjà exposé.

Conformément au concept que nous avons *a priori* de l'être propre, inconditionné des objets, du réel en soi, tout réel, tout objet en soi est parfaitement identique à lui-même. Or « identité avec soi-même » et « changement » sont des déterminations disparates et ne peuvent par conséquent appartenir au même objet au même point de vue. Conformément au concept *a priori*, tout changement est donc *étranger* à l'essence des choses ou du réel, est donc *conditionné*. Cette conclusion implique deux principes extrêmement importants :

1° Tout ce qui arrive, tout changement pris *en particulier* doit, sans exception, avoir des conditions, des causes, c'est-à-dire des antécédents invariables.

2° Mais que quelque chose arrive *en général*, que des changements se produisent en général, cela ne peut avoir ni cause ni condition.

De ce que tout devenir et tout changement est étranger à l'essence des choses en soi et ne peut, par suite, en être dérivé, il s'ensuit qu'une cause première, inconditionnée du devenir ou du changement est absolument inconcevable. La condition d'un conditionné est toujours conditionnée elle-même, la cause d'un changement est toujours elle-même un autre changement, c'est-à-dire qu'il n'y a pas d'autres causes que des causes physiques, qu'une cause métaphysique, en conséquence de ce qui précède, est impossible. Nous devons donc considérer le devenir en général simplement comme un état donné de la réalité qui persiste par sa propre impulsion, et nous ne devons pas nous demander quelle en est l'origine première, mais renoncer plutôt à toute tentative de dériver cet état de l'inconditionné, de l'essence des choses en soi. Si quelque chose arrive maintenant, la cause en est en ce que quelque chose est arrivé auparavant. La cause de ce que quelque changement déterminé se produit maintenant se trouve en ce que s'est produit auparavant tel autre changement déterminé que le changement actuel remplace en vertu d'une loi immuable. En un mot toute causalité est un moment, une fonction du devenir lui-même. Croire que l'on peut, en dehors des lois des phénomènes, connaître encore quelques causes, n'importe lesquelles, c'est absolument déraisonnable, et rechercher des causes qui ne seraient pas soumises aux lois du monde des phénomènes, c'est peine perdue et qui ne peut donner que des résultats chimériques.

Déjà de ce point de vue, nous pouvons comprendre ce que c'est qu'une *force* et ce que l'on doit entendre par ce mot.

Par le mot force on entend le principe proprement agissant et productif du devenir. On est donc disposé à voir dans la force la cause du devenir. Mais c'est une opinion insoutenable. Le principe agissant n'est pas quelque chose de différent du devenir lui-même, n'en est pas séparé ; il est plutôt comme la permanence même de la vicissitude générale, dont l'impulsion intérieure se maintient toujours.

Voici sur ce point de nouveaux éclaircissements. Du principe de causalité : *pas de changement sans cause*, se déduit nécessairement, comme je l'ai montré dans la première Partie (troisième livre, 1er chapitre), le principe que la relation de cause à effet ne peut admettre aucun changement, que toutes les causes, par conséquent, sont liées avec leurs effets par des lois invariables. La cause suppose donc un effet, exactement comme l'effet une cause, c'est-à-dire que conformément à la loi de causalité, un changement ne peut pas se produire sans qu'un autre changement, dont il est régulièrement la conséquence, se soit produit auparavant, mais il ne peut non plus se produire aucun changement *sans que de lui un autre changement s'en suive*, et toujours le même dans les mêmes circonstances. En vertu de la loi de causalité tout changement produit non seulement un effet, mais avec la même nécessité une cause de changements ultérieurs. La loi de causalité établit non seulement qu'il n'y a pas de commencement, mais aussi qu'il n'y a pas de fin à la série des changements. On voit donc que le principe des changements est dans leur propre essence, dans leur permanence, et non dans ce qui serait, non pas un changement, un devenir, mais un objet.

Si l'on croit que quelque chose de différent du devenir, un objet, une chose en soi peut être cause, contenir dans son propre être la raison des changements en soi et dans les autres choses, on lui attribue une force comme qualité individuelle qui alors constitue dans l'essence des choses cet élément auquel appartient la causalité propre. Mais l'hypothèse d'une telle force contredit non seulement le concept *a priori*, mais toute l'expérience.

Les raisons *a priori* qui rendent inconcevable l'hypothèse d'une cause première et par suite d'une force propre aux choses individuelles en soi, je les ai déjà amplement exposées dans la première Partie, et je crois avoir mis en évidence cette impossibilité pour les corps en particulier, dans le chapitre précédent. Et cette manière de voir, que nous imposent les raisons *a priori*, est confirmée par l'expérience tout entière. Hume déjà et Th. Brown ont montré que l'hypothèse d'une force dans les choses individuelles, d'un pouvoir de produire des effets est dépourvue de tout fondement expérimental.

Tout d'abord, en effet, si un objet individuel en soi était cause, s'il avait dans son être propre le pouvoir de produire des effets, on pourrait conclure de son être propre quels effets il produira. Mais Hume et Th. Brown ont prouvé jusqu'à l'évidence et d'une façon décisive que l'on ne peut conclure de la nature d'aucun objet connu pourquoi il produit tels effets et non tels autres. On ne peut pas connaître les effets d'une cause autrement que par l'expérience, par le fait que certains effets suivent toujours certains antécédents. De la causalité nous ne connaissons pas autre chose qu'une immutabilité, une uniformité, une régularité dans les successions de phénomènes. Le pourquoi de la causalité d'une cause n'est donc pas dans son être individuel, mais dans un élément qui la *lie* avec ses effets. C'est là aussi le sens de la loi générale de causalité, selon laquelle toutes les causes sont liées à leurs effets en vertu de lois générales et immuables.

En outre, si un objet avait dans son être une raison de changements, s'il était cause en soi ou possédait des forces, il serait par cela même une source inépuisable de changements nouveaux. Et puisque tout changement possède lui-même, en conséquence de la loi de causalité, une force, c'est-à-dire est nécessairement le point de départ d'une série indéfinie de changements ultérieurs successifs, la somme des changements et des forces serait indéfiniment multipliée par cette chose supposée. Mais c'est en contradiction avec la loi de la conservation de la force, selon laquelle aucune force nouvelle ne peut se produire, et le quantum de l'énergie existant dans la réalité se conserve toujours identique.

Nous voyons donc que la force, le principe actif du devenir en conformité aussi bien avec le concept *a priori* qu'avec l'expérience, ne peut être la qualité de choses individuelles et, d'une manière générale, ne peut être *individuel*. C'est donc un moment, une fonction du devenir lui-même, et il se confond avec le lien universel qui rattache les uns aux autres les phénomènes successifs, en constitue la liaison interne. On le voit le plus clairement possible dans le cas le plus simple du devenir, dans le mouvement. La cause d'un mouvement est toujours un mouvement antérieur et le principe actif du mouvement, sa force est en lui-même, dans sa vitesse. La causalité du mouvement consiste dans son passage d'une masse corporelle à une autre suivant des lois dont la raison est dans l'essence du mouvement lui-même, à la détermination duquel les corps mus ne prennent part, comme on l'a dit, qu'indirectement.

Dès qu'on a fait une fois cette constatation, on s'aperçoit clairement que nous ne pouvons connaître une force que par induction. La théorie d'après laquelle nous possédons, nous les sujets voulants, une force immanente, un pouvoir de produire des effets hors de nous, et que nous pouvons le percevoir immédiatement comme une force, est une pure imagination. Hume déjà (Essais sur l'ent. humain, VII, 1) et Stuart Mill (Log., Chap. sur la Loi de causalité, § 9) ont réfuté cette théorie. Et, en fait, que nous nous prenions pour une substance, pour un être inconditionné ou pour un simple produit de conditions, en aucun cas nous ne pouvons avoir en propre une force, un pouvoir de mouvoir les corps. Car si nous étions, quant à notre essence, une substance indépendante, alors notre être n'aurait aucun rapport avec le monde des corps hors de nous et ne pourrait posséder aucun pouvoir de les mouvoir. Ou si, par quelque miracle, nous avions ce pouvoir, nous pourrions agir indistinctement sur tous les corps de la même manière, tandis que l'expérience, au contraire, fait voir que nous ne pouvons agir que sur notre corps individuel, particulièrement disposé pour cela. L'hypothèse de notre substantialité doit donc être rejetée aussi pour cette raison. Mais si nous sommes simplement des produits de conditions — comme c'est en réalité le cas, — il ne peut pas être naturellement question d'un pouvoir inconditionné de mouvoir les corps ou, en général, de produire des effets. Il est donc évident que nous n'avons pas une force individuelle, que nous ne sommes pas des causes.

En outre, il est clair que, si nous étions nous-mêmes des causes, nous nous percevrions immédiatement dans notre causalité. Or, nous n'agissons manifestement que sur nos nerfs moteurs immédiatement et non sur nos muscles, encore moins sur les autres parties du corps. Si nous pouvions nous percevoir comme causes, nous percevrions aussi la manière dont notre volonté meut et affecte les nerfs moteurs. On sait assez combien c'est peu le cas. Nous sommes si éloignés de savoir comment nous agissons sur les nerfs et, par eux, sur les muscles, que nous ne pensons même jamais à une semblable action. Ce que nous cherchons à produire, c'est toujours un mouvement déterminé des membres pour atteindre un but déterminé. Je veux, par exemple, écrire ces mots sur le papier et je fais les mouvements que je sais par expérience utiles à ce but. Mais comment j'agis sur les nerfs pour cela et l'effet des nerfs sur les muscles, je n'en ai aucune idée et je serais incapable d'agir sur les nerfs ou les muscles sans égard à une fin extérieure.

Notre volonté ne possède donc pas une force et nous ne pouvons en percevoir une en elle. L'*effort* que l'on prend pour une telle force est un état non de notre esprit, mais de notre organisme. Le sentiment qui accompagne l'effort des muscles ne se confond pas avec l'effort lui-même, mais est sa réaction sur l'état intérieur du sujet. Seulement comme il accompagne toujours l'effort musculaire, l'association de l'un et de l'autre dans la conscience fait croire que le sentiment en question est l'effort même et manifeste immédiatement une force intérieure de la volonté. Mais c'est une erreur. Nous ne pouvons conclure la causalité de notre volonté que des faits, à savoir que les mouvements voulus de nos membres suivent invariablement nos désirs. La force et la causalité des autres choses nous est connue exactement de la même manière. L'expérience nous montre, par exemple, que tous les corps non soutenus tombent sur la terre. Mais comme l'absence de support est une condition purement négative, nous devons supposer que la condition positive, la raison positive de la chute est dans les corps tombant et dans la terre qui est le point central de leur chute. Nous appelons *force* cette raison positive, et c'est ici la force de la gravitation ou de la pesanteur. L'expérience nous fait voir aussi qu'un corps choqué est mis en mouvement et que le mouvement de ce corps a certaine relation déterminée avec le mouvement antérieur du corps qui choque; on doit en conclure que ce dernier mouvement est la cause de celui-là et qu'il y a en lui une force motrice.

Nous pouvons d'ailleurs comparer les forces que manifestent les choses extérieures avec celles que nous exerçons nous-mêmes, comme par exemple quand nous prenons des corps de différents poids dans la main et que nous observons la différence des efforts nécessaires pour les empêcher de tomber, ou bien lorsque nous heurtons un corps et que nous comparons l'effet que le choc produit avec celui que produirait un autre corps en mouvement. Les forces développées par notre organisme sont en fait, quant à l'essence, semblables aux autres forces de la nature. Comme la science l'a établi, ce sont les forces physiques et chimiques des éléments qui servent à la formation et à l'entretien de notre organisme. Notre volonté ne produit pas ces forces, mais donne seulement à leur activité une direction déterminée.

Le mouvement de nos membres a pour antécédent constant un certain état des muscles que l'on appelle effort et qui est toujours accompagné en nous d'un sentiment. D'une part, l'association dans la conscience entre l'effort et le sentiment qui l'accompagne porte à croire que l'effort est un de nos états intérieurs et ne fait qu'un avec le sentiment qui l'accompagne; mais, d'autre part, l'identité remarquée entre les forces développées par notre organisme et les autres forces de la nature porte à accorder aussi aux corps sans âme le sentiment qui accompagne en nous l'exercice de la force, c'est-à-dire l'effort des muscles, et par suite à considérer non pas seulement la volonté comme une force, mais encore toute force comme une volonté. Cette façon de voir si naturelle aux enfants, aux hommes non cultivés et si familière, quelques philosophes eux-mêmes l'ont, de notre temps, comme on sait, remise à la mode. En réalité, nous, les sujets voulants, nous possédons aussi peu une force individuelle que n'importe quelle chose individuelle hors de nous. Nos états intérieurs sont causes et effets dans le même sens que les états des choses inanimées, c'est-à-dire qu'ils sont les antécédents invariables d'autres effets, et les effets invariables d'autres antécédents. Notre propre causalité est, comme celle des choses inanimées, conditionnée par la liaison générale de la nature qui est la base et le nerf de toute causalité.

Si nous appelons force la liaison générale des choses (1), la *loi* est la manière dont cette liaison se manifeste dans les rapports perçus des choses. De ce qu'une liaison de choses diverses ne peut jamais être perçue elle-même, il n'y a qu'une manière pour elle de se manifester dans la perception, c'est que les choses dont il s'agit se rencontrent toujours en réciprocité les unes avec les autres. Une loi n'est donc pas autre chose qu'une immutabilité de coexistence ou de succession des phénomènes. La production simultanée invariable de certains faits nous donne la preuve qu'ils sont liés. La même induction, par conséquent, qui mène à la constatation des lois mène à l'hypothèse des forces qui se manifestent en elles. Si nous faisons ce raisonnement : des phénomènes d'une certaine sorte sont dans notre expérience actuelle toujours présents ensemble, ils continueront donc toujours à être associés, — qu'affirmons-nous par là? Nous affirmons évidemment que ces phénomènes sont liés les uns aux autres, et par suite nous élevons l'uniformité expérimentalement constatée de leur apparition à une uniformité immuable, en d'autres termes, nous en faisons une loi de la nature.

Il y a maintenant une remarque nécessaire pour éclaircir ce que nous devons entendre par la force, le principe agissant et liant de la nature.

Parmi les causes d'erreurs (*fallacies*) dont parle Stuart Mill

---

(1) On entend ordinairement par force non pas ce qui lie en général les divers phénomènes, mais seulement ce qui lie les phénomènes *successifs*, ce qui est le principe actif de leur succession. On n'appelle pas force une liaison pour ainsi dire statique, c'est-à-dire la liaison des phénomènes simultanés. Personne, par exemple, ne dira que la liaison entre la couleur, le poids et la saveur d'un corps est une force ou est produite par une force. Mais dès que le principe qui lie les phénomènes simultanés et successifs est le même et qu'il ne nous importe pas ici de faire ressortir des différences dans l'essence de ce principe, mais d'en caractériser la nature en général, il me paraît convenable et légitime de l'appeler force tant qu'on n'en proposera pas une dénomination plus générale.

dans le 2ᵉ volume de sa Logique, il cite la confusion de deux sens du mot *le même* (*the same*). Par ce mot on désigne également l'identité numérique d'une chose et la parfaite similitude ou unité de plusieurs choses. Et alors Mill reproche à Berkeley d'avoir pris pour identiques numériquement une sensation d'aujourd'hui et une sensation d'hier qui sont d'essence tout à fait semblables (Log., II, p. 394). Selon Mill, la même sensation identique ne peut pas se produire deux fois : chacune des sensations est toujours quelque chose d'absolument nouveau, bien qu'elles puissent être parfaitement semblables les unes aux autres. Mais c'est contestable. J'ai montré dans un chapitre précédent que les sensations objectives, couleurs, sons, odeurs, etc., ne peuvent être considérées comme des accidents du moi au même sens que la figure ronde d'une bulle de savon est un accident de la substance qui constitue cette bulle. Nos sensations nous offrent un *contenu réel*. A ce point de vue, il n'y a que deux hypothèses possibles : ou ce contenu des sensations sort à chaque instant du néant, ou il existe toujours, alors même qu'il n'est pas dans le domaine de la réalité perceptible, et alors évidemment le contenu numériquement le même de la perception peut en différents temps se produire dans notre conscience. Or l'hypothèse que ce contenu se produit de rien à chaque instant est absolument inadmissible, parce que toutes nos sensations sont dans une liaison mutuelle constante suivant des lois immuables. L'autre hypothèse n'est donc pas seulement exacte, contrairement à l'opinion de Mill, mais elle est la seule admissible. Cependant Mill enseigne lui-même que les *possibilités de sensations* sont permanentes et communes à tous les hommes. Or que peut-on entendre par « possibilités de sensations » si ce n'est ou une cause de ces sensations ou la présence du contenu des perceptions elles-mêmes dans une autre sorte d'existence non perceptible? Mais Mill ne voulait pas considérer les corps qui sont d'après sa définition des possibilités de sensations comme des causes de sensations, c'est-à-dire comme des choses extérieures réelles — et en cela il avait parfaitement raison. Il devait donc, pour être logique, entendre par possibilités de sensations une manière d'être du contenu même des perceptions.

C'est là aussi le sens que les mots possibilité, puissance et autres semblables peuvent avoir. Par *possibilité* on conçoit généralement quelque chose de différent de la *réalité*, qui contient de quelque façon le fondement de la réalité. Mais c'est par une confusion du concept qui se forme ainsi que l'on prend la réalité donnée et connue pour la réalité *par excellence*. Tout ce qui existe d'une manière quelconque est réel *ipso facto*. Sous la « possibilité » d'un contenu réel on ne peut donc pas entendre autre chose qu'une existence réelle de ce contenu, mais d'une sorte différente de la manière d'être perçue, connue. Le même contenu donné qui se présente divisé dans notre perception comme une pluralité de phénomènes particuliers, existe hors de la perception dans une liaison mutuelle du divers et reste, même quand il est perçu, dans sa liaison primitive du côté opposé à la perception. Cette liaison ne peut se manifester dans la perception que d'une façon indirecte, à savoir par l'uniformité et la régularité dans la succession et la coexistence des éléments réels perçus. Cette existence cachée du contenu perçu en est la « possibilité », la « puissance », d'où il passe dans la « réalité » connue de nous, donnée dans notre perception, pour retourner ensuite à la première, et ce passage se répète constamment suivant des lois invariables. On voit par là combien on aurait tort de se représenter le principe agissant, liant, de la nature comme quelque chose d'individuel. Ce principe est plutôt le monde multiple des phénomènes donnés pris d'un autre côté de son être, où le multiple, ce qui est donné séparément dans la perception, est lié.

Nous avons donc là la vraie « Mère nature » du sein

fécond de laquelle sort la multitude des phénomènes donnés et à la place de laquelle on s'évertue si vainement à mettre la matière inerte et sans qualités. En tout cas, si l'on croit à l'existence réelle des corps, on doit entendre par *nature* en première ligne la matière, les corps. Mais une liaison interne entre les corps est, comme nous l'avons vu, inconcevable; l'hypothèse de forces, comme qualités des corps individuels, est contradictoire. Aussi voyons-nous que la conscience humaine ne s'est jamais contentée de la matière seule, n'a jamais pu supposer en elle la raison suffisante des phénomènes donnés. On s'est toujours vu forcé d'expliquer par un principe unique les vicissitudes et l'enchaînement des phénomènes. Et comme la pensée non critique a l'habitude de ne se mouvoir que dans les positions absolues, on a toujours considéré le principe supposé du changement et de l'enchaînement des phénomènes comme l'inconditionné. Ainsi se sont produites les théories théistes et cosmologiques. Et cette confusion du principe agissant de la nature avec l'inconditionné est l'erreur la plus grave que les hommes aient jamais commise.

Un fait a encore aidé à cette confusion, un fait dont l'étude offre en soi un grand intérêt. J'entends par là l'évidente finalité que présente la nature, la ressemblance que nous remarquons entre quelques-uns de ses effets et les actions conscientes de l'homme. Nous allons consacrer à l'étude de ce fait le chapitre suivant tout entier.

DIXIÈME CHAPITRE

CONSIDÉRATIONS TÉLÉOLOGIQUES

§ 1. D'un but extérieur de la nature.

Kant a déjà remarqué que la finalité *dans* la nature doit être absolument distinguée de la finalité de la nature elle-même, prise comme un tout. L'hypothèse de la première a, en général un fondement empirique, à savoir la ressemblance entre certains phénomènes, certains effets de la nature et les produits de l'activité humaine. Au contraire, la raison d'admettre un but que la nature elle-même se propose est essentiellement métaphysique.

Nous sommes portés à nous poser le problème d'une finalité de l'ensemble du monde, parce que le devenir, en général, est un état des choses qui ne se suffit pas à lui-même, et dont l'insuffisance s'affirme dans la nécessité même du changement. Un changement ne peut jamais venir de l'état normal, de l'ensoi des choses ; tout changement lui est parfaitement étranger. C'est la raison pour laquelle une cause première des changements est inconcevable, et pour laquelle on doit concevoir une régression des causes à l'infini. Mais il s'ensuit aussi que le devenir ne peut jamais avoir sa fin en lui-même, et que sa fin — autant qu'on peut parler d'une telle fin, — doit être hors de lui : car le changement est le symptôme d'un état qui ne peut rester tel qu'il est, qui a une tendance à se changer en un autre. La direction de cette tendance, qui montre le but ou la fin du devenir, va donc à d'autres états différents, c'est-à-dire à des états qui ne contiennent aucune raison de changer encore. La fin de tout devenir, s'il y en a une, devrait donc être un état des choses dans lequel tout devenir serait supprimé et détruit. Le but du devenir serait donc légitimement appelé la *fin* du devenir. Mais nous n'avons aucune raison d'admettre un but final du devenir, et pour le même motif que nous n'en admettons pas une cause première, à savoir que le devenir est étranger à l'être vrai des choses et ne peut avoir aucun lien avec lui. Précisément parce que le devenir n'a pas de commencement, il ne peut avoir ni fin ni terme ; il n'a pas commencé en vue d'une fin, parce qu'il n'a pas commencé. Si cependant la tendance au mouvement est une tendance des choses et des états à sortir d'eux-mêmes, on ne doit pas encore parler de but si ce n'est dans un autre sens que celui qu'on donne ordinairement à ce mot. J'ai traité ce sujet dans un opuscule intitulé : « De la fin de la Nature ». Je me bornerai ici à quelques explications.

Ce qui nous suggère surtout l'idée d'une fin, c'est le progrès, le développement des êtres vivants. Nous voyons que leurs premières espèces étaient extrêmement simples et que les suivantes se sont toujours compliquées, perfectionnées, jusqu'à ce que la nature eût atteint dans l'homme le dernier terme de sa puissance sur la terre. Car l'homme agit par des impulsions propres, indépendamment des causes extérieures. On comprend ainsi la signification de ce progrès vers la perfection.

Imperfection, comme on l'a montré dans la première Partie, ne signifie pas autre chose qu'*anomalie*. Cela même que la réalité donnée est un pur devenir et contient une tendance au changement, prouve, comme nous le savons, que cette réalité est anormale, n'a pas d'être vraiment propre, vraiment identique à lui-même. Or, il serait absurde de supposer que l'anormal et l'imparfait ont été formés en vue d'une fin quelconque : car ils ne devraient alors pas être autrement qu'ils ne sont, ils seraient le normal et le parfait. La réalité donnée n'a donc pas été formée, comme on le voit, pour servir à un but. Mais, d'un autre côté, dès que la réalité est telle que nous le voyons, c'est-à-dire anormale, elle a un but hors d'elle-même : car l'anormal, ce qui est déchu de la norme, tend naturellement à y revenir comme à sa propre et véritable essence. Aussi tend-il à sortir des limites de son individualité, à aller vers le divin, et dans cet effort pour réaliser le divin, la norme, se trouve le but de son être (1). Mais la fin que l'homme donne avec conscience à son être doit agir dès l'ori-

---

(1) On en trouvera la preuve dans le chapitre suivant intitulé : *De la nature et de l'unité du moi*.

gine dans la nature inconsciente et d'une manière latente, car nous voyons que la nature dans le développement des êtres vivants ne s'arrête pas avant d'avoir formé les hommes. En ce sens donc on peut parler d'une fin dans la nature, à la condition seulement d'exclure de cette idée tout anthropomorphisme et de ne rien accorder d'humain au principe naturel. Dans la conduite même de la nature, je montrerai la preuve qu'elle tend au plus haut développement de l'esprit.

§ 2. De la finalité interne de la nature.

Nous sommes disposés à voir de la finalité partout où se rencontre une liaison, une adaptation des choses qui n'a pas ou ne paraît pas avoir sa raison dans leur essence. Il n'est pas difficile de découvrir d'où vient cette disposition; car si la liaison des choses en question n'est pas, *ex hypothesi*, expliquée par elles, elle doit avoir sa raison hors d'elles. Mais nous ne pouvons pas concevoir comment une raison extérieure pourrait combiner ensemble plusieurs choses sans les avoir d'abord unies dans sa conscience. A cela s'ajoute le fait que le seul cas d'une telle adaptation dont nous connaissions la cause par l'expérience, est celui où nous-mêmes ou d'autres êtres semblables à nous, nous façonnons et combinons les choses. De là une disposition presque invincible à considérer tout ce qui ne paraît pas explicable par l'être des choses comme l'œuvre d'une intelligence qui les façonne.

Mais toute liaison est étrangère à l'essence des corps comme substances; en conséquence nous devrions voir dans toute loi de la nature l'ordonnance d'une cause intelligente en vue d'une fin. Déjà les lois mécaniques générales du mouvement, selon lesquelles la masse des corps sert comme mesure du mouvement et détermine le passage du mouvement d'un corps à l'autre, montrent dans les corps une manifeste relation des uns avec les autres, une adaptation mutuelle qui n'a pas son fondement dans l'être des corps eux-mêmes, c'est-à-dire qui ne peut être dérivée du concept de corps et qui lui est plutôt contradictoire. La finalité, sous la supposition précédente, se montre donc déjà dans les lois du mouvement. Elle se montre surtout dans la loi de la gravitation qui s'unit avec les lois du mouvement pour fonder le mécanisme céleste si admirablement en harmonie avec notre intelligence que l'homme l'a presque tout entière déduite *a priori*, suivant les lois mêmes de l'entendement : nous y découvrons comme une mathématique qui agit dans l'espace. Mais toutes les forces ou tous les agents de la nature montrent, bien qu'à un moindre degré de pureté, quelque chose d'analogue. Le son, la lumière, la chaleur sont des manifestations d'un mouvement vibratoire dont les lois peuvent se déduire *a priori* et révèlent partout une mesure, une détermination intérieure, et par suite des signes de l'intelligence ou d'un principe apparenté à l'intelligence. Dans le domaine de la chimie, on rencontre la loi étonnante des équivalents qui trahit une harmonie particulière, une véritable adaptation interne des substances. Ce domaine enfin qui est le moins favorable à la déduction, celui de la nature organique présente précisément la manifestation la plus frappante d'un principe apparenté à l'intelligence. Les signes de l'action de ce principe dans les lois physiques pâlissent en comparaison de cette manifestation. Là, en effet, elles sont disséminées dans la liaison générale des choses ; ici, au contraire, elles sont concentrées dans la liaison des parties d'un objet individuel. On voit donc dans les êtres organisés le gouvernement de la finalité et de la raison. Nous allons considérer l'une et l'autre.

La liaison des éléments dans un organisme est de telle sorte qu'il est absolument impossible d'en trouver la raison dans la nature des éléments mêmes.

D'abord on n'a jamais pu découvrir jusqu'à présent dans la nature inorganique les conditions sous lesquelles seules peut se produire la vie organique. La condition indispensable pour la production d'un nouvel organisme est, aussi loin que s'étend l'expérience, la présence d'une matière déjà organisée ou vivante qui possède la capacité de se nourrir, de se développer et de se reproduire. Mais, même si l'on avait découvert dans la nature organisée les conditions sous lesquelles la matière inorganique se change en matière organique — comme il faut bien l'admettre au moins pour les premiers organismes, — la différence entre organique et inorganique n'en serait pas affaiblie et elle resterait toujours fondamentale. On ne pourrait pas dériver et déduire la nature organique de l'inorganique. Nous connaissons bien les conditions matérielles dans lesquelles un être sentant et pensant se produit; mais pouvons-nous en aucune manière déduire sa nature de ces conditions? Évidemment non. Connaître les conditions dans lesquelles se produit un phénomène, ce n'est pas en connaître la raison suffisante.

En second lieu, la liaison des éléments dans un organisme ne peut pas être considérée comme fondée dans la nature de ces éléments, parce que le caractère principal du composé organique consiste dans le perpétuel échange de ces éléments. La forme seule dans l'organisme est permanente, ce dont sortent tous les effets organiques, tant au dedans qu'au dehors. La forme organique est ce qui conditionne l'assimilation des éléments extérieurs (la nutrition), chaque *species* ayant ses lois particulières, différant des autres par sa structure. Il appartient à la forme de l'impulsion intérieure de maintenir le rapport normal des fonctions et d'écarter les causes de troubles. La forme est aussi le principal facteur de la reproduction.

Si l'on entretient l'espérance de pouvoir un jour dériver des lois physiques et chimiques les lois de la vie organique, on s'abandonne à une crédulité qui est bien dans l'esprit de la tendance scientifique, mais qui n'est pas du tout scientifique. Il est sans doute inutile de prouver que l'hypothèse d'une force vitale spéciale est fausse et sans signification. Dans le monde des organismes n'agissent pas d'autres forces que les forces physiques et chimiques des éléments dont se composent ces organismes. De même, un organisme ne peut évidemment pas suspendre ou modifier les lois physiques ou chimiques. Les lois sont immuables, car elles ne signifient pas autre chose que l'immutabilité de certaines successions et coexistences de phénomènes. Mais le fait que dans les formes organiques l'action des forces et des lois de la nature est utilisée et gouvernée d'une manière qui n'a pas d'analogue dans la nature inorganique est tout aussi indubitable. On pourrait, avec autant de raison que pour les œuvres de la nature organique, se flatter de déduire des lois physiques des éléments les produits de l'industrie humaine. En effet, nous ne travaillons pas avec d'autres forces que celles des éléments et nous ne pourrions pas davantage en changer les lois. Serait-il exact pour cela de dire que la production des effets de notre travail s'explique par les seules lois de la matière? (1)

Nous n'avons aucune raison de voir dans le monde organique la manifestation d'un *Principe spécial* qui se distingue du principe général de la nature; mais nous devons nécessairement reconnaître dans la nature organique une manifestation particulière de ce principe qui se distingue spécifiquement de toutes ses autres manifestations. Le principe agissant est dans la nature organique et dans la nature inorganique le même, mais sa façon d'agir ici et là n'est pas la même. Affirmer le

(1) Claude Bernard qui a le plus contribué à ramener les phénomènes biologiques aux lois physiques et chimiques et à discréditer l'hypothèse d'une force vitale, a cependant toujours exprimé la conviction que l'action du principe d'organisation et de formation dans l'organisme ne peut s'expliquer par la physique et la chimie. Voyez par exemple comment une plante, de la même sève que lui apportent les racines, façonne les choses les plus différentes, rameaux, feuilles, fruits, etc., qui, elles-mêmes, sont composées des éléments, cellules et vaisseaux, les plus divers. Comment l'expliquer par les seules lois physiques et chimiques?

contraire, c'est simplement nier les faits, et que l'on soit dans ce cas-là disposé à s'insurger contre les faits, c'est la suite d'un malentendu que nous devons chercher à éclaircir.

L'effort pour expliquer mécaniquement les formations organiques a trouvé dans la doctrine de Darwin son expression la plus parfaite. Aussi est-ce surtout au point de vue de cette doctrine que nous allons nous placer.

§ 3. Remarques sur la doctrine de Darwin.

Ce qui frappe d'abord c'est l'émotion, l'intérêt passionné que la théorie de Darwin a provoqué dans les cercles scientifiques. La découverte de la loi de la conservation de la force a fait beaucoup moins de bruit, et cependant elle a une importance scientifique égale ou même supérieure à celle de Darwin. C'est qu'il ne s'agissait pas seulement ici de l'intérêt scientifique, mais d'autres intérêts très chers au cœur humain. Pour les partisans, en effet, comme pour les adversaires de la doctrine, elle décidait de la façon d'entendre le monde et surtout les questions religieuses. Quiconque regarde Dieu comme un principe agissant à la manière de l'homme, devait voir dans la doctrine de Darwin une attaque vigoureuse contre sa religion; mais cette doctrine n'a rien à faire avec la religion bien comprise, pas plus qu'avec une exacte théorie philosophique de la nature des choses : quand elle serait vraie, elle ne pourrait en aucune manière leur être opposée, comme elle ne leur serait d'aucun secours.

Il y a deux erreurs généralement répandues qui ont conféré à la doctrine en question une signification décisive, bien qu'en fait elle ne l'ait pas. D'abord on ne remarque pas que cette doctrine, comme toute théorie scientifique, ou plus exactement comme toute théorie se rapportant aux corps, n'a qu'une valeur purement conditionnée, empirique : car à notre idée des corps ne répondent pas, comme on l'a amplement montré, des choses réelles hors de nous, mais seulement une organisation réellement présente en nous de nos sensations. En second lieu, on ne comprend pas que l'inconditionné, que Dieu n'est pas la raison suffisante du monde, n'est pas un principe agissant, et que la religion, par conséquent, n'a point à s'occuper de la solution des questions scientifiques. Celui-là seul qui aura bien saisi ces deux points, pourra assigner à la doctrine de Darwin sa vraie place.

Quand même on aurait réussi à dériver des qualités et des lois de la matière inorganique la multitude et le développement des formes organiques, la science ne serait toujours pas devenue une métaphysique, c'est-à-dire qu'elle n'aurait pas encore une vérité et une valeur inconditionnées. La preuve en est toujours dans la contradiction fondamentale qu'impliquent toutes les théories scientifiques : c'est la contradiction entre le concept de corps qui exige que le corps soit parfaitement exempt de toute relativité et le contenu réel de la science qui ne présente que les relations des corps. La loi même la plus élémentaire de l'action mécanique par choc et pression suppose, comme je l'ai fait voir, une organisation mutuelle des corps tout à fait inconciliable avec leur concept, et par conséquent tout à fait contradictoire en vérité. Il s'ensuit que toute tentative heureuse de ramener les phénomènes naturels aux actions mécaniques, est un gain réel pour la science, mais que l'impossibilité de cette réduction dans certains cas (par exemple pour les formes organiques) ne change rien aux faits fondamentaux.

Les sensations constituent le contenu réel de l'expérience et elles ont un côté soustrait à la perception, où elles s'associent entre elles; mais la forme générale de notre expérience consiste en ce que dans son contenu nous reconnaissons un monde de corps dans l'espace et les lois de l'expérience sont en fait conformes à cette connaissance. Les corps d'après leur concept ne peuvent pas avoir entre eux de connexion interne, et n'ont pas, comme les sensations, un côté de leur être soustrait à notre perception. Voici ce qui en résulte : en réalité, la raison d'un phénomène donné n'est pas seulement dans ses causes ou conditions données, mais aussi dans le côté de la nature soustrait à la perception, par lequel les phénomènes sont liés entre eux et que l'on appelle force. Mais, en tant que la nature est connue comme un monde des corps, on ne doit pas admettre, comme nous l'avons vu, qu'il y ait en elle aucun côté soustrait à la perception, aucune force produisant une combinaison : on doit considérer toute force comme une qualité du mouvement même et chercher la raison suffisante du phénomène donné dans les mouvements antérieurs eux-mêmes, c'est-à-dire en essayer une explication mécanique. On voit donc que la science a l'obligation, il est vrai, de poursuivre partout l'explication mécanique des phénomènes, mais qu'elle ne peut remplir entièrement cette obligation : que la raison des phénomènes n'est jamais, en vérité, dans les objets donnés dont on ne saisit que les qualités et les états, mais doit être supposée aussi résider dans le côté de la nature qui échappe à la perception. Aussi n'avons-nous aucun motif raisonnable de nous défendre contre la reconnaissance de la force ou d'une expression particulière donnée de la force.

C'est seulement à ce point de vue qu'est possible l'intelligence impartiale des données de l'expérience et, en particulier, des formes organiques. C'est aussi à ce point de vue que nous allons brièvement examiner les prétentions et les mérites de la doctrine de Darwin.

Quand on demande : « Qu'y a-t-il de plus vraisemblable : que les organismes sortent de ceux qui sont immédiatement inférieurs, ou qu'ils sortent directement d'éléments inorganiques ? » tout homme non prévenu répondra naturellement que la première hypothèse est la plus vraisemblable, ou même qu'elle est seule vraisemblable. En ce sens, tout homme non prévenu est nécessairement darwinien ou évolutionniste (1). En outre, la lutte des organismes pour la vie et la sélection naturelle qui en résulte sont des faits indiscutables que Darwin a eu la gloire de constater ou de découvrir. Mais si les partisans enthousiastes de sa doctrine croient que toute la multitude des formes organiques s'est produite exclusivement par sélection, adaptation et transmission héréditaire, un homme non prévenu ne pourra que hocher la tête. Que prétendent, en effet, ces disciples de Darwin ? Tout simplement que la multitude des êtres organiques ont leur origine et leur raison d'être dans des conditions extérieures, étrangères aux organismes eux-mêmes et accidentelles. Tout changement de forme devrait donc être produit par des causes extérieures, et les organismes devraient avoir en propre uniquement le pouvoir de transmettre à leurs descendants cette modification accidentelle. Aucun homme sans préjugé ne consentira, même au premier coup d'œil, à l'admettre. Vouloir déduire d'un bathybius par des adaptations successives toute la série des organismes, c'est simplement faire quelque chose de rien.

Il est donc évidemment clair que les êtres organisés doivent déjà posséder une certaine mesure de développement intérieur et assez importante, de façon à ce qu'une nouvelle différenciation de leurs organes leur soit avantageuse dans la

---

(1) Il est difficile de concevoir ce que prétendent les partisans de la théorie de la création, opposée à celle de l'évolution. La Bible nous donne, il est vrai, un tableau très clair de la création par Dieu des choses en général et de l'homme en particulier. Mais actuellement personne n'admet que Dieu ait, de sa propre main, formé l'homme de limon, et qu'il lui ait insufflé la vie. De plus, celui qui admet que Dieu lui-même agit sur la terre doit accorder que Dieu ne se laisse jamais voir à l'œuvre et qu'il a organisé les choses de telle sorte que les éléments paraissent se mouvoir d'eux-mêmes. Les défenseurs de la création affirment donc que des matières inorganiques de différentes natures se sont un jour combinées pour former un organisme supérieur achevé, bien plus, un homme achevé ! C'est pousser bien loin la crédulité.

lutte pour la vie. Comment une simple cellule ou encore un plasma amorphe pourrait gagner quelque chose pour sa conservation à une complication de sa structure, il est impossible de le voir. Car le simple a évidemment plus de chances de se conserver que le compliqué qui est déjà fait de parties plus simples et dépend ainsi de la conservation et de la liaison de ces parties. Et en ce qui concerne les organismes supérieurs, combien de fois n'a-t-on pas démontré ou qu'ils n'ont rien à voir avec la lutte pour l'existence et la sélection ou que les effets leur en sont contraires !

Les gens de bon sens seront donc unanimes à admettre que l'on doit reconnaître dans les organismes eux-mêmes une force naturelle d'organisation et de développement, mais qui est déterminée et guidée dans ses effets par la lutte pour la vie et la sélection qui en résulte. On ne doit pas voir dans cette impulsion, je le répète encore, un principe particulier, différent du principe général de la nature, mais seulement une expression particulière de ce principe dont la manifestation doit être liée à certaines conditions données dans le monde inorganique lui-même. Il est inutile d'espérer que l'on découvrira un jour les conditions sous lesquelles les formes organiques peuvent sortir d'éléments inorganiques. Mais en supposant même qu'on les découvrît, il ne serait toujours pas possible de déduire ces formes d'éléments matériels dont la nature permettrait de les expliquer. Car on ne doit pas, comme nous l'avons déjà montré, confondre les conditions ou les causes d'un phénomène avec sa raison suffisante. Les causes d'un phénomène en sont simplement les antécédents invariables. Une véritable explication des formes organiques serait l'œuvre des mathématiciens et consisterait à découvrir un mouvement des atomes tel qu'il permettrait de voir, par voie déductive selon les lois mécaniques, comment il peut produire la forme d'un être vivant avec tous ses organes, toutes ses fonctions et l'ordre donné de ses phénomènes. On peut bien dire sans exagération que cette tâche ne sera jamais remplie. Car les lois mécaniques, comme on l'a vu plus haut, n'ont de valeur qu'autant que les corps sont inertes et que leurs mouvements, leurs directions et leurs vitesses sont en soi indifférents. Les formes organiques montrent au contraire un concours si étonnant d'éléments multiples vers un seul but qu'on dirait que ces éléments se sont donné la tâche de poursuivre, en effet, le même but.

Si maintenant les résultats positifs de la doctrine de Darwin, et en général de toute explication mécanique de la nature, ne sont pas à la hauteur de leurs prétentions, leurs résultats négatifs, du moins, en tant que réfutation de la téléologie, sont exacts et dignes de considération. S'il est vrai que la doctrine de Darwin n'a pas réussi à escamoter, en quelque sorte, les signes d'un principe formateur et ordonnateur dans la nature, qui montre une parenté incontestable avec la raison ou l'intelligence, elle a bien prouvé, d'autre part, qu'il n'y a pas trace de finalité consciente dans les effets de ce principe, qu'il s'accommode sans volonté aux circonstances extérieures et se laisse déterminer par elles.

Le grand service spéculatif de la doctrine de Darwin consiste avant tout en ce qu'il a attiré l'attention sur les voies et moyens employés par la nature dans la formation des êtres organisés en général. En y regardant de plus près, on a vu que l'action de la nature dans toute adaptation de moyens à fins ne trahit cependant aucune intention consciente. Il se produit en effet beaucoup de phénomènes contraires au but supposé et la nature atteint sa fin par des moyens que ne choisirait jamais un être agissant avec réflexion.

Mais alors où est le vrai, demandera-t-on, dans le mécanisme ou dans la téléologie? Ni ici ni là. En ce qui concerne l'explication mécanique de la nature, j'en ai fait voir la valeur

Fac. de Lille. Tome V. 29.

et les limites; je vais maintenant examiner l'opinion téléologique, qui croit apercevoir dans la nature l'action d'un principe intelligent.

§ 4. Fausseté de l'argument téléologique.

Il importe ici de comprendre que le principe agissant de la nature est, non pas *semblable*, mais *apparenté* à la raison ou à l'intelligence en nous. Cette différence est essentielle et elle est assez difficile à saisir. Je vais donc chercher à l'éclaircir le mieux possible.

La similitude d'essence de plusieurs objets est, en règle générale, le signe de leur commune origine et, par suite, de leur parenté: aussi en est-on venu, grâce à l'association des idées, à considérer la parenté et la similitude comme absolument inséparables. On conclut donc avec la plus parfaite confiance de la ressemblance des effets à la ressemblance des causes, et l'on a peine à concevoir qu'il puisse s'élever la moindre objection. Cependant l'expérience elle-même nous montre en foule des cas de parenté *sans* ressemblance. Par exemple, rien ne peut être moins semblable que le mâle et la femelle de certaines espèces, et ils sont parents cependant, ils ont une commune origine. Quoi de plus différent que la chenille et le papillon qui en sort? Et cependant ils sont plus que parents, ils sont un seul et même individu considéré à deux moments de son développement. La nature inorganique nous offre, elle aussi, des cas semblables. Il y a notamment diverses sortes de combinaisons chimiques, faites des mêmes éléments, mais en proportions différentes, qui sont donc apparentées, mais n'ont entre elles aucune ressemblance. Il peut donc y avoir parenté sans ressemblance, et c'est assez pour ruiner les arguments téléologiques.

L'exposition la plus remarquable, à ma connaissance, des arguments téléologiques est celle de Stuart Mill dans son étude sur le théisme, et je vais la citer comme le modèle d'une argumentation téléologique.

Conclure des effets produits en vue d'une fin, comme de la structure de l'œil, à une cause intelligente, c'est, dit Stuart Mill, une induction légitime selon la méthode dite de concordance, et qui peut être analysée logiquement comme il suit :

« Les parties qui composent l'œil et les collocations qui constituent l'ordre de ces parties se ressemblent en cette très remarquable qualité, qu'elles contribuent toutes à rendre pour l'animal la vue possible. L'animal voit parce que ces choses sont ce qu'elles sont. Si l'une d'elles était autrement, il n'y verrait plus ou verrait moins bien (1). Et c'est là une admirable concordance que nous trouvons spécialement entre les parties des yeux. Mais la combinaison particulière des éléments organiques que nous appelons un œil a eu dans chaque cas individuel un commencement dans le temps et, par conséquent, a dû être produite par une ou plusieurs causes. Le nombre des cas est infiniment plus grand qu'il ne faudrait, d'après les lois logiques de l'induction, pour faire conclure à une rencontre accidentelle de causes indépendantes ou, pour employer l'expression technique, pour éliminer le hasard. Nous sommes donc autorisés par les principes de l'induction à conclure que ce qui a uni tous ces éléments doit être une cause commune à tous. Et comme ces éléments s'accordent en ceci seulement qu'ils rendent possible la vision par leur action commune, il doit y avoir un lien causal quelconque entre la cause qui a réuni ces éléments et le fait de voir..... Or, la vision, puisqu'elle ne précède pas, mais suit, au contraire, la combinaison des éléments organiques dans un œil ne doit pas se trouver en rapport avec la formation de l'œil en tant que

---

(1) Cette affirmation n'est pas tout à fait exacte, car la structure même de l'œil de l'homme a plusieurs imperfections ou défauts. V. à ce sujet les travaux de Helmholtz.

cause efficiente, mais en tant que cause finale. En d'autres termes, ce n'est pas la vision elle-même, mais une idée préexistante de la vision qui doit être la cause efficiente de l'œil. Il faut donc en constater l'origine dans une volonté intelligente » (Essais sur la Religion, 1875, p. 170-172).

Il n'y a qu'un fait, mais d'une importance capitale, dont Mill n'a pas tenu compte. L'argument téléologique serait, il est vrai, parfaitement valable, *si le principe agissant de la nature était une cause dans le sens où l'homme ou en général une chose individuelle est une cause*, mais ce n'est pas du tout le cas. Le principe agissant de la nature est, comme on l'a vu, non pas une cause individuelle, mais le substratum général de tout rapport causal, le lien qui unit les causes avec leurs effets et qui rend possible leur causalité. Aucune chose individuelle ne peut être cause autrement que par l'intermédiaire de ce substrat universel ou de ce lien. Dès qu'on l'a compris, il est clair que tout raisonnement de la ressemblance du principe général agissant avec n'importe quelle cause individuelle est nécessairement faux, et en particulier le raisonnement de l'intentionnalité dans l'effet du principe agissant à la présence d'idées en lui.

L'essence d'une idée comme telle consiste, ainsi que je l'ai suffisamment montré, en ce qu'elle se rapporte essentiellement à un objet extérieur à elle-même, en ce qu'elle attribue son contenu à des objets ou l'affirme de tels objets. Par finalité, on entend causalité conformément à des idées. Un but est ce qui existe d'abord dans l'idée et seulement ensuite, en conséquence, dans la réalité, mais il faut pour cela que l'idée du but et les objets dans lesquels il est réalisé soient *extérieurs l'un à l'autre*. Si un artiste choisit différents matériaux, les élabore comme il convient et en compose une horloge, c'est là un effet de finalité et la réalisation d'un but conscient, car il faut que l'artiste ait eu d'abord l'idée des matériaux et de leur disposition en vue d'un but déterminé. Mais si la force façonnante est inhérente aux matériaux eux-mêmes, alors manque le trait essentiel et caractéristique de l'idée, à savoir le rapport particulier à un objet extérieur, et c'est précisément le cas pour le principe agissant de la nature. Si l'on devait croire à l'existence réelle des corps, on devrait alors chercher toute adaptation et toute liaison du divers que présente la nature — car loin de pouvoir être fondées dans l'essence du corps même, elles sont contradictoires à leur concept, — dans une raison extérieure à la nature et l'on ne pourrait alors les concevoir que comme un effet de l'intelligence. Mais j'ai déjà montré dans la première Partie que l'hypothèse d'une raison extérieure au monde, d'une finalité dans la nature est en soi contradictoire, et un peu plus haut j'ai montré à l'évidence que les corps de notre expérience n'existent vraiment pas. En réalité, tout dans le monde se tient dans une liaison intérieure et l'on ne doit pas attribuer à cette liaison intérieure, à ce principe liant des choses une ressemblance avec les choses individuelles.

§ 5. Du Logos qui régit le monde.

Mais, dira-t-on, que signifie une si frappante ressemblance de certains phénomènes de la nature avec les produits de l'intelligence, que signifient ces signes évidents d'une raison ordonnatrice et formatrice, surtout dans le monde organique? Ne peut-on pas conclure dans une certaine mesure de la nature des effets à celle de la cause, si celle-ci n'est pas cause au sens ordinaire du mot?

On peut fort bien et très légitimement conclure ; mais on doit dans ce cas conclure de la ressemblance des effets, non à une ressemblance, mais à une simple parenté des causes. C'est ainsi que du fait que le charbon et le diamant en brûlant donnent tous deux de l'acide carbonique, on conclut à la parenté de ces deux corps, bien que le charbon et le diamant ne montrent l'un et l'autre aucune ressemblance dans leurs qualités physiques. Or, nous allons voir ce que signifie la parenté du principe agissant de la nature et de l'intelligence en nous.

Le général, comme on le sait, est ce qui est commun à un grand nombre d'objets individuels et l'on peut l'entendre en deux sens : 1° une qualité qui se trouve dans beaucoup de choses, ou 2° une chose qui lie entre elles plusieurs choses. Par exemple la couleur est une qualité générale des corps parce qu'on la rencontre dans tous les corps. La gravitation est aussi une qualité générale des corps, non seulement parce qu'elle se trouve en tous, mais aussi parce qu'elle les unit les uns aux autres. Le général qui se trouve ainsi dans beaucoup d'objets ne peut naturellement pas être quelque chose d'individuel, ne peut exister en dehors de ces objets. Le principe agissant de la nature, principe général, est de cette sorte, comme je l'ai déjà montré dans le chapitre précédent.

Mais un individu peut aussi être quelque chose de général, seulement d'une tout autre façon, — non pas qu'il soit dans beaucoup d'objets, mais parce qu'il en contient beaucoup dans son idée. Notre pensée ou notre conscience est évidemment le général en ce sens. Elle conçoit le monde entier, en aperçoit tous les rapports et en cherche les raisons. Aussi a-t-on bien fait d'appeler l'homme un microcosme ; car il porte en lui tout un monde, bien que ce soit idéalement.

Or, si tout, dans le monde de l'expérience, a une origine commune, il est clair que le général réel dans le macrocosme doit être *apparenté* au général idéal, c'est-à-dire à la pensée ou à la raison en nous, et se manifester par des effets semblables ; car ce sont là deux formes différentes d'un seul et même principe. Il doit donc nous sembler naturel que la conscience humaine ait depuis longtemps aperçu cette parenté qu'elle soutient avec le principe agissant de la nature et qu'elle l'ait prise par exagération pour une ressemblance essentielle.

Il n'y a cependant pas entre eux une ressemblance d'essence, comme le prouve déjà la différence de leur manière d'être. Ce qui caractérise essentiellement notre nature individuelle, c'est la distinction entre un sujet et un objet de la connaissance, c'est-à-dire entre des idées, d'une part, et, d'autre part, des sentiments et des volitions qui correspondent à ces sentiments. Mais dans le principe agissant de la nature on ne rencontre absolument rien de cette distinction, de cette opposition. Nous ne devons donc pas parler de sentiments, d'idées et de volitions quand il s'agit de la nature; car de telles expressions ne pourraient que nous faire raisonner sur de fausses analogies. On peut dire, il est vrai, que l'intensité et l'effort dans le principe général, ce que surtout l'on appelle force, correspond à la volonté en nous, et qu'au contraire ce qui forme, ce qui ordonne, ce qui se manifeste dans la régularité des choses et des phénomènes, répond à la pensée et à la raison en nous. Mais dans la nature il ne faut pas séparer ces deux choses. L'effort n'a pas une source particulière, comme en nous les sentiments sont une source particulière de la volonté : c'est quelque chose d'inhérent au devenir lui-même, le pouvoir pour ce dernier même de persister. La différence entre l'effort (la volonté) et le formateur (l'idée) que nous trouvons en nous, n'a rien à faire ici. Aussi n'y a-t-il pas de ressemblance entre l'effort dans la nature et notre volonté, entre le principe formateur et nos idées.

Mais c'est là une erreur si profondément enracinée qu'il faut y insister encore un peu. Il paraît évident à beaucoup d'entre nous que ce qui produit des effets de finalité doit agir en vue d'une fin, que ce qui produit un être intelligent doit être intelligent. Cette théorie soi-disant évidente n'a d'autre fondement que l'idée, de bonne heure imprimée dans les esprits, d'un Créateur qui a fait tout de rien, ou, pour parler en général, elle vient de ce que l'on transporte sans critique et sans distinction notre propre manière d'agir à toute action. En réalité, cette façon de penser ne trouve dans l'expérience aucune confirmation ; comme l'expérience le fait voir, ce qui produit n'est pas nécessairement semblable à son produit. De la graine sort la plante, de l'œuf l'animal, et il n'y a pas de ressemblance entre la graine et la plante, l'œuf et l'animal. En thèse générale, dès que l'on sait que rien ne sort de rien, mais que tout conséquent vient d'un antécédent, on conçoit qu'entre le conséquent et l'antécédent, l'effet et la cause il n'est pas nécessaire qu'il y ait de la ressemblance. Au contraire, ils doivent être différents, autrement il n'y aurait pas de succession, la même chose durerait toujours. Soit, dira-t-on, pour les causes physiques, qui conditionnent seulement les effets, mais ce n'est pas vrai des causes qui produisent proprement les effets, et ce n'est pas vrai, par conséquent, pour le principe agissant de la nature, car une cause ne peut pas produire ce qu'elle n'a pas elle-même. Mais qu'est-ce que le principe agissant de la nature ? pas autre chose que la nature elle-même du côté de son être qui est soustrait à notre perception, du côté où est lié ce qui est donné séparément dans la perception. La nature, en effet, a deux côtés, le côté de l'unité et celui de la diversité. Admettre que le côté de l'unité, c'est-à-dire le principe agissant de la nature, soit semblable à nous, ce serait dire que les deux côtés sont semblables, ne diffèrent pas. Cette hypothèse, comme on le voit, non seulement n'est pas évidente par elle-même, mais elle est au contraire évidemment insoutenable. Ce qui produit des effets de finalité n'a donc pas nécessairement besoin d'agir en vue d'une fin, ni ce qui produit un être intelligent d'être un être intelligent. Le producteur et le produit appartiennent plutôt à deux côtés différents de la nature entre lesquels on ne peut admettre aucune ressemblance essentielle.

Si nous renonçons à la tendance erronée de chercher dans

le principe agissant de la nature des analogies avec notre propre être, et si nous concevons de préférence le rapport de l'un et de l'autre comme un rapport de parenté, nous voyons que le général en nous et le général dans la nature sont en opposition l'un avec l'autre. Le principe agissant, formateur et ordonnateur de la nature nous reste toujours caché, parce qu'il ne peut pas être un objet de perception ou d'intuition. Mais nous concevons cependant pourquoi la nature dans son action est un simple mécanisme, sans intention et sans conscience, et montre partout, malgré cela, un plan régulier, un ordre harmonieux, une disposition artistique des choses, en un mot une ressemblance avec l'action d'une intelligence. Le fait n'est pas plus étonnant que de voir le sujet qui s'apparaît à lui-même comme un point imperceptible dans l'infinité du monde, être cependant une condition indispensable pour l'existence de ce monde même, et le sujet ou la totalité des sujets être le support du monde connu. Il nous semblera tout naturel que le sujet le plus élevé, l'homme, soit comme un second créateur de la nature, la transformant conformément à son but. Mais les considérations les plus intéressantes sur la nature des choses que cette hypothèse nous permette sont certainement celles que nous allons présenter.

Si nous admettons que chacun des sujets connaissants représente le principe agissant de la nature, tel qu'il paraît condensé et concentré en un individu, nous pouvons remarquer un passage graduel du général réel, objectif, qui ne possède aucune trace d'individualité, à l'individualité la plus développée dans l'homme, qui est en même temps l'expression la plus haute du général de l'autre sorte, c'est-à-dire du général idéal.

Dans la nature inorganique et ses lois, le principe agissant manifeste encore la généralité la plus pure. Il ne s'y montre pas encore comme le principe d'une chose particulière, mais comme l'élément liant toutes les choses en général. Les atomes inorganiques en effet n'ont aucune individualité, aucune nature propre. Un atome de soufre ou de houille ne se distingue en rien d'un autre atome de soufre ou de houille, si ce n'est qu'il n'occupe pas le même lieu. La nature générale de la matière est encore ici toute en tous. Mais le premier degré dans le passage du principe agissant à la concentration et à l'individuation, nous le voyons déjà dans les corps organiques sans âme. Le corps organique est déjà un fait d'une espèce toute individuelle. Le principe agissant s'y montre, non seulement en tant que fondement des rapports généraux des choses, mais aussi en tant que principe déterminant comme telle l'individualité d'une chose particulière ou, si l'on veut s'exprimer ainsi, formant son âme. Les tendances et les fonctions des corps organiques ne sont toujours encore que de simples expressions du principe agissant de la nature, mais il apparaît ici comme l'intérieur d'une chose particulière. On voit dans les corps organiques une relation à d'autres choses (à le prendre seulement *comme organique*, car ce même corps, ainsi que la matière en général, est tout à fait soumis aux lois universelles qui manifestent la relativité des choses), mais uniquement en tant qu'elles sont les conditions nécessaires de son existence et doivent servir à la conservation de celle-ci. Un organisme a ainsi son centre en lui-même, et c'est pourquoi on l'a appelé avec raison une fin en soi.

Le degré suivant dans la concentration et l'individuation du général est plus particulier et plus significatif. C'est celui où le général apparaît comme sujet et d'abord, au plus bas degré de l'animalité, comme simple sentiment de plaisir et de déplaisir. Ici paraît vraiment pour la première fois l'individualité. Tandis que l'animal sent son état (comme plaisir ou douleur), il possède quelque chose qui lui est exclusivement propre, un *soi-même* qui manque aux corps. L'état (le mouvement) d'un corps n'est pas, comme on l'a montré, propre à ce corps et peut être, par choc ou pression, transféré à un autre corps. Un tel transfert est absolument inconcevable pour un sentiment, parce que celui-ci est un état qui appartient en propre au sentant. Les actions d'un animal inférieur, il est vrai, sont encore purement mécaniques, se font sans intention et sans conscience et ne se distinguent des actes purement réflexes qu'en tant que le sentiment leur sert de moyen. A mesure que nous nous élevons dans la série animale, nous trouvons un développement croissant de l'individualité qui va pas à pas avec le cercle de la connaissance qu'une bête peut avoir, c'est-à-dire avec l'étendue progressive de son horizon, avec l'extension de sa généralité idéale. Les animaux, à l'exception de l'homme, sont encore entièrement dans la dépendance de la nature. La nature ne leur assigne pas seulement le but de leur activité, mais aussi, pour la plus grande partie, la manière de l'atteindre. Le principe général est encore pour la plus grande part ce qui sait, ce qui veut et ce qui agit dans l'animal. C'est lui qui les dirige dans la recherche et le choix de leur nourriture, dans leurs amours et les soins à donner à leurs petits. Il apprend à l'oiseau à bâtir son nid avec la perfection que l'on sait, aux abeilles à former leurs cellules, aux insectes à pondre leurs œufs dans les endroits les plus convenables; il donne à tous en général la direction la meilleure pour la conservation de l'individu ou de l'espèce. On sait que certains animaux préparent des choses dont ils ne peuvent avoir aucune expérience et poursuivent des fins dont ils ne peuvent avoir aucune idée. Ce gouvernement du principe général sur la conduite des animaux est ce que l'on appelle leur instinct (1). Mais l'instinct ne détermine pas les actions

---

(1) Je dois mentionner ici la doctrine d'après laquelle l'instinct est une conséquence de l'expérience acquise. Il en est de cette doctrine comme de celle de Darwin en général ; elle a quelque chose de vrai, mais elle est bien loin de rendre compte de tous les faits. Si les animaux doivent se préoccuper

jusque dans les plus petits détails. Beaucoup de choses sont laissées à la propre expérience, à la réflexion des animaux, et cela d'autant plus qu'ils sont plus élevés dans l'ordre de l'individualité, c'est-à-dire à mesure qu'ils ont réuni plus d'expériences et qu'ils sont plus capables d'en disposer. Sans doute il n'est pas toujours facile de dire combien d'actions sont dues au pur instinct et combien à quelque réflexion propre. Nous voyons ainsi une libération progressive de l'individu vis-à-vis du général réel, objectif, qui est parallèle au développement d'une généralisation subjective, idéale, c'est-à-dire l'élargissement de son horizon spirituel ou de son champ de vision.

Chez l'homme, ce développement progressif atteint son plus haut degré. Ici se présente quelque chose de tout à fait particulier, de tout à fait nouveau, que l'on ne trouve pas même ébauché dans l'animal. L'homme possède en effet un cercle de vision plus étendu, non seulement en ce sens qu'il connaît plus de choses que l'animal, mais encore en ce sens essentiel qu'il a conscience *du général comme tel*, c'est-à-dire des lois et des genres des choses. Ici le sujet se présente franchement comme quelque chose de général (idéalement), et c'est là-dessus précisément que repose la personnalité incomparablement plus marquée de son individualité, sa plus grande indépendance vis-à-vis du principe agissant de la nature et de ses lois. Oui, l'homme arrive enfin à ce résultat de soumettre à l'examen la loi fondamentale de tout être vivant, qui forme aussi le fondement de sa propre individualité, à savoir l'égoïsme, et à douter de la valeur de l'individualité elle-même. Et plus un homme s'affranchit des liens de l'individualité et de ses conditions, plus il s'élargit dans le sens du général, plus il

---

eux-mêmes de satisfaire leurs besoins, il est bien évident qu'ils n'auraient pu exister et acquérir quelque expérience sans le secours d'instincts antérieurs. A moins d'admettre que les besoins eux-mêmes des animaux soient acquis. Mais on ne pourrait le soutenir sans rire.

se développe et se personnifie comme individu, plus aussi il s'affranchit vis-à-vis de la nature. Le plus haut développement de la personnalité serait atteint dans l'homme seulement qui unirait en lui la connaissance la plus générale, la plus complète des choses avec la plus large sympathie et l'indépendance la plus entière vis-à-vis des impulsions de sa nature empirique.

Mais ce développement suprême de l'individualité suppose déjà un principe qui est tout à fait différent du principe général agissant de la nature. Car il consiste précisément en cela que l'homme se transforme et devient d'un être naturel un être moral, qu'il s'affranchit de la servitude à l'égard de la nature, qu'il n'obéit plus aux impulsions naturelles, mais à des lois plus hautes, qu'il conforme sa pensée à des normes logiques le plus pures possibles, sa volonté et ses actions à des normes morales.

Jusqu'à présent nous avons considéré seulement la *parenté* du principe agissant avec notre propre nature. Mais nous ne devons pas négliger ce qu'il y a dans ce principe d'*étranger* à notre être propre. Ce principe en effet n'est apparenté qu'à notre être *empirique*; au contraire il est étranger au vrai fond de notre être et de l'être des choses en général. Ce qu'il y a d'étranger, de suspect dans le principe de la nature se montre avant tout en ceci, qu'il est la source de tout mal ou qu'il contient la raison des lois en vertu desquelles le mal peut se produire dans le monde. Déjà la loi fondamentale de tout être vivant, qui fait le fondement de toute individualité, l'égoïsme, pousse nécessairement à la lutte pour les conditions d'existence, et elle est ainsi une source nécessaire et inépuisable de maux. La méchanceté du *logos* naturel se manifeste dans cette loi cruelle que les êtres vivants servent à la nourriture les uns des autres. Par là le mal apparaît comme partie intégrante de l'ordre des choses, et non comme la suite accidentelle de l'exercice des lois. Par là ces lois contredisent au plus haut degré notre raison, et toute tentative pour les justifier aux yeux de cette raison n'est que par verbiage qui a son origine dans quelque hypothèse préconçue, insoutenable. C'est en particulier l'hypothèse que le principe agissant de la nature, le *logos* qui se manifeste en lui, est identique avec l'inconditionné qui en vertu du concept *a priori* doit être conçu comme le bien et la perfection mêmes, comme le divin. De cette identification résultent les contradictions les plus évidentes et les plus impossibles à détruire du théisme et du panthéisme.

Mais bien que le principe agissant de la nature ne soit rien moins que divin, nous pouvons cependant constater dans ses procédés une tendance vers le divin, vers la norme. Déjà les degrés dans le développement de l'individualité dont nous avons parlé, mettent ce fait hors de doute. Peut-on considérer comme un simple effet du hasard, que la nature commençant par les espèces les plus inférieures, s'élève peu à peu jusqu'à l'homme, qui peut de son côté s'élever au-dessus de la nature? Sans autre preuve, l'hypothèse d'un tel doute doit sembler absurde à tout homme pensant, mais nous pouvons surprendre la nature à l'œuvre et y trouver en fait le témoignage qu'elle a réellement en vue le plus haut développement de l'individualité dans l'homme.

Le progrès dans le développement de l'individualité consiste, comme nous l'avons vu, en ce que l'action de l'individu est toujours de moins en moins déterminée par le principe général de la nature, que l'individu est de plus en plus maître de lui. Or, on doit comprendre ce que cette libération graduelle de l'individu suppose : ce n'est pas autre chose, pourrait-on dire, qu'une limitation volontaire que s'impose le principe général agissant de la nature (1). Cela paraît d'une manière éclatante si l'on observe ce qui suit.

(1) Il est bien évident, on l'a vu, qu'il ne peut être question d'une réelle intentionnalité, consciente, du principe de la nature.

Dans les parties précédentes de cet ouvrage, j'ai prouvé d'une façon décisive qu'aucune chose individuelle ne peut être cause en soi, ne peut posséder de pouvoir dans son essence propre, ne peut produire ni changements, ni actions hors d'elle-même. Il a été démontré en outre que les choses de ce monde, d'une manière générale, n'ont pas d'être vraiment propre, original, ni par suite de pouvoirs primitifs. Enfin, dans le chapitre précédent, j'ai montré spécialement par rapport à l'homme, que nous ne sommes pas nous-mêmes des causes et ne nous percevons pas comme causes. Si les mouvements voulus du corps suivent nos volitions, ce n'est pas l'effet d'un pouvoir individuel qui nous est intérieur, mais plutôt l'effet de la liaison générale des phénomènes. Il n'y a de nôtre que le vouloir ; mais que notre volonté produise des effets extérieurs, nous en sommes redevables au principe général agissant et liant de la nature. Nos actions sont donc produites, en réalité, comme celles de l'animal le plus infime, par ce principe. Mais tandis que les actions d'un animal inférieur sont toutes instinctives, c'est-à-dire se produisent indépendamment de vues et d'expériences propres (qui font d'ailleurs tout à fait défaut), les nôtres sont entièrement soustraites à l'instinct et dépendent exclusivement de notre réflexion. Comment cela est-il possible ? La nature nous laisse *apprendre* l'usage de nos membres en vue d'une fin — bien que tous les mouvements de nos membres soient exclusivement son œuvre en réalité. La nature se désiste donc en quelque sorte elle-même du soin de nous conduire comme elle conduit les animaux inférieurs. Elle n'adapte pas immédiatement, comme pour ces derniers, nos actions à nos besoins, mais nous laisse le soin de trouver nous-mêmes les moyens de les satisfaire. La nature fonde ainsi notre complet affranchissement vis-à-vis de son autorité.

Comme notre volonté n'agit pas elle-même sur nos nerfs et les muscles qui en dépendent, nous ne pouvons pas non plus apprendre la manière d'agir sur les nerfs et sur les muscles. Nous n'avons de ces nerfs et de ces muscles aucune expérience directe, venant du dedans. Nous apprenons l'usage intentionnel de nos membres en ce sens seulement que nous utilisons nos sensations musculaires comme des indications pour les attitudes correspondantes et les mouvements correspondants de nos membres. En dehors des sensations musculaires et des sensations des sens externes nous n'avons aucun point d'appui pour notre action, et nous n'avons même presque jamais une conscience claire de nos sensations musculaires. Je peux mouvoir à mon gré de toutes les manières mon bras, ma main et toutes leurs articulations; mais en dehors du désir ou de la volonté je ne trouve rien de clair en moi qui contribue à ce mouvement. Je n'ai aucune claire conscience des sensations musculaires correspondantes, ni par suite de la façon dont j'utilise pour agir mes sensations musculaires : le fait est que toute notre action n'est nôtre qu'en apparence, et qu'elle est en réalité l'œuvre du principe général agissant de la nature. Et le fait que ce principe dans ce cas se nie en quelque sorte lui-même, cache et masque sa participation, prouve de la façon la plus palpable que la nature bien que d'une façon tout à fait aveugle, travaille elle-même de son propre mouvement à l'affranchissement et à la personnalité des individus.

Je n'ai plus besoin de rien ajouter sur le Logos qui gouverne la nature.

LIVRE SECOND

LE MOI

Premier chapitre

DE LA NATURE ET DE L'UNITÉ DU MOI

§ 1. *Exposition de la doctrine fondamentale.*

Personne, comme on le sait, n'a pu rendre compréhensible l'essence du moi. On a proposé sur ce sujet des théories différentes et aucune ne s'accorde avec les faits. Stuart Mill a déjà exprimé l'opinion que l'insuffisance de toutes les théories sur cet objet a sa raison dans la nature de cet objet lui-même qui ne peut pas être compris exactement. C'est la vérité (1). Cependant une connaissance exacte de notre être est possible, à la condition, il est vrai, que l'on ne se propose pas d'expliquer les faits, mais seulement de les constater tels qu'ils sont. Car vouloir expliquer un objet qui n'est pas susceptible d'une explication réelle, c'est la première source de toutes les idées fausses qu'on s'en fait.

Or la constatation rigoureuse des faits donne les résultats suivants qui forment les fondements d'une psychologie véritablement scientifique.

(1) Étrange destinée de l'homme, de ne pouvoir comprendre son propre être! En tout cas, il est manifeste que l'être empirique de l'homme n'est pas son être propre et normal.

Notre moi n'est ni une unité inconditionnée, une substance, comme l'enseignent les spiritualistes, ni une simple série de sentiments et de sensations, comme l'admettent les sensualistes, ni un produit du concours des atomes, comme les matérialistes l'affirment. Notre moi est un composé ou un processus, mais qui se connaît lui-même comme une unité inconditionnée, comme une substance. Il y a là, il est vrai, une illusion ; mais sans elle l'existence du moi serait impossible, et en elle il prend conscience de son unité qui possède au moins le même genre de réalité que les idées et les sentiments particuliers, bien qu'elle ne soit pas comme eux l'objet d'une perception immédiate.

Pour éclaircir ce fait surprenant, on peut prendre l'exemple d'un organisme. Dans un corps organique le tout gouverne les parties et la forme la matière, tandis qu'en même temps le tout est à chaque moment un produit lui-même du concours de ses parties : il en est de même dans le moi. Il y a cependant une différence essentielle entre les deux cas, et la voici : notre moi ne peut pas, comme un corps organique, être ramené à des éléments qui, après leur séparation, continuent à subsister. Les éléments de notre moi, sentiments, pensées, désirs, etc., n'existent pas indépendamment les uns des autres, et ils se distinguent dans leur succession seulement, par leurs vicissitudes. L'unité de notre moi est donc beaucoup plus profonde et réelle que celle d'un corps organique. Si cependant nous sommes composés, notre unité n'est pas une unité normale (qui corresponde à la norme dans notre pensée), et elle est par suite incompréhensible. Je chercherai plus loin à éclaircir ce fait autant que possible.

§ 2. Notre moi n'est pas une substance, mais un composé et un processus

Dans la première Partie, j'ai montré que la différence entre l'inconditionné et le conditionné, entre l'être et le devenir, est en même temps une opposition ; que tout conditionné et tout devenir existant dans le temps est quelque chose d'anormal, c'est-à-dire contient des éléments qui sont étrangers à l'inconditionné, à l'être vraiment propre, normal des choses, des substances en soi. C'est pourquoi le devenir ne peut pas être conçu comme la qualité propre ou l'état propre, ni comme l'effet, ou en général une fonction connue quelconque de la vraie substance, de ce qui est réellement. Nous allons le confirmer par l'étude de notre être subjectif. En nous-mêmes nous ne trouvons pas de substance qui soit le support ou le fondement de nos états intérieurs. Nous ne sommes pas, nous *vivons*, c'est-à-dire que notre être est un cours seulement, un processus, un devenir. Non seulement nos états intérieurs sont successifs et changeants, mais notre personnalité permanente en apparence, tout notre moi est lui-même à tout moment produit à nouveau par le concours de diverses conditions (1).

Pour le constater sans erreur possible, nous devons avant tout découvrir tout ce que nous pouvons savoir de nous-mêmes, de notre propre être ou de notre moi.

Notre moi consiste essentiellement dans la conscience, dans la connaissance de nous-mêmes. Nous chercherons un peu plus tard quel est le sens, quelle est la raison de ce fait ; il suffit ici de faire voir comment le contenu de notre moi, son étendue, est déterminé et comme circonscrit par là. Cela seul appartient à notre être que nous pouvons reconnaître comme propre à nous-mêmes, comme une partie, un moment de nous-mêmes.

Ainsi nous trouvons dans notre expérience immédiate les sensations des sens externes (couleurs, sons, odeurs, etc.), mais elles n'appartiennent pas à notre moi subjectif, préci-

(1) Nous pouvons être aussi anéantis en un moment. Il suffit pour cela d'un simple changement dans les conditions dont notre existence dépend.

sément parce que nous les connaissons comme quelque chose qui nous est étranger. Aussi aucune recherche sur les couleurs, les sons et les autres sensations et leurs lois, ne nous donne-t-elle aucun éclaircissement sur notre propre être ; nous reconnaissons en elles un monde de substances extérieures dans l'espace.

Et si les sensations qui nous sont immédiatement données dans la perception ne font ainsi pas partie de notre moi, parce que nous les connaissons comme quelque chose d'extérieur, nous devons encore moins considérer comme appartenant à notre propre être ce qui n'entre pas du tout dans le cercle de notre perception, de notre conscience de nous-mêmes. Ce que je suis, je le sais, ou du moins je peux le savoir, et il y a une contradiction immédiate dans l'hypothèse que ce que je ne puis absolument pas connaître soit moi, appartienne à mon moi.

Nous pouvons donc attribuer à notre propre être seulement le contenu de la perception que nous reconnaissons et devons reconnaître comme nous appartenant. Si nous recherchons maintenant quel est ce contenu, nous constatons qu'il consiste en sentiments (plaisirs et douleurs), pensées, désirs, souvenirs, espérances et tels autres phénomènes psychiques. Notre moi est donc en vérité un composé de ces phénomènes.

Un spiritualiste dira ici : « Mais nous distinguons notre moi de nos sentiments, de nos pensées et de nos autres états intérieurs. Il est quelque chose de permanent qui reste identique à soi-même dans l'écoulement de nos états intérieurs. Il est donc une substance et ses états intérieurs ne sont que des accidents qui se produisent en lui sous l'action de facteurs extérieurs ».

Il faut, avant d'aller plus loin, se rendre compte exactement de ce qu'il en est. Les états d'une substance ne pourraient exister séparés de la substance. La substance serait donc donnée elle-même dans et par ses états. Or la question est de savoir où nous trouvons une substance dans nos états intérieurs. Quelle est la chose en nous qui à tour de rôle sent tantôt ceci, tantôt cela, veut ceci ou cela, et conserve dans les modifications de ses fonctions une manière d'être constante ? Il est clair qu'une telle substance, une telle chose permanente ne se trouve pas dans notre expérience. Tout ce qui nous est donné, ce sont des états divers et changeants ; mais l'être d'une substance unique et permanente ne peut pas consister en des états divers et changeants. Il est tout aussi peu concevable qu'une unité réelle, une substance puisse subir des changements et rester cependant la même unité, la même chose, car elle unirait des termes contradictoires. Même le simple mouvement, le changement des relations extérieures des choses dans l'espace, qui laisserait intacte sa manière d'être intérieure, implique contradiction, comme nous l'avons prouvé. Une substance en nous n'est donc ni donnée en fait, ni même concevable. Un penseur d'ailleurs pénétrant, mais qui en conséquence de ses hypothèses métaphysiques a cru devoir admettre une substance de l'âme, dit avec une admirable naïveté : « Par bonheur notre conscience de nous-mêmes ne sait que dire de l'essence de l'âme » (Herbart. Psych. comme science. 1er vol.. 1824, p. 97). Mais si cette prétendue substance de l'âme ne fait pas du tout partie de notre conscience, si nous ne pouvons ni la connaître comme étant nous-mêmes, ni nous connaître nous-mêmes comme étant cette âme, elle n'est pas nous *ipso facto*, elle est quelque chose qui nous est étranger, qui diffère de nous. La preuve pratique en est que personne n'attribue la moindre valeur à l'immortalité d'une substance inconsciente en soi et que tout le monde ne demande que l'immortalité de sa vie consciente, de sa personnalité consciente et s'identifie avec elle. Cependant qui pourrait affirmer sérieusement que l'individualité d'un homme contienne quelque chose d'éternel et puisse exister de toute éternité? Ce qui a été produit n'est pas une substance, c'est un simple phénomène et il appartient au devenir. Ce qui a été produit a une cause, est le simple effet de certaines conditions. C'est là, comme je l'ai amplement prouvé dans la première Partie, une vérité certaine *a priori* et sans exception.

Nous constatons donc les faits suivants : L'unité et l'identité du moi reposent en première ligne sur l'unité et la continuité de notre conscience de nous-mêmes. Notre moi, par suite, est quelque chose qui à chaque instant se reproduit de nouveau par la fonction de la conscience de soi. Dans un profond sommeil ou pendant un évanouissement il disparaît et prouve ainsi de la façon la plus décisive qu'il n'est pas une substance. Ou si une substance quelconque persistait en nous dans le sommeil, pendant l'évanouissement, nous ne serions pas cette substance, car nous n'avons pas vécu pendant ce temps-là (1).

« Mais il y a cependant, dira-t-on, quelque chose de permanent, de persistant dans notre être et dans notre vie, car autrement nous ne durerions pas. » Oui, il y a quelque chose de permanent, de persistant en nous; mais ce n'est pas de la nature d'une substance, c'est de la nature d'une loi; ce n'est pas un contenu réel, concret, mais une simple forme.

Une substance est un objet qui possède un être propre, non dérivé du dehors, indépendant des relations extérieures, un contenu original, individuel. Nous ne trouvons en nous ni un tel être ni un tel contenu. Nos états intérieurs et nos actes sont de simples réactions contre les actions du dehors, et nos qualités sont des sortes ou façons de réactions contre de telles actions. Le permanent, le persistant de notre être con-

---

(1) Lorsque nous n'avons aucune conscience, que nous ne sentons rien et ne pensons pas, ne percevons pas, nous ne sommes pas. Alors que reste-t-il de nous? Rien que la simple possibilité, c'est-à-dire les conditions qui produisent à nouveau notre moi, mais ne se confondent pas avec lui.

siste en ce qui suit : 1° dans la continuité de la conscience, dans la capacité de se rappeler sa vie antérieure; 2° dans la persistance des effets de la vie antérieure au moment présent, conformément à la loi de causalité; 3° dans la persistance des lois qui sont naturelles à l'homme en général, et enfin 4° dans la persistance d'un caractère individuel, que l'on doit considérer comme inné à chacun.

De tous ces éléments, le dernier seul, le caractère individuel, paraît contenir un germe d'individualité relativement original. Mais en quoi consiste ce caractère inné? Ou dans l'aptitude à faire quelque chose, comme dans l'aptitude pour la peinture, la poésie ou la musique, etc., ou dans une disposition de la volonté à telle ou telle sorte (bonne ou mauvaise) d'actions; ou dans la façon spéciale de sentir les objets ou les situations de la vie. Ce qui peut nous être inné ou spécial, ce n'est donc pas une manière d'être propre, mais une manière de nous comporter vis-à-vis d'autres choses. Et ces qualités innées sont si loin d'être en nous celles d'une substance indestructible, qu'elles peuvent être modifiées par l'influence de l'éducation, du milieu et de l'habitude, comme sous l'influence de l'éducation, du milieu et de l'habitude de nouvelles aptitudes permanentes peuvent être produites, ce qui a fait dire avec raison que l'habitude est une seconde nature.

Mais on voit en outre que les qualités individuelles ne peuvent pas être considérées dans leur essence comme légitimes et normales. Notre essence est de sentir, penser et vouloir. Une qualité ne peut donc être pour un homme que sa manière de sentir, de penser et de vouloir. Or, la manière de penser d'un homme n'a aucune valeur et aucune autorité, et elle ne peut être considérée comme normale si elle n'est pas exacte, — et la droite manière de penser n'a rien d'individuel. De même la manière de sentir et la direction de la volonté d'un homme n'a aucune légitimité et ne peut valoir comme normale si elle n'est droite ou vertueuse, — et il n'y a rien d'individuel dans la droite façon de sentir, dans la direction vertueuse de la volonté (1).

Nous voyons donc que notre être manque de tout germe individuel. Ce qui dans la diversité et la vicissitude de nos états et de nos actes intérieurs est un et permanent ne peut être perçu, n'est pas une substance, un contenu ou un objet réel, mais seulement l'unité d'une fonction ou d'une loi. En fait, notre moi est un simple composé, un simple processus.

§ 3. Sens et fondement de la conscience de soi.

Kant déjà dans sa critique de ce qu'il appelle les Paralogismes de la Raison pure (en particulier dans la 1re édition de la Critique) a très bien expliqué à sa manière le fait constaté ci-dessus. Mais il n'a pas assez tenu compte de ce qui a causé et facilité cette psychologie « rationnelle » ou « transcendentale » qu'il a critiquée et réfutée. Ce qu'il appelle Paralogismes de la Raison pure, la supposition de la substantialité, de la simplicité et de l'identité numérique, inconditionnée du moi aux différents moments du temps, n'est pas une erreur de réflexion, mais la forme nécessaire de notre conscience. Ce ne sont pas des paralogismes de la raison pure, mais une déception naturelle qui est la condition de notre propre expérience intime elle-même (2). Nous nous apparaissons à nous-mêmes comme un objet simple, distinct et indépendant de tous les autres, restant identique à lui-même, en un mot comme une substance, comme quelque chose qui *est* et ne devient

---

(1) Personne ne s'identifie avec ses faiblesses ou ses mauvaises qualités ni ne désire les conserver toute l'éternité, et c'est la preuve indiscutable que la méchanceté, même innée, n'appartient pas à notre être vraiment propre et normal.

(2) Sans doute la Psychologie « rationnelle », spiritualiste, est bien une erreur de la pensée, de la réflexion, mais cette erreur a pour fondement une illusion naturelle, antérieure à toute réflexion.

pas seulement ou se reproduit à nouveau à chaque instant, quelque chose qui a un être original, propre, un soi-même, qui n'est pas le simple produit de causes et de conditions. Sans cette apparence la conscience et l'individualité en nous seraient impossibles, en un mot nous ne pourrions pas être.

Nous nous apparaissons à nous-mêmes comme quelque chose de solide, de simple, de permanent (1). Que nous soyons composés de parties, jamais achevés ou semblables à nous-mêmes, que tout le contenu de notre personnalité soit le produit de causes, si bien que j'aurais un autre moi, une autre personnalité, si j'étais né en Chine, ou en Turquie ou chez les Esquimaux, — tout cela paraît absurde à notre conscience naturelle, et il faut une exacte observation de notre être pour nous convaincre de ces vérités. Rien n'est plus incompréhensible, et même plus extraordinaire que la manière d'être vraie des choses de l'expérience, tant au dedans qu'au dehors ; mais la déception naturelle nous présente mensongèrement une conformité de la nature empirique avec notre concept de la nature normale des choses, et par suite à quiconque n'a pas le regard assez pénétrant, tout dans le monde paraît normal, concevable et même intelligible de soi. J'ai déjà exposé plus haut les raisons et les facteurs de cette déception naturelle dans notre connaissance d'un monde extérieur, et je vais essayer de faire la même chose pour la connaissance de nous-mêmes.

Le fait que nous nous connaissons *nous-mêmes* paraît impliquer que le connaissant et le connu, le sujet et l'objet sont en nous une seule et même chose. Mais d'abord c'est logiquement contradictoire, impossible à penser, et, en second lieu, en fait, ce n'est pas le cas.

Déjà dans le chapitre de la première Partie sur la nature de

---

(1) Herbart a fait une bonne analyse de la conscience dans sa Psychologie (au début) ; on ne peut malheureusement pas dire la même chose de l'explication qu'il en donne.

l'idée j'ai examiné ce point. L'hypothèse qu'un objet soit immédiatement lui-même une idée, ou qu'une idée soit immédiatement elle-même un objet est absurde et inadmissible. D'abord, en effet, deux choses ne peuvent pas être immédiatement une seule et même chose. Sont-elles différentes l'une de l'autre, elles ne sont pas la même, et sont-elles la même, elles ne sont pas différentes l'une de l'autre, elles ne sont pas deux, mais une. Affirmer que le divers comme tel est un et le même, c'est supprimer le principe de contradiction, ce qui met fin à toute pensée réelle. En second lieu, l'essence de l'idée comme telle consiste précisément en cela qu'elle *n'est pas* son objet, que tout en elle se rapporte à quelque chose de différent d'elle comme à son objet dont elle représente seulement les qualités sans les posséder elle-même, ainsi que je l'ai montré dans le chapitre indiqué plus haut. Si l'on dit donc que l'idée elle-même est son objet, on nie par le fait qu'elle soit une idée.

Le témoignage des faits confirme ces remarques. Si le sujet et l'objet, le connaissant et le connu, l'idée et son objet étaient une seule et même chose en nous, l'erreur, la fausseté, c'est-à-dire le désaccord entre l'idée et son objet, seraient impossibles dans la connaissance de nous-mêmes. Mais nous voyons en fait que la fausseté est non seulement possible dans cette connaissance, mais encore qu'elle en est une forme nécessaire, parce que nous nous apparaissons nécessairement autrement que nous ne sommes.

Dans notre moi, l'idée et son objet, le sujet et son objet sont donc deux choses différentes (1). Comment nous conce-

(1) Et même de nature différente. Car le sujet, ce qui connaît, en nous, comme on le verra mieux plus loin, est quelque chose de général quant à son essence, tandis que l'objet, ce qui sent et veut, en nous, est de nature individuelle. Notre conscience est donc beaucoup plus étendue que le contenu concret de notre personnalité. Nous connaissons autour de nous tout un monde dont notre personnalité ne forme qu'une très petite partie. Nous avons donc ainsi la possibilité de sortir par la conscience de

vons l'unité du moi dans cette diversité de ses éléments, je le rechercherai plus loin. Ici je veux expliquer en vertu de quelles lois se constitue notre conscience de nous-mêmes.

« Je me connais moi-même » signifie donc, d'après ce qui précède : Le connaissant, le sujet en moi connaît l'objet comme lui-même, c'est-à-dire reconnaît le contenu réel donné comme son propre contenu, les états donnés (sentiments, désirs, etc.) comme *ses propres états*, bien que, en vérité, le pensant et le connaissant en nous ne soit pas le sentant et le voulant, que le sujet ne soit pas immédiatement l'objet.

Or nous pouvons constater que la distinction de ce qui lui est propre et de ce qui lui est étranger (du moi et du non-moi) ne peut pas, comme Fichte l'a bien remarqué, être apprise par le sujet ou acquise au cours de ses expériences, mais qu'elle repose sur une nécessité primitive ou sur une intuition. Je l'ai déjà exposé dans le 3e chapitre du premier livre. Sans une intuition immédiate, innée du sujet, la distinction de ce qui nous est propre et de ce qui nous est étranger ne pourrait pas se produire en nous, n'existerait pas. Si, en effet, quelque chose appartient à notre moi, c'est précisément parce que nous le connaissons comme nous appartenant, et au contraire un contenu donné dans notre perception nous est étranger précisément parce que nous le connaissons comme tel, ainsi qu'il arrive pour les sensations des sens externes. Mais si le sujet connaît comme ses propres états les états intérieurs donnés, cela implique qu'il se connaît comme la substance dont ces états sont les accidents.

Une substance est un objet qui, 1° possède un être propre, et,

nous-mêmes, de notre personnalité. Cette séparation en nous des éléments connaissants et sentants explique encore un fait qui autrement serait incompréhensible, à savoir que les opinions et les idées ont souvent si peu d'influence sur la volonté et sur les actions que souvent on voit le mieux et qu'on fait le pire. Ce serait évidemment impossible si le pensant et le sentant en nous étaient identiques.

par suite, 2° ne peut être conçu comme fonction d'un autre objet. Mais notre moi, notre conscience consiste précisément en ce que nous reconnaissons en nous un être propre (à savoir comme nôtres proprement les états intérieurs donnés, présents et passés). Nous nous apparaissons donc nécessairement comme une substance. Nous ne pouvons pas nous apparaître dans notre conscience immédiate comme quelque chose de conditionné, comme la fonction d'une autre chose, car alors c'est cette chose que nous prendrions pour notre vrai moi, et elle ne serait plus un objet différent de nous-mêmes. Mais dans la perception nous n'avons pas, d'une manière générale, un contenu originellement persistant, un objet inconditionné donné; nous n'y trouvons qu'un flux de sentiments, de désirs et d'autres états intérieurs. Il n'est donc pas possible, ni logiquement ni en fait, que nous nous apparaissions à nous-mêmes comme la fonction d'une autre chose ou comme quelque chose de conditionné. Notre conscience de nous-mêmes vient plutôt de ce que nous prenons tous ces états intérieurs changeants pour les fonctions de nous-mêmes et de ce que nous nous prenons nous-mêmes pour leur substance. Que nous dépendions réellement d'un grand nombre de conditions, nous l'apprenons seulement de l'expérience, par induction, mais non par la conscience immédiate ou par intuition.

Ainsi la conscience de nous-mêmes, le moi ou la personnalité n'est possible que parce que le moi se connaît comme une substance, comme un objet simple, permanent et inconditionné, séparé et indépendant de tous les autres. En vérité, nous ne sommes pas, comme nous l'avons déjà montré, un tel objet ; la connaissance en nous d'un moi indépendant n'est qu'une déception naturelle, une pure apparence. Mais sans cette déception notre conscience serait impossible et elle ne peut par conséquent pas en être séparée. Nous sommes un objet particulier, différent des autres, permanent et un, précisément parce que nous nous apparaissons comme un tel objet. Nous voyons bien que nous n'avons pas en fait un être propre, que notre vrai moi n'est pas dans la personnalité, dans l'individualité, mais hors d'elles; mais cette opinion ne peut pas se transplanter dans notre conscience immédiate parce que la conscience, le phénomène d'un moi en nous et toute notre personnalité seraient par là détruites. Il en est ici comme de la perception du corps qui n'est pas elle non plus altérée par l'opinion que les corps n'existent pas réellement hors de nos idées. Ce sont de part et d'autre des cas d'une apparence naturelle, sans laquelle l'existence du contenu donné n'aurait pas été possible et à laquelle l'ordre et la régularité de ce contenu sont en fait ajustés et conformes.

Tant qu'on ne comprend pas cela, on ne peut avoir de l'essence du moi qu'une idée bornée et fausse, comme sont les doctrines des spiritualistes, des sensualistes et des matérialistes. La doctrine matérialiste est actuellement dominante. On a découvert que notre moi n'est pas un objet inconditionné, une substance; mais on ne s'est pas affranchi par là de l'illusion naturelle, et l'on cherche partout un support en ce qui n'est pas soi-même une substance, et l'on croit que le moi est une fonction du corps, que le vrai moi, la substance de son être doit être dans le corps, ou dans une partie du corps, dans le cerveau (1). Mais comment pourrions-nous voir dans le corps notre vrai moi, quand nous savons que tout corps est une chose étrangère et extérieure à nous? N'y a-t-il pas une contradiction immédiate dans l'affirmation que nous sommes une partie ou

---

(1) Les sensualistes conséquents rejettent toute idée de substance, tant spirituelle que corporelle. Mais le pur sensualisme est insoutenable. Car s'il n'y a rien autre en réalité que sentiments et sensations, ils sont donc la nature normale des choses, ils sont eux-mêmes l'inconditionné. Or, qui peut le croire un moment? Nous voyons que sentiments et sensations ne sont pas seulement conditionnés, mais encore soumis à une apparence naturelle qui montre en eux des états et des qualités d'une substance. Comment cela? L'apparence, l'erreur appartiennent-elles à la nature normale des choses? Je n'ai pas besoin de réfuter davantage le sensualisme dont mon livre entier est la réfutation.

une fonction du monde extérieur ? Si nous l'étions, il n'y aurait plus pour nous de monde extérieur. Ou bien, au contraire, les parties du cerveau ne seraient-elles pas corporelles comme les autres, ne seraient-elles pas des parties d'un monde extérieur par rapport à nous ? Mais les matériaux qui forment actuellement notre cerveau viennent d'abord de l'extérieur comme aliments et sont ensuite séparés du corps par excrétions. On voit donc que de toute manière le matérialisme est une absurdité. Mais la principale objection c'est que le corps, d'une manière générale, n'existe pas. Le fait que nous connaissons des substances corporelles a exactement le même fondement que le fait que nous nous connaissons nous-mêmes comme substances, à savoir que l'existence d'une substance est la seule manière d'être qui réponde à la loi fondamentale de notre pensée et qui s'accorde avec ses exigences. Nous ne pouvons pas concevoir naturellement qu'il y ait des objets qui ne soient pas des substances, c'est-à-dire qui n'aient pas un être vraiment propre, et d'autre part de tels objets ne peuvent exister sans être conçus par le sujet, à qui ils apparaissent comme des substances, c'est-à-dire comme des objets normaux. Aussi connaissons-nous dans nos sensations un monde de substances inconditionnées, incréées et indestructibles (les corps), et nous nous apparaissons à nous-mêmes comme possédant un être propre, un moi réel et substantiel qui est permanent et connu et identique à soi-même, et nous nous étonnons d'être en réalité un produit de conditions, un quelque chose qui n'est pas, mais qui devient, qui se reproduit à chaque instant. Dans la suite, je mettrai encore plus en lumière cette vraie nature du moi.

§ 4. Dépendance du moi par rapport aux conditions.
De quelle nature est l'unité du moi ?

Voici le seul point de vue auquel est possible une conception exacte de notre moi et de son unité : nous ne pouvons pas comprendre l'unité du moi, mais cela ne peut pas nous déconcerter dès que nous nous apercevons que toute liaison, toute union du divers, est pour nous incompréhensible, parce qu'elle est incompatible avec la loi fondamentale de notre pensée. Il suffit de rappeler la différence expliquée dans la première Partie entre une union inconditionnée et une union conditionnée du divers. Que le divers comme tel (inconditionné, immédiat et immuable) soit un ou que l'un en soi soit divers, ce n'est pas seulement incompréhensible, c'est encore logiquement contradictoire et impossible à penser. Mais si ce qui est donné dans la perception comme divers et multiple, est lié entre soi ou avec le côté soustrait à la perception (et par conséquent non immédiatement ou en soi) et forme une unité, c'est sans doute incompréhensible pour nous, mais non contradictoire et logiquement impossible. Une telle union du divers forme le contenu de notre expérience commune, et l'essence de notre moi est aussi constituée par elle. Dans notre moi rien d'inconditionné : son être est toujours en mouvement et dépend de conditions; aussi ne devons-nous tenir pour réellement absurde, c'est-à-dire logiquement contradictoire aucune qualité réelle du moi, alors même qu'elle paraît incompréhensible ou absurde.

Ainsi apparaît au premier coup d'œil le fait que le connaissant et le sentant, le sujet et l'objet sont en nous deux choses différentes, inconciliables avec l'unité du moi. « Ne suis-je donc pas le même, dira-t-on, qui pense, qui a des idées, et qui sent et veut? Suis-je donc formé de deux moitiés dont l'une sent et dont l'autre pense? » C'est là le fait, comme on l'a prouvé plus haut. Il ne paraît incompréhensible que parce que nous nous apparaissons dans la conscience comme une unité normale, simple. Mais c'est, nous le savons, une pure déception. Une unité normale, simple, inconditionnée ne peut pas contenir la dualité du sujet et de l'objet, ne peut donc pas avoir conscience d'elle-même, et réciproquement ce qui a conscience de soi, ce qui contient la dualité du sujet et de l'objet, ne peut être une unité normale, inconditionnée. Car une unité inconditionnée, une union inconditionnée du divers est logiquement contradictoire et inconcevable. Et non seulement le sentant et le pensant ne sont pas en nous immédiatement un, mais aussi chacun d'eux, pris en soi, le sentant et le pensant, n'est pas une unité simple, identique avec soi-même, mais l'un et l'autre sont dans un perpétuel changement, bien qu'on ne puisse pas dire, en tous cas, que le sentant soit en nous une pure succession de sentiments et le pensant une simple succession d'idées. Que nous nous apercevions nous-mêmes comme une unité simple, indivisible et toujours la même, c'est, comme on l'a montré, une pure déception, sans laquelle la conscience serait absolument impossible.

De ce que l'unité donc et l'existence de tout notre moi est conditionnée par une déception et qu'une déception n'est possible que dans l'idée, le sujet pensant est en nous ce sur quoi avant tout repose l'unité de notre moi. Le sujet est pour ainsi dire le pilier fondamental du moi, car notre existence est inséparable de notre conscience, ou mieux consiste en cette conscience même.

Les anciens défenseurs de la « Psychologie rationnelle » ont, comme on le voit par la critique que Kant a faite de leur argumentation, conclu de l'unité du sujet jugeant et pensant, en nous, à la simplicité du moi lui-même. En effet, le sujet jugeant est en nous ce dont l'unité se manifeste le plus indubitablement. Tout jugement dans lequel différentes choses sont comparées entre elles, dont la différence et l'accord sont connus, suppose l'unité de la conscience dans laquelle elles sont mises mutuellement en rapport. On le voit mieux encore par la connaissance du passé et de la succession qui n'est pas possible sans que le sujet se représente le passé dans sa conscience. On ne peut donc pas dire que le sujet soit une simple succession d'idées, que l'unité de conscience ne se produise elle-même que par une combinaison d'idées particulières. Car, dans le cas même où des idées particulières pourraient agir les unes sur les autres, cette action ne serait que de nature physique et consisterait en ceci, que certaines idées, suivant les lois de l'association, ou en attirent d'autres ou s'en séparent. Mais d'une simple combinaison d'idées aucune unité de conscience ne peut résulter, pas plus que de la simple reproduction d'idées antérieures la connaissance du passé comme telle. Ce sont là des fonctions qui ne peuvent pas être expliquées physiquement, parce qu'elles se produisent non en vertu de lois physiques, mais selon des lois logiques. Or, un sujet seul peut obéir à des lois logiques ; lui seul peut juger, raisonner, se souvenir du passé, anticiper sur l'avenir. Le sujet n'est donc pas le simple résultat de la combinaison d'idées particulières, mais, au contraire, les idées sont, en tant qu'elles contiennent des jugements, des actes du sujet. C'est si évident qu'il est inutile d'insister davantage.

Tant qu'on reste plongé dans l'apparence naturelle et que, par suite, on considère tout devenir comme une fonction de la substance, on doit évidemment trouver dans l'unité du sujet jugeant et pensant la preuve d'une substance simple pensante, pour abandonner ensuite cette hypothèse comme absolument inconciliable avec les faits. Si, au contraire, on a compris que la réalité donnée dont toutes les parties sont dans un flux perpétuel est anormale, c'est-à-dire contient des éléments qui sont étrangers à l'inconditionné, à la substance, en d'autres termes à l'être normal des choses, il est clair que le devenir n'est pas une fonction (en aucun sens connu) de la vraie substance et on apprend à penser que le monde des apparences, des phénomènes, quoique non inconditionné lui-même, n'a pas non plus de raison suffisante dans l'inconditionné, et se maintient relativement indépendant, parce qu'il s'apparaît à lui-même comme un monde normal, comme un monde de substances. A ce point de vue, il ne reste plus de difficulté à reconnaître même l'unité du sujet pensant, conformément au témoignage des faits, comme quelque chose de réel, bien qu'elle ne soit pas une substance et que nous ne puissions pas nous en faire une idée claire. Car seule la contradiction logique est impossible et complètement inconcevable, et rien de conditionné, et par suite rien de ce qui se présente dans notre moi ne peut être logiquement contradictoire.

L'unité du sujet pensant se prouve d'une manière parfaite en nous par ce fait qu'il distingue dans le contenu de la perception ce qui nous est propre et ce qui nous est étranger. Cette distinction est si peu le résultat des données de la perception ou de leur combinaison (de leur concours), que c'est par elle seulement que se fait le départ de notre expérience externe et de notre expérience interne. C'est par la distinction de ce qui est propre et de ce qui est étranger dans le contenu de la perception que se produisent également la connaissance d'un monde extérieur et celle de nous-mêmes du moi. Tandis que le sujet reconnaît les sentiments changeants donnés, les désirs, etc., comme ses propres états et ses actes, et se souvient comme des siens de ceux qui sont passés, il reconnaît en lui-même un moi comme support de ces états. Mais en réalité il n'y a pas, comme nous l'avons vu, un tel support: la persistance du moi repose sur la persistance de la conscience, et, par suite, de la fonction du sujet connaissant. Mais la fonction durable du sujet connaissant, de reconnaître comme propres les états donnés, manifeste une loi naturelle de ce sujet, qui forme ainsi le fondement propre de l'unité du sujet et du moi.

Et non seulement le sujet est forcé de son côté de reconnaître comme siens, les sentiments, les désirs et autres phénomènes donnés, mais ces états aussi, ces phénomènes sont de leur côté de telle nature qu'ils répondent à cette manière d'être compris. La série des idées et des connaissances, d'une part, et la série des désirs, des sentiments et des autres états intérieurs, d'autre part, sont disposées de telle sorte qu'ils paraissent appartenir à un seul et même moi, identique, indivisible et permanent. C'est si bien le cas, que pour la conscience naturelle l'affirmation que notre être, notre moi est quelque chose de composé et d'artificiel, une œuvre d'art de la nature, paraît tout à fait absurde. Mais l'analyse des faits la met hors de doute et la nature a pris soin de nous fournir un *experimentum crucis* dans un cas qui éclaire pleinement tout être pensant, à savoir dans les troubles de la vie mentale, dans les maladies de l'esprit. Que notre moi n'est pas une substance simple, mais un organisme compliqué, on le voit d'une façon indiscutable, quand cet organisme se détraque. Les maladies mentales sont ainsi la preuve la plus forte contre l'hypothèse d'une substance du moi, et aussi, dans l'opinion commune, le plus solide appui du matérialisme.

La maladie mentale consiste généralement en ce que les parties et les fonctions du moi ne s'accordent plus. Une maladie de ce genre est produite par des causes extérieures, mais sa possibilité prouve que même l'état normal de l'accord de toutes les parties et fonctions du moi n'est pas quelque chose d'inconditionné et de primitif, mais le produit même de conditions. Les physiologistes ont mis hors de doute par des sections des nerfs et du cerveau, que même l'être normal (c'est-à-dire ce que l'on prend ordinairement pour tel) de l'esprit, dépend du système nerveux et particulièrement du cerveau.

Or nous savons déjà par ce qui précède ce que nous devons en penser. La dépendance vis-à-vis du corps et du cerveau n'est pas autre chose en réalité que la dépendance vis-à-vis des lois de la nature, c'est-à-dire du principe agissant de la nature. Car, d'abord, les corps aussi bien que le cerveau n'existent pas en réalité, et, ensuite, quand même les atomes du cerveau existeraient réellement, ils ne pourraient avoir par leur être propre, physique, aucune influence sur la vie, comme ils n'en ont aucune avant leur entrée dans le corps ou après leur sortie. De même que l'ordre admirable des atomes dans le corps et dans le cerveau, leur concours avec notre vie et notre être physique n'est rendu possible que par le principe agissant et vivant de la nature.

Nous touchons ici à la dernière raison de la nature et de l'unité du moi. Notre être, notre vie, comme notre perception des corps, est une œuvre d'art de la nature. L'unité de notre moi, ce qui unit en nous le sentant et le pensant, aussi bien que les sentiments particuliers et les idées particulières, ce qui contient la raison de leur ordre et de leur régularité, est une partie du principe général, agissant de la nature et ne peut pas plus que lui être perçu. Nous sommes le principe général de la nature en tant qu'il paraît comme condensé dans un individu. J'ai déjà cherché à l'expliquer dans le chapitre précédent, et l'on peut maintenant le comprendre mieux. Le sujet pensant en nous est quant à son essence quelque chose de général : notre pensée embrasse un monde. Si le sujet pensant n'était pas lié à un contenu donné individuel, il ne serait pas contraint par une loi naturelle à connaître comme sien un contenu donné individuel ou à s'identifier avec ce contenu sur lequel repose la conscience et l'individualité ; il serait quelque chose d'absolument général, sans mélange d'individualité (1). L'unité de la conscience qui ne consiste pas seule-

(1) On ne doit cependant pas l'entendre à la façon de Schopenhauer pour qui le sujet connaissant est le même dans tous les hommes. Ce serait le cas seulement si tous pensaient la même chose au même instant. Mais l'expérience montre qu'en chacun de nous s'établit un cours particulier d'idées

ment en ce que beaucoup d'idées sont liées entre elles, mais en ce que dans ces idées tout un monde réel peut être connu aussi bien dans le présent que dans le passé, est aussi ce qui ne peut pas être expliqué comme un phénomène individuel, par des lois physiques seulement. L'unité et l'universalité de notre conscience prouve notre parenté avec le principe général agissant de la nature, qui n'est pas autre chose de son côté que le lien intérieur qui lie entre eux les sujets conscients et qui contient la raison de la régularité de leurs perceptions et de leurs états intérieurs. Le général, l'unité du divers en nous comme dans la nature ne nous est ni donné, il est vrai, dans la perception, ni très intelligible. Mais comme cette unité n'implique pas de contradiction logique, comme en elle le divers n'est pas un en soi, inconditionné ou immédiat, et que l'un comme tel n'est pas divers, son incompréhensibilité ne doit pas nous tourmenter autrement.

§ 5. Point de vue supérieur.

Il faut encore toucher dans ce chapitre à une question vitale que soulèvent toutes les explications précédentes.

Si notre existence est une œuvre d'art de la nature, un composé et un produit, dont les parties et les fonctions dépendent absolument de conditions, quelle sorte de personnalité avons-nous? Comment peut-on parler pour nous de liberté et de valeur morale? La liberté est le pouvoir de se déterminer soi-même, c'est-à-dire la détermination de la volonté suivant des motifs et des impulsions de sa propre nature et

propres, dont les autres ne peuvent rien connaître immédiatement. Aussi, quoique le sujet connaissant soit de nature quelque chose de général, il est cependant individualisé dans les êtres vivants et il y a autant de sujets connaissants que d'individus conscients. Ce qui est commun à tous, ce n'est pas le sujet connaissant, mais ce qui lie les sujets entre eux, le principe général agissant de la nature.

on a déjà montré que l'individu n'a pas de nature vraiment propre, non produite et inconditionnée.

En fait, pour aucun être vivant jusqu'à l'homme il ne peut être question de liberté, mais pour l'homme c'est différent, et la raison en est facile à voir. Cela même qui semble nous dépouiller de l'apparence de la personnalité, à savoir la découverte que nous n'avons pas d'être vraiment propre, que notre individualité n'a pas de contenu inconditionné et est conditionnée par une illusion, constitue en vérité le plus solide fondement de notre liberté et de notre personnalité. Car cette découverte même nous élève au-dessus des lois et des conditions de notre nature empirique. Nous avons reconnu que l'individualité contient quelque chose d'anormal et est conditionnée par une illusion, que l'être vraiment propre, normal des choses n'est par conséquent pas une pluralité d'individus, mais une unité, une substance: nous reconnaissons donc précisément par là que notre propre moi n'est pas dans notre individualité, mais dans la seule vraie substance ou, pour employer l'expression la plus juste, en Dieu. Par cette conscience, nous nous élevons au-dessus de la nature, car nous connaissons précisément comme la loi de notre être vraiment propre celle d'obéir non pas aux impulsions naturelles, mais à des lois d'un ordre supérieur, aux *normes* de la pensée et de la volonté, aux lois logiques ou morales. La liberté consiste à suivre ces lois.

Arrivé à ce point de vue, notre conscience reste, du côté physique, soumise aux conditions naturelles. Un choc sur le cerveau peut nous priver de la conscience, des modifications maladives du cerveau peuvent nous rendre fous. Mais, tant que nous avons conscience de nous-mêmes, nous nous tenons par cette découverte au-dessus de la nature. Et notre dépendance vis-à-vis de la nature, aussi bien que notre élévation au-dessus d'elle, peuvent s'exprimer en une seule proposition:

dans l'homme, la nature empirique parvient au sentiment, à la conscience de sa propre anomalie, et s'élève ainsi au-dessus d'elle-même, jusqu'à la norme et au divin.

La vraie connaissance et la pure disposition morale ou vertueuse sont donc, dans un sens raisonnable et non métaphysique, quelque chose de divin et de surnaturel parce qu'elles existent en conformité aux lois les plus hautes, surnaturelles, aux normes de la pensée et de la volonté. Cela nous permet aussi de concevoir ce que l'on doit considérer comme la constitution normale de l'esprit. Ce qui vaut ordinairement pour l'état normal de l'esprit n'est séparé par aucune ligne précise de l'état de maladie mentale, au point qu'il est souvent malaisé de décider si quelqu'un a l'esprit sain ou malade. En effet, la constitution naturelle de l'esprit, celle que l'on prend d'ordinaire pour normale implique qu'on est encore embarrassé dans l'apparence naturelle, dans l'égoïsme naturel qui repose sur elle, et recèle par suite force déraison et faux jugements, ce qui n'est pas essentiellement différent d'une maladie mentale. Sans doute il ne faut pas prétendre à trouver dans notre monde la constitution parfaitement normale de l'esprit, car elle n'appartient qu'à Dieu qui est la seule vraie substance. Nous sommes, au contraire, une partie de la nature qui contient des éléments non divins, c'est-à-dire étrangers à Dieu ou à la nature normale des choses, et qui par suite ne peut jamais être exempte d'anomalie. Mais dans le sens relatif, le seul possible pour nous, est normal l'état de cet esprit qui tend de toutes ses forces vers la norme, vers le divin. Dans cet effort réside la plus haute personnalité et la perfection de l'individu.

Nous avons pénétré aussi avant qu'il est possible dans l'essence de notre moi. L'homme vient au monde sans contenu propre, comme une feuille de papier blanc (1), et le plus haut

(1) Car même ce qui est inné à l'individu n'est pas original, et par conséquent ne lui est pas propre à lui, mais est le résultat de conditions.

achèvement de son individualité consiste dans l'expression la plus parfaite et la plus particulière de sa personnalité, ou plutôt dans la plus haute généralité, dans la perte de tout ce qui est individuel. Car notre moi empirique repose sur une illusion et notre vrai moi, notre essence est en Dieu à qui est étrangère la distinction des individus. Aussi peut-on dire avec l'Ecriture : « Celui qui veut trouver son moi le perd et celui qui le perd le trouve en vérité ».

§ 6. De la connaissance des autres sujets.

Le fait que nous connaissons hors de nous d'autres êtres vivants suppose évidemment que les êtres vivants sont en relations mutuelles. Nous devons donc considérer ces relations. Il y a deux faits où elles se manifestent :

Il y a d'abord, pour employer l'expression de Mill, les possibilités de sensations objectives communes à tous les sujets, c'est-à-dire que tous les sujets acquièrent dans les mêmes circonstances les mêmes impressions ou les mêmes sensations. Si par exemple je regarde à ma fenêtre, je vois toujours les mêmes objets dans la rue, j'ai toujours les mêmes impressions visuelles. Si quelqu'un est près de moi, il a des sensations semblables, et bien que nous ayons l'un et l'autre des impressions et des sensations particulières, nous croyons connaître dans nos sensations respectives les mêmes objets dans la rue. Se produit-il dans ces sensations un changement sans que l'un de nous deux ait bougé, ce changement se produit de la même manière pour nous deux et nous le prenons non pour un changement de nos états intérieurs, mais pour un changement au dehors. Il en est de même pour les autres sensations objectives ; il est donc clair que la raison de nos sensations objectives, l'ordre dans lequel elles se produisent et se succèdent en nous, sont les mêmes pour tous

En second lieu, il y a aussi entre nous, les sujets, des

relations causales; si par exemple quelqu'un parle, j'entends le son de sa voix, s'il me frappe, je sens de la douleur, etc. Cela veut dire que les volontés d'un autre homme ont régulièrement comme conséquences, et par un intermédiaire qu'il nous reste à observer, certaines impressions et certains sentiments en moi, apparaissent, en d'autres termes, comme causes de ces derniers.

Que devons-nous penser de cette communauté des sujets? L'opinion ordinaire est que nous ne sommes pas en relation immédiate, qu'entre nous, les sujets, il y a les corps par l'action desquels nous avons les mêmes impressions dans les mêmes circonstances et par l'intermédiaire desquels nous pouvons agir les uns sur les autres. C'est un effet de l'apparence naturelle qui nous fait nous voir comme liés à des corps et comme séparés les uns des autres par un espace. Mais j'ai déjà assez montré que les corps de notre expérience ne sont pas autre chose que nos sensations et que l'hypothèse de choses inconnues, existant hors de notre expérience n'explique rien, mais au contraire complique au point de les rendre inintelligibles les faits à expliquer.

Nous pouvons d'autant mieux renoncer à cette prétendue explication, que les choses n'ont pas besoin d'être expliquées, qu'il suffit de les constater. Entre les sujets il y a des relations, voilà le fait, et rien ne nous empêche d'admettre que ces relations sont de l'essence des sujets mêmes. Qu'avons-nous donc besoin de chercher des intermédiaires? Si nous étions nous-mêmes des substances, des êtres originaux, absolument indépendants les uns des autres, alors sans doute il faudrait expliquer nos rapports. Mais il n'en est pas ainsi. Quoique nous nous apparaissions dans notre conscience ordinaire comme des substances, en fait nous sommes des êtres qui ont commencé, qui sont soumis à des conditions, dont l'existence et la manière d'être, d'un bout à l'autre, dépendent des antécédents donnés dans le monde auquel elles sont intimement unies. Nos relations sont donc fondées dans notre nature même. L'induction partant des faits ne peut jamais conduire qu'à la constatation d'un lien qui unit entre eux les objets et les phénomènes ; c'est ce lien qui nous explique pourquoi les sensations objectives dans les mêmes circonstances sont les mêmes pour nous tous et pourquoi nous avons des rapports mutuels. Cela ne paraît impossible que si l'on oublie, par l'effet de l'apparence naturelle, de faire abstraction des corps, de penser qu'il n'y a ni corps ni espace qui nous séparent. On se suppose toujours comme sujets connaissants dans l'espace et l'on ne comprend pas alors comment de tels sujets peuvent agir les uns sur les autres sans un intermédiaire corporel. Mais l'espace et les corps, comme nous l'avons prouvé, n'existent que dans les idées, et non en réalité. Les objets réels de l'expérience, c'est-à-dire nous-mêmes, les sujets pensants et nos sensations, nous ne sommes pas dans l'espace, et par suite nous ne sommes pas séparés de tous côtés les uns des autres, au contraire nous sommes unis ensemble, mais par le côté soustrait à notre perception.

Sur ce fait que les possibilités objectives de sensations nous sont communes à tous et que nous pouvons agir les uns sur les autres, repose la possibilité pour nous de connaître d'autres sujets et de constater avec sûreté leur existence. Cette connaissance ne suppose pas l'existence réelle des corps (1).

---

(1) Au contraire, si l'on admet qu'il existe réellement des corps, le raisonnement qui fait conclure à l'existence des hommes, à le prendre scientifiquement, n'est pas rigoureux. En effet, conformément à la loi de la conservation de la force, les effets produits dans les corps ne peuvent pas avoir d'autres antécédents ou d'autres causes que les mouvements antérieurs des corps eux-mêmes. Nous n'aurions donc aucun droit d'expliquer les mouvements des autres corps humains par l'action des idées et des désirs en eux. Nous devrions plutôt, dans les mouvements des autres corps humains, comme dans ceux des corps inanimés, voir de simples faits mécaniques qui seraient uniquement conditionnés par de simples causes mécaniques, et seraient ainsi purement automatiques.

Si des corps, en effet, ou d'autres choses leur correspondant, existaient réellement, ils ne pourraient jamais, en tant que choses extérieures, tomber sous notre perception ; mais la raison de conclure à l'existence d'autres êtres semblables à nous se trouve dans certains changements de nos états intérieurs et de nos perceptions mêmes. Mais la connaissance de groupes de nos sensations comme choses dans l'espace, comme corps, est très utile pour notre connaissance d'autres sujets hors de nous ; car sans cette projection au dehors du contenu perçu, nous n'aurions aucun moyen de chercher hors de nous les antécédents de nos états intérieurs et de nos changements perçus. C'est la condition subjective indispensable, comme la liaison signalée plus haut entre les sujets est la condition objective indispensable pour notre connaissance d'autres êtres vivants. Sur ce fondement, conclure de certains changements en nous à l'existence hors de nous d'autres êtres semblables à nous, c'est faire une induction légitime qui est confirmée par des expériences innombrables. Voici ce que dit à ce sujet Stuart Mill :

« En vertu de quel principe savons-nous ou par quelles considérations sommes-nous amenés à croire que d'autres êtres sentants existent ? Que les formes mouvantes et parlantes que je vois et que j'entends, ont des sentiments et des pensées, ou, en d'autres termes, sont intelligentes ? Même le plus résolu partisan de la théorie de l'intuition ne met pas cette connaissance au nombre de celles que je dois à l'intuition directe. Je la tire de certaines choses qui, comme le prouve mon expérience de mes propres états de sensibilité, en sont les signes. Ces signes sont de deux sortes, antérieurs et postérieurs, les conditions nécessaires du sentiment, et ses suites ou ses effets. Je conclus que d'autres êtres humains sont sensibles comme moi, d'abord parce qu'ils ont comme moi un corps qui est, comme je le sais par moi-même, la condition antérieure de tout sentiment, et, en second lieu, parce qu'ils accomplissent des actes et manifestent des signes extérieurs qui sont produits chez moi par les sentiments, comme je le sais aussi par expérience. J'ai conscience en moi-même d'une série de faits qui sont invariablement liés les uns avec les autres, dont les modifications de mon corps forment le commencement, mes sensations le milieu et une conduite extérieure la fin. Pour les autres hommes, mes sens me font connaître le premier terme et le dernier de cette série, mais non le terme moyen. Je constate cependant que le dernier terme succède au premier avec autant de constance et de régularité qu'en moi-même dans ces autres cas. Or je sais quand il s'agit de moi que le premier terme ne produit le dernier que par le terme moyen et qu'il ne peut en être autrement. L'expérience m'oblige donc à conclure qu'il y a aussi un moyen terme qui est le même chez les autres qu'en moi, ou qui en diffère, c'est-à-dire que les autres sont des êtres vivants ou des automates. Et si je les prends pour des êtres vivants, si je crois que le moyen terme en eux est de même nature qu'en moi qui suis à tous autres égards semblable à eux, je soumets les autres êtres humains, comme phénomènes, aux mêmes généralisations qui dans la mesure de mon expérience forment la vraie théorie de ma propre existence. Et en agissant ainsi je me conforme aux véritables règles de la recherche expérimentale » (Exam. p. 230-231).

Toute question que j'adresse à un autre homme, toute action que j'exerce sur lui, est une expérience qui confirme ma conclusion sur sa ressemblance avec moi. Car la réaction qui accompagne mon action sur lui est précisément du genre de celles que j'attends d'un être qui me ressemble. Et ainsi l'existence des autres hommes, et en général d'autres êtres vivants, quoique conclue, est hors de contestation et n'a jamais été mise en doute (1).

---

(1) Descartes, il est vrai, regardait les animaux comme des automates ; mais il y avait été conduit par des raisons particulières qui se rattachaient à sa doctrine philosophique.

Si, d'autre part, dans certaines actions de la nature inanimée on trouve quelque ressemblance avec les nôtres et si l'on en conclut à une raison de ces actions semblable à celle de nos propres actions, cette conclusion dépasse les données expérimentales. Car la puissance de la nature réagit contre nos actions, autrement que nous ne ferions nous-mêmes ou que ne feraient des êtres semblables à nous.

Deuxième chapitre

Sentiment et sensation

La science a deux intérêts qui souvent se croisent et se contrarient : d'un côté constater et scruter les faits, de l'autre les expliquer. Il est clair que le désir d'expliquer les faits a souvent pour résultat qu'on les saisit mal ou faussement. Expliquer, c'est avant tout montrer dans des faits différents des cas ou des modifications d'un fait unique. Il est donc de l'intérêt de celui qui veut expliquer de négliger les différences des faits ou de les tenir pour peu importantes ou secondaires. Et nous voyons que cette disposition trompeuse s'est particulièrement manifestée même dans l'observation et la classification des phénomènes intérieurs. On a vainement remarqué depuis longtemps que l'on doit distinguer dans l'essence du moi des phénomènes de trois sortes qui ne peuvent absolument pas être dérivés les uns des autres, à savoir les *idées* (on dit ordinairement la pensée), les *sentiments* de plaisir et de peine, et le *désir* et la *volonté*, avec les *émotions* et *affections* qui lui correspondent, comme la crainte, la haine, l'amour, la colère, etc., auxquelles on doit ajouter comme quatrième espèce les *sensations*. L'intérêt de quiconque veut expliquer a toujours été de troubler la vue des faits pour pouvoir les dériver l'un de l'autre.

Ainsi, on a voulu considérer les idées comme de pures modifications des sensations. J'ai assez montré dans la première Partie combien c'était faux. On a cherché aussi avec persévérance à dériver des idées les sentiments de plaisir et de peine, et cela, il est vrai, de plusieurs façons. Les uns admettent que le sentiment de plaisir en nous vient de la considération d'une « perfection » dans les choses extérieures, et le sentiment de peine du contraire, — c'est la théorie de Wolf. D'autres affirment que le plaisir naît de la considération d'une « perfection » en nous-mêmes, et la peine du contraire, — c'est la théorie de Descartes. Selon Herbart, le sentiment est « l'état condensé des idées »: le sentiment de l'agréable et celui du pénible « reposent sur une fusion (des idées) *avant* l'empêchement, comme les idées de temps et d'espace sur la fusion *après* l'empêchement » (*Psych. comme science*, II, p. 92-3).

Il est remarquable combien les efforts pour arriver à une explication nous aveuglent sur les faits les plus simples et les plus rapprochés. Toutes les théories en question reposent sur la méconnaissance de ce fait, cependant évident, que les sentiments de plaisir et de peine ont avant tout des causes physiologiques qui résident dans l'organisme. Par exemple, je me pique avec une aiguille et j'en ressens de la douleur. Qu'est-ce que cette douleur a à faire avec la considération de je ne sais quelle « imperfection » soit en moi, soit en dehors de moi, ou avec l'état de mes idées ?

Si l'on songe qu'il y a, comme je l'ai montré dans la première Partie (livre deuxième, cinquième chapitre), un profond mystère dans les sentiments de peine et de douleur, on ne peut s'empêcher de sourire à ces enfantines tentatives d'explication. Car on ne se contente pas d'expliquer les sentiments par leurs causes physiques, c'est-à-dire par leurs antécédents invariables ; on prétend encore, par quelque invention, rendre compte de l'essence même des sentiments.

De toutes les dérivations des phénomènes intérieurs les uns des autres, il n'y en a qu'une qui soit exacte et fondée : c'est celle par laquelle on dérive l'effort et la volonté des sentiments de plaisir et de peine. La volonté, en fait, naît des sentiments, comme je le montrerai dans un prochain chapitre. Néanmoins la volonté n'est pas une pure modification des sentiments. On ne doit pas, il est vrai, la considérer comme un pouvoir spécial de l'âme, mais comme un phénomène *sui generis*, et il faut se garder de la confondre avec d'autres phénomènes. Il ne peut être question d'une manière générale de pouvoirs de l'âme, mais seulement de phénomènes intérieurs d'espèces différentes, et il y en a quatre espèces : les sensations, les sentiments de plaisir et de peine, les idées et la volonté.

Ni les idées ne peuvent être considérées comme de simples modifications des sensations ou de n'importe quel autre objet, ni les sentiments de plaisir et de peine ne peuvent être dérivés des idées ou des sensations. Et en ce qui concerne les sensations, on les a toujours considérées comme indépendantes des autres facultés de l'âme, parce qu'elles ont toujours des causes directement extérieures, et même, comme nous le savons, elles sont connues elles-mêmes comme les choses de notre expérience.

Nous allons montrer ici le rapport des sensations avec les sentiments de peine et de plaisir. Ce rapport, si l'on considère la chose sans prévention, ne peut être conçu que comme celui de cause à effet au sens ordinaire du mot. Quelques sensations ou combinaisons de sensations ont régulièrement dans certaines circonstances le plaisir ou la peine pour conséquences, absolument de la même manière que l'excitation d'un nerf a pour conséquence une sensation et l'apparition du soleil au-dessus de l'horizon le jour. S'il m'est permis d'employer une comparaison familière, je dirai que le sentiment et la sensation se comportent à peu près comme l'eau et l'huile dans un vase. Ils se limitent, mais ne se mêlent pas. Les sentiments de plaisir et de peine sont les propres états du moi ; les sensations objectives au contraire sont un contenu complètement étranger au moi, qui se produit près de ces sentiments et les conditionne souvent. Il est aussi impossible de connaître par l'étude du plaisir et de la peine quelque chose des objets extérieurs, que de connaître quelque chose de la nature propre et de la vie du moi par l'étude des sensations objectives de couleurs, de sons, etc. Règle générale, les sensations objectives sont connues comme des qualités des choses extérieures, et des hommes différents croient connaître dans leurs sensations respectives les mêmes choses communes à tous, tandis que nos sentiments de plaisir et de peine ont, il est vrai, une cause commune, mais ne paraissent jamais eux-mêmes comme quelque chose de commun à tous. Chacun de nous sait au contraire dès l'origine que son plaisir et sa peine n'existent qu'en lui et sont tout à fait distincts des sentiments des autres hommes. Aussi voyons-nous que les sentiments de plaisir et surtout de peine et de douleur sont toujours les mêmes ou du moins semblables, et ne se distinguent entre eux que par le degré d'intensité, quelque différentes que puissent être les causes qui les produisent. Quand les sentiments de douleur nous paraissent qualitativement différents (comme brûlant, piquant, etc), cela vient seulement de la diversité des sensations qui les accompagnent. Aussi cette apparence de différence ne peut-elle se produire que pour les sentiments qui proviennent de causes corporelles. C'est en effet seulement alors qu'il y a des sensations accompagnatrices. La douleur purement morale au contraire est qualitativement toujours la même, qu'elle résulte de la perte d'un être aimé, ou d'une injustice subie, ou de la vue d'un mal souffert par autrui, ou de n'importe quelle autre cause intellectuelle.

Mais les sensations aussi sont devenues tributaires de la manie d'expliquer. Il y a beaucoup de sortes de sensations et beaucoup de différences entre elles ; une sensation visuelle, une couleur, n'a rien de commun avec une sensation de l'ouïe, un son, et celui-ci à son tour diffère tout à fait d'une odeur. Bien plus, les couleurs, les sons, les saveurs et les odeurs sont de nature très diverses. Ceux qui veulent des explications ne peuvent pas l'admettre tranquillement : ils cherchent à rendre illusoires ces différences, à les dériver d'un principe commun, d'autant plus que la science donne un exemple très séduisant.

Les recherches des physiologistes sur les conditions de la perception ont, en effet, conduit à ce résultat que bien des choses qui nous paraissaient simples sont dues à la combinaison d'éléments multiples, et que l'état, les associations d'idées du sujet exercent une notable influence sur la manière dont nous apparaît une qualité donnée dans la perception. De ce que l'on a ramené dans les conditions ou causes matérielles des sensations toutes les différences à des différences purement quantitatives, à des vitesses plus ou moins grandes, à des longueurs ou des amplitudes dans les oscillations des atomes corporels, on veut simplifier aussi la diversité qualitative des sensations, et l'expliquer par des rapports quantitatifs. Par exemple, Spencer et Taine veulent dériver toute la diversité des sensations d'un seul élément psychique et croient ainsi aller dans le sens de la recherche scientifique. Mais c'est méconnaître de fond en comble la différence essentielle de l'état des choses dans l'un et l'autre cas. Dans le monde matériel on peut bien — et on le fait déjà, — tout concevoir et expliquer comme purement quantitatif, parce que le monde matériel ne contient pas de qualités réelles et par conséquent ne contient pas une diversité de qualités. Mais il en est tout autrement dans le monde des sensations où tout est qualité et différence qualitative. Expliquer quantitativement la différence des qualités réelles, ce serait démontrer qu'*elle n'existe pas* ; c'est donc une tâche impossible.

Il est vrai qu'une succession régulière de bruits, si elle a une certaine vitesse, donne un son musical dont la hauteur croît avec la vitesse ; mais il ne s'ensuit pas que le son musical lui-même consiste dans ces bruits, en soit une pure combinaison. Il est vrai que divers mélanges de couleurs donnent du blanc ; mais il ne s'ensuit pas que la sensation de la couleur blanche elle-même soit une simple combinaison d'autres sensations de couleurs. La *qualité* du blanc, ou le blanc, ne peut précisément pas être composée ; elle est absolument simple. De même l'eau est composée d'hydrogène et d'oxygène ; mais personne ne voudra affirmer que la qualité de l'eau est un composé des qualités de ses éléments. Les qualités sont, quant à leur essence, absolument irréductibles. Si quelque chose de qualitativement nouveau se produit, on peut très bien établir les conditions de son apparition dans ce qui est donné, ou dans le passé ; mais ce qu'il y a de *nouveau* dans sa propriété qualitative spéciale ne peut évidemment pas être dérivé de ce qui est donné, précisément parce qu'elle est quelque chose de nouveau, et qu'elle n'est donc pas quelque chose qui se rencontre déjà dans ces conditions. Dériver une différence qualitative réelle des combinaisons du divers, c'est donc vouloir tirer quelque chose de rien.

Troisième chapitre

LA VOLONTÉ

§ 1. Origine et nature de la volonté.

Nous allons examiner maintenant cette question, à savoir si les sentiments de plaisir et de peine sont une conséquence de notre volonté et de notre activité, ou si, au contraire, il y a dans ces sentiments la raison de la volonté et de l'activité du moi.

L'hypothèse que le plaisir et la peine sont par essence des suites de la volonté ou de n'importe quelle activité du moi a beau être contraire aux faits, elle n'en a pas moins trouvé des défenseurs célèbres. En Allemagne c'est Schopenhauer qui a voulu dériver les sentiments de la volonté. Ils sont selon lui la conséquence d'une action sur la volonté; cette action « est une douleur quand elle est en opposition avec la volonté; elle est le bien-être, le plaisir au contraire, quand elle lui est conforme » (Le monde comme V. et R., I, p. 120). Le plaisir et la peine sont : « des affections immédiates de la volonté dans son phénomène, le corps : un vouloir ou un non vouloir forcé, instantané, de l'impression qu'il subit ». Mais on ne peut pas en général se fier beaucoup aux affirmations de Schopenhauer, parce qu'elles viennent le plus souvent, non d'un pur intérêt théorique ou d'une étude attentive et sans parti pris des faits, mais de certaines hypothèses préconçues. Il a l'idée fixe que la volonté est le principe de toutes choses : elle doit être aussi le principe des sentiments; on ne trouve pas chez lui de raison meilleure pour justifier son affirmation. Avec sa négligence habituelle, il n'a pas manqué, même en ce point, de se contredire. Il dit par exemple, et avec raison : « Toute volonté naît du besoin, donc du manque, donc de la douleur. » (I, p. 230). Et dans un autre endroit : « Par ce que tout vouloir, comme tel, naît du manque et, par conséquent, de la douleur... » (p. 429). Mais dans la même page, il reprend son antienne : « Une douleur n'est pas autre chose qu'un vouloir non rempli et contrarié, et même la douleur du corps, s'il est blessé ou détruit, n'est possible, comme telle, que parce que le corps n'est pas autre chose que la volonté devenue objet. » Ainsi, d'après lui, toute volonté vient de la douleur et toute douleur de la volonté.

Hamilton a soutenu en Angleterre une théorie apparentée à celle de Schopenhauer. « Tout plaisir, dit-il, résulte du libre jeu de nos facultés et de nos aptitudes. Toute douleur, au contraire, de leur répression ou de leur activité forcée » (Cité par Stuart Mill, Exam., p. 530). Mill, au contraire, a simplement cité le fait que le goût du sucre a pour suite une sensation agréable, celui de la rhubarbe une sensation désagréable. Par quelle sophistique pourrait-on découvrir dans la saveur du sucre ce qui favorise, dans la saveur de la rhubarbe ce qui contrarie la volonté, ou n'importe quelles facultés ou aptitudes du moi? Le fait évident est que les sentiments de plaisir et de peine sont le principe de tout effort et de tout vouloir. Bien plus, le rapport entre les sentiments et la volonté est, dans notre expérience, le seul cas où de la nature de l'antécédent on puisse prévoir *a priori* celle du conséquent, ce qui ne veut pas dire que nous ayons *a priori* la connaissance de nos sentiments et de leurs effets : voici plutôt comment il faut l'entendre.

Nous sentons immédiatement la douleur comme un état qui ne peut durer tel qu'il est, mais qui implique la nécessité de se détruire, de se changer en un autre état (non douloureux), et nous sentons immédiatement le plaisir comme un état qui non seulement n'implique pas la nécessité intérieure de se détruire et de se changer, mais qui contient une raison de s'affirmer contre toute influence contraire. Mais comme une douleur ne peut pas se détruire d'elle-même, parce qu'elle est un effet de causes étrangères, c'est-à-dire la suite invariable de certains antécédents totalement différents du sujet sentant, — nous pouvons prévoir *a priori* qu'un être sentant doit nécessairement s'efforcer d'éloigner les causes de sa douleur ou de déployer une activité extérieure. De même, un plaisir ne peut pas immédiatement s'affirmer contre les actions contraires, parce que leur être ou leur non-être dépend de causes ou d'antécédents extérieurs. Nous pouvons donc, d'après la nature du plaisir, prévoir *a priori* qu'un être sentant doit s'efforcer de faire durer le plus possible les causes de son plaisir, ou, si elles manquent, de les provoquer et de les réaliser. On appelle *agréables* les causes de plaisir et *désagréables* celles de la douleur. L'attraction exercée par les premières sur le sujet sentant s'appelle *désir*, et la répulsion produite par les secondes est l'*aversion*. Nous voyons donc comment et pourquoi le désir et l'aversion suivent de la nature des sentiments de plaisir et de peine. Mais le désir et l'aversion forment la volonté ou en sont du moins les éléments constitutifs : elles représentent l'*effort* intérieur qui forme le germe de toute volonté. La volonté est donc un effet des sentiments.

En réalité, n'est-ce pas un fait indubitable que tout vouloir naît d'un déplaisir et a pour fin un plaisir ? Et que sont le plaisir et le déplaisir, si ce n'est des sentiments ? Dire que la volonté existe avant les sentiments, c'est dire que la tendance d'un état à se changer existe avant l'état même qui s'efforce de changer. C'est dans un autre domaine la même chose que si l'on disait que l'attraction des corps a été antérieure aux corps, que les corps ou leurs éléments constitutifs se sont attirés avant d'exister, bien plus, que leur existence a été le résultat de cette attraction. Quelque dénuée de sens que soit cette dernière affirmation, elle a eu, comme nous l'avons vu précédemment, ses défenseurs et ce n'étaient pas les moindres parmi les philosophes.

Je veux mentionner encore une opinion paradoxale de Bain, dont la critique peut servir à éclaircir notre objet. Nous avons vu que le plaisir, tant qu'il n'est pas troublé, ne contient aucune raison d'effort ou d'action, mais que c'est la peine ou la douleur qui nous agite. Bain affirme, au contraire, que « le plaisir pousse à l'action, et que la douleur tend à arrêter le mouvement » (Obs. sur l'Analyse de James Mill, et aussi

Science mentale et morale, p. 322). Bien plus, il dit encore plus clairement : « La force proprement mouvante de la douleur n'est pas l'état de douleur même, mais l'espoir de s'en affranchir, et s'en affranchir est une sorte de plaisir (1) ». Cette doctrine vient de ce que Bain a considéré plutôt les faits d'expérience physiologique que les faits psychologiques. Nous voyons en effet que, dans le plaisir, les bêtes et les animaux s'agitent souvent beaucoup, tandis que lorsqu'ils sont blessés ou malades ils se tiennent en repos le plus possible. Mais dans le premier cas ils s'agitent, non parce qu'ils sont contents, mais parce que le mouvement contribue à la conservation et à l'accroissement de leur plaisir. Et dans l'autre cas, ce n'est pas la douleur qui est la cause de leur immobilité, mais le fait au contraire que le mouvement accroît la douleur. Quand on éprouve un plaisir à la conservation, à l'accroissement duquel le mouvement ne contribue pas, nous voyons se produire une immobilité parfaite, par exemple quand on admire un beau paysage, quand on entend une belle musique (excepté les airs de danse, parce qu'alors le mouvement cadencé du corps augmente encore le plaisir), quand on prend un bain chaud, dans le kief des Orientaux, et dans les cas semblables. Au contraire, quand le mouvement ne rend pas plus vive une douleur, on se démène pour écarter la cause du mal, on crie, on fait tout ce qu'on peut imaginer pour atténuer la douleur. L'affirmation de Bain repose donc sur un malentendu (2).

La spontanéité particulière dont nous avons conscience se distingue précisément de l'activité ou de la causalité des choses

(1) Il faut plutôt dire au contraire : le plaisir ne peut nous pousser à agir qu'autant qu'il est regretté, c'est-à-dire autant que son absence est une condition ou une cause de déplaisir. Un plaisir qui par ignorance ou autrement n'est pas regretté, n'est ni cherché ni désiré.

(2) D'ailleurs Bain lui-même, dans un autre endroit, s'exprime bien quand il dit : « Le plaisir pousse à agir pour le faire durer, et la douleur, pour la faire cesser » (Sens et intell., p. 4 et aussi p. 34).

inanimées en ce qu'elle a sa raison en nous, dans nos sentiments. Nous avons nous-mêmes, non pas sans conditions, mais, comme on l'a expliqué, sous certaines conditions seulement, la nécessité, la tendance à changer nos propres états et par conséquent les états des autres choses. Cela résulte, comme on l'a vu, de la nature de certains états en nous, tandis que de la nature et de l'état d'une chose inanimée, on ne peut jamais voir pourquoi cet état contiendrait une raison de changer (1).

La causalité des choses extérieures n'est à aucun point de vue fondée dans leur être individuel, mais exclusivement plutôt dans le principe agissant de la nature qui lie toutes choses et que l'on appelle force. Par exemple, on ne peut pas trouver dans l'être individuel d'un corps la raison pour laquelle il tend à tomber vers le centre de la terre, cette raison est la gravitation qui lie tous les corps entre eux. Une exception apparente est la tendance d'un corps mû à continuer à se mouvoir, car cette tendance est en dehors de toute relation avec les autres choses; mais une observation attentive apprend que cette apparente exception confirme plutôt la proposition énoncée plus haut. Si nous considérons à n'importe quel point de son trajet un corps en mouvement, il est clair que son état même contient la nécessité de ne pas rester en ce point mais de passer toujours à d'autres points de l'espace. Mais quelle est la raison de cette tendance dans le corps même? Ce n'est pas une spontanéité, mais son contraire, l'inertie. Le corps en mouvement tend à changer de place non parce que son état contient une nécessitation à se changer, mais au contraire parce que de lui-même, sans cause extérieure, il ne peut introduire en lui aucun changement, et doit toujours rester iden-

(1) Il n'y a pas là cependant de contradiction avec ce qui a été dit précédemment, que notre propre causalité, comme telle, ne diffère pas de celle des choses inanimées. Car si nous avons une nécessité intérieure (par le fait des sentiments de douleur et de plaisir), nous n'avons pas de *faculté* intérieure de produire un changement hors de nous.

tique à lui-même. Dès que dans l'état d'un corps en mouvement un changement se produit, par exemple parce qu'il est heurté par un autre corps, on ne peut plus dire *a priori* ce que sera la suite ou l'effet de ce changement parce que les lois de la communication du mouvement n'ont pas leur principe dans l'essence propre, individuelle des corps, mais dans le principe unissant général dans lequel se fait valoir leur relativité.

La spontanéité, la tendance propre à l'être vivant consiste donc en ce que cette tendance a son principe dans les sentiments de plaisir et de peine. Par là se distingue notre volonté des énergies de la nature inanimée. Par là aussi nous comprenons la haute signification des sentiments. Ils sont en fait le centre de gravité de tout notre être (1). Si nous n'étions capables ni de plaisir ni de peine, tout nous serait parfaitement indifférent : nous n'aurions aucune tendance à désirer et à faire quoi que ce soit. Tout le côté moral de notre être serait alors retranché et notre intellect lui-même ramené à un pur mécanisme dont les rouages seraient soumis aux seules lois extérieures du mouvement. L'intellect lui aussi, il est vrai, possède une spontanéité, mais elle ne consiste pas en une impulsion interne à prouver: elle consiste en des lois intérieures ou propres qui déterminent sa fonction, si celle-ci est mise une fois en mouvement et entretenue par une cause quelconque. Ce cas se présente réellement chez les enfants nouveau-nés, chez qui il n'y a encore aucune liaison entre les idées et les sentiments et qui ne peuvent par suite contrôler le cours de leurs idées. Tout se passe dans l'intellect des enfants, les idées sont produites et reproduites, les associations formées, et la connaissance des objets commence sans leur participation.

(1) Bien que le pur mécanisme du moi en tant qu'être se connaissant lui-même ait son centre de gravité, comme on l'a déjà fait voir, dans la partie pensante, c'est-à-dire dans le sujet connaissant.

uniquement par des impulsions extérieures, par suite de l'excitation des nerfs sensibles et des lois de l'association, d'une manière par conséquent toute mécanique. Que le principe *a priori* de la pensée y soit impliqué, cela ne change rien au caractère mécanique de cette fonction, parce que le principe *a priori* de la pensée agit avant toute réflexion à la manière d'un instinct. Les enfants apprennent donc beaucoup de choses sans effort et sans fatigue, parce que leur intellect fonctionne mécaniquement, comme les muscles du cœur qui ne connaissent ni effort ni fatigue. Au contraire nous exerçons, dans les états de veille, un contrôle continuel sur le cours de nos idées. Toujours, sur le devant de la scène, se produit quelque chose d'intéressant qui éveille l'attention, la fixe, c'est-à-dire amène l'effort nécessaire pour mettre dans la succession des idées l'ordre voulu. Mais les sentiments sont au fond de tout intérêt. L'intérêt intellectuel pur pour l'acquisition d'une nouvelle connaissance et la découverte de nouvelles vérités est inconcevable sans le plaisir et la peine. Ces sentiments sont aussi la propre raison interne de toutes les œuvres considérables de l'intellect humain dans la science et dans l'art. Il ne faut donc pas croire qu'une « intelligence pure », sans mélange de sentiments, serait quelque chose de plus élevé ; ce serait plutôt une pure machine. L'intellect pur, c'est-à-dire la pure idée, est déjà de sa nature quelque chose de subordonné, car toute sa fonction consiste à représenter ou à réfléchir d'autres choses.

§ 2. Les lois de la volonté.

Sur ce fait que la tendance de l'être vivant a une raison interne, repose une autre propriété de sa causalité qui la distingue de la causalité des choses inanimées, à savoir celle d'avoir des *idées* pour intermédiaires.

La raison de la tendance et de la volonté de l'être vivant est, comme on l'a vu, la présence en lui d'états, qui ne peuvent rester identiques à eux-mêmes, qui contiennent la nécessité de se détruire ou de se changer en d'autres états. La douleur, le déplaisir sont des états de ce genre. Mais il est évident que la tendance d'un état à se détruire ne peut amener immédiatement qu'un pur changement intérieur, à savoir le passage de cet état à un autre. Comme sa raison, le but aussi de la tendance d'un être vivant est contenu en lui-même, dans ses sentiments, et ne peut donc avoir aucun rapport direct avec des objets ou des causes extérieurs. Nos déplaisirs peuvent être, il est vrai, produits, ou, plus exactement, amenés par des causes extérieures, mais leur *tendance propre au changement* ne peut avoir aucune cause extérieure ni par conséquent aucune direction, aucun rapport au dehors. Si, au contraire, le sujet a une *idée* des causes extérieures de ses sentiments, non seulement il peut, mais encore il doit chercher à agir sur elles. Il comprend alors, en effet, que son but, c'est-à-dire le changement désiré de ses états intérieurs ne peut être atteint qu'en agissant sur leurs causes extérieures. Mais il en résulte que les causes extérieures ne peuvent mouvoir un être vivant que par l'entremise de ses idées, c'est-à-dire en forme de *motifs*, et que la causalité d'un tel être a pareillement pour intermédiaires les idées, c'est-à-dire doit être une *action en vue d'un but*.

L'action des causes extérieures sur les sentiments, sur les états intérieurs d'un être vivant, se produit, il est vrai, sans l'intermédiaire d'aucune idée, et le sujet, dans le cas où cette influence est désagréable, est poussé à l'action. Mais la direction de son activité n'est pas déterminée par les causes extérieures elles-mêmes: elle l'est par l'idée que le sujet en a. S'il a une idée fausse des causes de ses états, il se trompe dans sa conduite. Alors, en effet, il cherche à agir non sur les causes réelles de ses états, mais sur les choses et les faits qu'il prend pour ces causes. Ainsi un malade a souvent recours à des remèdes qui ne peuvent qu'aggraver son état, dans la croyance qu'ils lui serviront à éloigner son mal.

Avec ce fait que les causes extérieures ne peuvent mouvoir le sujet que par l'entremise de ses idées, est aussi donnée la possibilité qu'il soit mû non seulement par des causes présentes, mais encore par des causes attendues, redoutées ou espérées. La causalité d'un être vivant prend ainsi un caractère tout à fait différent de la causalité des choses inanimées. Et cela a grandement servi à faire croire que la conduite humaine n'est pas assujettie à la causalité. Car de ce que le rapport entre les actions humaines et leurs causes extérieures n'est pas immédiat et direct, comme le rapport entre les causes physiques et leurs effets, mais qu'il a pour intermédiaires les idées ou les opinions que l'on se forme des choses, de ce que ces idées ne sont pas toujours connues des autres hommes, et que souvent on n'en a pas clairement conscience soi-même et qu'elles peuvent encore changer par là, enfin de ce que tous les hommes n'agissent pas de même sous l'influence des mêmes motifs et que le même sujet ne reste pas toujours identique à lui-même dans les mêmes circonstances, — il est clair que les actions humaines ne suivent pas aussi invariablement, aussi immédiatement, les motifs que les effets physiques suivent leurs antécédents, et cela donne aisément l'illusion que les actions humaines ne sont pas soumises à des lois. Mais on ne peut évidemment pas admettre que les actes humains soient en fait soustraits à toute loi, car on ne peut concevoir une infraction à la loi de causalité. Les actions, à en considérer la somme, suivent leurs antécédents donnés aussi fatalement que n'importe quel autre phénomène naturel. Voici quelques remarques sur les lois qui gouvernent la conduite humaine.

La loi fondamentale de la tendance et de la conduite de tout être vivant est invariablement déterminée par la nature des états d'où naît toute tendance elle-même. Ces états, comme nous le savons, sont les sentiments de douleur et de déplaisir parce que ces états ont naturellement la tendance à se détruire. La loi fondamentale de toute volonté est donc de fuir la douleur, le déplaisir, et par conséquent de tendre au contraire de la douleur, c'est-à-dire au plaisir. Le sentiment de plaisir qui ne contient immédiatement en soi et pour soi, comme nous l'avons vu, aucune raison de changement, d'activité, devient, grâce aux idées, un motif d'action, alors que le sujet est poussé par l'idée d'un plaisir qui lui manque à le produire ou à l'amener en lui. Plaisir et déplaisir sont donc les motifs propres, parce qu'ils sont internes, de toute volonté. Un être vivant ne peut absolument pas être mû autrement que par une influence sur ses sentiments ou par l'idée d'une telle influence.

Mais l'existence d'un être vivant est liée à l'existence d'un organisme corporel qui dépend de conditions multiples, et ces conditions doivent être produites en partie ou amenées par l'action de l'être vivant lui-même. Par ce fait, la nécessité de lois particulières de la volonté dans l'être vivant devient manifeste. Il s'ensuit clairement, en premier lieu, que la loi fondamentale d'un être vivant doit être la conservation de soi-même, parce que l'existence de l'être vivant est précisément la condition nécessaire de toutes ses autres qualités, de toutes ses lois. Mais dans la nature d'un être voulant, il n'y a pas de penchant immédiat à la conservation de soi. Au contraire, toute volonté, toute tendance naît, comme nous l'avons vu, d'états qui *ne peuvent se conserver*, qui ont plutôt un penchant à se détruire. Aussi le penchant à se conserver doit-il être inculqué tout particulièrement à l'être vivant ; et comme cet être ne peut être mû que par une influence sur ses propres sentiments, la tendance à la conservation de soi doit être greffée sur les sentiments. Or ce résultat est atteint par le fait que l'idée de son anéantissement inspire de la crainte au sujet, c'est-à-dire lui cause un sentiment pénible.

Dans la pensée de notre propre anéantissement, il n'y a aucune raison immédiate de crainte ou de sentiment pénible. Car si le non-être n'a rien de douloureux, l'attente ou l'idée du non-être ne peut rien avoir de pénible non plus. La crainte du non-être n'est donc pas une loi propre, primitive de l'être voulant, mais elle est implantée en lui, elle repose sur une illusion naturelle. On en conçoit la nécessité, non par la nature intérieure d'un être voulant, mais par les conditions de son existence dans le monde empirique.

Mais la crainte du non-être est seulement le côté négatif de la tendance à se conserver. Elle contraint l'être vivant à fuir tous les dangers qui menacent sa vie, mais non pas immédiatement à remplir toutes les conditions positives de son existence. Ce dernier but sera atteint par une autre influence sur ses sentiments qui se manifeste dans ses besoins. Les choses sont arrangées de telle sorte que l'observation des conditions nécessaires pour la conservation de l'être vivant, c'est-à-dire la satisfaction de ses besoins, est pour lui agréable, et la non-satisfaction pénible et même douloureuse. C'est ainsi que l'être vivant est porté à se conserver et à conserver son espèce par la génération. La faim, la soif, l'amour des enfants et des parents, sont ces tendances primitives sans lesquelles le monde animal ne pourrait subsister.

Comme ces tendances existent antérieurement à toute expérience agréable ou désagréable d'effets extérieurs, leur présence en nous a beaucoup contribué à accréditer l'opinion fausse que les sentiments de plaisir et de peine sont eux-mêmes une conséquence de ces tendances. J'ai déjà montré combien cette théorie est insoutenable. Si les tendances étaient indépendantes des sentiments, on pourrait se demander à quoi ces derniers serviraient. Car les êtres vivants pourraient être mus directement, comme les êtres inanimés, et conduits à toutes les fins qu'ils doivent atteindre. Mais c'est en cela précisément que consiste la grande différence entre les êtres vivants et les êtres inanimés : les premiers contiennent dans leurs états intérieurs eux-mêmes la raison de leurs changements et ne peuvent être mus que par une influence s'exerçant sur ces états. Les animaux ne chercheraient pas leur nourriture, si le manque de nourriture ne leur causait aucune souffrance. Ils ne s'accoupleraient pas, si le besoin de le faire n'avait sa racine ou dans le sentiment pénible du défaut, ou dans la prévision du plaisir qui naît de la satisfaction de ce besoin. D'ailleurs si l'on veut en juger d'après les principes de l'expérience, on doit uniquement recourir à l'expérience humaine qui, seule, donne immédiatement accès aux états intérieurs du sujet voulant et agissant.

Nous voyons donc qu'un être vivant doit être soumis à tout un système de lois naturelles qui déterminent sa volonté. Ces lois, dans leur ensemble, ont pour but de conserver l'individu et l'espèce; l'égoïsme le plus rigoureux en fait la tendance principale qui produit dans la nature une lutte générale pour l'existence. Mais nous avons vu que l'individualité et la pluralité des objets est étrangère à l'essence des choses et, par suite, est quelque chose d'anormal. Elle est conditionnée par une illusion. Sur l'illusion repose non seulement, comme nous le savons, la conscience de soi, qui est la forme nécessaire de l'existence individuelle, mais aussi le système des tendances qui servent à la conservation des individus et des espèces. On conçoit donc pourquoi l'homme ne voit pas dans les lois de sa nature empirique les lois normales de son être, les vraies normes de sa volonté, et ne cherche pas sa liberté dans la satisfaction de ses tendances naturelles. La liberté est la volonté et la conduite suivant des lois qui ont leur racine dans notre propre nature; or, la nature empirique n'est pas la nature vraiment propre des choses, et, par suite, la soumission aux lois de la nature n'est pas la liberté, mais au contraire la servitude, l'hétéronomie, la dépendance vis-à-vis des lois étrangères de mouvement et de détermination. Aussi n'est-ce pas l'égoïsme, lequel forme la loi fondamentale empirique de l'individu et qui en conditionne l'individualité, mais le contraire de l'égoïsme, la loi morale qui est la vraie norme de notre volonté et la loi de la liberté.

Quatrième chapitre

L'idée considérée comme fait réel

Dans un chapitre, au commencement de la première partie, j'ai examiné avec soin la nature de l'idée. Ce chapitre peut servir d'introduction à ceux qui suivent. Je crois avoir établi, en particulier, que l'essence de l'idée consiste en ce qu'elle *n'est pas* ce qu'elle représente, en ce qu'elle contient l'affirmation d'un objet différent d'elle-même, la croyance à l'existence de cet objet.

On doit donc distinguer dans l'idée deux côtés, l'un idéal et l'autre réel. On peut en effet considérer dans l'idée d'abord ce qu'elle est elle-même en soi, comme un fait réel, abstraction faite de tout ce qui est représenté en elle, c'est là le côté *réel* de l'idée. Mais on peut en second lieu considérer l'idée selon ce qui est représenté en elle et la manière dont c'est représenté, et c'est là le côté *idéal*. Les fonctions et les lois de l'idée sont, de part et d'autre, de nature toute différente.

Les fonctions de l'idée, sous l'aspect réel, sont la *réceptivité*, la *reproduction* et l'*association* du contenu reproduit. Les lois de l'idée sous l'aspect réel sont de nature physique, à savoir la loi de causalité suivant laquelle les objets la produisent, et les lois d'association.

Les fonctions de l'idée sous l'aspect idéal sont : le *jugement*, le *raisonnement*, la *récognition*, comme cas spécial du raisonnement, ou reconnaissance du passé, et enfin la *généralisation*. Toute pensée, toute connaissance, comme telle, consiste dans ces fonctions. Les lois de l'idée sous l'aspect idéal ne sont pas de nature physique, mais logique, c'est-à-dire ne sont pas des lois de causalité, mais des principes d'affirmation et de négation, des raisons de croire et de ne pas croire. Il n'est évidemment pas contestable que les lois physiques de l'idée ont une influence sur la croyance, mais elles ne sont pas ses lois propres. L'action des causes et des lois physiques sur notre croyance ou notre conviction est plutôt la raison de toute erreur, de toute hétéronomie de la pensée.

Examinons d'abord, mais brièvement, le côté réel de l'idée. Un plus long développement de ce sujet appartient à la psychologie.

La première propriété de l'idée comme fait réel est qu'elle est l'effet des objets, mais un effet qui ressemble quant au contenu à sa cause. C'est ce qu'on veut dire quand on appelle *réceptivité* des idées leur production par les objets. Voici, en effet, en quoi consiste la production de l'idée par son objet : à l'apparition d'un contenu dans l'objet immédiat (qui est toujours, nous le savons, une sensation) succède invariablement l'apparition d'un contenu correspondant, c'est-à-dire semblable, dans l'idée. Mais qu'à l'apparition de ce contenu dans l'idée soit liée l'affirmation de l'objet, la croyance à son existence, — ce n'est à aucun point de vue un effet de l'objet, ce n'est plus un fait physique, ni le pur effet d'un tel fait ; c'est un acte d'une espèce toute particulière, qui a sa raison dans la nature de l'idée même et en constitue le côté idéal. Nous n'avons pas à le considérer ici davantage.

La seconde propriété des idées comme faits réels est leur merveilleuse propriété d'être *reproduites* en l'absence des objets. J'ai vu par exemple une ville il y a plusieurs années, Paris, si l'on veut, et je n'y suis pas retourné depuis; néanmoins je puis me rappeler bon nombre d'objets qui s'y trouvaient quand j'y étais, c'est-à-dire que je puis de nouveau, de n'importe quelle manière, me rendre présentes les impressions que j'ai alors reçues. — Cette propriété forme déjà une limite infranchissable entre l'idée et la sensation. Si l'on entend exclusivement par idées les idées reproduites et qu'on n'y voie que des reproductions des sensations mêmes sous une forme affaiblie, comme font les sensualistes, on tombe dans toutes les absurdités qu'implique la confusion des idées avec leurs objets et que Reid a fait ressortir dans sa polémique avec Hume.

Car les sensations ne sont absolument pas reproduites. Ce que les sensualistes prennent pour des sensations reproduites possède des propriétés qui sont entièrement étrangères à toute sensation, et en général à tout ce qui est purement objectif. Mais à toute sensation en nous correspond une idée semblable, et cette dernière est dans la suite reproduite en l'absence de la sensation et des causes de la sensation. Évidemment il se produit aussi en nous des sensations auxquelles aucune idée ne correspond ou dont, en d'autres termes, nous n'avons pas conscience; mais celles-là nous ne pouvons pas nous en souvenir, elles ne sont pas reproduites. La présence de ces sortes de sensations ne peut être que conclue, comme indirectement.

Sur la reproduction des idées reposent deux faits. 1° la possibilité de se rappeler le passé, et 2° la possibilité d'unir plusieurs idées dans une conscience. La connaissance serait évidemment impossible sans cela. Nous ne nous demanderons pas quelles sont les raisons ou les causes de la reproduction des idées. Nous ne voulons pas savoir si elle est, comme l'enseigne Herbart, l'effet d'une élasticité propre aux idées qui tend toujours à les repousser dans la conscience, ou si, comme le prétendent les matérialistes, elle est conditionnée dans le cerveau par les traces d'anciennes perceptions. Nous n'avons aucun droit d'attribuer aux idées une telle élasticité, parce que l'expérience ne nous offre rien de tel, et, contre l'hypothèse des matérialistes, nous citerons la remarque de Stuart Mill (Log., II, p. 435) « qu'il y a une incontestable uniformité de succession entre les états de l'esprit et qu'elle peut être constatée par l'observation et l'expérience ». Que la reproduction des idées ait ou n'ait pas des antécédents dans le cerveau, cela nous est indifférent, parce que les lois de reproduction sont fondées dans les idées mêmes. Découvrir les lois, cela seul a un intérêt scientifique, et pour cela nous n'avons pas besoin de faire entrer le cerveau en ligne de compte. Il n'y a que les états pathologiques de l'esprit qui doivent nécessairement être étudiés en liaison avec les états du cerveau (1).

En tant que les idées sont produites immédiatement par des objets présents, elles sont soumises dans leur apparition et leur succession aux lois des objets dont la découverte est la tâche non de la théorie de la connaissance, mais de la science. D'un autre côté, en tant que les idées ne sont pas produites par les objets présents et qu'elles sont simplement reproduites, leur apparition dans la conscience ne peut être conditionnée que par la présence d'autres idées dans la conscience et suppose par conséquent quelque chose de commun, une liaison quelconque entre elles et ces autres idées. C'est ce que l'on appelle en général l'*association* des idées. Les lois de la reproduction sont donc les lois de l'association des idées.

Or, les idées ne peuvent avoir que de deux manières quelque chose de commun entre elles : cette communauté peut être seulement, ou 1° la *ressemblance* de leur contenu, ou 2° la

(1) L'affirmation que les rapports entre nos états intérieurs, psychiques sont conditionnés par des phénomènes matériels, cérébraux, implique la négation des seuls faits immédiatement certains de la vie intérieure elle-même.

présence de ce contenu dans *une* conscience, que les objets de ces idées soient présentés ensemble ou dans des temps différents. Il y a par suite deux lois fondamentales de l'association ou de la reproduction des idées : 1° l'association par *ressemblance*, 2° l'association par ce que les Anglais appellent la *contiguïté* des idées. Cela signifie qu'une idée présente dans une conscience a une tendance à ramener dans la conscience les idées antérieures qui lui ressemblent, et celles-ci, à leur tour, ont la tendance à rappeler d'autres idées avec lesquelles elles ont été autrefois dans la conscience, et cela avec d'autant plus de facilité qu'elles ont coexisté *plus souvent*. La *force* de l'association croît avec la répétition de la rencontre (1).

Il n'est pas douteux que telles sont bien les lois qui régissent la succession des idées dans notre conscience. Toutefois on doit remarquer que la force de l'association ne dépend pas seulement de la fréquence de la répétition, mais aussi d'autres circonstances, à savoir de la vivacité des premières impressions, et, avant tout, de la mesure dans laquelle les idées nous intéressent, de leur rapport en définitive avec nos sentiments de plaisir et de peine. Ce qui ajoute à notre

---

(1) Sur l'association par contiguïté, un éclaircissement est nécessaire. Comme toutes les perceptions sont successives, deux idées ne peuvent coexister dans la conscience que par suite de leur reproduction. Il est donc impossible que la reproduction repose sur le fait, seulement, que ces idées ou d'autres semblables se soient rencontrées antérieurement dans une conscience. Car la reproduction est aussi conditionnée d'abord par une autre circonstance, à savoir, je crois, par la continuité dans la succession des idées. Dans les premières perceptions d'un enfant ou d'un jeune animal, quand par exemple il voit un corps d'un bout à l'autre, les idées antérieures se reproduisent dans le progrès de la perception par suite de la liaison qu'elles ont avec les idées actuelles par continuité. Cette liaison n'est que faible, il est vrai, et s'accroît par une répétition plus fréquente, et prend par association plus de consistance, mais elle suffit pour rendre possible la reproduction des idées avant leur association, reproduction sans laquelle aucune association ne pourrait se former. Une idée sera sans contredit d'autant plus facilement reproduite qu'on l'aura eue moins de temps auparavant. Pour cette reproduction, la moindre raison, le moindre prétexte suffira.

bien ou à nos maux persiste tout particulièrement dans notre conscience et se montre toujours de nouveau sur la scène, malgré toutes les influences contraires. C'est là-dessus que repose le fait si remarquable de *l'attention*, qui consiste en ce que la prédominance d'un intérêt donne au cours des idées une direction unique déterminée et que ces idées-là sont surtout reproduites qui sont directement ou indirectement en rapport avec cet intérêt. Chacun sait combien il est difficile d'attacher son attention à un objet qui ne nous intéresse pas, combien est absorbant, au contraire, un objet exceptionnellement intéressant. Sans cette dépendance vis-à-vis de notre intérêt et de notre volonté, par suite, aucun contrôle sur le cours de nos idées et, par conséquent, aucune pensée, aucune conduite réfléchie ne serait possible. Par là s'explique aussi pourquoi les mêmes objets éveillent chez différents hommes des séries d'idées si différentes, d'après leurs rapports différents avec leurs intérêts; pourquoi, par exemple, la vue d'un objet excite chez les uns des considérations esthétiques, utilitaires chez les autres, chez d'autres enfin militaires ou scientifiques. D'ailleurs, il y a incontestablement aussi des qualités personnelles qui conditionnent l'espèce et la force des associations.

Par l'influence de l'intérêt sur la production et la fixation de l'attention s'explique aussi le fait que nous négligeons une grande partie de ce qui se produit dans notre conscience, bien que ce soit un élément inséparable de nos idées. Helmholtz (Leçons populaires de sc., 1er cah., p. 82) fait cette remarque : « Sous ce rapport, nous sommes tous partisans résolus de l'utilité pratique, plus que nous ne pensons. Toute sensation qui n'a pas directement rapport aux objets extérieurs, nous avons coutume dans l'usage ordinaire des sens de l'ignorer complètement, et nous pouvons d'abord le remarquer dans la recherche scientifique, et aussi dans les maladies où notre attention se porte surtout sur les phénomènes de notre corps ». Helmholtz en donne comme exemple les mouches volantes devant les yeux, la tache aveugle, le fait que tous les objets quand on ne les fixe pas semblent doubles, ce dont nous ne nous doutons pas ordinairement, et autres cas semblables. Les psychologues anglais appellent cela la loi de l'oubli (*law of obliviscence*). Stuart Mill (Exam. p. 310), dit à ce sujet : « Pouvons-nous, lorsque nous mettons un livre de côté après l'avoir lu, nous souvenir de la conscience que nous avons eue des caractères, des syllabes imprimés qui se sont succédé sous nos yeux ?... Cependant chacun de ces caractères a dû être comme une impression présente pour nous, autrement nous n'aurions pas pu comprendre le sens qu'ils servent à former. Mais comme le sens est la seule chose qui nous ait intéressés, nous n'avons subi aucune impression des caractères et des syllabes ». L'association entre les mots et les pensées qu'ils expriment s'est formée par une répétition suffisante. En conséquence, l'un appelle nécessairement l'autre après lui dans la conscience. Mais comme nous tenons compte du sens uniquement, les mots s'évanouissent pour nous après avoir fait leur œuvre dans la conscience et ne laissent aucune trace de leurs qualités individuelles.

La plus forte raison de l'association, au point de vue théorique, est la répétition suffisante de la rencontre d'idées semblables dans la conscience, ou, comme disent les psychologues anglais, la contiguïté des idées. Car sur elle reposent, non pas nos inductions scientifiques, mais toutes nos inductions habituelles, sans lesquelles nous ne pouvons pas faire un pas, ni au propre ni au figuré. Ces idées doivent évidemment se rencontrer le plus souvent dont les objets dans la réalité sont liés les uns aux autres. Il s'ensuit que l'association qui est ainsi formée et qui nous oblige, quand nous rencontrons un objet, à conclure à la présence d'un autre qui est souvent perçu en même temps que lui, nous conduit ordinairement à des inductions exactes. La fréquence de la rencontre n'est certes pas toujours, il s'en faut, la preuve d'une liaison permanente dans les objets — aussi, même dans la vie ordinaire, contrôlons-nous souvent nos inductions par l'expérience; — elle est cependant, en beaucoup de cas, la conséquence réellement d'une liaison des objets et autorise notre conclusion d'un objet à un autre. Comme chacun le sait par une expérience intime, même la simple perception d'un objet contient beaucoup de conclusions inductives, qui ne sont possibles qu'en conséquence de l'association par contiguïté et qui sont gouvernées par elle, mais auxquelles, ordinairement, nous ne faisons pas attention.

Or, réceptivité, reproduction, association sont les seules fonctions de l'idée du côté réel. Sur ces fonctions reposent la mémoire et l'imagination. Nous nous occuperons plus loin des fonctions de l'idée du côté idéal: je ne veux en examiner qu'une maintenant, parce qu'elle ne trouvera pas plus tard une place convenable, c'est la *récognition*, la reconnaissance du passé.

Kant, dans la première édition de la Critique de la Raison pure (p. 663-664), dit ce qui suit sur la récognition: « Sans la conscience que ce que nous pensons est précisément la même chose que ce que nous avons pensé auparavant, toute reproduction dans la série des idées serait inutile... Si j'oublie, en comptant, que les unités qui flottent devant mes sens ont été déjà ajoutées par moi-même les unes aux autres, je ne puis connaître que cette addition successive de l'unité à l'unité forme une quantité, ni par conséquent le nombre; car ce concept consiste exclusivement dans la conscience de cette unité de synthèse ». Mais cela n'est pas la reconnaissance du passé, parce que la conscience même du passé n'est pas quelque chose de primitif, mais bien de conclu, de dérivé. En tant que les idées sont actuellement présentes à ma conscience par reproduction, je ne sais pas du tout, d'abord, qu'elles sont purement reproduites. En comptant, par exemple, je ne pense pas tout de suite que j'ai ajouté unités à unités: car je ne pense pas à mon action de compter, mais à l'objet ou au produit de cette action, à la somme que je veux constater. Et pour cela, il m'est indifférent que les unités comptées soient actuellement perçues ou simplement reproduites dans mon esprit. C'est encore plus manifeste le cas pour les perceptions qui n'ont pas de but aussi déterminé que lorsque l'on compte. Quand je regarde un objet et que les idées des parties que je perçois se reproduisent l'une après l'autre dans ma conscience, il ne me vient pas à la pensée que les idées reproduites représentent la même chose que ce qui a été perçu l'instant d'auparavant, car je n'ai pas du tout conscience de cette différence du reproduit et du perçu. C'est seulement quand la perception antérieure d'un objet est séparée par un intervalle de temps de la perception actuelle, temps pendant lequel je n'ai pas du tout pensé à l'objet, qu'il peut être question d'une reconnaissance réelle de cet objet. Sur cette reconnaissance, je ferai seulement la remarque suivante.

On est ordinairement disposé à admettre une récognition immédiate des impressions et des idées mêmes qu'on a eues antérieurement, et à en déduire la reconnaissance des objets antérieurement perçus. En réalité, les choses se passent tout au rebours. Ce sont les objets qui sont d'abord reconnus et non les idées. On le voit déjà manifestement par le fait que la conscience des idées mêmes, comme telles, est beaucoup plus tardive que celle des objets, sans laquelle aucune idée en général ne peut exister. Imaginez que je voie aujourd'hui un objet que j'ai déjà vu hier. Ramenée à cette vue, l'idée que j'ai eue hier de cet objet se reproduit en moi et j'ai ainsi, *en même temps*, *deux* idées. On se demande d'abord comment je peux les identifier, c'est-à-dire reconnaître que *toutes les deux* représentent la même chose; et en second lieu comment je m'aperçois que l'une est l'idée d'hier, l'idée passée, alors qu'elle est cependant en moi actuellement et en même temps que l'autre.

Prend-on les idées pour des phénomènes réels simplement, ou des objets qui, de leur essence, n'ont aucun rapport avec une réalité différente d'eux. — l'identification de deux idées ne peut être que leur *fusion en une seule*. Mais avec cette fusion des idées, la récognition ne serait plus possible. Car la récognition suppose la distinction dans la conscience du présent et du passé, laquelle ne peut avoir son point d'appui que dans la différence des idées. Mais si les deux idées ne se confondent pas, elles sont précisément *deux*, et non une seule ; il ne m'est donc pas possible de reconnaître dans l'une l'autre même, puisqu'elle est dans la conscience en même temps que l'autre et qu'elle en diffère. Si l'on comprend, au contraire, que le sujet n'a pas du tout conscience primitivement de ses idées comme telles, mais qu'il reconnaît et affirme immédiatement des objets dans le contenu de ses idées, et c'est en quoi consiste l'essence de l'idée comme telle, alors la possibilité de la récognition est claire.

Une succession, une distinction du présent et du passé, peut, comme on l'a montré, venir à la conscience, seulement parce que nous rapportons au même objet, restant identique, des états successifs. Or, si j'ai une idée reproduite qui ressemble à une perception actuelle d'un objet, et de plus avec une réunion telle de signes individuels qu'elle n'appartienne pas à l'essence générale de tout un genre des choses, alors une reconnaissance s'opère, c'est-à-dire je me souviens d'avoir déjà perçu autrefois l'objet individuel que je perçois maintenant, et si l'idée reproduite en amène avec elle, en vertu de l'association des idées, d'autres que j'ai eues en même temps, je me rappelle le temps et le lieu, les circonstances dans lesquelles j'ai déjà perçu cet objet autrefois. Par exemple, il n'est pas si facile de se rappeler tel mouton que tel chien, parce que chez les moutons les caractères spécifiques dominent, et que les caractères individuels sont si peu marqués qu'ils ne font pas impression et ne se gravent pas dans la mémoire. Si, au contraire, j'ai vu un mouton avec un signe particulier, je peux facilement m'en souvenir et le reconnaître, parce qu'il se distingue par là de tous les autres animaux de la même espèce.

Pour que la reconnaissance d'un objet se produise, les conditions suivantes, comme on le voit, sont donc nécessaires :

1° La reproduction d'une perception antérieure, qui ne doit pas se confondre avec la perception actuelle;

2° La propriété des idées de rapporter leur contenu à des objets ou de l'affirmer des objets;

3° L'identification de l'objet de l'idée reproduite avec l'objet de la perception actuelle, bien que les deux idées elles-mêmes soient différentes l'une de l'autre, laquelle identification repose sur la conscience qu'une telle rencontre de signes individuels, qui se montre simultanément dans l'idée reproduite et la perception actuelle, n'appartient pas au caractère général d'un genre;

4° La certitude primitive de la pensée qu'un objet ne peut pas être différent de lui-même; et, enfin,

5° L'explication de la différence entre l'idée reproduite et la perception actuelle de l'objet, fondée sur ce que la première représente la perception *antérieure* du même objet, d'après les raisons que j'ai exposées.

CINQUIÈME CHAPITRE

LE JUGEMENT

§ 1. Qu'est-ce que le jugement?

Suivant la définition des logiciens, le jugement est une comparaison d'idées et de concepts, ou aussi de mots. Si l'on n'avait pas trouvé, si l'on ne connaissait pas la véritable théorie du jugement, on pourrait s'accommoder de cette définition comme d'une première tentative. Mais il n'en est pas ainsi. Depuis longtemps, quelques penseurs ont vu fort exactement que le jugement n'est pas une comparaison d'idées, mais une affirmation qui porte sur des objets et des faits réels. Reid, dans son *Essai sur les facultés intellectuelles de l'homme*, a très bien exposé cette théorie (VI, chapitre I), et, de notre temps, Mill l'a exprimée mieux encore et avec plus de développements (Ex., chapitre XVIII). Mais les logiciens n'y ont pas fait attention, et, pour eux, après comme avant, le jugement n'est qu'une comparaison d'idées. Il y a des jugements, il est vrai, qui ne se rapportent qu'au contenu des idées, sans contenir d'affirmation sur les objets : ce sont les jugements analytiques ; mais ce serait une erreur de définir le jugement d'après ceux-là, car ils sont quelque chose de subordonné, de neutre et qui ne peut servir dans les raisonnements.

Je ne répéterai pas ce que d'autres ont très bien dit. Pour la démonstration de cette vérité qu'un jugement est l'affirmation d'objets et de faits réels, je renvoie aux ouvrages, mentionnés plus haut, de Reid et de Stuart Mill. L'essence du jugement ne consiste pas dans la forme de l'expression, mais dans la croyance à la réalité ou à la vérité de ce qui est exprimé. Dans le chapitre de la première Partie de cet ouvrage, qui traite de la nature de l'idée, j'ai montré que l'affirmation de l'objet représenté, la croyance à son existence constitue l'essence de l'idée même (sous l'aspect idéal), qu'elle en est une qualité originale, qu'elle est un fait immédiat. L'esprit juge donc dès qu'il existe, car le jugement est précisément l'affirmation croyante du représenté. Juger est précisément la forme la plus simple de l'activité intellectuelle, l'acte le plus élémentaire de la connaissance. Que le jugement, l'affirmation, la croyance n'a pas nécessairement besoin de mots, on l'a remarqué depuis longtemps, et c'est un fait manifeste. Si, par exemple, un chien se rapproche quand on lui jette un morceau de pain et se sauve quand on lui lance une pierre, c'est qu'il croit que le premier objet aura pour lui des suites agréables et le second des suites pénibles. Le chien croit à cela et à beaucoup d'autres choses sans pouvoir exprimer sa croyance par des mots.

Jusqu'à présent, je n'ai parlé que de l'affirmation et j'ai défini le jugement comme l'affirmation d'un objet ou d'un fait, et ce n'est pas sans raison. La logique formelle, il est vrai, doit mettre sur la même ligne l'affirmation et la négation, et, par suite, distinguer les jugements affirmatifs et les jugements négatifs ; mais il n'en est pas de même pour la théorie de la connaissance, car l'affirmation seule est primitive et indérivable; la négation au contraire est dérivée : elle est la conclusion d'un raisonnement. Nous ne pouvons avoir conscience que quelque chose (de représenté) n'est pas, que par un raisonnement : je l'ai montré pour la conscience du passé dans cette deuxième Partie, et pour celle de la fausseté dans la première Partie. La seule négation qui ne soit pas dérivée est la connaissance qu'un objet donné *n'est pas* comme un autre, c'est-à-dire la connaissance de la différence d'objets donnés. Mais la connaissance et la constatation de la différence ne doit pas être considérée comme une pure négation de la ressemblance ou de l'identité ; car la négation de l'identité est nécessairement toujours la même ou invariable, tandis que les différences, et, par suite, la connaissance de ces différences, sont très diverses. C'est seulement en tant que les jugements servent à des raisonnements, que l'affirmation d'une différence a exactement autant de valeur et la même signification que la simple négation de la ressemblance ou de l'identité. Car, de même que toute conclusion affirmative repose sur la constatation de l'identité ou de la ressemblance des données exprimées par les prédicats, toute conclusion négative repose sur la simple négation de ressemblance ou d'identité, c'est-à-dire sur la constatation de la non-identité ou de la différence des données en question. Ce qui vaut pour une maison, ne vaut ni pour un arbre, ni pour une montagne, ni pour un oiseau. Quoique une maison diffère tout autrement d'un arbre que d'une montagne ou d'un oiseau, cependant c'est tout un de ne pouvoir conclure des qualités d'une maison à celles d'un arbre, ou à celles d'une montagne, ou à celles d'un oiseau, en tant qu'il y a là une simple limitation ou négation. La différence n'est alors considérée que comme une simple non-identité, comme un manque ou une négation d'identité. La logique formelle, qui expose la théorie du jugement en relation avec celle du raisonnement, doit donc considérer toute constatation de différence comme un simple jugement négatif.

L'affirmation de l'objet, la croyance à son existence est ainsi le fait primitif, la propriété indérivable de l'idée, qui constitue sa nature idéale ou logique, et la distingue essentiellement de tout fait simplement objectif, physique. Aussi les lois de l'idée, en tant qu'idéale, ne sont pas des lois physiques, mais des lois logiques, des raisons de croire, des principes d'affirmation. La loi primitive de l'idée, du côté idéal, le principe le plus général de l'affirmation est, comme l'a prouvé toute la première Partie, la nécessité qui réside dans la nature de l'idée même de concevoir tout objet en soi, dans son être propre, comme identique avec lui-même et de l'affirmer. Sans ce principe, aucune connaissance, aucune affirmation, aucun jugement ne serait possible. Kant a enseigné avec raison que l'affirmation de l'existence de l'objet représenté est un jugement synthétique, parce que la présence d'un objet dans l'idée n'implique pas immédiatement son existence hors de l'idée. Où se trouve maintenant le lien de la synthèse de l'idée et de l'objet qui rend possible et nécessaire l'affirmation de l'existence de l'objet dans l'idée ? Le lien de deux choses est naturellement dans les deux, est quelque chose de commun à toutes deux ; mais ce lien ne peut être considéré ici qu'autant qu'il est fondé dans l'essence même de l'idée; car il s'agit simplement de la possibilité de l'affirmation de l'objet dans l'idée. Comme phénomène réel, l'idée est quelque chose de tout à fait différent de l'objet qu'elle représente et auquel on croit et qui, seulement dans le cas de perception directe, est avec elle dans le rapport causal d'effet à cause. Mais du fait d'être produit par un objet ne suivent pas la croyance, l'affirmation de l'objet ou de la cause, autrement tous les effets croiraient à l'existence de leurs causes, ce qui n'est pas le cas. Le rapport original de l'idée à l'objet, qui est au fond de sa nature idéale et de ses affirmations, n'est donc pas le rapport causal à tel ou tel objet en particulier, mais un rapport à l'objet en général; et c'est précisément ce rapport qui est exprimé dans la loi primitive de concevoir tout objet comme identique à lui-même. S'il n'y avait pas dans l'idée cette nécessité primitive d'affirmer quelque chose des objets en général, jamais n'aurait pu se produire en elle aucune affirmation quelconque sur les objets.

Dans la croyance il y a toujours nécessairement deux choses à considérer, son existence et son exactitude. Il faut donc parler des causes *de fait* de la croyance et de ses causes *rationnelles*, de ce qui produit la croyance et de ce qui la justifie. Comme l'idée est d'un côté seulement idéale et logique, et que d'autre part elle est un phénomène physique ou réel, les lois de sa nature physique peuvent produire en elle une croyance qui n'a aucune valeur objective, aucune valeur de droit. Cependant, tant qu'il est question des jugements primitifs, cette dualité dans l'essence de l'idée n'a pas d'importance: car les jugements primitifs sont simplement ceux qui ne sont en aucune manière le résultat d'un raisonnement, qui sont par suite impliqués dans la perception immédiate comme telle, et la perception immédiate des objets est toujours infaillible. Il n'est donc pas nécessaire d'avoir un criterium de la vérité dans les jugements immédiats, mais bien dans ceux qui sont médiats et conclus; mais nous n'avons pas à examiner cette question dans ce chapitre. Sans doute, la loi primitive de l'intelligence, la nécessité de concevoir tout objet en soi comme identique avec soi-même, conduit elle aussi à une croyance erronée, puisqu'elle nous fait concevoir les objets donnés comme des substances, ce qu'ils ne sont pas en réalité; on l'a montré amplement un peu plus haut. Mais par cette raison trompeuse, l'intelligence de tous les objets est également devenue fausse, et il n'y a pas besoin pour la rectifier d'un criterium particulier. Précisément le concept primitif de la pensée, qui nous fait nous tromper dans l'expérience ordinaire, nous rend capables de voir, en réfléchissant, que rien dans l'expérience ne lui correspond réellement, que ce qui lui correspond vraiment est en dehors du monde de l'expérience.

§ 2. Ce que l'on affirme dans le jugement.

La seule tentative que je connaisse pour résoudre d'une manière intelligible cette question a été faite par Mill dans sa Logique (livre premier, cinquième chapitre) : « Être, dit-il, simultanéité, conséquence, causation, ressemblance, — Existence, coexistence, séquence, causalité, similarité — l'une ou l'autre de ces choses est affirmée (ou niée) dans tout jugement; cette division en cinq groupes est une classification qui épuise tout ce qui peut être cru ou offert à la croyance, toutes les questions qui peuvent être posées et toutes les réponses qu'on peut leur faire » (p. 315).

Par rapport à cette énumération s'impose une remarque qui semble avoir échappé, et c'est surprenant, à l'esprit si pénétrant de Mill. On voit en effet que la coexistence ou la simultanéité y figure une seule fois, tandis que la succession ou la séquence y est deux fois. Outre la pure et simple séquence, Mill mentionne aussi la causalité, c'est-à-dire la séquence invariable dont les termes sont donc liés entre eux. Mais il néglige de faire figurer séparément, en dehors de la simple simultanéité du divers, la simultanéité liée (par exemple des diverses qualités d'une chose). Et cependant c'est le cas le plus ordinaire de prédication, celui qui est presque exclusivement employé par les logiciens. C'est à lui qu'appartiennent tous les jugements comme : la neige est blanche, l'or est jaune, le corps est pesant, etc.

Une autre remarque, qui ne tombe pas aussi facilement sous le sens, est la suivante : tant que la simple simultanéité et la simple succession sont considérées comme un rapport des objets (dans le premier cas, des simultanés, dans le second, des successifs), elles ne peuvent jamais être exprimées dans des propositions générales, mais seulement dans des propositions particulières, comme : A est simultané à B, ou A succède à B. Car si l'on constate des simultanéités ou des successions entre *toutes sortes* d'objets et de phénomènes, c'est-à-dire si l'on affirme que *tous* les phénomènes d'une certaine espèce sont simultanés ou successifs par rapport à ceux d'une autre sorte, en d'autres termes, que les phénomènes d'une sorte sont *toujours* simultanés avec ceux d'une autre sorte, ou toujours *successifs* par rapport à eux, — on n'affirme pas une simple simultanéité ou une simple succession, mais une simultanéité *invariable*, une succession *invariable*, c'est-à-dire une *liaison* dans la simultanéité, une *liaison* dans la succession. En langage de logiciens : la simple simultanéité et la simple succession peuvent entrer comme prédicats dans des propositions particulières, non dans des propositions générales. On doit donc les omettre totalement dans une étude de logique. Nous pouvons ainsi nous demander de nouveau : Qu'affirme-t-on dans les jugements ?

On ne peut croire et affirmer que l'existence d'un *objet* ou un *rapport* d'objets. Il y a deux sortes principales de rapports : 1° *identité* et, à un moindre degré, *ressemblance*, 2° *liaison*.

Quoique l'affirmation de l'existence d'un objet ne puisse être aussi qu'un jugement particulier et jamais un jugement général, on ne doit pas, comme celle de la simple simultanéité ou de la simple succession, l'exclure de l'énumération des jugements; car la croyance et l'affirmation de l'existence des objets constituent précisément la fonction fondamentale de l'idée ou de l'intelligence, l'acte fondamental de connaître sans lequel, d'une manière générale, tout jugement serait impossible. Nous pouvons donc simplifier et ramener à trois termes l'énumération de Mill : *Existence, identité* ou *ressemblance, liaison*.

Il faut bien se garder de laisser de côté l'un quelconque de ces trois termes, et c'est cependant ce qu'ont fait de solides penseurs. Les uns sont disposés à ne considérer parmi les rapports des choses que la ressemblance ou l'identité (ou la dissemblance). D'autres au contraire ne tiennent compte que de la liaison. W. Hamilton et Stuart Mill offrent, chacun en sens inverse, un exemple frappant de cette partialité.

On distingue, comme on le sait, à propos des concepts, leur *extension* et leur *compréhension*, ou, si l'on pose, comme Stuart Mill, des termes généraux au lieu de concepts, leur *dénotation* et leur *connotation*. Forment l'extension d'un concept, les *objets* qui appartiennent à ce concept et sont désignés par le mot qui l'exprime : par exemple, tous les animaux emplumés, qui ont deux pieds, deux ailes et qui pondent (comme pigeons, hirondelles, hérons, aigles, etc.) forment l'extension du concept oiseau. Les *caractères* ou *attributs* qui sont liés dans l'essence des objets appartenant à un concept, et qui sont connotés par le mot qui l'exprime, en forment la compréhension : ainsi les qualités communes des oiseaux cités plus haut et de tous les autres, forment la compréhension du concept d'oiseau. Or si l'on prend, d'une manière générale, les concepts au point de vue de leur extension, on est disposé à considérer tous les jugements généraux comme des affirmations de ressemblance, d'identité ou d'analogie. Car beaucoup d'objets appartiennent au même concept, ou en constituent l'extension, par la raison précisément que leur essence est analogue, contient le même composé de caractères ou d'attributs communs. Si, au contraire, on considère principalement les concepts au point de vue de leur compréhension, on est disposé à considérer tous les jugements généraux comme des expressions d'une liaison. Car la compréhension d'un concept est précisément la liaison des caractères qui sont exprimés dans sa définition (1). Aussi voyons-nous Hamilton, qui considère surtout les concepts au point de vue de leur extension, regarder tous les jugements comme des affirmations de l'analogie ou de la non-analogie. D'après sa théorie nous comparons dans tout jugement deux concepts comme sujet et prédicat, et nous décidons si l'un forme ou non une partie constitutive de l'autre (cité dans l'Exam., p. 410). Conformément à cette théorie, le sens du jugement : « la neige est blanche » est proprement celui-ci : la neige appartient aux (est au nombre des) choses blanches, ce qui est inadmissible, comme Mill le remarque justement ; en disant, en effet, de la neige qu'elle a la couleur blanche, nous ne pensons pas, ou du moins nous n'avons pas besoin de penser aux autres choses blanches. Mais, de son côté, Mill prenait les concepts principalement au point de vue de leur compréhension, et alors il était disposé à considérer tous les jugements comme des affirmations d'une liaison, ou, suivant son langage constant, d'une *coexistence* des objets. D'après lui, le jugement : l'homme est un animal, devrait signi-

---

(1) Mill (Examen, p. 411) fait cette distinction en ces termes : « On peut comprendre toute proposition en deux sens qui s'impliquent l'un l'autre, en sorte que si l'un est vrai, l'autre l'est aussi, mais qui sont néanmoins différents : l'un d'eux seulement peut se trouver et communément se trouve dans l'esprit, et les mots employés n'indiquent pas toujours lequel. Ainsi, tous les hommes sont bipèdes peut aussi bien signifier que tous les objets appelés hommes sont tous comptés au nombre des objets appelés bipèdes, ce qui est interpréter la proposition en extension ; ou bien que l'attribut d'avoir deux pieds est un de ceux qui composent la notion homme ou coexiste avec eux, ce qui est interpréter la proposition en compréhension ».

fier proprement : l'homme coexiste avec les attributs qui sont connotés par le mot animal, — ce qui est évidemment tout aussi insoutenable, parce que ces attributs n'existent pas (comme une entité particulière) auprès de l'homme, mais sont une partie de sa propre nature. Le jugement « l'homme est un animal » affirme en fait une analogie entre les concepts homme et animal, affirme que le complexus de caractères, qui fait le concept d'animal, se retrouve aussi dans l'homme. Cette méprise surprenante de Mill a été, comme je le ferai voir, la raison de ses erreurs dans la théorie du syllogisme.

La différence fondamentale entre les jugements qui expriment l'identité, l'analogie ou la ressemblance des objets, et ceux qui en expriment la liaison, est par là méconnue et l'on ne remarque pas que de part et d'autre les rapports sont habituellement exprimés de la même manière, par la copule « est ». Le jugement « la neige *est* blanche » exprime une liaison : ce jugement affirme que la couleur blanche est indissolublement liée aux autres caractères de la neige. Le jugement « l'homme *est* un animal » exprime au contraire une analogie, une ressemblance ; car il affirme que tous les caractères de l'animal en général se rencontrent dans l'homme. Mais, comme la liaison, l'analogie du sujet et du prédicat est exprimée par la même copule « est ». C'est seulement pour l'identité ou la ressemblance des grandeurs que l'on emploie le signe particulier =. Et, d'autre part, quand le prédicat exprime un rapport causal, sa liaison avec le sujet est souvent exprimée sans la copule, comme dans la proposition « le feu brûle ». On ne doit donc pas oublier que la copule « est » peut aussi bien signifier « est *lié* avec » que « est *identique* à ».

§ 3. **Différence des jugements synthétiques et des jugements analytiques.**

On devrait croire que la distinction des jugements synthétiques et des analytiques n'est pas particulièrement difficile, surtout depuis que Kant l'a formulée. Nous voyons cependant sur ce point une grande diversité d'opinions et une grande confusion. Kant lui-même ne distingue pas les jugements analytiques des identiques, et quelques autres penseurs regardent les principes de l'arithmétique et de la géométrie comme analytiques, et croient, à tort, pouvoir les dériver du principe d'identité. Bien plus, on en vient à entendre, au sujet de cette distinction, des choses comme celle-ci : « Qu'un jugement donné est analytique ou synthétique, on ne peut le décider que d'après le degré d'intelligibilité que le concept du sujet a dans l'esprit de celui qui juge. Le concept de chat en a cent fois plus dans la tête de Cuvier que dans celle de son domestique; aussi les mêmes jugements seront, au sujet d'un chat, synthétiques pour celui-ci et analytiques pour celui-là » (Schopenhauer, Le monde comme V. et R., II, p. 39). La distinction des jugements analytiques et des synthétiques n'aurait aucune importance pour la science, si elle avait son fondement, non dans la nature des jugements, mais dans des qualités accidentelles des sujets qui jugent.

J'ai déjà eu l'occasion de parler de cette distinction, et, par rapport aux jugements synthétiques, il est en somme inutile de rien ajouter : tous les jugements dans lesquels on affirme l'existence, ou l'identité (ressemblance), ou la liaison des objets, sont synthétiques, sans exception. D'un autre côté, il est superflu de s'étendre sur les jugements identiques; car on ne peut exprimer par eux que de simples tautologies. Nous devons expliquer seulement les jugements analytiques, en tant qu'ils se distinguent des tautologiques aussi bien que des synthétiques.

Il y a deux sortes de propositions analytiques, à savoir celles qui contiennent simplement la *définition d'un mot*, et celles qui servent à la simple *spécification d'un concept*. Nous allons les étudier successivement.

Si nous avons une idée — de quelque façon qu'elle se soit produite, ou quelle que soit son origine, — et si nous l'analysons simplement pour voir ce qu'elle contient, *sans vouloir même le moins du monde rien affirmer de l'objet correspondant*, les propositions, dans lesquelles sont exprimés les résultats de cette analyse, sont proprement des jugements analytiques. Ils forment alors une simple définition de mots. Si par exemple nous affirmons que nous avons l'idée d'un certain objet que nous convenons de désigner par le mot *or*, et si nous constatons que cette idée contient une liaison de certains caractères, comme pesanteur, couleur jaune, éclat métallique, ductilité, etc., nos propositions à ce sujet sont des jugements analytiques. Le jugement analytique « l'or est jaune », en tant que simple définition du mot, n'est ni un jugement identique, ni une tautologie, car il affirme précisément la liaison de la qualité jaune avec les autres qualités de l'or. Le sujet *or* contient plus que le prédicat *jaune* et n'est donc pas identique à lui. Mais le jugement analytique affirme cette liaison dans notre *idée* de l'objet seulement, non dans l'objet même, car il ne sert à exprimer que la simple analyse de notre idée. Dès que le jugement « l'or est jaune » porte sur les objets dans la réalité, il est synthétique. Nous pouvons nous former des idées d'objets qui n'existent pas du tout, les désigner par un mot et en développer le contenu dans des jugements analytiques, par exemple l'idée d'un centaure. Les jugements sont alors simplement l'expression de la signification, c'est-à-dire du composé de caractères que nous voulons lier avec le mot centaure, et ils ne peuvent être à aucun point de vue des jugements synthétiques, parce qu'il leur manque de se rapporter à la réalité. Tout ce que nous pouvons dire d'un centaure est une simple analyse de notre idée ou de l'idée que d'autres hommes ont liée au mot centaure. Il y manque l'élément fondamental des jugements synthétiques, la croyance à un objet correspondant.

Kant n'a pas expressément distingué la pure définition de mot de la définition réelle qui implique la croyance et l'affirmation de l'objet correspondant, et il en résulte de la confusion sur ce point. Suivant son exposé, toute énonciation touchant un caractère qui est déjà contenu dans la définition d'un concept, doit — qu'elle porte sur l'objet même ou sur la simple idée de l'objet, — être un jugement analytique. Il faut remarquer à ce sujet que tous les objets que nous connaissons sont des composés de caractères ou de qualités, et ne sont rien de plus. Nos concepts des objets sont donc eux-mêmes des concepts synthétiques, des produits d'une synthèse. Or, si nous séparons quelques-uns des caractères contenus dans le concept d'un objet pour constituer la définition du concept, et les lier particulièrement aux mots qui les désignent, ces caractères n'acquièrent par là aucune propriété nouvelle. Si donc j'affirme de l'objet correspondant lui-même un des caractères contenus dans la définition, mon jugement est synthétique quoique je ne sorte pas de la définition. Les caractères contenus dans la définition d'un objet se distinguent des autres qualités du même objet en ceci seulement que l'on peut aussi former sur eux des jugements analytiques, à savoir quand on analyse simplement le concept que l'on a de l'objet lui-même. Ce n'est évidemment pas possible avec les autres qualités, parce qu'elles ne sont pas conçues dans la définition du concept.

Les remarques précédentes suffisent, je crois, pour expliquer cette première sorte de jugements analytiques. Pour ce qui concerne l'autre sorte de jugements analytiques, ceux qui expriment des *spécifications* d'un concept, je n'ai pas grand chose à ajouter à ce qui en a déjà été dit. Les jugements qui expriment des spécifications sont analytiques le plus souvent, dans le sens surtout qu'ils ne dépassent pas le concept donné; en tant qu'affirmations relatives aux objets correspondants, ils sont eux aussi des jugements synthétiques. Cependant il y a des jugements de cette sorte qui sont seulement analytiques et ne sont jamais synthétiques à aucun point de vue. Comme exemple, je citerai l'axiome : « Deux choses égales à une troisième sont égales entre elles ». Cet axiome n'est ni une tautologie ni une affirmation relative à la nature d'objets réels ; il n'est pas non plus une simple définition de mot, mais bien une conséquence immédiate de la définition des choses semblables ou identiques. En effet, sont identiques les choses qui ont la même nature, dont on peut donc affirmer la même chose ; et, réciproquement, les choses dont on peut affirmer la même chose, sont identiques. Ce sont là de simples définitions de mots, mais l'axiome s'en tire immédiatement. Si en effet nous disons que deux choses sont semblables à une troisième, nous affirmons la même chose relativement à leur grandeur. Elles sont donc, suivant la définition, identiques l'une à l'autre par rapport à leur grandeur, c'est-à-dire égales l'une à l'autre. Cette conséquence se tire de la définition des choses égales et identiques, sans que l'on ait besoin d'une nouvelle donnée indépendante de cette définition. Dans la supposition de deux choses qui sont égales à une troisième, il n'y a rien qui ne soit contenu dans le concept des choses égales. Cette supposition, pour employer le langage de Herbart, est « une vue accidentelle » du concept de choses égales. Ce que j'appelle spécification d'un concept correspond, en fait et à certains égards, à ce que Herbart appelait « vue accidentelle » ; seulement la signification d'une spécification est plus étroite. La même ligne droite, par exemple, peut aussi bien être le côté d'un triangle, ou le diamètre d'un cercle, ou le rayon vecteur d'une ellipse. L'étude de cette ligne dans tous ces rapports divers, est ce que Herbart nommait « vue accidentelle ». Mais ce ne sont pas là des spécifications du concept de ligne droite de la manière dont je l'entends. Car considérer une ligne droite comme côté d'un triangle ou corde d'un arc, c'est la considérer dans des circonstances et dans des rapports qui sont tout à fait en dehors du concept même et de la définition de ligne droite.

Toutes les affirmations qui sortent d'une telle manière de la considérer ne sont pas des spécifications du concept de la ligne droite, mais des conséquences de ce concept. Au contraire si nous jugeons que deux droites qui ont deux points communs doivent entièrement se confondre, notre jugement exprime une pure spécification du concept des droites. Car dans cette supposition, il n'y a rien qui ne soit contenu dans le concept des droites. La supposition de deux droites qui ont deux points communs est, à cet égard, semblable à la supposition de deux choses qui sont égales à une troisième. Dans les deux suppositions, nous ne sortons pas du concept dont il s'agit.

Or tout acte de pensée est ou une affirmation relative aux objets, ou une analyse de nos idées. Raisonner consiste à dériver une affirmation d'autres affirmations. En dernière instance, donc, toute pensée consiste en des jugements synthétiques ou analytiques.

Sixième chapitre

LE SYLLOGISME

§ 1. Du raisonnement en général.

La première question à examiner est naturellement celle-ci : Qu'est-ce que le raisonnement ? En quelle sorte de processus consiste-t-il ? On devrait croire que cette question est tout au moins depuis longtemps résolue, puisque la logique, et avec elle la théorie du raisonnement avant tout, est étudiée depuis deux mille ans avec beaucoup de zèle et qu'elle ne présente aucune difficulté particulière. Mais il y a même sur le raisonnement beaucoup d'opinions différentes et nous voyons qu'un penseur aussi éminent que Mill a donné une théorie du syllogisme fausse en partie. Les logiciens spéciaux ont compris les choses de telle sorte qu'ils ont vu dans le raisonnement un simple jeu de mots où la conclusion répète simplement ce qui a été dit dans les prémisses.

Pour comprendre plus facilement ce que c'est que le raisonnement, il faut d'abord considérer non pas celui qui va du général au particulier ou du particulier au général, mais celui qui va d'un cas ou d'un objet particulier à un autre cas et à un autre objet. Un enfant qui s'est brûlé une fois se garde bien de s'approcher du feu une autre fois : l'enfant conclut directement d'un cas particulier à tout autre cas particulier. Nous avons là le type primitif de tout raisonnement et nous pouvons par là connaître le mieux du monde son essence. Quel est le but du raisonnement? Évidemment, c'est d'anticiper la perception des objets et, là où elle est impossible ou difficile, de la remplacer tout à fait. Si nous pouvions embrasser d'un seul coup d'œil tous les objets dans tout leur être et dans tous leurs rapports, le raisonnement serait inutile, à l'exception de celui qui se rapporterait aux perceptions futures des objets. Si donc je conclus d'un cas ou d'un objet A, que je connais par une expérience antérieure, à un autre cas ou à un objet B actuellement présent, j'anticipe et je remplace la connaissance et l'expérience détaillée de B par ma connaissance de A. Cela veut dire évidemment que je transporte ma connaissance de A à B, que j'affirme de B ce que je sais de A, et alors il est clair que la conclusion de A à B suppose l'identité, l'analogie ou la ressemblance de A et de B. B doit d'abord, dans la perception immédiate que j'en ai, présenter quelque chose d'analogue ou de semblable à A, autrement je n'aurais aucune raison d'affirmer de B la même chose que de A. De l'identité ou de l'analogie constatée de A et de B à un point de vue, je conclus que A et B sont identiques ou analogues aussi à un autre point de vue non encore étudié. Le raisonnement contient donc deux moments :

1° la constatation de l'identité ou de l'analogie de deux cas à un point de vue, et 2° l'affirmation de leur identité ou de leur analogie à un autre point de vue.

C'est en quoi consiste le *Processus* du raisonnement même. Le principe fondamental de tout raisonnement est donc le principe que de deux choses égales ou identiques on peut affirmer la même chose. Mais la question est de savoir comment nous pouvons avoir le droit de conclure de l'identité ou de l'analogie de A et de B à un point de vue, à leur identité, à leur analogie à un autre point de vue. Nous ne pouvons évidemment avoir ce droit que si nous savons déjà que l'identité et l'analogie des cas à un point de vue impliquent leur identité et leur analogie à un autre point de vue, ou sont liées avec elles. Et c'est précisément le point où le syllogisme et l'induction se séparent. S'il est, en effet, certain *a priori* que l'analogie des cas à un point de vue implique leur analogie à un autre point de vue, la conclusion d'un cas à un autre cas semblable — est un syllogisme. Si, au contraire, l'expérience nous montre que l'analogie de deux cas se constate toujours, la conclusion des cas passés aux cas actuels ou futurs qui leur sont semblables à un point de vue — est une induction.

L'essence du syllogisme ne consiste donc pas dans sa forme, mais dans le genre de certitude qui est au fond du raisonnement. En arithmétique et en géométrie, on conclut d'une manière de former une somme à une autre manière, d'une ligne à une autre, d'un angle à un autre, du rapport de l'angle au rapport du côté, etc., et tous ces raisonnements sont des syllogismes parce que l'identité des cas et des objets entre lesquels on raisonne est certaine *a priori*. Bien plus, le raisonnement même qui va d'une chose particulière à une autre chose particulière peut être un syllogisme, comme lorsqu'on mesure deux choses à la même mesure, et qu'on trouve qu'elles sont égales à cette mesure, et que l'on en conclut qu'elles sont égales entre elles. Ici, il est vrai, les deux prémisses, à savoir l'égalité des deux choses à la même mesure, ne sont pas certaines *a priori*; elles sont constatées par une expérience directe. Mais la certitude d'une expérience ou d'une perception directe est égale à celle d'une vérité *a priori*: aussi le raisonnement est-il, aussi dans ce cas, un syllogisme.

Mais comme toute vérité *a priori* est générale et que l'on ne peut pas être certain *a priori* de l'identité de deux cas, sans qu'une multitude de tels cas soit certaine en même temps, — on peut désigner le syllogisme comme cette sorte de raisonnement où une prémisse au moins est certaine ou a une valeur générale *a priori*. Et, pour le but de la logique formelle, on doit encore étendre cette définition. Comme la logique formelle ne s'inquiète pas du genre de certitude qui est propre aux prémisses, comme il lui est indifférent, en effet, que les prémisses soient certaines *a priori*, ou supposées par des inductions antérieures, ou enfin simplement admises, — le syllogisme se confond pour elle avec la déduction, c'est-à-dire avec le raisonnement qui part de prémisses déjà établies en général. A ce point de vue, nous allons encore étudier le syllogisme, et examiner d'abord la théorie de Stuart Mill.

§ 2. Théorie de Stuart Mill sur le syllogisme.

C'était un vrai bonheur qu'un homme d'un esprit aussi clair et doué de qualités aussi éminentes que Stuart Mill se fût déterminé à écrire un grand ouvrage sur la logique. Car les gens spéciaux ne s'occupent de la logique que pour répéter le plus souvent les formules scolastiques, analyser ces formules et les manipuler de diverses façons, mais sans en retirer jamais le moindre profit. Mill nous montre pour la première fois que le *dictum de omni et nullo*, qui est pour les logiciens le principe de tout raisonnement, ne signifie rien et, par conséquent, ne peut conduire à aucune conclusion : « Lorsque la mineure, dit-il, n'affirme rien, sinon que quelque chose appartient à une classe, et que la majeure affirme seulement que cette classe est contenue dans une autre, la conclusion peut être seulement que ce qui est contenu dans la classe inférieure l'est aussi dans la supérieure, et le résultat serait donc simplement que la classification s'accorde avec elle-même. » (Log., II, 199.)

Mais Mill tombe lui-même dans une erreur qui, de sa part, est vraiment surprenante. Au lieu du *dictum de omni et nullo*, Mill pose, comme principe fondamental du syllogisme affirmatif, un principe qui, suivant sa remarque, est étonnamment semblable à l'axiome des mathématiques : deux choses qui coexistent avec une troisième coexistent ensemble (214). Par coexistence, il ne faut pas entendre seulement simultanéité, mais *liaison* de deux choses ou de deux attributs d'une chose, comme Mill lui-même le constate (202). Le principe fondamental du syllogisme affirmatif est donc, selon Mill, l'axiome : Deux choses qui sont liées avec une troisième sont aussi liées entre elles. Or, il n'est pas douteux que l'on ne raisonne jamais d'après cet axiome, et qu'il n'exprime pas du tout le véritable principe du raisonnement, à savoir l'identité ou l'analogie de deux cas.

Voyons d'où est venue cette erreur de Mill, et elle sera alors pour nous manifeste. Dans un chapitre précédent, j'ai montré qu'il ne pouvait y avoir dans les jugements que trois sortes d'affirmation : de l'existence, de l'égalité ou de l'identité (ressemblance) et de la liaison des objets. De la simple existence des objets, il n'y a rien à conclure ; il y a donc seulement deux sortes de jugements à considérer dans les raisonnements : les affirmations d'identité et les affirmations de liaison d'objets. Que l'on vienne maintenant à négliger l'une ou l'autre de ces sortes de jugements, on sera conduit ou aux théories scolastiques, ou à celle de Mill, qui sont exclusives les unes et les autres. Pourquoi quelques penseurs sont portés à négliger l'une ou l'autre de ces sortes de jugements, je l'ai expliqué dans ce chapitre. En effet, comme tout jugement peut être construit ou d'après l'extension, ou d'après la compréhension des concepts, il peut être considéré ou comme l'affirmation de l'identité, de l'analogie entre le sujet et le prédicat, ou comme l'affirmation d'une liaison entre eux. Mais dans quelques jugements, c'est seulement la première façon de considérer qui convient, non la seconde, et dans d'autres, au contraire, c'est la seconde et non la première. Si le prédicat d'un jugement désigne un *attribut* ou un *caractère* du sujet, le jugement affirme la liaison du sujet et du prédicat. Si, au contraire, le prédicat du jugement désigne une *classe*, un *genre* ou une *espèce* de choses, le jugement exprime *l'analogie* du sujet et du prédicat, affirme que le sujet appartient à la classe, au genre ou à l'espèce désignés par le prédicat. Construire la proposition « l'or est jaune » en ces termes : « l'or appartient au nombre des choses jaunes », n'a pas de sens. Car cette proposition affirme la liaison du prédicat « jaune » avec les autres propriétés du sujet « or », et ne dit rien des autres choses jaunes. Mais il serait également absurde de construire la proposition « l'or est un métal » en disant : « l'or coexiste ou est lié avec les propriétés d'un métal »; car cette proposition exprime évidemment l'analogie entre l'essence de l'or et celle des métaux en général, affirme que le concept « or » appartient au genre « métal ». Les logiciens scolastiques étaient et sont encore portés à construire tous les jugements d'après l'extension des concepts, et par suite à les concevoir comme l'expression d'une analogie entre une chose et une classe, ou entre une classe et une classe supérieure. Par suite, le raisonnement d'après eux consiste à emboîter des concepts les uns dans les autres. Au contraire, Mill était porté à construire tous les jugements d'après la compréhension des concepts, par suite à les considérer comme des affirmations d'une liaison d'un sujet et d'un attribut, et il a été ainsi conduit à prendre pour principe du raisonnement l'axiome cité plus haut : des choses qui coexistent (sont liées) avec une seule et même chose, coexistent entre elles.

En fait un syllogisme peut être formé de deux prémisses qui affirment toutes les deux une égalité ou une analogie. De cette sorte sont tous les raisonnements d'après l'axiome « deux choses égales à une troisième sont égales entre elles ». Mais jamais un syllogisme ne peut être formé de deux prémisses qui expriment toutes les deux une liaison. La mineure doit dans tous les cas être l'affirmation de l'identité ou de l'analogie de deux faits ou de deux concepts, et c'est précisément là dessus que repose la conclusion. Mill pouvait citer en faveur de sa théorie l'espèce suivante de raisonnements :

L'objet A possède le caractère b.

Le caractère b est inséparable du caractère c.

Donc A possède aussi le caractère c.

Les deux prémisses paraissent ici affirmer une liaison, — la première la liaison du caractère b et de l'objet A, la seconde la liaison mutuelle des caractères b et c. Le raisonnement paraît donc reposer exclusivement sur la constatation d'une liaison, comme Mill l'enseigne. Mais ce n'est qu'une apparence. On doit en effet se rappeler que caractères et attributs n'existent pas indépendamment des objets, et alors il est clair que la seconde prémisse qui paraît affirmer simplement une liaison des caractères, affirme en fait une analogie entre les objets qui possèdent les caractères. La proposition « b est inséparable du caractère c » veut dire au fond ceci : les choses qui sont analogues par le caractère b, sont aussi analogues par le caractère c. En réalité, comment savons-nous qu'il y a une liaison entre deux caractères? Exclusivement par ceci que les deux sont toujours perçus ensemble, par la constatation de cas analogues. C'est précisément sur quoi repose la conclusion

Il est d'autant plus surprenant que Stuart Mill ait méconnu la vraie théorie qu'il l'a affirmée en plusieurs passages de sa Logique même, et particulièrement dans ce qu'il présente comme « le type général du procédé de raisonnement ». Ce type général d'après ses déclarations consiste en ceci : « Certains individus ont un attribut donné ; un individu ou des individus semblables aux premiers quant à certains autres attributs, sont donc aussi semblables à eux par l'attribut donné » (I, 229). Quel peut donc être, d'après cela, le fondement de tout raisonnement ? Évidemment la croyance à l'identité ou à l'analogie de choses et de cas différents. L'axiome fondamental de tous les syllogismes (affirmatifs) est donc le principe : De choses égales ou identiques on peut affirmer la même chose, ou, réciproquement, la proposition : Les choses dont on affirme la même chose sont en cela identiques ou égales. De cette seconde proposition en effet suit, comme nous l'avons vu plus haut, l'axiome : Deux choses égales à une troisième sont égales entre elles, qui joue un si grand rôle dans les raisonnements mathématiques, mais dont les logiciens scolastiques avec leur *dictum de omni et nullo* n'ont pas pu rendre raison.

§ 3. De la valeur du syllogisme.

Comme le syllogisme est un raisonnement qui part de prémisses déjà établies et connues, et qu'en lui la conclusion ne contient pas plus que ne contenaient les prémisses, la question est de savoir comment on peut conclure du syllogisme quelque chose de nouveau, d'inconnu. Que ce soit possible, d'abord, toutes les mathématiques le prouvent, dans lesquelles tout est démontré déductivement par syllogismes, et d'autre part c'est également prouvé par toutes les découvertes des vérités physiques et autres, qui ne sont pas établies par observation ou expérience.

Stuart Mill a cherché à répondre à la même question, mais non, à ce qu'il me semble, d'une façon tout à fait satisfaisante.

Il dit, en effet : « Tout raisonnement va du particulier au particulier : les jugements généraux servent seulement à exprimer de telles conséquences déjà établies, et sont de courtes formules pour en obtenir d'autres : la majeure d'un syllogisme est donc une formule de ce genre, et la conclusion est une conséquence tirée non *de* cette formule, mais *conformément* à elle, tandis que l'antécédent logique réel ou les prémisses réelles sont les faits d'où le jugement général a été tiré par induction ». En réalité ce n'est pas là une réponse. Car peu importe que les prémisses soient le résultat d'une induction antérieure ou soient établies autrement : il suffit qu'elles soient connues ou reconnues et la question est de savoir comment l'inconnu peut se tirer du connu.

Il faut simplement s'en rapporter ici avant tout, comme Schopenhauer l'a bien remarqué, à la différence entre « avoir quelque chose dans l'esprit en général » et « en avoir conscience ». Nous pouvons promener dans notre tête beaucoup de prémisses qui, rapprochées, donneraient de solides conséquences ; mais elles ne se rapprochent pas. La propriété de l'association des idées d'amener précisément telles combinaisons de prémisses d'où résultent des conséquences importantes et imprévues constitue le génie de l'inventeur. Ainsi l'on savait déjà au siècle dernier que la vapeur peut servir à fournir du travail, et l'on savait depuis des siècles qu'un bateau avance quand de ce bateau on pousse l'eau en arrière, — mais Fulton songea le premier à employer la vapeur à mouvoir les bateaux. On peut en dire autant des ballons, du télégraphe électrique et de toutes les inventions. L'inventeur n'a pas plus de connaissances et, par suite, pas plus de prémisses que beaucoup d'autres hommes, mais dans son esprit se combinent précisément telles prémisses d'où se déduisent des conséquences auxquelles on n'avait pas encore pensé. Et de même pour beaucoup de découvertes. Ainsi l'on connaissait depuis bien longtemps toutes les prémisses d'où se déduit la nécessité des vents alisés, mais personne n'avait songé à les employer pour expliquer ces vents, parce qu'elles ne s'étaient combinées comme il faut dans l'esprit de personne.

Il ne faudrait pas croire cependant que la supériorité de l'inventeur repose seulement sur une propriété physique de l'association des idées. Son fondement propre est plutôt de tout autre nature, à savoir une aptitude plus grande à associer logiquement les choses et les idées, le pouvoir de conduire et de déterminer ses idées, ses convictions plus par des raisons logiques et moins par des causes physiques que ce n'est le cas chez la plupart des hommes. Si l'on songe combien souvent il arrive dans la conscience humaine que les pensées, les opinions les plus incompatibles (logiquement) se rencontrent, et combien souvent, au contraire, les hommes sont incapables de former les plus simples liaisons logiques de leurs idées, — il est facile de voir où est le nerf de la chose. La plupart des hommes se meuvent dans les vieilles ornières parce qu'ils sont guidés, déterminés dans leurs croyances, leurs convictions, non par un intérêt théorétique, mais par l'autorité, l'instinct, l'habitude, l'imitation. Aussi n'ont-ils jamais pu déduire — et cela se comprend, — de nouvelles vérités de prémisses connues, surtout quand ces vérités contredisent leurs opinions préconçues. Pour cela il faut avant tout une grande indépendance vis-à-vis des motifs physiques de penser que nous avons mentionnés.

Mais outre cette façon de déduire des vérités nouvelles de prémisses déjà connues, il y a encore une plus haute manifestation des esprits créateurs déductifs, c'est de découvrir même les prémisses; et cela de deux manières, ou par la proclamation immédiate, géniale, d'une loi générale, d'une hypothèse féconde, qui est confirmée par l'expérience, ou en subsumant à des lois déjà connues, non des faits particuliers, des données particulières, mais des combinaisons entières de données que l'on n'a peut-être jamais rencontrées dans l'expérience. Par exemple, la théorie de la gravitation de Newton, la théorie des ondulations de la lumière de Joung, d'où a été tirée la connaissance de l'interférence de la lumière, si inattendue, et que l'on n'eût jamais autrement constatée d'une manière expérimentale, l'hypothèse de Kant et de Laplace sur la production de notre système planétaire, et d'autres théories semblables. Mais l'exemple le plus frappant d'une telle création déductive aux deux points de vue, nous est offert par la géométrie. D'abord les plus hautes prémisses dont tout est déduit en géométrie — les définitions, — sont des créations de l'esprit, auxquelles dans l'expérience rien ne correspond exactement. En second lieu, le progrès de la déduction en mathématiques consiste dans l'introduction de combinaisons toujours nouvelles de données claires, qui à chaque pas ouvrent de nouvelles vues sur les lois de l'étendue. Par exemple, tout ce qui peut être connu des propriétés des figures rectilignes est déduit de la définition de la ligne droite ; le progrès de la démonstration est donc conditionné ici par l'introduction de combinaisons toujours nouvelles des données. Pour rendre la chose plus claire prenons la série la plus simple des déductions, celle qui mène à voir que la somme des angles d'un triangle est égale à deux droits. Il faut pour cela les combinaisons de données que font voir les figures ci-dessous.

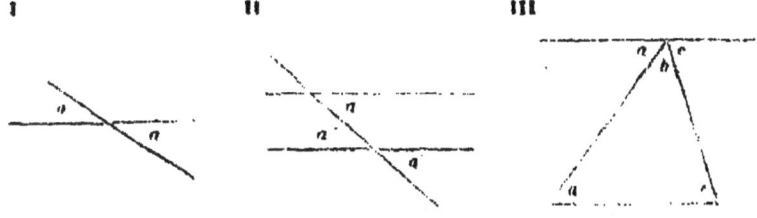

Qu'avons-nous ici pour prémisses générales ? 1° La définition de la droite d'après laquelle une ligne droite est parfaitement semblable à elle-même dans toutes ses parties, suit une direction parfaitement uniforme; 2° la définition des lignes parallèles, d'après laquelle deux parallèles suivent des directions parfaitement semblables et homogènes, et par conséquent ne peuvent jamais former un angle entre elles, c'est-à-dire présenter une différence de direction; 3° l'axiome : deux choses égales à une troisième sont égales entre elles; 4° l'axiome : si l'on ajoute des quantités égales à des quantités égales, on a des sommes égales.

Mais les axiomes sont des propositions analytiques et l'on ne peut, à proprement parler, en tirer aucune conséquence. J'ai déjà fait voir que le premier des axiomes cités ci-dessus se déduit de la définition des choses égales : il signifie simplement que des choses égales peuvent être substituées à des choses égales. Et l'axiome cité ensuite : « si l'on ajoute des quantités égales à des quantités égales on a des sommes égales » est même une proposition identique, et peut, comme Mansel (Métaph., p. 253) l'a remarqué justement, être exprimé par l'égalité $A - B = A - B$. Les axiomes ne sont donc pas les prémisses d'où quelque chose peut être déduit, mais pour ainsi dire le véhicule du raisonnement même, et à peu près de même que la force n'est pas la cause des effets, mais le fondement du rapport entre les causes et les effets. Les prémisses proprement dites ne sont donc que de deux sortes, d'abord les définitions (1), et ensuite les combinaisons de lignes.

Si maintenant on voulait raisonner d'après les préceptes des logiciens, on aurait :

---

(1) Mill (Log. I, 215) affirme que les définitions ne sont pas en géométrie les prémisses de nos raisonnements. Mais ce qu'il dit à ce sujet est la plus pure logomachie. Car il accorde lui-même que tout ce que nous pouvons conclure, par exemple, des propriétés d'un cercle, suit de la supposition de l'égalité de ses rayons, et qu'est cette supposition si ce n'est la définition du cercle ? Il est indifférent qu'on l'applique à un cercle particulier ou à tous les cercles ; la définition est toujours la prémisse de toutes les conclusions relatives aux autres propriétés du cercle.

La ligne droite est une ligne toujours semblable à elle-même :
Cette ligne est une ligne droite ;

Donc cette ligne est semblable à elle-même dans toutes ses parties.

Naturellement on ne changerait jamais de place pendant toute l'éternité. Mais un tel raisonnement tautologique, ce soi-disant raisonnement est déjà rendu inutile par cela même que les lignes que nous traçons sont prises dès l'abord pour des lignes conformes à la définition. Le raisonnement véritable consiste en quelque chose de tout différent. Il résulte d'abord, comme nous l'avons vu, de la définition de la ligne droite que deux droites qui se coupent forment des angles opposés (a et a, fig. I; a' et a'', fig. II) égaux, parce qu'elles suivent, des deux côtés du point de section (d'après la définition), des directions parfaitement égales, et que, par suite, elles fournissent une différence égale de direction, c'est-à-dire des angles égaux. Comme on le voit, la conclusion n'est pas fondée sur le *dictum de omni et nullo*, mais sur le principe que de choses égales ou identiques (ici des deux droites ou des deux côtés par rapport à leur point d'intersection) on peut affirmer la même chose. En second lieu et d'après le même principe, il suit de la définition des parallèles que, si deux parallèles sont coupées par une même droite, les angles correspondants formés par là (a et a' dans la fig. II) sont égaux entre eux parce qu'ils forment les intervalles de directions égales. Substituons dans la Fig. II a' à a'', nous avons $a = a''$, et par conséquent, dans la Fig. III, l'égalité de $a + b - c$ et de $a + b - c$.

L'égalité de a et de a, dans la Fig. I, et celle de a et de a', dans la Fig. II, pourraient aussi nous être suggérées par une intuition empirique de deux droites se coupant et de deux parallèles coupées par une droite, dans le cas où elles ne s'écarteraient pas trop d'un parallélisme réel, bien que la preuve propre de cette égalité ne puisse résulter que des définitions; mais tirer au sommet d'un triangle une droite parallèle à sa base, c'est déjà tout à fait une création propre de l'esprit déductif, qui se donne de nouvelles prémisses pour aboutir à de nouvelles conséquences. Et cette conséquence, une fois acquise, sert elle-même de prémisse à son tour, d'où, par exemple, on conclura, grâce à la connaissance de deux angles, au troisième.

Les raisonnements sont ici de vrais syllogismes, parce que l'identité des cas entre lesquels on raisonne est certaine *a priori*. Cela vient de ce que les prémisses ne sont pas des faits constatés empiriquement, mais des lignes, des figures que l'on tient pour conformes aux définitions. Les définitions elles-mêmes ne sont pas, comme le prétend Stuart Mill (Log., I, 246), des généralisations de l'expérience. Cette affirmation n'a purement et simplement aucun sens, parce que l'expérience n'offre rien qui soit exactement conforme aux définitions. « Le cercle dans notre imagination, dit Mill (Exam., p. 318), est simplement copié de ceux que nous connaissons par expérience, dans lesquels les sens ne peuvent découvrir aucune différence vis-à-vis de la définition, c'est-à-dire dont les rayons ne sont pas sensiblement inégaux. » Mais si nous commençons par déterminer d'avance quels cercles se présentant dans l'expérience nous voulons copier, déjà évidemment est constituée notre définition du cercle (qui nous sert de règle) indépendamment de l'expérience, et, par suite, elle ne peut pas être une copie de celle-ci. Sans doute, sans l'expérience, nous ne saurions rien des cercles ni des droites; mais si une fois l'idée d'espace s'est produite en nous, elle est une intuition *a priori*, et, sur ce seul fondement, rend une géométrie déductive possible. Car nous ne pourrions jamais rien conclure de nos définitions ni arriver à une seule vérité nouvelle s'il ne nous était pas possible de poser et de combiner dans l'intuition les objets correspondants.

L'importance du raisonnement déductif, syllogistique, ne peut donc pas être estimée trop haut, et Mill, dans les troisième et quatrième chapitres du second livre de sa Logique, a présenté à ce sujet de très bonnes remarques. Mais il ne s'ensuit pas que la logique syllogistique, formelle, soit importante, elle dont les règles ne peuvent conduire ni à la découverte d'une vérité nouvelle, ni à la vérification des prémisses du raisonnement. Mill dit excellemment (Log., I, 220) : « Le but auquel tend la logique formelle et qui est atteint par l'observation de ses règles, n'est pas la vérité, mais l'accord avec soi-même », et, à un autre endroit (Exam. p. 451) : « Forcer les gens à voir une contradiction où il y en a une, c'est toute la tâche de la logique au sens étroit du mot ». En fait l'utilité du procédé syllogistique consiste à trouver de nouvelles prémisses, à en combiner d'actuellement présentes pour en tirer de nouvelles conséquences, et pour cela il n'y a pas de règles. Mais il peut arriver que nous croyions faussement que certaine conséquence suit de certaines prémisses, parce que nous ne les avons pas nettement rapprochées, et alors il est bon, pour la vérifier, de mettre notre raisonnement en forme de syllogisme. Car, dès que les prémisses sont mises l'une à côté de l'autre sur le papier ou expressément rapprochées dans notre tête, il ne peut plus rester de doute sur la question de savoir si la conclusion s'ensuit ou non. Pour mieux se tirer d'affaire en pareil cas, les règles du syllogisme sont utiles, quoique leur connaissance ait rarement empêché personne de se tromper (1).

(1) Macaulay dit très bien dans son article sur Bacon : « Un homme de sens syllogise toute la journée en *celarent* ou *cesare* sans s'en douter, et bien qu'il puisse ne pas savoir ce que c'est qu'une *ignoratio elenchi*, il n'a aucune difficulté à dire ce que c'est, lorsqu'il lui arrive d'en commettre une, ce qui ne lui arrive pas plus souvent qu'à un révérend Maître ès-arts, nourri dans les cloîtres d'Oxford aux modes et aux figures »

Septième chapitre

L'induction

§ 1. Des fondements empiriques de l'induction.

Pour traiter la question du raisonnement, il y a trois points principaux à considérer : 1º En quoi consiste le procédé du raisonnement même ? 2º Par quoi sommes-nous portés en fait à raisonner ? 3º Quel fondement et quel degré de certitude nos raisonnements ont-ils ? Nous allons brièvement examiner ces trois points par rapport à l'induction.

Tout raisonnement suppose l'identité des cas entre lesquels on raisonne, et l'induction diffère du syllogisme en ce que pour l'induction cette identité des cas n'est pas certaine *a priori*, mais est admise en raison d'expériences antérieures. L'induction conclut de cas connus à d'autres cas semblables inconnus. Tandis que, dans le syllogisme, la conclusion ne contient rien de plus que ce qu'il y a dans les prémisses, dans l'induction la conclusion dépasse les vérités qui lui servent de fondement. L'induction est essentiellement une généralisation (1). Or, on

---

(1) Les logiciens scolastiques admettent une soi-disant « induction complète » qui n'est pas une généralisation et qu'ils tiennent pour seule légitime. Cette *induction complète* n'est cependant ni une induction ni même un raisonnement en général, mais simplement la double constatation du même fait. On ferait par exemple cette *induction complète* en disant : s^t Paul avait une barbe et s^t Pierre avait aussi une barbe ; s^t Pierre et s^t Paul étaient tous deux les chefs des apôtres ; donc les chefs des apôtres étaient barbus. » Les logiciens de notre temps se tracassent encore sur de pareilles sornettes, et cependant Galilée avait déjà fait à un logicien aristotélique, au sujet de l'*induction complète*, cette excellente remarque : « Si l'induction était requise pour passer à tous les cas, elle serait ou inutile ou impossible : impossible, quand les cas sont innombrables ; inutile, s'ils ont déjà été tous vérifiés, puisque alors la proposition générale n'ajoute rien à notre connaissance » (Cité par Whewell, Phil. de l'invention, Londres, 1860, p. 118).

peut ou bien conclure directement des faits connus à d'autres semblables, ou déduire des premiers une vérité générale pour l'appliquer ensuite à d'autres cas. Quelques personnes veulent ne donner ce nom d'induction qu'à la dernière opération, celle qui consiste à dériver plusieurs cas d'une proposition générale, mais c'est à tort. Car le procédé est au fond le même si nous concluons directement de quelques cas à quelques cas semblables, ou si nous en tirons une proposition générale; car la même raison qui nous force et nous autorise à conclure à quelques cas inconnus, nous force et nous autorise à conclure à tous les cas de la même espèce. La seule différence ici, c'est que la conclusion directe des cas connus à quelques cas inconnus est une généralisation sans intention consciente, tandis que la dérivation d'une proposition générale de quelques cas est une généralisation faite à dessein et avec conscience.

Considérons maintenant par quoi nous sommes amenés en réalité à raisonner inductivement de faits connus à des faits inconnus semblables.

Il y a deux éléments dans notre organisation intellectuelle qui amènent ce résultat : 1° la nécessité résidant en la nature du sujet connaissant de croire à la réalité de tout ce qui est présent dans sa conscience, en d'autres mots d'affirmer ou de concevoir comme un objet réel tout ce qui se présente dans son idée ; 2° l'association des idées.

Il est facile de voir comment ces deux conditions portent nécessairement à faire des raisonnements inductifs. S'il s'est formé dans le sujet une association entre les idées de deux objets A et B, l'idée de B, en vertu de l'association, se reproduira à la vue de A ou d'un objet semblable, et, comme le sujet croit primitivement à la réalité de tout ce qui lui est présenté en idée, l'existence actuelle de B ou d'un objet semblable à B sera crue et affirmée intérieurement. C'est là une conclusion inductive de cas connus à des cas inconnus.

Mais la liaison constante des objets n'est pas la seule raison de l'association de leurs idées. Il y a d'autres raisons encore qui produisent une association entre les idées dont les objets ne sont jamais en relation, qui peut-être se sont présentés ensemble ou dans une succession immédiate à la perception. On pourrait donc penser que le sujet est livré sans réserve au hasard qui préside à ses associations. Mais il n'en est pas ainsi, car les agents trompeurs portent aussi le remède en eux-mêmes. Le principe général des affirmations, comme je l'ai montré plus haut, est aussi le principe général des négations; le doute (la non-croyance) naît du conflit de croyances opposées, et la même association qui nous porte à des conclusions illégitimes peut aussi nous rappeler des exemples négatifs, c'est-à-dire des cas différents de celui qui nous occupe, empruntés à notre existence antérieure, et nous garder par là des conclusions précipitées et illégitimes. La preuve concluante en est qu'avec l'enrichissement de l'expérience, toutes les autres raisons de l'association des idées perdent leur influence sur la croyance, et qu'il n'y a que la liaison constante des objets, laquelle conditionne par conséquent l'absence d'exemples négatifs dans l'expérience passée, qui conduise le sujet dans ses raisonnements inductifs, de cas connus à des cas inconnus semblables.

Ces raisonnements mêmes, aussi bien que leur rectification, se produisent primitivement dans le sujet connaissant d'une façon tout à fait inconsciente. Les psychologues anglais connaissaient depuis longtemps l'existence et le rôle de ces raisonnements inconscients ; mais en Allemagne, si je ne me trompe, Helmholtz s'en est occupé le premier. Il a fait aussi connaître un grand nombre de cas d'illusions, de la vue en particulier, qui viennent précisément de ces raisonnements inductifs inconscients, par suite de l'association.

§ 2. Des fondements rationnels de l'induction :

a) par rapport à la succession des phénomènes.

L'induction d'après la production constante de phénomènes analogues et la non-production de phénomènes (de cas) différents. Mill, après Bacon, l'a appelée l'induction par simple énumération. Comme le correctif naturel des inductions est uniquement la production de cas différents ou d'exemples négatifs, un esprit non réfléchi se contente naturellement de l'induction par simple énumération, et il n'a recours à l'expérimentation que dans les cas douteux, c'est-à-dire dans lesquels les témoignages de l'expérience ne sont pas tout à fait concordants. Mill dit avec raison à ce sujet (Log., I. 331) : « C'est le genre d'induction naturel à un esprit qui n'est pas habitué aux méthodes scientifiques... Que les faits soient nombreux ou non, décisifs ou non, cela ne fait pas grande différence ; on ne fait attention à cela que quand on réfléchit. Le penchant naturel de l'intelligence à généraliser son expérience suppose que celle-ci est tout à fait uniforme et que pas une expérience différente ne peut se produire. La pensée de chercher cette expérience contraire, d'expérimenter pour la trouver, d'*interroger* la nature (suivant l'expression de Bacon) ne vient que beaucoup plus tard ». Mais dès que la réflexion est venue, on remarque que l'induction par simple énumération ne se justifie pas toujours, que dans le cours de l'expérience se montrent des exceptions même pour les lois en apparence les plus solidement établies. Suivant la remarque de Mill : (p. 351) « Il y a cinquante ans, les habitants du centre de l'Afrique étaient convaincus par l'expérience la mieux fondée que tous les hommes étaient noirs. Il y a peu d'années, l'affirmation que tous les cygnes sont blancs paraissait un exemple indiscutable de l'uniformité dans la marche de la nature. Une expérience ultérieure a montré, dans les deux cas, que l'on se trompait. Mais on aurait pu attendre cinquante siècles cette expérience, et pendant tout ce temps-là on aurait cru à une uniformité de la nature qui n'existe pas ».

Alors se pose la question : Comment distinguer les inductions certaines des incertaines ? Et qui garantit en général la valeur de l'induction ?

Tout raisonnement repose sur la supposition de l'identité, de la ressemblance ou de l'analogie des cas entre lesquels on raisonne. La valeur de l'induction suppose donc que dans l'expérience se présentent des cas réellement identiques ou analogues, par conséquent que dans le flux des choses il y a quelque chose d'immuable. Or, d'où peut venir la certitude qu'il y a quelque chose d'immuable dans l'expérience ? D'une induction ? Évidemment non, car la valeur de l'induction suppose déjà elle-même cette certitude, et dériver celle-ci de celle-là, c'est tourner dans un cercle. Par suite, s'il y a un *fondement rationnel* pour la valeur de l'induction, on ne peut pas le trouver dans l'expérience seule. Hume a déjà montré que l'expérience n'offre pas un tel fondement pour légitimer l'induction, et l'on doit s'étonner de la facilité avec laquelle Mill élude cette question. Mill accorde même que si l'expérience est le seul fondement de l'induction, celle-ci en dernière instance se ramène tout entière à l'induction *per enumerationem simplicem* : car la loi de causalité dont la certitude est le fondement des méthodes scientifiques d'induction, ne peut elle-même être empiriquement constatée que par l'induction *per enumerationem simplicem*. Mais Stuart Mill croit que, dans le procédé qui fonde la valeur de l'induction sur la certitude de la loi de causalité, et réciproquement, la certitude de la loi de causalité sur la valeur de l'induction, il n'y a pas de *circulus vitiosus*. Car, dit-il, il y a des cas où l'induction par simple énumération peut fonder une loi en toute sûreté, ceux en effet où non seulement nous ne connaissons aucune exception à la loi en question, mais encore où nous savons qu'une exception n'aurait pu échapper à notre connaissance, ce qui est vrai des lois générales qui agissent en tout lieu et en tout temps. « L'incertitude de l'induction, de l'induction par simple énumération, est en raison inverse de l'étendue de la généralisation. Elle est d'autant plus illusoire et insuffisante que le sujet de l'observation est lui-même plus spécial et plus limité. Plus la sphère s'étend, et plus diminue l'incertitude de cette méthode non scientifique, et les classes les plus universelles de vérités, la loi de causalité, par exemple, ou les principes de l'arithmétique et de la géométrie, sont suffisamment prouvés par cette méthode et ne sont susceptibles d'aucune autre preuve » (II, 100).

Laissons de côté ici les principes de l'arithmétique et de la géométrie, car c'est un fait évident qu'ils ne sont pas purement inductifs. Mais arrêtons-nous un peu à la loi de causalité.

Que tout changement a une cause, un antécédent invariable, nous le savons, d'après Mill, uniquement par expérience, et il croit que nous sommes assurés qu'il n'y a jamais eu dans notre expérience un fait sans cause, parce que ce fait n'aurait pas pu échapper à notre connaissance, quoiqu'il soit bien possible que, dans les régions stellaires, loin de nous, il y ait des faits sans causes. Ce serait bien si les changements n'étaient pas quelque chose de si fugitif. Que tous les corps terrestres sont pesants ou gravitent vers le centre de la terre, nous le croyons avec raison sur le fondement d'une induction par simple énumération ; car, bien que nous n'ayons pas pesé tous les corps, nous pouvons admettre en toute sûreté qu'un corps sans pesanteur se serait bien présenté à n'importe qui, n'importe quand, s'il y en avait un seul de tel. Mais peut-on en dire autant des changements qui ne demeurent pas comme les corps, mais s'évanouissent continuellement ? Des changements innombrables se produisent à chaque instant, et nous pouvons être sûrs que pas un seul en tant de milliers d'années ne s'est produit sans cause. Mais il suffit d'un seul changement sans cause pour détruire la valeur de la loi de causalité et, avec elle, tout l'édifice de la science inductive. Bien plus, il n'est pas nécessaire pour cela qu'un seul changement se soit réellement produit sans cause; la seule possibilité ou concevabilité d'un tel événement suffit pour mettre en question la légitimité de toute induction. Stuart Mill ne semble pas s'être bien représenté ce que signifie proprement la possibilité d'un changement sans cause; sans quoi, il n'aurait pas parlé si naïvement de changement sans cause dans les régions stellaires éloignées. La possibilité d'un changement sans cause ne signifie rien de moins que ceci : il n'y a pas de loi, pas d'uniformité constatée dans l'expérience antérieure, dans la coexistence ou la succession, n'importe où, qui ait la moindre garantie de sa continuation; en un mot, il n'y a rien d'absolument immuable dans le monde de l'expérience (voir première Partie, p. 70 sq.). Car un changement sans cause n'est soumis à aucun lien, à aucune loi, à aucune condition en général, et par suite la production d'un tel changement ne peut être ni empêchée par quoi que ce soit, ni limitée à aucun égard. Quelque chose de stable et d'immuable dans l'expérience ne peut être certain pour nous que si les changements sont subordonnés à une loi qui n'admette aucune exception concevable. Or si « la croyance n'est pas une preuve », comme dit Stuart Mill, l'induction non plus ne peut produire aucune croyance légitime si elle repose sur la seule expérience. Nous ne pouvons donc avoir un motif rationnel de croire à la valeur de nos inductions, que si la certitude de la loi de causalité est établie *a priori*.

Si nous avons un motif légitime, rationnel, de croire qu'aucun changement absolument n'est possible sans cause — et l'expérience ne peut pas le prouver, — alors nous avons la certitude de quelque chose d'immuable dans l'expérience, à savoir la liaison même des causes et des effets. De la proposition : « pas de changements sans causes » suit, comme je l'ai montré dans la première Partie, avec une nécessité logique, que les mêmes causes dans les mêmes circonstances produisent les mêmes effets. La cause d'un changement n'est précisément pas autre chose que son antécédent invariable. Nous pouvons donc dans la supposition de la valeur de ce principe déduire de chaque cas particulier et établir une loi causale générale, immuable. Le principe « pas de changements sans causes » est donc aussi le fondement des méthodes scientifiques de l'induction. Mill a énuméré et expliqué quatre telles méthodes qu'il appelle méthode de *concordance*, méthode de *différence*, méthode des *résidus* et méthode des *variations concomitantes*.

Pour rendre plus claire l'exposition de ces méthodes, il faut d'abord remarquer ce qui suit : si toutes les causes et tous les changements étaient toujours tout à fait simples, ne présentaient aucune complication de circonstances et d'éléments, il n'y aurait pas besoin de méthodes particulières pour constater scientifiquement le rapport d'un effet et de sa cause. Dériver une loi d'un cas particulier prendrait alors la forme d'un simple syllogisme dont voici le contenu :

Tout changement a une cause ou un antécédent invariable (loi de causalité) ;

A est l'antécédent *unique* de B (expérience directe) ;

A est donc l'antécédent invariable, c'est-à-dire la cause de B (constatation d'une loi de causalité).

Nous serions donc parfaitement certains que partout et toujours B suit uniquement où A se produit, et que si B se présente, partout et toujours A a précédé (1). Mais dans la nature il n'y a pas de cas si simples ; aussi bien ce qui précède que ce qui suit est toujours quelque chose de compliqué, de composé. Nous devons donc chercher à démêler ce qui

---

(1) Cette dernière proposition n'est, il est vrai, pas aussi certaine, parce que le même effet peut avoir plusieurs causes.

dans l'état précédent des choses est la cause, l'antécédent invariable d'un changement donné, ou réciproquement, ce qui dans l'état ultérieur est l'effet ou le conséquent invariable d'un antécédent donné. Or les méthodes citées plus haut nous fournissent le moyen de faire cette distinction. Elles sont, suivant la remarque de Mill, des méthodes d'élimination. « La méthode de concordance se fonde sur ce que tout ce qui peut être éliminé, n'est lié par aucune loi avec le phénomène naturel. La méthode de différence s'appuie sur ce que tout ce qui ne peut être éliminé est lié par une loi au phénomène » (*Log.* 458).

Les méthodes des résidus et des variations concomitantes sont une extension des deux premières. Elles ne sont pas à proprement parler des méthodes de l'induction, mais des méthodes pour constater quels phénomènes, dans tous les cas *étudiés*, se suivent mutuellement. L'induction consiste d'abord à conclure que ces phénomènes *dans tous les autres cas* aussi, non étudiés, de même espèce, sont invariablement liés et cette conclusion est légitimée par la certitude de la loi de causalité (1).

Nous voyons donc ce qui peut donner aux inductions un caractère scientifique. Le but de la science est de constater des lois absolument sans exception et invariables. Helmholtz dit très bien à ce sujet : « Nous devons chercher, travailler, jusqu'à ce que nous ayons trouvé des lois sans exception Nous ne devons pas nous reposer auparavant » (Discours, I, 22). Mais le plus haut point auquel l'expérience peut arriver, c'est de constater une loi immuable, sans exception, dans tous

---

(1) Ce raisonnement a, comme nous l'avons vu, la forme d'un syllogisme, et ne se distingue du syllogisme proprement dit qu'en ce que la mineure contient un rapport constaté empiriquement ; nouvelle preuve que l'essence du syllogisme ne réside pas dans sa forme. Si nous voulions appeler aussi syllogisme ce raisonnement, il n'y a que l'induction par simple énumération qui garderait le nom d'induction.

les cas étudiés, c'est-à-dire la constatation que deux phénomènes se sont invariablement suivis et sans exception, dans tous les cas observés. Au contraire, l'expérience seule ne fournit aucun motif rationnel de croire qu'une loi ainsi constatée s'appliquera invariablement dans tous les temps et dans tous les lieux. Néanmoins le savant croit à l'invariabilité sans exception des lois constatées suivant les règles scientifiques, bien qu'elles soient conclues d'un petit nombre de cas. D'où vient cette assurance? Évidemment de la certitude *apriorique*, apodictique du principe de causalité. Dès qu'il est certain *a priori* qu'un changement ne peut se produire sans cause, il est également certain *a priori* que tout changement arrive en vertu d'une loi invariable et sans exception, qui le lie avec sa cause immédiate. La science a donc simplement pour tâche de ramener le compliqué à ses éléments, de ramener les lois dérivées aux primitives, de dériver la causalité médiate de l'immédiate. Si cette tâche est bien remplie, l'induction fondée sur les faits est absolument certaine, a la valeur d'une vérité apodictique, sans exception.

Pour que l'induction ait ce caractère scientifique, il faut, comme on le voit, deux choses : 1° une connaissance exacte des données, sur lesquelles on raisonnera, et 2° la certitude apodictique de cette vérité que tous les changements sont soumis à des lois invariables et sans exception. La première est du ressort de la science, la seconde du ressort de la philosophie. Elles se complètent ainsi mutuellement.

§ 3. — Des Fondements rationnels de l'Induction :

β) par rapport à la simultanéité des phénomènes.

Les lois des phénomènes successifs (c'est-à-dire les lois causales) ne sont pas les seules dans la nature. Il y aussi les lois des phénomènes simultanés. En d'autres termes, il y a une simultanéité invariable, et l'on se demande comment nous pouvons le constater avec certitude. Il n'y a pas une loi générale du simultané, comme la loi de causalité est la loi générale du successif. Sur quel fondement devons-nous donc tenir pour invariable une simultanéité constatée constamment de certains phénomènes? Mill a consacré à l'examen de cette question tout un chapitre de sa Logique (livre troisième, 22º chapitre), et il est arrivé à ce résultat qu'on ne peut appliquer aux phénomènes simultanés que l'induction non scientifique de simple énumération, et que, par suite, on doit considérer toutes les uniformités constatées de simultanéité seulement comme des lois empiriques qui ne peuvent inspirer confiance que dans d'étroites limites. On voit clairement ici l'impuissance de l'empirisme pur.

Si l'invariabilité dans la simultanéité de certains phénomènes n'était pas certaine, la constatation des lois causales ne serait pas possible pour nous. Que sont, en effet, les causes et les effets dans le monde extérieur? Des qualités et des états des corps; et un corps n'est lui-même rien autre chose qu'un composé, ou un groupe de qualités. L'immutabilité de succession ne peut donc être constatée sans l'immutabilité de ce composé de phénomènes simultanés que nous appelons des corps. Nous avons constaté, par exemple, qu'une substance, le soufre, si l'on veut, produit dans certaines circonstances un effet déterminé, et nous en concluons avec une parfaite assurance que le soufre dans les mêmes conditions produira toujours le même effet. Mais à quoi cela servirait-il, si nous ne pouvions reconnaître avec sûreté le soufre lui-même, si donc nous n'étions pas assurés que le composé de caractères, de phénomènes, que nous appelons le soufre, est immuable? Évidemment à rien. Cette raison d'incertitude ne serait ôtée à l'induction que par des lois de causalité qui se rapportent aux qualités et aux manières d'être communes à tous les corps sans exception. Nous avons donc toute confiance que le soufre peut être connu infailliblement à certains caractères, et c'est le cas pour toutes les substances chimiques, tant simples que composées. Bien plus, Mill dit lui-même (Log. p. 130) qu'une substance nouvellement découverte peut être établie avec sûreté par une seule expérience, et comment cela serait-il possible si l'immutabilité dans la simultanéité des phénomènes qui constituent l'essence d'une substance était aussi peu assurée que Mill le prétend ? L'empirisme ne peut évidemment pas rendre compte des faits.

Mais alors se présentent deux questions : 1° Comment pouvons-nous constater par l'expérience une simultanéité invariable de phénomènes ? Et 2° de quel droit pouvons-nous conclure de l'invariabilité de coexistence, dans des cas connus et étudiés, à l'invariabilité de la même coexistence, dans d'autres cas inconnus et non observés ?

En ce qui concerne le premier point, on n'est pas limité pour la constatation de la coexistence invariable à la méthode non scientifique de simple énumération. La méthode expérimentale trouve plutôt ici un emploi étendu. La chimie est surtout une science expérimentale, et sa tâche principale est précisément d'établir l'invariabilité de certains groupes ou composés de phénomènes simultanés. Ce ne sont pas les phénomènes qui se présentent simplement ensemble, mais ceux qui dans *le flux de tous les autres* restent toujours associés, qui peuvent être connus comme liés ensemble ou comme coexistant invariablement, et pour s'en assurer, il faut employer l'expérience ; c'est précisément à quoi servent l'analyse et la synthèse chimiques.

Mais la raison qui nous assure que les caractères d'une substance chimique ne sont pas associés seulement dans les cas connus, mais toujours et partout (du moins dans les mêmes circonstances), c'est le concept de substance en général, qui implique l'indestructibilité et l'invariabilité de la substance, comme je l'ai montré dans la première Partie. Si nous avons constaté les qualités d'une substance, de l'or, de l'argent, du soufre, de l'eau ou de n'importe quelle autre, nous avons, en conséquence de ce concept, la certitude *a priori* que la même substance dans les mêmes conditions aura toujours les mêmes propriétés. Cette certitude possède le même caractère d'universalité et d'apodictique vérité que la constatation des lois causales, que le fondement du principe de causalité. Par suite, l'induction qui se rapporte à la coexistence des phénomènes est aussi certaine et scientifiquement légitime que celle qui concerne les successions. De la présence de quelques caractères d'une substance chimique connue nous pouvons conclure à la présence des autres qualités antérieurement constatées de la même substance, avec autant de certitude que de la présence d'une cause à celle de ses effets antérieurement reconnus. Car, en conformité avec le principe de substance, la nature d'une matière et de ses éléments constitutifs reste invariablement la même. Rien ne se perd, rien ne se crée, et cela, tant au point de vue de la quantité qu'à celui de la qualité. Indestructibilité, invariabilité de la substance, voilà ce qui rend notre expérience possible, en général, et ce qui fournit aussi le fondement rationnel de la valeur des inductions qui se rapportent à la matière.

On dira peut-être que le concept de substance ne s'applique pas légitimement aux corps parce qu'ils ne sont pas des substances réelles, mais seulement des composés de phénomènes. Mais j'ai montré que ces composés ne pourraient pas être connus comme des substances s'ils n'étaient pas naturellement ajustés à cette connaissance. Le même principe précisément, qui produit la connaissance des corps, assure par lui-même la valeur des inductions qui se rapportent à l'essence des corps. Si nos sensations nous apparaissaient comme de simples états intérieurs, de pures modifications du moi, nous n'aurions aucun fondement rationnel pour croire à leur coexistence invariable. Dans le cas où l'expérience nous montrerait que certaines sensations sont toujours perçues ensemble, nous ne pourrions fonder là-dessus que de simples généralisations empiriques; en d'autres termes, nous pourrions nous attendre à les voir se reproduire toujours ensemble, sans avoir, pour cette attente, un motif fondé en raison. Mais de ce que nous sommes forcés de reconnaître dans nos sensations des substances dans l'espace, et que nous avons par là la certitude que les lois de notre expérience sont ajustées à cette façon de voir, parce qu'elle serait impossible sans cela, — nous avons un motif rationnel et logiquement légitime de croire à la coexistence invariable de nos sensations. Et c'est là ce qui donne un caractère scientifique aux inductions de la physique et de la chimie.

L'invariabilité qui est impliquée dans le concept de substance trouve donc aussi son emploi légitime pour les substances corporelles, bien que l'invariabilité de ces dernières ne soit pas du tout inconditionnée, comme elle le serait pour une substance réelle. Les propriétés d'une substance chimique ne restent pas invariables dans toutes les circonstances. Chacune d'elles peut exister dans trois états : solide, liquide et gazeux, et, avec le changement d'état, se produit un changement de la capacité calorique et de quelques autres propriétés. Par l'union de deux substances ou d'un plus grand nombre, des substances nouvelles semblent se produire qui ont des qualités toutes différentes de celles des substances dont elles sont composées. Et cependant tout cela ne cause aucun préjudice à la certitude de l'induction; bien plus, le changement dans la composition et l'assemblage des qualités se fait lui-même selon des lois invariables, sur le fondement de la loi de causalité. Nous ne devons pas nous attendre à ce qu'une substance présente les mêmes qualités dans des circonstances différentes ; mais nous avons la certitude qu'elle a toujours les mêmes qualités dans les mêmes circonstances, c'est-à-dire qu'elle forme des groupes de phénomènes coexistants. L'induction ne peut se tromper que par la confusion de substances différentes ; mais il ne peut s'ensuivre que quelques faux raisonnements chez des hommes peu instruits ou prévenus. La science donne le moyen de distinguer les substances avec certitude, et c'est là sa tâche principale. Et l'on est si sûr de cette sorte d'induction qu'on croit pouvoir constater avec certitude, au moyen d'une simple analyse spectrale, par exemple, la présence de différentes substances connues dans le soleil, ou même dans des corps célestes plus éloignés, et nous ne connaissons aucune raison d'y contredire.

Bien plus, la certitude de l'indestructibilité et de l'invariabilité de la substance n'est pas seulement un fondement rationnel pour la valeur des inductions qui se rapportent à la coexistence des phénomènes, mais on doit en un certain sens (à savoir au point de vue empirique) en dériver l'invariabilité des lois causales, ou ce qui est la même chose, du moins en tant que l'on considère seulement le monde matériel, la valeur de la loi de causalité elle-même. En effet toutes les causes et tous les effets dans le monde matériel sont des qualités, des états des corps, de la matière ; le fait que les mêmes causes ont toujours les mêmes effets dans les mêmes circonstances peut donc être considéré comme une simple conséquence de ce que les corps, la matière, sont de leur nature invariables. En réalité, le concept de l'invariabilité de la substance est proprement le concept suprême de la science. Tout l'effort de la science, comme nous l'avons vu dans le livre premier de cette deuxième Partie (chapitre 7), tend à représenter les derniers éléments de la matière, c'est-à-dire les corps proprement dits eux-mêmes, comme simples et parfaitement immuables, et à ramener tous les faits, toutes les

modifications du monde matériel à des mouvements seulement
de ces corps simples. Et le concept de substance est un concept
métaphysique. On affirme souvent que cette vérité de l'indestructibilité et de l'immutabilité de la substance, qui a été
enseignée depuis des siècles par les philosophes, n'est devenue
une vérité vraiment scientifique que grâce aux expériences des
savants. Comment se fait-il que les hommes restent ainsi dans
l'obscurité sur les questions les plus élémentaires ? Cette affirmation repose évidemment sur la croyance naïve que les objets
de l'expérience sont des substances réelles, que nous pouvons,
par suite, percevoir et expérimenter ce qui est hors de nous !
Mais j'ai amplement prouvé que cette croyance repose sur une
simple illusion.

Des explications qui précèdent on pourra voir clairement,
je l'espère, quel est le rapport de la philosophie et de la
science dans ce qui est le domaine propre de cette dernière.
La philosophie n'a aucun précepte à donner à la science et
n'a à empiéter d'aucune manière sur son terrain : mais elle a
le pouvoir et la tâche de fonder logiquement les suppositions
premières de la science même, d'élever de simples postulats à
la dignité de vérités scientifiques qui peuvent être, seulement
alors, considérées légitimement comme des principes de certi-
titude dans toutes les généralisations de la science. Les deux
hypothèses fondamentales de la science sont l'invariabilité de
la substance et la valeur universelle et sans exception de la loi
de causalité. Seules elles peuvent donner un caractère scientifique aux inductions et aux résultats de l'étude de la nature.
Mais l'étude de la nature ne peut pas elle-même légitimer ces
hypothèses fondamentales, elle ne peut pas établir elle-même
et consolider son propre fondement. Cette tâche est celle de la
philosophie. Or, la recherche philosophique montre, comme
nous l'avons assez fait voir dans cet ouvrage, que le principe
de la permanence de la substance et le principe de causalité

sont tous deux des conséquences logiques, immédiates, d'une vérité plus haute, évidente par elle-même ou immédiatement certaine, à savoir que dans son être propre tout objet est identique avec soi-même. Cette loi suprême de la pensée est donc aussi le principe suprême, la source de la certitude dans les sciences expérimentales.

FIN

LILLE. — IMP. LE BIGOT FRÈRES.

TRAVAUX ET MÉMOIRES DES FACULTÉS DE LILLE

Tome I

Nº 1. — PAUL PAINLEVÉ : *Transformation des fonctions $V(x, y, z)$ qui satisfont à l'équation $\Delta V = 0$.*   1 fr. 75

Nº 2. — PIERRE DUHEM : *Des corps diamagnétiques.*   3 fr. 50

Nº 3. — PAUL FABRE : LE POLYPTYQUE DU CHANOINE BENOIT — *Étude sur un Manuscrit de la Bibliothèque de Cambrai — avec une reproduction en phototypie sur papier de Hollande.*   3 fr. 50

Nº 4. — A. & P. BUISINE : *La Cire des Abeilles (Analyse et falsifications).*   4 fr.

Nº 5. — PIERRE DUHEM : *Sur la continuité de l'état liquide et de l'état gazeux (avec figures).*   3 fr. 50

Tome II

Nº 6. — C. ED. BERTRAND : *Remarques sur le Lépidodendron Harcourtii de Witham (avec planches).*   10 fr.

Nº 7. — ETIENNE BARTIN : *Études sur le régime dotal.*   3 fr.

Nº 8. — P. DUHEM : *Sur la dissociation dans les systèmes qui renferment un mélange de gaz parfaits.*   6 fr.

Nº 9. — PAUL HALLEZ : *Morphogénie générale et affinités des Turbellariés.*   2 fr.

Tome III

Nº 10. — MÉDÉRIC DUFOUR : *Étude sur la constitution rythmique et métrique du drame grec. (1ʳᵉ Série).*   5 fr.

Nº 11. — P. DUHEM : *Dissolutions et mélanges. 1ᵉʳ Mémoire : Équilibre et mouvement des fluides mélangés.*   4 fr. 50

Nº 12. — P. DUHEM : *Dissolutions et mélanges. 2ᵉ Mémoire : Propriétés physiques des dissolutions.*   4 fr. 50

Nº 13. — P. DUHEM : *Dissolutions et mélanges. 3ᵉ Mémoire : Les mélanges doubles.*   4 fr. 50

Nº 14. — MÉDÉRIC DUFOUR : *Étude sur la constitution rythmique et métrique du drame grec. (2ᵉ Série).*   2 fr. 50

Tome IV

Nº 15. — A. PINLOCHE : *Principales œuvres pédagogiques de HERBART. Pédagogie générale — Esquisse de leçons pédagogiques — (aphorismes et extraits divers).*   7 fr. 50

Nº 16. — B. BRUNHES : *Sur le principe de Huyghens et sur quelques conséquences du théorème de Kirchhoff.*   3 fr. 50

Nº 17. — MÉDÉRIC DUFOUR : *Étude sur la constitution rythmique et métrique du drame grec. (3ᵉ Série).*   2 fr. 50

Tome V

Nº 18. — A. SPIR : *Pensée et réalité*, traduit de l'allemand par A. PENJON   10 fr.

Atlas nº 1. — F. TOURNEUX : *Atlas d'embryologie des organes génitaux urinaires.*   40 fr.

BULLETIN DES FACULTÉS DE LILLE (1ʳᵉ, 2ᵉ, 3ᵉ ET 4ᵉ ANNÉES)

www.ingramcontent.com/pod-product-compliance
Lightning Source LLC
Chambersburg PA
CBHW070330240426
43665CB00045B/1266